"十二五"职业教育国家规划教材
经全国职业教育教材审定委员会审定

文 秘 类 专 业 系 列

秘书写作
实务

（第2版）

主　编　朱利萍　　韩开绯

副主编　陈连锦

参　编　韦志国　　易思平　　朱江风

　　　　殷　畅　　裴文意

重庆大学出版社

— 内容简介 —

  本教材系"十二五"职业教育国家规划教材。全书共分四个模块,主要内容包括秘书写作认识、行政秘书常用写作、公关秘书常用写作和商务秘书常用写作。全书以项目为导向、以任务为驱动,强调能力本位,并力求写作知识简约规范、能力技巧简练实用、案例精选规范新颖。同时每一项目设有明确的知识目标和能力目标以及相应的任务演练和综合实训鉴定题目。

  本书既可作为高等职业院校文秘专业的教材,也适合于其他院校学生、企业办公文秘人员以及社会各类学习应用写作的人员阅读。

图书在版编目(CIP)数据

秘书写作实务/朱利萍,韩开绯主编.—2版.—重庆:
重庆大学出版社,2014.8(2022.7重印)
文秘类专业系列
ISBN 978-7-5624-8437-0

Ⅰ.①秘…　Ⅱ.①朱…②韩…　Ⅲ.①公文—写作—高等职业
教育—教材　Ⅳ.①H152.3

中国版本图书馆CIP数据核字(2014)第159130号

文秘类专业系列
秘书写作实务
(第2版)
主　编　朱利萍　韩开绯
副主编　陈连锦
策划编辑:贾　曼　雷少波　唐启秀
责任编辑:谭　敏　邬小梅　版式设计:贾　曼
责任校对:刘　真　　　　　责任印制:张　策

*

重庆大学出版社出版发行
出版人:饶帮华
社址:重庆市沙坪坝区大学城西路21号
邮编:401331
电话:(023)88617190　88617185(中小学)
传真:(023)88617186　88617166
网址:http://www.cqup.com.cn
邮箱:fxk@cqup.com.cn(营销中心)
全国新华书店经销
重庆俊蒲印务有限公司印刷

*

开本:787mm×1092mm　1/16　印张:24.25　字数:531千
2014年8月第2版　　2022年7月第7次印刷
印数:10 001—11 000
ISBN 978-7-5624-8437-0　定价:58.00元

总主编 孙汝建

顾　问

朱寿桐　　李俊超　　严　冰　　王国川　　徐子敏　　王金星
崔淑琴　　陈江平　　禹明华　　时志明

编委会成员（以姓氏笔画为序）

丁　旻　　王　茜　　王君艳　　王国川　　王金星　　王　勇
王敏杰　　王瑞成　　王箕裘　　方有林　　孔昭林　　龙新辉
卢如华　　包锦阳　　冯修文　　冯俊玲　　兰　玲　　朱　敏
朱寿桐　　朱利萍　　向　阳　　刘秀梅　　孙汝建　　严　冰
杜春海　　李俊超　　李强华　　杨　方　　杨　梅　　杨群欢
肖　晗　　肖云林　　时志明　　吴仁艳　　吴良勤　　余允球
余红平　　宋桂友　　张　端　　张小慰　　张春玲　　张艳辉
陈丛耘　　陈江平　　陈秀泉　　陈　卿　　陈　雅　　金常德
周建半　　周爱荣　　赵　华　　赵志强　　胡亚学　　胡晋梅
钟　筑　　钟小安　　禹明华　　侯典牧　　俞步松　　施　新
贾　铎　　顾卫兵　　徐　静　　徐　飙　　徐子敏　　徐乐军
徐　静　　郭素荣　　崔淑琴　　彭明福　　董金凤　　韩开绯
韩玉芬　　程　陵　　焦名海　　谢　芳　　强月霞　　楼淑君
雷　鸣　　熊　畅　　潘筑华

总序

2005年12月,教育部发文成立了"教育部高职高专文秘类专业教学指导委员会"。2012年12月该委员会届满,教育部又发文成立了"教育部职业院校文秘类专业教学指导委员会"(以下简称"职业院校文秘教指委")。我先后担任这两个委员会的主任委员,组织、参与并见证了文秘专业教材建设的发展历程。从"高职高专文秘教指委"到"职业院校文秘教指委",都非常重视文秘专业的教材建设。"高职高专文秘教指委"时期,我们在委员会内部先是成立了专业建设组、师资培训组、实训基地建设组,后来由于工作需要,将其扩容为专业建设分委员会、师资培训分委员会、实训基地建设分委员会。在历次委员会会议、文秘专业骨干教师培训、文秘专家库学术活动、教育部课题"文秘专业规范研制"、文秘专业精品课程建设、文秘专业课题立项、文秘技能大赛等活动中,始终贯穿文秘专业教材建设这条主线。在认真调查、反复论证的基础上,我们决定组织编写教育部高职高专文秘类专业教学指导委员会"十二五"规划教材34种,由笔者任总主编。经过网上公开招标,由国家一级出版社重庆大学出版社出版。

2009年8月24—27日,由本委员会主办、重庆大学出版社承办的系列教材主编会议在重庆大学召开。与会者就高职高专文秘专业课程设置、教学目标以及教材编写的指导思想、编写原则、编写体例、编写队伍组成等问题进行了认真而热烈的讨论,并达成以下共识:

1)根据我国高职高专文秘类专业各方向的培养目标、专业设置、课程建设的发展规律与发展趋势以及国家秘书职业资格证书的考证要求、用人单位对文秘专业人才的需求,构建编写大纲、选择编写内容、设置编写栏目。

2)教材编写以文秘类专业学生应具备的基本素质、基础知识、基本职业能力、核心职业能力为依据。

3)教材针对高职本科职业院校文秘类专业以及一线秘书的社会需求,注重不同层次职业教育的衔接。

4)教材内容以"够用为度,适用为则,实用为标"为原则,给课堂教学留有发挥空间,突出主要知识点,实训举一反三,紧扣文秘岗位实际,用例典型,表达流畅。

5)教材由两个板块组成:秘书职业技术、职业技能训练课程版块教材18种;秘书职业基础、文化素质课程版块教材16种。

6)保证教材内容的稳定性和适度前沿性。

7)教材采用立体开发的方式出版,除了纸质教材外,还配套教学资源包。会后,本套系列教材主编积极组织,遴选副主编和参编者,形成实力较强的编写队伍,并以每本教材为单位,分别组织研讨和开展教材编写工作。

经过近一年多的组织编写工作,丛书绝大多数品种于2010年9月出版。出版近4年来,全套教材在全国一百余所院校使用,在文秘专业教育以及高职文化素质教育领域产生广泛影响。2012年12月,"教育部高职高专文秘类专业教学指导委员会"更名为"教育部职业院校文秘类专业教学指导委员会",服务对象由原来的高职高专文秘专业扩展到全国中高职院校和本科职业院校文秘专业。委员会一以贯之高度重视与重庆大学出版社合作出版的这套文秘系列教材,双方商定,在适当的时机,对34种初版教材中影响较大的品种进行修订。

2013年11月1—3日,本委员会与重庆大学出版社在苏州联合举办"全国职业院校文秘类专业目录修订暨重庆大学出版社文秘专业系列教材修订会"。在广泛吸收意见的基础上,笔者作为该套教材的总主编提出了修订原则,重庆大学出版社社文分社贾曼副社长就初版教材的修订提出了具体要求,与会代表就初版教材的修订提出了具体建议。会议根据初版教材的学术质量、社会影响和发行情况,决定对以下27种教材进行修订。

针对我国职业教育进行新一轮改革的具体要求,在坚持初版编写基本原则的情况下,提出了此次修订的新要求:1)对2010年初版教材内容老化的部分进行系统更新;2)系列教材要考虑与中高职院校本科职业院校的衔接;3)修订版教材要与教育部新确定的课程名称相一致;4)为了使教材的受众更加明确,将此次修订的27种教材(其中国家"十二五"规划教材5种)分为两个系列:"教育部职业院校文秘类专业教学指导委员会规划教材"和"高等院校文化素质教育系列教材"。

具体书目如下:

教育部职业院校文秘类专业教学指导委员会规划教材(国家"十二五"规划教材3种)

档案管理实务(第2版)(国家"十二五"规划教材)

商务秘书实务(第2版)(国家"十二五"规划教材)

商务写作实训(第2版)

秘书理论与实务(第2版)

秘书职业概论(第 2 版)

秘书心理与行为(第 2 版)

秘书写作实务(第 2 版)(国家"十二五"规划教材)

企业管理基础(第 2 版)

秘书岗位综合实训(第 2 版)

秘书语文基础(第 2 版)

秘书信息工作实务(第 2 版)

会议策划与组织(第 2 版)

办公室事务管理实务(第 2 版)

市场营销理论与实务(第 2 版)

人力资源管理理论与实务(第 2 版)

社会调查实务(第 2 版)

新闻写作(第 2 版)

办公自动化教程(第 2 版)

高等院校文化素质教育系列教材(国家"十二五"规划教材 2 种)

职业礼仪(国家"十二五"规划教材)

毕业设计(论文)写作指导(第 2 版)(国家"十二五"规划教材)

公共关系实务(第 2 版)

口语交际与人际沟通(第 2 版)

形体塑造与艺术修养(第 2 版)

规范汉字与书法艺术(第 2 版)

实用美学(第 2 版)

文学艺术鉴赏(第 2 版)

文化产业管理概论

以上 27 种教材的主编、副主编、参编者也作了适度调整,教材名称与教育部公布的文秘类专业目录和公共基础课程名称相　致。该套教材的使用对象为中高职院校和本科职业院校文秘专业或其他专业公共基础课教材,与教材相配套的教学资源在"中国文秘教育网"(本委员会网站)发布,供教学参考。

2014 年 6 月,国务院召开"全国职业教育工作会议",国家主席习近平、国务院总理李克强对我国职业教育提出新的发展战略,教育部具体部署了我国职业教育改革的工作重点。把职业教育改革发展的新思路融进本套系列教材的编写,是这套新版系列教材始终追求的目标。

本套系列教材是编写者长期探索的成果结晶,也凝聚着初版教材编写者、使用者、出版者的智慧和心血。这套系列教材的参编者由 200 多位专家学者以及有丰富教学经验的一线教师组成，他们来自150多所学校，在本套教材出版之际，对各校和编写者给予的支持表示诚挚的谢意。同时，重庆大学出版社从领导到该项目负责人，对教材的编写与出版给予了高度重视和大力支持，特别是邱慧、贾曼两位老师几年来为教材辛苦奔走、精心策划、辛勤付出，其敬业精神令我们感动。

在教材使用过程中，我们欢迎广大师生进一步提出修改意见，使之不断完善。

教育部职业院校文秘类专业教学指导委员会主任委员　孙汝建

华侨大学文学院院长、教授、硕士研究生导师

2014 年 7 月 4 日

本教材是在教育部高职高专文秘类专业教学指导委员会的统一组织和指导下编写的。其总的编写指导思想和原则是：根据我国高职高专文秘专业各方向的培养目标、专业建设、课程建设的发展规律与趋势，国家职业岗位技术（秘书职业资格证书）的要求，以及用人单位对文秘人才的需求，按照工学结合、理论够用为度、突出实训的原则构建编写大纲、选择编写内容、设置编写栏目。

本教材的编写目标突出以能力为本位的特点，根据秘书写作能力培养模式的总体设计，尤其是根据高职秘书人才知识、能力、素质结构调整的整体走向，对现在普遍使用的秘书写作教材进行改革创新，改革其知识系统结构，作精化处理，使其成为知识应用结构体系；做到讲练结合，以练为主，注重分析和解决实际问题的方法，处理好传授知识与提高素质、基础与应用的关系；体现以知识为基础，以能力为本位，以素质为核心的编写思路。具体体现在以下两个方面：一是教学模块的设计。其优越性是灵活。每个模块相对独立，可以单独考核，使学生能根据自己的特点予以选择，加上每个模块学习的周期短，学生的学习结果可得到及时的评价与反馈，有利于激发学生的学习动机。二是各模块知识与能力、理论与实践内容的有效整合。按照"知识及知识的辨识 + 知识的应用 + 应用案例 + 应用实践指导 + 分析归纳提升"这样一个逻辑顺序框架来编写。因此，教材编写内容在理论的选择上应结合高职高专学生的基础水平和实际需要，重在加强操作实务的训练，内容选择强调一项项实际问题的解决。

与第一版相比，在保留原有教材特色基础上优化了教材质量。一是突出校企合作，本教材主编是世界 500 强企业浙江物产集团企业大学——浙江物产管理学院企业文书写作的内训师，本次修订同时邀请了浙江物产集团董事会秘书、办公室相关人员参与教材的策划和审核。二是案例更新与优化，全书涉及秘书常用写作近 70 种，案例 150 余个，其中大都是来自一线企事业业单位的真例，90% 左右的案例进行了更新，其中有部分是主编原创案例，尤其是配套资源包提供了本教材主编日常工作中亲自起草的大量案例。三是内容更新,尤其是党政机关公文写作,按照现行的公文体制重新编写。四是体例编排上根据项目导向、任务驱动的实践教学模式需求,构建了知识目标、能力目标、情景导入、必备知识、能力技巧、案例评析、任务演练、实训项目的科学思路。内容选择紧扣文秘岗位需求,以文种为主干、以案例为核心,在修订中进一步简化了理论知识,力求写作知识简约规范,能力技巧简练实用、案例精选规范新颖。同时每一项目设有明确的知识目标和能力目标以及相应的任务演练和综合实训鉴定题目。五是新增了配套教学资源包,内容包括课程标准、教学实施纲要、教学课件、知识拓展、主编原创案例、学生作业等,为教师和学生提供了方便。因此,本教材特别适合高职高专秘书写作课程教材,也适合其他院校学生、企业办公文秘人员以及社会各类学习应用写作的人员阅读。

本教材由浙江经济职业技术学院朱利萍策划、主编、修改并统稿。黑龙江工商职业技术学院韩开绯任第二主编、黎明职业大学陈连锦任副主编、石家庄铁路职业技术学院韦志国、深圳信息职业技术学院易思平、浙江省物产集团公司朱江风、殷畅、裘文意参编。全书共四个模块。具体编写任务是:朱利萍编写模块一、模块三的项目一、模块四的项目一;易思平编写模块二的项目一、项目二第一版,本版修订工作由朱江风完成;陈连锦、殷畅编写模块二的项目三;韩开绯编写模块三的项目二、项目三;韦志国编写模块四的项目二、项目三第一版,本版修订工作由裘文意完成。书中的缺点与不足之处,敬望专家与读者批评指正。

在编写过程中,编者参考了一些文献资料,在此对原作者一并致谢。

编　者

2014 年 2 月

目录

模块一　秘书写作认知

项目一　秘书写作基础知识

3　　任务一　秘书写作的含义和特点

8　　任务二　秘书写作主题的确立

11　　任务三　秘书写作材料的运用

13　　任务四　秘书写作结构的安排

18　　任务五　秘书写作语言的表达

21　　综合实训

项目二　党政机关公文写作基础知识

26　　任务一　党政机关公文的含义、特点和作用

27　　任务二　党政机关公文的种类

30　　任务三　党政机关公文的写作格式

40　　综合实训

模块二　行政秘书常用写作

项目一　行政事务文书写作

43　　任务一　计划的写作

52　　任务二　总结的写作

61　　任务三　述职报告的写作

67　　任务四　规章制度的写作

85　　综合实训

项目二　行政会务文书写作

90　　任务一　会议方案的写作

94　　任务二　开幕词与闭幕词的写作

100　　任务三　主持词与发言稿的写作

106　　任务四　会议记录的写作

110　　综合实训

项目三　党政机关公务文书写作

114　　　任务一　决议的写作

118　　　任务二　决定的写作

126　　　任务三　公报、公告和通告的写作

134　　　任务四　意见的写作

141　　　任务五　通知的写作

147　　　任务六　通报的写作

151　　　任务七　报告的写作

156　　　任务八　请示的写作

159　　　任务九　批复的写作

161　　　任务十　议案的写作

166　　　任务十一　函的写作

170　　　任务十二　纪要的写作

174　　　综合实训

模块三　公关秘书常用写作

项目一　宣传文书写作

183　　　任务一　声明的写作

185　　　任务二　启事的写作

188　　　任务三　海报的写作

190　　　任务四　消息的写作

197　　　任务五　大事记的写作

201　　　任务六　简报的编写

207　　　综合实训

项目二　礼仪信函文书写作

211　　　任务一　证明信与介绍信的写作

213　　　任务二　求职信的写作

221　　　任务三　邀请信与请柬、聘书的写作

225　　　任务四　表扬信与感谢信的写作

229　　　任务五　慰问信与贺信的写作

232　　　综合实训

项目三　礼仪讲话稿写作

240　　任务一　演讲稿的写作

248　　任务二　祝词与贺词的写作

252　　任务三　欢迎词、欢送词与答谢词的写作

257　　任务四　悼词与唁电的写作

261　　综合实训

模块四　商务秘书常用写作

项目一　商务策划文书写作

267　　任务一　营销策划书的写作

272　　任务二　广告文案的写作

279　　任务三　商品说明书的写作

283　　任务四　招标书与投标书的写作

296　　综合实训

项目二　商务协约文书写作

299　　任务一　商务信函的写作

309　　任务二　意向书的写作

312　　任务三　协议书的写作

315　　任务四　备忘录的写作

318　　任务五　合同的写作

326　　综合实训

项目三　商务研究报告写作

329　　任务一　市场调查报告的写作

343　　任务二　经济活动分析报告的写作

349　　任务二　市场预测报告的写作

355　　任务四　可行性研究报告的写作

367　　综合实训

参考文献

模块一　秘书写作认知

项目一 秘书写作基础知识

【知识目标】

了解文秘写作基础知识以及它与文学写作的区别,熟悉文秘写作的特点。

理解秘书写作的主题要求。

理解秘书写作的材料要求。

理解秘书写作的结构要求。

理解秘书写作的语言要求。

【能力目标】

正确理解秘书写作知识,并会具体运用秘书写作知识进行写作实践。

会写作主题明确的秘书文书。

能选择真实的、典型的、突现主题的材料进行秘书写作。

能够在具体秘书写作中合理安排材料。

能在秘书写作中选择合理的表达方式、熟练运用书面语言、正确把握秘书写作的语体风格。

职场情境

俞琴从某高职学院文秘专业毕业后,在杭州智能科技有限公司担任文员工作,一直从事办公室日常事务管理、公司的商务接待、会议管理和信息与档案管理等工作,经过近一年的工作,已经能较好地胜任办公室文员工作。一天,公司经理通知她,考虑到俞琴一贯的工作表现和她在工作中表现出来的写作才华,经公司研究决定调她到公司秘书部,主要负责公司文书的写作与处理。俞琴深深体会到领导对自己的信任和期望,但也感觉到很大的压力,在学校时系统学习过秘书写作的课程,但真正实践的机会并不多。为了不辜负领导的期望,俞琴又重新拿出以前的教材打算边学边用。

项目描述

俞琴从一般的文员岗位调到秘书部,负责公司文书的写作与处理,首先必须对秘书写作的特点有清楚的认知,熟练掌握秘书写作对主题的要求,学会合理选择和安排材料,选择合理的表达方式,正确把握秘书写作的语体风格。

任务一　秘书写作的含义和特点

 情景导入

党的十八大报告诞生记

2012年11月8日上午,中国共产党第十八次全国代表大会在北京人民大会堂隆重举行。胡锦涛同志代表第十七届中央委员会向大会作题为《坚定不移沿着中国特色社会主义道路前进,为全面建成小康社会而奋斗》的报告。报告鲜明地回答了我们党举什么旗、走什么路、以什么样的精神状态、朝着什么样的目标继续前进的重大问题,是新的历史条件下夺取中国特色社会主义新胜利的政治纲领,是全面建成小康社会的行动指南。

2012年1月,中央成立由习近平同志任组长,李克强、刘云山同志任副组长,包括党中央、国务院有关部门和部分省区负责同志在内的文件起草组,党的十八大报告起草工作正式启动。

1月5日,胡锦涛同志在文件起草组第一次全体会议上对报告起草工作作出全面部署,确定了指导原则。

1月6日,中央向各省、自治区、直辖市党委,中央各部委,国家机关各部委党组(党委),解放军各总部、各大单位党委,各人民团体党组发出《关于对党的十八大报告议题征求意见的通知》,决定对党的十八大报告议题在党内一定范围组织讨论,广泛征求意见,同时通过一定方式征求部分党外人士意见和建议。

2月上旬,起草组派出7个调研组,分赴12个省区市开展调研,召开各级各类座谈会44次,对城乡社区、工矿企业、农牧水产基地等116个单位进行实地考察,了解各地现代化建设和体制改革的实际情况。

3月15日,按照中央部署的15项重点课题要求,46个承担单位先后派出101个调研组,足迹遍及29个省区市,召开座谈会1 073场,深入1 433个单位实地调研,形成57份调研成果。

4月13日至20日,胡锦涛同志用5个半天,听取32家单位的38个课题组11个重点课题的调研成果汇报,发表了重要的指导性意见。

5月11日至14日,习近平同志又用两个半天,听取了4个重点课题的调研成果汇报,对我国经济社会发展到2020年目标任务、加快社会主义新农村建设和积极稳妥推进城镇化、推进科技进步和创新、加强生态文明建设等提出了指导性意见。

5月24日至6月25日,短短一个月时间内,胡锦涛同志先后主持两次中央政治局常委会会议和一次中央政治局会议,对党的十八大报告稿进行审议。

7月23日,胡锦涛同志在省部级主要领导干部专题研讨班开班式上,就党的十八大报告起草涉及的若干重大问题作了重要讲话。

8月11日，中央办公厅向各省、自治区、直辖市党委，中央各部委，国家机关各部委党组（党委），军委总政治部，各人民团体党组发出《关于对党的十八大报告稿征求意见的通知》，在党内一定范围组织讨论、征求意见。

8月27日至9月4日，胡锦涛同志主持召开7次座谈会，包括31个省区市党政主要负责同志座谈会4次，18家军队大单位军政主要负责同志座谈会2次，8个民主党派中央、全国工商联领导人和无党派人士座谈会1次，当面征求他们对党的十八大报告征求意见稿的意见和建议。

9月3日，中共中央在中南海召开党外人士座谈会，听取各民主党派中央、全国工商联领导人和无党派人士的意见和建议。

截至9月5日，各地区各部门各方面统计征求意见人数共4511人，反馈对党的十八大报告征求意见稿的意见和建议总计121份。共提出修改意见和建议2400条，扣除重复意见后，原则性修改意见208条，具体修改意见1674条。

此后半个月，根据中央精神和要求，文件起草组全面汇总、认真研究、逐条分析各方面意见和建议，对报告稿共作出增写、改写、文字精简507处，覆盖包括民主党派中央、全国工商联和无党派人士在内的126个单位的909条意见和建议，其中覆盖党外人士意见39条。

11月1日至4日，党的十七届七中全会在北京召开。出席会议的200名中央委员、165名候补中央委员，以及列席会议的中央纪律检查委员会委员和有关负责同志分组讨论了十八大报告稿。文件起草组根据全会分组讨论所反馈的196条意见，其中原则性修改意见15条，具体修改意见181条，对报告稿作了41处修改，提交中央政治局常委会会议审议，修改后再次提交全会分组讨论。4日下午，党的十七届七中全会表决通过了修改后的十八大报告稿，决定正式提交党的十八大审议。

11月8日，党的十八大开幕式上，一份份厚达64页近3万字的十八大报告，醒目地摆在2300多名代表和特邀代表的座席前。十八大召开期间，起草组根据分组讨论两轮反馈的158条意见，对报告稿又作了19处修改。

11月14日，中国共产党第十八次全国代表大会闭幕会在北京人民大会堂举行。红旗前，党徽下，热烈的掌声响起，党的十八大报告通过。

思考：一篇重要文书的出台一般需要经过哪些程序，在这个过程中，秘书主要担当怎样的角色？他的写作具有怎样的特点？

必备知识

一、秘书写作的含义

秘书写作是指文秘人员因工作需要在自己的职责范围内起草完成的各类公务文书及其他应用文书的写作。秘书写作不是独立的文种或文体，而是各级各类单位的秘书人员为完成特定工作任务而写作的具有特定体式的系列文章的泛称，属于应用写作的范畴。

秘书写作是秘书工作的重要内容之一。据学者考证,我国有记载的秘书工作有3 000多年的历史,在这个过程中,秘书写作的体式与内容不断发展、完善、丰富,形成了自己独特的风格。早期的秘书写作以政府文告等公务文书为主。《尚书》可以看作是我国第一部以公务文书为主体的文集,秦焚书后,从汉初搜集到的28篇来看,主要是以典、谟、训、诰、誓、命、令、上书、檄、移书等形式反映政府对公共事务的处理情况。随着国家治理体制的完善,又出现了状、判、勘合等司法文书。在经济活动中,伴随着大量商品交换的出现,产生了"质""剂"等商务性文书。今天的秘书写作既包括各级党政机关、团体、企事业单位的公文类、行政事务类文书,也包括经济单位的商务类文书以及常见的日用类文书与宣传类文书。

二、秘书写作的特点

(一)秘书写作是受命写作

秘书按上级"需要"起草公文,是"应命写作",这种接受性写作,其动机是带有明显的外在因素的强制性"需要",是秘书写作的首要特点。因此,秘书不能根据自身的好恶、兴趣决定如何写作,而必须根据领导决策的意见和实际工作的需要而进行写作。

当然,我们不能过于绝对地看待这个问题,以为秘书写作只要按领导的要求单纯地"输入"信息就可以了。国际秘书联合会对秘书的定义是:"秘书应是主管人员的一位特殊助手,他(她)掌握办公室工作的技巧,能在没有上司过问的情况下表现出自己的责任感,以实际行动显示出主动性和正确的判断能力,并且能在给予的权力范围内作出决定。"实际上,秘书大量的写作经验告诉我们,任何外在因素强制性"需要"都无法直接顺利而成功地完成写作。外在的"意图"只有通过秘书这一写作主体的内在因素而外显,才能取得满意的合目的性的效果。优秀的秘书既要在接受起草任务后,不脱离领导授意而去越职行事,擅作主张,又能够把受命性和主动性统一起来,把自己发现的新情况、新问题及时汇报领导参考,从而达到最佳的行文、工作效果。

(二)秘书写作是应用写作

秘书工作的性质决定了他所选择的写作题材范围,只能是应用写作而不是文学写作。应用写作与文学写作都是对客观事物的反映,都要谋篇布局、用词造句、使用标点符号,讲究条理性、逻辑性,同样使用叙述、说明、议论等表达方式,同样要求具有准确、鲜明、生动的文风。但二者存在着较大的区别:一是在基本的思维形式方面,文学写作属形象思维的范畴,应用写作属逻辑思维的范畴;二是在反映生活方面,文学写作可以在真实生活的基础上进行虚构,应用写作必须反映生活的本来面目;三是在社会功用方面,文学写作为人们提供精神食粮,强调艺术性,应用写作是为解决实际问题而撰写的,强调实用性;四是在表现形式方面,文学写作强调个性化和独创性,应用写作强调的是格式化和规约性;五是在语言方面,文学写作追求的是艺术美,应用写作追求的是实用美。

由此,秘书写作在思维方式、文种选择、材料的运用、结构安排、格式体例等方面都必须遵循应用写作的一般规律。

(三)秘书写作是时效写作

秘书写作是为满足现实工作的实际需要服务,为解决现实环境中的实际问题服务,是为决策未来工作的实际效果服务。因此,秘书写作往往是要解决相对紧迫的、直接的、形而下的、具体的、务实的问题。这些问题大都有着现实制约,受到十分严格的时间限制。有时,领导临时决定的讲话、汇报、请示、批复等材料往往必须在几天甚至几小时内脱稿完成。因此,秘书写作的时效性需要秘书必须具备敏捷的才思和高超的写作能力。

 案例评析

【案例一】

春之怀古

张晓风

春天必然曾经是这样的:从绿意内敛的山头,一把雪再也撑不住了,噗嗤的一声,将冷面笑成花面,一首渐渐然的歌便从云端唱到山麓,从山麓唱到低低的荒村,唱入篱落,唱入一只小鸭的黄蹼,唱入软溶溶的春泥——软如一床新翻的棉被的春泥。

那样娇,那样敏感,却又那样混沌无涯。一声雷,可以无端地惹哭满天的云;一阵杜鹃啼,可以斗急了一城杜鹃花;一阵风起,每一棵柳都会吟出一则则白茫茫、虚飘飘说也说不清、听也听不清的飞絮;每一丝飞絮都是一株柳的分号。反正,春天就是这样不讲理、不符合逻辑,而仍可以好得让人心平气和的。

春天必然曾经是这样的:满塘叶黯花残的枯梗抵死苦守一截老根,北地里千宅万户的屋梁受尽风欺雪压犹自温柔地抱着一团小小的空虚的燕巢。然后,忽然有一天,桃花把所有的山村水廓都攻陷了。柳树把皇室的御沟和民间的江头都控制住了。春天有如旌旗鲜明的王师,因为长期虔诚的企盼祝祷而美丽起来。

而关于春天的名字,必然曾经有这样的一段故事:在《诗经》之前,在《尚书》之前,在仓颉造字之前,一只小羊在啮草时猛然感到的多汁,一个孩子放风筝时猛然感觉到的飞腾,一双患风痛的腿在猛然间感到舒适,千千万万双素手在溪畔、在江畔浣纱时所猛然感到的水的血脉……当他们惊讶地奔走互告的时候,他们决定将嘴嗫成吹口哨的形状,用一种愉快的耳语的声音来为这季节命名:春。

鸟又可以开始丈量天空了。有的负责丈量天的蓝度,有的负责丈量天的透明度,有的负责用那双翼丈量天的高度和深度。而所有的鸟全不是好的数学家,他们叽叽喳喳地算了又算,核了又核,终于还是不敢宣布统计数字。

至于所有的花,已交给蝴蝶去数;所有的蕊,已交给蜜蜂去编册;所有的树,已交给风去纵宠。而风,交给檐前的老风铃去——记忆,——垂询。

春天必然曾经是这样,或者,在什么地方,它仍然是这样的吧?穿越烟囱与烟囱的黑森林,我想走访那踯躅在湮远年代中的春天。

【案例二】

第十一届全国人民代表大会第一次会议以来的五年,是我国发展进程中极不平凡的五年。我们有效应对国际金融危机的严重冲击，保持经济平稳较快发展，国内生产总值从26.6万亿元增加到51.9万亿元，跃升到世界第二位；公共财政收入从5.1万亿元增加到11.7万亿元；累计新增城镇就业5 870万人，城镇居民人均可支配收入和农村居民人均纯收入年均分别增长8.8%、9.9%；粮食产量实现"九连增"；重要领域改革取得新进展，开放型经济达到新水平；创新型国家建设取得新成就，载人航天、探月工程、载人深潜、北斗卫星导航系统、超级计算机、高速铁路等实现重大突破，第一艘航母"辽宁舰"入列；成功举办北京奥运会、残奥会和上海世博会；夺取抗击汶川特大地震、玉树强烈地震、舟曲特大山洪泥石流等严重自然灾害和灾后恢复重建重大胜利。我国社会生产力和综合国力显著提高，人民生活水平和社会保障水平显著提高，国际地位和国际影响力显著提高。我们圆满完成"十一五"规划，顺利实施"十二五"规划。社会主义经济建设、政治建设、文化建设、社会建设、生态文明建设取得重大进展，谱写了中国特色社会主义事业新篇章。

【评析】上述两个案例，前一篇是台湾著名散文家张晓风的散文，作者抓住一系列的春天意象，运用大量的修辞手法，展开丰富的想象力，写出了春天旺盛的生命力，读之，便感受到作者"天马行空""行云流水"般的写作思路。后一篇是温家宝总理2013年3月5日在第十二届全国人民代表大会第一次会议上作的《政府工作报告》中的第一部分，是对过去五年工作的回顾，语言庄重简约。两个案例行文风格迥异，写作样式也完全不一样：一篇带有文学色彩，一篇符合秘书写作的特点。

【任务演练】

新华网山东频道12月31日电（记者赵仁伟）　山东省济宁市29日发生一起特大交通事故，截至30日上午，已确认造成16人死亡。目前，在国家和山东省有关部门的指导下，济宁市正积极处置事故善后工作。

29日17时许，在济宁市开发区崇文大道与王黄路交叉口，一辆车号为豫N07595的河南商丘籍亚星牌大客车与一辆车号为鲁H25657的山东兖州籍福田牌大货车相撞，当场造成5人死亡，22人受伤。截至30日上午，22名伤员中又有11人经医院抢救无效死亡，另有4人危重伤，5人重伤，2人轻伤。据记者了解，两辆车的司机均在事故中死亡，大客车当时是从山东省临沂市开往河南省商丘市。商丘市有关部门也已赶赴济宁市参与事故善后处理。

30日下午17时许，记者在事故现场看到，这里交通秩序已经恢复正常。一位家住附近的事故目击者告诉记者，他于29日19时左右闻讯后来到现场，看到大客车和货车严重变形，正被吊车吊走。

30日傍晚，记者来到济宁市第一人民医院，事故中有3名重伤员在这里接受治疗。在重症监护室，23岁的伤员王某向记者讲述了事故经过。他说："我从临沂乘这辆车回山东曹县老家，当时坐在最后一排座位的中间位置，忽然有一辆货车撞来，就失去了知觉。"王某对医院的及时救治表示感谢。

记者了解到，两辆肇事车辆的运营手续是齐全的，大客车核定载客人数35人，没有超载行为，而大货车事故发生时是空载。目前，有关专家已赶赴济宁市，对事故原因展开调查。

事故发生后,济宁市迅速启动重特大道路交通事故处置工作预案,对受伤人员进行抢救。30日上午,山东省政府有关负责人在济宁市组织有关部门召开事故调查处理工作会议。会议对事故善后工作作出部署,一是针对16名死者成立了工作组,一对一做好善后工作,特别是照顾好死者家属、伤者和伤者家属的生活。二是要求公安机关尽快控制肇事车辆单位及车主,联系相关保险机构,采取财产保全措施,尽快完成死者的赔付工作。三是采取各种办法手段,迅速确定遇难人员的身份,在此基础上尽快处理善后工作。

以上是一篇交通事故的通讯报道,如果你是济宁市政府办公室的秘书,根据领导指示需要写作一篇情况通报和报告,根据秘书写作的特点需要对以上内容作哪些处理?

任务二　秘书写作主题的确立

 情景导入

国土资源部关于同意命名广东阳山国家地质公园的批复

广东省国土资源厅:

你厅《关于命名广东阳山国家地质公园的请示》(粤国土资地环报〔2012〕155号)收悉。部组织专家组对阳山地质公园建设进行了实地验收,依据部相关文件要求及专家组验收意见,批复如下:

一、同意命名广东阳山国家地质公园。

二、广东阳山国家地质公园要遵循"在保护中开发,在开发中保护"的原则,做好园区内花岗岩、碳酸盐岩地貌景观及温泉、瀑布等地质遗迹资源的保护和开发利用,开展公众地学科普教育和科学研究,并按照国土资源部相关规定和国家地质公园建设指南要求,加强国家地质公园管理,完善国家地质公园建设,为促进地方资源、环境和经济的协调发展和生态文明建设作出贡献。

三、你厅要加强对广东阳山国家地质公园建设的指导,监督和检查地质公园及其主管部门按照国家相关法律规范开展各项活动。

2013年9月23日

以上是国土资源部写给广东省国土资源厅的一则批复,思考这则批复的主题是什么。

 必备知识

一、秘书写作主题的特点

秘书写作的主题就是解决问题的方法、建议。主题是秘书写作的灵魂。主题决定文种的选用、决定材料的选取、决定结构的安排、决定表达方式的选用。其特点如下:

(一)主题先行

文学作品的主题是从生活中、从已获取的材料中提炼出来的,往往反对主题先行。而秘书写作主题的确立往往在全文写作之前,所谓"意在笔先"。因为秘书写作总是先产生了具体问题而后产生写作的需求,而解决这一问题的方法、结论往往也产生在文章写作之前。如《关于浙江物产元通机电(集团)有限公司二次综合改制的原则意见》一文就是为推动公司实施二次综合改制改革而写的,用于指导这项活动有序规范地开展,写作之前就明确了主题。

(二)主题单一

一般说文学作品的主题具有其复杂性,对主题的理解更呈多元化。所谓"一千个人心目中有一千个哈姆雷特"。而秘书写作的主题则必须单一、明确,读者对主题的理解不允许多元,而要求理解上的同一性,这样才利于统一认识,更有利于问题的解决。

(三)主题显露

文学作品的主题要求含蓄、曲折,令人回味。而秘书写作要求直截了当地点明主题,表明态度,提出解决问题的措施和办法,对文章所涉及的各类问题,必须有明确的观点立场,应该怎么做,解决什么问题,达到什么目的,都要明确地表达出来。

二、秘书写作主题的表现方法

秘书写作对主题的要求是:单一、集中、鲜明。一般有以下几种表现方式:

(一)标题显旨

即在文章的标题中直接点明主题。如《关于做好浙江物产物流投资有限公司组建工作的通知》,标题就直接点明了主题,让人一看就大致明白了文章的主要内容,主题十分显露。几乎所有的行政公文都采用标题显旨的方法。

(二)开头点旨

即在文章的开头或每一段落的开头用简短的语句陈述主题,使主题凸现出来。如《教育部2013年工作要点》开头——2013年教育工作的总体要求是:高举中国特色社会主义伟大旗帜,深入学习贯彻党的十八大精神,坚持以邓小平理论、"三个代表"重要思想、科学发展观为指导,全面落实教育规划纲要,全面贯彻党的教育方针,全面推进素质教育,把立德树人作为根本任务,把教师队伍建设作为重点内容,把转变作风作为重要保证,加快教育领域综合改革,加快转变教育发展方式,加快推进教育现代化,着力促进公平公正,着力提高质量效益,着力维护和谐稳定,努力办好人民满意的教育,为全面建成小康社会、夺取中国特色社会主义新胜利提供人才保障和智力支撑——就清楚地表达了文章主题。

(三)结尾点旨

这种方式是在文章的结尾之处点明文章主题。如中国联通海南分公司《致公司全体员工的倡议书》一文就是采用这一方法结尾:"我们要认清自己肩负的历史使命,以企业发展为主旋律,以满意服务客户为己任,继承和发扬联通人艰苦创业、勇于拼搏、不断进取的优良传统、立足本职、扎实工作,努力在企业管理创新、业务创新、服务创新、技术创新中大显身手,为联通事业献出自己的青春和智慧。"这段结尾清楚地显示了主题。

 案例评析

重阳节倡议书

"岁岁重阳,今又重阳,国土黄花分外香"。10月13日(农历九月初九)是新修订的《中华人民共和国老年人权益保障法》实施后的第一个重阳节,也是我国第一个法定的老年节。"百善孝为先,孝为德之本",在此,我们向广大国土青年倡议:

一、孝敬家中老人。"谁言寸草心,报得三春晖",工作的忙碌常常使我们忽略了对父母的关爱,其实,父母真的很依赖、很需要我们,尽管他们从不苛求。所以,能回家的常回家看看,为老人做点什么;回不了家的常打打电话,陪他们说说话。我们的一点用心,就会让他们很开心!尽孝,是我们的真心,是我们的责任。

二、关爱老年群体。"老吾老以及人之老",让我们设身处地地关爱每一位老人,理解他们的难处和感受。一个座位,一张笑脸,一双搀扶的手,都能使老人们温暖良久……

三、支持老龄事业。"今朝少壮惜白发,来年白发有人怜"。中国已进入老龄化社会,老龄事业任重道远,关系社会发展全局。让我们共同支持老年工作,为老年人创造更好的生活环境。这同时也是在关心我们的明天;毕竟,明天的白发,都曾经是今日的红颜!

"不似春光,胜似春光,万里彩霞伴夕阳。"重阳佳节,让我们暂停忙碌中的脚步,多一些陪伴父母的时间;让我们移开屏幕上的视线,多关注那些苍老而精彩的身影……

九九重阳,真情久久。让我们用心理解老人,关爱老人,孝敬老人,共筑一个温暖的社会!

部直属机关团委

部离退休干部局青年志愿者小组

2013年10月11日

【评析】此文是国土资源部发出的重阳节倡议书,主题十分明确,就是倡议全体国土青年尊老爱老。文章材料的选取,结构的安排,热情洋溢的语言风格等无不体现为主题服务的宗旨。

【任务演练】

自2012年3月省旅游局、省环保局、省计经委联合开展"创建绿色饭店"活动以来,宾馆积极响应,根据"绿色饭店"的评分标准和"创绿"活动的原则和要求,结合宾馆的实际情况,制定了"创绿"的方针与目标。并通过以下几个方面的工作来开展"创建绿色饭店"活动:一是成立创绿活动的管理体系,保证活动全面、深入、有效地开展。宾馆创建了以总经理为领导小组组长、办公室主任为工作小组组长和质检部经理为资料组组长的"绿色饭店"管理机构,做到组织保障;二是积极策划推出绿色营销,倡导绿色消费。宾馆以企业可持续发展思想作为经营理念,以环境保护作为价值观,以消费者的绿色消费为中心和出发点,推行绿色营销,强调消费者利益、环保利益和企业自身利益的有机统一;三是切实做好节支降耗工作,实现经济效益与环境效益的统一。宾馆投入了200余万元改造天然气锅炉系统和溴化锂空调机组,并推出了各种节约用水的措施,在各用水场所贴上节约用水的告示牌,提醒员工节约用水等;四是培养员工的环保意识,开展了多种形式的培训与主题活动,努力使绿色意识深入人心,绿色服务人人掌握。

以上是某宾馆年度总结中的一段,根据材料提炼这段话的主题句。

任务三 秘书写作材料的运用

情景导入

今年是化工分公司组建运作的第一年,公司将按照集团公司发展化工板块以内外贸一体化经营,贸易与实业相结合,采取灵活的经营机制,建立科学规范的管理体系,拓展新的经营领域,发展壮大化工业务板块,尽快形成自身核心竞争力的总体要求,结合实际,提出2013年公司经营思路是以现有化工业务为基础,不断拓展新的资源渠道;探索统购分销模式,建立下游分销网络;大力发展进出口贸易,培育新的增长点;寻找细分市场经营定位,努力实现专业化经营。

2013年,公司主要经营指标,销售收入5亿元(不含税);利润总额1000万元;进出口总额3000万美元,其中进口2500万美元,出口500万美元。主要产品销售实物量:塑料3万吨,混醇1.3万吨,化纤原料2万吨,天然橡胶5000吨,合成橡胶2000吨,木地块6000立方米。

以上两段文字是××公司2013年度工作计划的开头。思考:这些数据材料在计划中起着怎样的作用?

必备知识

一、秘书写作材料的特点

常言道"巧妇难为无米之炊",为了表现主题,需要收集一系列材料,或综合或舍取运用到秘书写作之中,使主题真实立体地表现出来。秘书写作在材料的运用上有以下特点:

(一)真实性

秘书写作要求所有材料确凿无误、持之有据。对材料的时间、地点、数据、事实过程及结果要反复核实,不能任意改动,否则就会使材料本身的价值发生变异,导致歪曲事实的真相和弄虚作假的后果。在材料的解释上,也要有科学的、实事求是的态度。

(二)新颖性

秘书写作是为了解决现实问题而作的即时之作,其主要的材料必须选取能反映现实的最新的情况和最新的统计数据等。

(三)典型性

所谓典型性是指那些最能支持主题和说明问题的材料。典型材料可以是一个具体的事例,也可以是一些有说服力的数据和一些带有普遍性的现象。

二、秘书写作材料的选取

秘书写作材料主要通过直接和间接两种方法获取。

(一)直接材料的获取

1. 在实践之中积累材料

在自身及周围同事的工作实践中获取有价值的事件及数据。

2. 在观察中掌握材料

对要分析的对象作全面、系统、动态的观察,以获取真实、广泛、完整的材料。

3. 在调查中拓展材料

采用合适的调查方法向有关人士了解情况,获取第一手的材料。尤其是市场调查报告、市场预测报告等商务研究报告类文书,调查是必不可少的步骤。

(二)间接材料的获取

此方式是指通过查阅有关文件、正式出版物或企事业单位的资料,或通过网络获取材料。

三、秘书写作材料的正确使用

(一)材料的主次

使用材料时,要分清主次。一般来说,突出事件特征的材料要详写,一般材料可略写;处于主体地位的材料详写,处于从属地位、过渡的材料略写;读者不熟悉的材料详写,熟悉的略写;材料之间角度相异的详写,材料之间相同的略写。

(二)材料的先后

根据主题的需要,按照一定的组织形式,安排材料的先后顺序。在安排顺序时,要考虑材料的主次、时间的先后、材料间的逻辑顺序、人们认识事物的规律、事物发展的过程等因素。

(三)数据材料的正确使用

数据材料是秘书写作中十分重要的材料,有时比文字材料更具体、准确、更能说明问题。如预算、决算报告、经济活动分析报告等主要靠数据说明问题。

运用数据材料一要真实、准确;二要充分运用统计数据,展开分析论证,更好地为主题服务;三是可以适当地使用统计图表。

案例评析

深化教育改革、促进教育公平,实现突破性进展。本着把更多学习选择权交给学生的理念,经过两年多执着研究、广泛征求意见和试点,深化普通高中课程改革方案,以及调整必修课程、建设选修课程、建立学分制和弹性学时制等10个方面的配套性政策措施,于去年秋季在全省普通高中学校全面实施。这标志着在从制度上变更教育模式方面,浙江迈出了重大且具有历史意义的一步。中职专业课程改革累计完成了14个专业78门课程的教材编写工作;新课程已覆盖到96%的学校和50%以上的学生。高校"三位一体"综合评价招生改革试点扩大到17所高校,报名学生和招收学生分别达到10 614人和1 419人。首次开展了农业技术人才、小学全科教师定向招生培养和五年一贯制中高职统筹人才培养、浙江大学拔尖创新人才培养试点。制订促进民办高校和民办中小学校健康发展的政策,扩大了民办学校招生、收费和专业设置等方面的自主权。国际化教育交流与合作进一步扩大,中小学"千校结好"学校新增加441对,高校招收外国留学生数量比上年增加了35%,温州肯恩大学正式获准开展筹建工作,我省获准成为全国第一个自行审批本科及以上高等学历教育中外合作办学项目的省份。

【评析】这是浙江省教育厅2012年工作总结中的一个部分,围绕深化教育改革方面的举措组织材料,运用了典型材料和数据材料,较好地服务于"深化教育改革、促进教育公平,实现突破性进展"这一主题。

【任务演练】

网络上介绍乐山大佛的文字用了这样一组数据:"乐山大佛身高71米,头高14.7米,宽10米。"

介绍乐山大佛的《导游词》中这样写道:"佛像有三十多层楼高,耳朵有四人高,每只脚背上可以停五辆解放牌汽车,脚大拇指上,可以摆一桌酒席。"

这两段材料都是介绍乐山大佛高大的特点。两者在材料的表述上有什么不同?哪个更能体现主题?

任务四 秘书写作结构的安排

 情景导入

在物产集团文艺汇演晚会上的讲话稿

物产集团的同仁们:

大家晚上好!

春潮涌动,万象更新。新的开始承载新的希望。在集团工作会议期间,举办以"你和我,心连心,同为物产人"为主题的文艺汇演,虽然这台晚会因故姗姗来迟,但仍将展现物产人一如既往的情怀、友谊、问候和祝福,展示物产人永无止境的追求、抱负、自信和价值。

站在新的起点上,我们回眸过去,展望未来,感慨万千:

昨天,在国际国内经济快速增长、经营形势良好之时,物产集团正确把握"经济发展、行业变化和企业成长"三大规律,原创性地提出了流通产业化发展战略并着力推进,构建供应链、培育产业链、提升价值链、打造服务利润链,创新实践商业模式,加快传统流通向现代流通的战略转型,实现了跨越式发展。去年,国际金融风暴祸殃全球,流通行业经历了冰火两重天,物产集团在从未有过的如此充满变数的环境中运作,上下同心协力,共克时艰,基本实现软着陆,提前两年实现千亿规模目标,开创了新的历史发展阶段。

今天,在千亿规模平台和百年不遇的金融海啸下运作,希望与困难同在,机遇和挑战并存。在这艰难的越冬之旅中,集团公司提出了"千方百计开拓市场,千锤百炼苦练内功"的工作方针和"良性稳健"的政策导向,对内强基固本,磨砺内功,着手战略升级,优化结构,强化管理,不断创新;对外开疆拓土,区域布局,清晰商务模式、寻找商机,积蓄力量。既为提高风险抵御能力,顺利越冬,也在为春播做好一切准备。寒冬是对企业的一次重大考验,在风浪的冲击下经受过危机历练和困难洗礼的物产团队,必定能全面把握"危"与"机",抓住契机,在千锤百炼中成长、成熟、成功,在千方百计中做大、做强、做久。

明天,求进步、谋发展,永远是浙江物产前进的主旋律。尽管这个冬天的寒冷程度和持续时间众说纷纭,经营环境充满不确定性,但物产人有信心、决心、恒心去迎接挑战,寻求发展。依托多年积聚的网络、资源、文化、团队,依靠物产人的勤勉、坚韧、执着、能力,我们有底、有劲、有谱,去实现物产事业由战略引领向价值引领升级,由做大向做强升华,实现基业常青。

铭记昨天,使我们警醒,处顺境而不骄;反思过去,使我们智慧,临逆境而不馁;展望未来,使我们胸怀高远,在逆境中锤炼,在危机中生存,在挑战中胜出。"上下同欲者胜"。以"你和我,心连心,同为物产人"的心智模式,以物产人的睿智、干练、成熟、大气,共同劈波斩浪,把握时势,化解危机,寻求突破,物产集团必定能在肃杀的严冬中保持生机,迎来春之盎然。

最后,祝演出圆满成功! 祝大家新春愉快、身体健康、合家幸福!

谢谢大家!

上文是一篇公司董事长热情洋溢的讲话稿。思考:该讲话稿是按照怎样的逻辑顺序来安排结构的? 这些段落能够随意调换吗?

必备知识

一、秘书写作结构的特点

(一)直接性

秘书写作对结构的要求和文学写作有明显不同。文学写作讲究波澜起伏,跌宕曲折,以"曲"为美,秘书写作要求开门见山、直截了当点明主题,以"直"为佳。

(二)规约性

秘书写作是经过长期写作实践,逐渐形成较固定的写作结构,以适应实际工作需要,使写作更快速,阅读更便捷,办事效率更高。特别是行政公文,其行文规则由中共中央办公厅和国务院办公厅下文作明确的规定,格式更规范,结构更固定。

(三)条理性

秘书写作要求有严密的思路,表现在结构上要求清晰有条理。在写作中除需根据主题的需要安排好结构外,还需适应不同文体的要求。如写合同就需要将合同的条款按标的、数量和质量、价款或酬金、履行期限、地点和方式、违约责任等内容分条列项地写清楚;写请示要按请示理由、请示事项、请求批准或指示的结束语的顺序安排结构。

二、常见的秘书写作结构模式

(一)单段式

单段式是指正文内容用一个自然段来表达。用于内容少而单一的文种。如介绍信、证明信等常用一段文字来进行写作。

(二)两段式

两段式是指正文内容用两个自然段来表达。如转发、发布性公文中,将发布或转发的文件名和发文意见列为一段,执行要求另为一段。

(三)三段式

三段式是短篇文书比较规范的常用模式。正文分写作目的缘由、写作事项、结尾三段来写。

(四)多段式

多段式用于内容较多、篇幅较长的文书。一般是开头概述基本情况、说明原因、目的、依据,结尾单独成段或省略结尾,主体部分内容分为若干个段,各部分分条列项写。内容多、篇幅长的文书,则用小标题将主体内容分为几个层次来写。

(五)条款式

用分条列项的形式安排结构,给人以眉目清楚、排列有序的印象。如规章制度、计划、合同等较多使用这种形式。

(六)表格式

表格式通常有以下两种形式:一是由机关或企事业单位事先印制好的表格式的规范义本,让使用单位或个人按规定填写。如申请专利、商标的文书、合同、税务征管文书、财务会计文书等大都采用这种形式。二是企事业单位临时制作的表格式文书。如根据写作目的,将有关统计数据编制成表格。

三、秘书写作结构的基本内容及写法

(一)标题

与文学作品形式多样、灵活多变的标题不同,秘书写作的标题通常有四种形式:

1.公文式标题

这类标题程式性强,表达直接而少变化,主要用于公文写作,如《国务院办公厅关于加快发展服务业若干政策措施的实施意见》。

2. 论文式标题

这类标题或表达文章的观点和内容或点明所论述范围。如《千方百计开拓市场　千锤百炼苦练内功》。

3. 提问式标题

如《我们是如何争创国家示范院校的》。

4. 多行标题

主要有正题和副题的双行标题,其中正题更多地突出文章主题,副题则对正题起补充作用,常常说明文章的内容范围和文种,如《迎难而上　开拓市场　苦练内功　转型升级——为全面完成 2013 年各项工作目标任务而努力奋斗》。

(二)开头

秘书写作开头担负着统领全文、揭示主题或全文的作用。一般要求开门见山,直接显露题意。常见的开头方式有:

1. 概述式

这种方式要求用简明扼要的语言,围绕主题介绍有关情况或背景。总结、通报、报告、纪要、调查报告等文种常用此种开头方式。

2. 说明依据式

开头引用上级文件精神或有关法律法规,常以"根据""按照""遵照"等词语领起下文。

3. 陈述目的式

开头以简明的语言,直接说明写作的目的和意义,常用介词"为""为了"领起下文。

4. 说明原因式

开头常用"由于""鉴于""因为"等词领起下文,也可以简述发文原因,再引出写作目的。

5. 议论式

开头用议论的表达方法,表达作者的看法,提出观点。

6. 提问式

先提出问题,然后引出下文。这种开头方式能引起读者的注意和思考。常见于调查报告等文种的写作。

(三)结尾

秘书写作的结尾讲究言尽意尽,不留"余味",不添"蛇足",更不能草率。常用的结尾方法有以下五种:

1. 强调式

对文中提出的问题作强调说明,以引起重视。或用"特此报告""特此通知""特此函达"等结束语强调。

2. 结论式

对文中的主要观点或问题,加以归纳总结或略作重申,以加深印象。

3. 说明式

对与主体内容有关但性质不同的问题或事项作补充交代、说明,以保证内容的完整性。如公文结尾交代施行日期、执行范围、传达对象、与该文规定不符的原有规定如何处置等。

4. 号召式

提出希望,发出号召,展望未来。如通报、市场预测报告等常用此法。

5. 建议式

针对设定的施行目标、产生的问题提出意见和建议。调查报告中的情况调查、问题调查常用此法。

除了上述几种结尾方式外,还有请求式、责令式、表态式等不再一一列举,有的则没有结尾,自然收尾。

 案例评析

敢将经典翻新意,宜化诗魂育灵魂
——浙江经济职业技术学院校园诗教工作综述

一、有源活水清如许,叶茂枝繁沃到根——校园诗教的目标、思路与历程

(一)目标:弘扬民族优秀文化,孕育和谐职业人生。

(二)思路:

1. 立德为本,弘扬民族优秀传统文化。

2. 人文兴学,塑造儒雅和谐职业人生。

3. 立足校园,激发学生欣赏创作能力。

4. 深化理论,引领校园诗教理论前沿。

5. 服务社会,扩大校园诗教辐射影响。

(三)历程

二、浅深红白宜相间,先后仍须次第栽——校园诗教的实施方法与过程

(一)依托社团,组建队伍

(二)坚持创作,多元互补

(三)课内课余,一体联动

(四)自建媒体,拓新窗口

(五)厚积薄发,形成品牌

(六)设立中心,辐射全国

三、三秋树上和谐果,二月枝头诗教花——校园诗教的成效与经验

(一)校园文化诗意浓厚,人文兴学形成特色

(二)学生人格全面发展,职业人生和谐进取

(三)立足校园服务社会,民族文化深入人心

(四)持之以恒锲而不舍,硕果累累广受赞誉

【评析】上述案例是浙江经济职业技术学院诗教总结材料提纲,总体采用逻辑上层层递进的纵式结构,又穿插横式结构,目的是更好地体现文章主题。

【任务演练】

学习上述案例的结构方式,结合自身实际,写一篇大学生活总结,列出结构提纲。

任务五　秘书写作语言的表达

情景导入

邀请函

尊敬的女士/先生:

第十八届中国国际投资贸易洽谈会(简称投洽会)将于 2014 年 9 月 8—11 日在中国厦门举行。投洽会由中华人民共和国商务部主办,以"引进来"和"走出去"为主题,是中国唯一以促进双向投资为目的的国际投资促进活动。

投洽会是经国务院批准,由商务部主办,以展览展示、论坛研讨、项目洽谈为主要内容,是中国目前唯一以促进双向投资为目的的国际投资促进活动,也是通过国际展览业协会(UFI)认证的全球规模最大、影响最广泛的投资性展会。2013 年举办的第十七届投洽会共吸引了 118 个国家和地区的 15 173 名境外人士参会,期间共签订投资项目 1 386 个,总投资额 4 206 亿人民币,其中,利用外资 1 980 亿人民币,对外投资 215 亿人民币,国内投资合作 1 533 亿人民币。作为投洽会的重要内容之一,投资项目对接会(简称"对接会")为投洽会组委会于 2003 年首创,至今已成功举办了 11 届,奠定了国际投资促进新模式。对接会采用综合对接、专题对接、精品对接和投资商投资说明会等有效形式,为外商对华投资、中国企业对外投资以及到第三国投资搭建起便捷、高效的通道,目前已形成了体系齐全、形式多样、成功卓著的"一对一、面对面"高效对接平台,得到了各国政府招商机构、商协会以及投资业界的高度重视和积极追捧。

十年磨剑,春华秋实。第十八届投洽会对接会将继续追踪国际资本流向和热点领域,重点突出新能源、高新科技、现代农业、旅游、服务贸易等热点行业,汇聚了全球数百亿美元资本,储备了超过 4 万个优质项目,进一步创新和改善形式,引导资本与项目精确对接,推动投融资双方的交流合作。

竭诚希望您能拨冗参加对接会,与众多的投资项目零距离接触,在最广泛的范围、最短的时间内,找到最合适的投资项目和合作伙伴。特此奉邀,顺颂身体健康、事业发达!

中国国际投资贸易洽谈会组委会会务部

2013 年 10 月

思考:这篇邀请函语言表达有什么特点？这种语言风格与我们平时的口头语言有什么区别？

 必备知识

一、秘书写作的表达方式

秘书写作中常用的表达方式有叙述、说明、议论三种,而描写、抒情一般在广告、经济新闻等文体中偶尔使用。

(一)叙述

叙述是秘书写作常用的一种表达方式。有的以叙述事实作立论的依据,如通报、经济活动分析报告、市场调查、总结等;有的以叙述事实为依据进行决策和预测;有的对事实作如实反映和记载,如纪要、合同、诉讼文书等。叙述在秘书写作中有如下特点:

1. 记事为主

秘书写作中的记事一般是概括性的事实材料,用来说明事理,提供依据材料,侧重点在叙事而非写人。

2. 客观真实

秘书写作所述事实,必须客观真实,不允许对事实夸大或缩小,更不能歪曲事实或主观臆造;否则就会导致决策失误,使经济活动混乱,使企业和消费者蒙受损失等。

3. 概括叙述

秘书写作的叙述是为得出正确结论作依据的。如通报、报告、总结、调查报告等文书的叙述是为后面分析服务,只需概述事实的主干,而不需要对具体情节进行描写。

4. 多用顺叙

为使秘书写作条理清晰,让读者掌握理解所述的客观事实,秘书写作常常使用顺叙。或按照时间顺序,或以事件发展的顺序,或按人们认识事物的逻辑思维过程来叙述,这样能使较复杂的事实头绪清晰,一目了然。

(二)说明

说明在秘书写作中常常与叙述相结合,起到对客观事物真实介绍的作用。如产品说明书、报告、请示、经济活动分析、合同等,都离不开说明。说明在秘书写作中表现出以下特征:

1. 科学说明

秘书写作需真实客观地反映事物的真实面貌、本质特征,这就要求说明需客观、科学、严肃。

2. 数字说明

说明不但要客观真实,而且要做到准确无误,用数字进行说明就能起到这样的作用。特别是需要反映量的变化时,数字的作用就尤为突出。

3.平实说明

在说明方法使用的过程中,常常使用数字说明、比较说明、定义说明和分类说明等平实的说明方法,而不用比喻、拟人等描写说明。

(三)议论

秘书写作常常用议论的方式进行评论、分析,探寻事物发展的规律,阐述主题。一般有以下两个特点:

1.以数据、材料为依据

与议论文的议论不同,秘书写作中议论不是靠言论的雄辩,而是以无可辩驳的事实材料和数据为依据。

2.与说明、叙述相结合

夹叙夹议、说议结合,是秘书写作中的议论特点。秘书写作往往不单独进行完整的议论,而是依赖于所叙述的事实和说明的现象,在叙述事实和说明现象的基础上进行议论。

二、秘书写作语言的运用

(一)秘书写作语言的特点

秘书写作的语言与文学写作的语言有较大的差别,其主要特点是:

1.程式化

程式化的语言是写作实践的产物,是秘书写作实践中常用的习惯用语,这种语言已经约定成俗,得到了广泛的认可和共识。大致分为下列几个方面:

开端用语:根据、查、兹、兹因、兹有、为了、关于、按照、前接、近查等。

称谓用语:第一人称:本、我;第二人称:贵(平级)、你(上下级);第三人称:该、其。

经办用语:业经、前经、即经、兹经等。

引叙用语:悉、近悉、惊悉、前接、近接等。

期请用语:即请查照、希即遵照、希、希予、请、拟请、恳请、务求、务求等。

表态用语:照办、同意、可行、不宜、不可、不同意、遵照执行等。

征询用语:当否、可否、妥否、是否可行、是否妥当、可否同意等。

期复用语:请批示、请批复、请批准、请函告、请告之、请函复等。

结尾用语:为要、为盼、为荷、特此函达、特此通知、专此报告、特此函复等。

2.书面化

秘书写作性质决定其语言风格,表现为简明、规范、严肃,而书面语能较好地达到这一语言要求,因而秘书写作大多采用庄重的书面语。

(二)秘书写作语言的要求

1.朴实简洁

秘书写作的语言要求准确无误,朴实无华,简洁有力,提倡朴素美、简洁美。不像有些文学作品用华丽多彩的语言去描摹事物,呈现事物的形象。

2.严谨准确

秘书写作语言表达是否严谨有分寸,关系到对问题的判断、处理是否合理、准确。

3.数据规范

秘书写作的数据语言一般要遵守《出版物上数字规范写法》,在日常运用中特别要注意以下几点:一是在同一篇文章中序数数字的体例要统一,不能体例混杂。如"农历初一至初7放假""该县企业所得税收入完成95.6万元,比去年增长百分之十三"两句,前后数字体例书写不规范,需统一书写;二是表示公元世纪、年代、年、月、日、时刻均需使用阿拉伯数字,而星期则用汉字。如"21世纪""90年代""星期五"等;三是邻近两个数字并列表示概数时,应该用汉字书写,数字与数字之间不能用顿号将其隔开。如"3、4天"应写成"三四天",且"三"和"四"之间不能用顿号隔开;四是结构层次标序规范,依次为:一、(一)、1.、(1)。

案例评析

截止上个礼拜五,安泰共计为我司发货843.36吨,合计货款为2 632 661.6元。同时天津公司已经卖出810.36吨,回款约2 450 000(余下和平库33吨)。周六安泰又有发货,具体明细需等待。

总的说来,安泰钢厂仍然在继续运转。从国庆后起的一个月,安泰时隔几天发一点货,量不大,但工厂还是坚持在发。

在过去的两个礼拜安泰发货的情况不好,原因除了安泰收款较多发货难排之外,还因为目前安泰工厂的线材轧制线已经在生产,每天吃掉安泰1 500吨产出钢坯中的600吨钢坯,因此剩余的钢坯在满足工厂收款发货之外再给欠款单位发货就比以前更困难。安泰也考虑到了目前钢坯较紧的情况,已经有了在原有450高炉运行的情况下再点一个小高炉的考虑。

11月,争取对安泰继续加大工作力度,加快安泰的发货速度,至少再发1 000吨货出来。

【评析】以上是某公司重点风险业务跟踪周报中的一个部分,该文语言表述不够庄重严谨,过于口语化,影响表达效果,应使用规范的书面语言。

【任务演练】

据了解,二○○八年以前,杭州学车人数每年都在十三至十八万之间,但去年,杭州市一百零五家驾培机构的培训量突破了二十万人次,达到二十三点八万,同比增长百分之25.9,增长最快的是嘉兴,达到85 000人,同比增长四十五个百分点。

根据数字语言规范化的要求,修改上述不规范的数字。

综合实训

一、知识目标鉴定

(一)正确说出秘书写作的特点。

(二)正确解答秘书写作与文学写作的区别。

（三）正确判别秘书写作主题与文学写作主题的区别。

（四）正确说出秘书写作对材料的具体要求。

（五）正确说出秘书写作常用开头方法、结尾方法和结构方式。

（六）正确说出秘书写作常用表达方式和语言要求。

二、能力目标鉴定

（一）阅读下面的材料，完成练习。

1. 每段各用一句话概括段旨，填入段前括号中。

2. 用一句话概括整篇文章的主题，填入下面的括号中。

（   ）

各省、自治区、直辖市人民政府，国务院各部委、各直属机构：

我国人多地少，耕地资源稀缺，当前又正处于工业化、城镇化快速发展时期，建设用地供需矛盾十分突出。切实保护耕地，大力促进节约集约用地，走出一条建设占地少、利用效率高的符合我国国情的土地利用新路子，是关系民族生存根基和国家长远利益的大计，是全面贯彻落实科学发展观的具体要求，是我国必须长期坚持的一条根本方针。现就有关问题通知如下：

按照节约集约用地原则，审查调整各类相关规划和用地标准

（   ）。各类与土地利用相关的规划要与土地利用总体规划相衔接，所确定的建设用地规模必须符合土地利用总体规划的安排，年度用地安排也必须控制在土地利用年度计划之内。不符合土地利用总体规划和年度计划安排的，必须及时调整和修改，核减用地规模。

（   ）。要按照合理布局、经济可行、控制时序的原则，统筹协调各类交通、能源、水利等基础设施和基础产业建设规划，避免盲目投资、过度超前和低水平重复建设浪费土地资源。

（   ）。城市规划要按照循序渐进、节约土地、集约发展、合理布局的原则，科学确定城市定位、功能目标和发展规模，增强城市综合承载能力。要按照节约集约用地的要求，加快城市规划相关技术标准的制定和修订。尽快出台新修订的人均用地、用地结构等城市规划控制标准，合理确定各项建设建筑密度、容积率、绿地率，严格按国家标准进行各项市政基础设施和生态绿化建设。严禁规划建设脱离实际需要的宽马路、大广场和绿化带。

（   ）。要健全各类建设用地标准体系，抓紧编制公共设施和公益事业建设用地标准。要按照节约集约用地的原则，在满足功能和安全要求的前提下，重新审改现有各类工程项目建设用地标准。凡与土地使用标准不一致的建设标准和设计规范，要及时修订。要采取先进节地技术、降低路基高度、提高桥隧比例等措施，降低公路、铁路等基础设施工程用地和取弃土用地标准。建设项目设计、施工和建设用地审批必须严格执行用地标准，对超标准用地的，要核减用地面积。今后，各地区、各部门不得开展涉及用地标准并有悖于节约集约用地原则的达标评比活动，已经部署开展的相关活动要坚决停下来。

（二）请将下列材料按以下标准分类，并将其序号填在该类标题后的括号里。

1. 贸资结合，拓宽资源渠道。

2. 开展区域集成运作，实现有效资源和有效市场紧密对接。

3. 总结宁波、台州经验，发展模式经济。

4. 建立资源采销联盟。

5. 提升酒店业务发展层次。

6. 铁矿石供应链重抓源头。

7. 拓建连锁分销网络，快速占领终端市场。

8. 夯实内外贸供应链合作基础。

9. 贸实结合，拓宽有色供应链发展平台。

10. 提高油品业务服务集成能力。

11. 促进其他业务迈上新台阶。

12. 积极配合推进唐山物流项目，发展现代生产性物流服务。

13. 船舶供应链开展深层次合作。

14. 拓宽加工增值品种，保存量求增量。

15. 钢坯、基板供应链实现增量。

16. 开辟项目配供新领域。

17. 推进油品经营规模持续上升。

18. 强化电子交易平台运营。

拓展分销网络发展空间（　　　　　　　　　）

拓展有效资源采购空间（　　　　　　　　　）

拓展多元业务质量空间（　　　　　　　　　）

拓展油品业务增长空间（　　　　　　　　　）

拓展多样性增值空间（　　　　　　　　　）

拓展供应链运作空间（　　　　　　　　　）

（三）指出下列短文开头所使用的方式。

1. 为贯彻落实浙江省物产集团公司《关于在浙江经济职业技术学院设立"浙江物产奖学金"的决定》（浙物产〔2006〕36号）文件精神，扎实推进浙江物产集团及成员企业与浙江经济职业技术学院实施产学研结合的人才培养模式，开展定单式人才培养工作，特制定本指导意见。（　　　　　　）

2. 2008年，对物产集团来说是极不寻常的一年，百年不遇金融海啸席卷全球，宏观经济变化多端，生产资料价格跌宕起伏，经营环境惊心动魄，我们从来没有在如此充满变数的环境中运作，也从来没有遇到过这么大的风浪冲击。集团上下万众一心、众志成城，认真贯彻"拓展发展空间，提升管理水平"工作方针、"良性稳健"政策、"逆势应对、顺势而为"策略，早部署，勤判断，处顺境而不骄，临逆境而不馁，努力在逆境中锤炼，在危机中生存，在挑战中胜出，聚各行之力，集各方之智，筹集团之势，扬团队之劲，经济工作基本实现

软着陆,提前两年实现千亿规模,磨砺了物产人的睿智、干练、成熟、大气,实现了物质与精神、成长与成熟的升华。(　　　　　)

3.电视、报纸、广播、网络……对于许多女性来说,传媒已经成为了生活中不可缺少的一部分,并在潜移默化地影响和改变着她们的观念。传媒在女性的生活中占什么样的位置? 她们的阅读习惯是什么? 哪些题材是女性最不喜欢的题材? 为了了解这些,中国妇女杂志社和华坤女性调查中心就"女性阅读习惯和倾向"题目对北京地区的女性读者进行了问卷调查。调查共收回问卷 967 份,接受调查的女性年龄在 29～30 岁的占 29.14%,30～49 岁的占 56.95%,50 岁以上的占 10.16%;接受调查的女性中专以下学历的占34.22%,大专学历的占 35.56%,大学本科以上学历的占 28.14%。(　　　　　　)

(四)从括号中选择合适的词,在下面画上横线。

(兹　这里)介绍(本　我)公司王小全等(三　叁)人前往(贵　你)公司(商洽　商量)合作办学(事宜　事情),请予(接待　接洽)(为荷　为好)。

项目二 党政机关公文写作基础知识

【知识目标】

了解党政机关公文的含义和特点。

理解党政机关公文的作用。

了解党政机关公文的种类。

懂得党政机关公文的写作格式。

【能力目标】

熟练掌握党政机关公文的行文规则。

能够根据实际需要正确选择得体的文种写作公文。

能够运用电脑熟练制作公文的格式模板。

能在公文写作中选择合理的表达方式、熟练运用庄重的书面语言、正确把握公文写作的语体风格。

职场情境

经过一段时间的学习和实践以后,俞琴初步懂得了秘书写作的特点和要求,很快俞琴接到一个任务:由于公司正在发展的起步阶段,许多管理制度还不够规范,在公文的制作、流程等方面均存在问题,因此,领导要求俞琴根据公司的实际情况,制定规范的公文处理办法。

项目描述

在学校学习期间,俞琴已经学习过《党政机关公文处理工作条例》和《党政机关公文格式》,因此,对于领导交给的这个任务俞琴并不觉得有多少困难,只是跟其他文书相比公文在行文规则上有更严格的规定,必须熟练掌握现行公文的种类,熟悉上行文、下行文和平行文的格式要求,制作规范的格式模板,规范签收、登记、审核、拟办、批办、承办、催办等程序。

任务一　党政机关公文的含义、特点和作用

情景导入

2012 年 1 月 31 日,新华社授权播发《中共中央　国务院关于加快发展现代农业　进一步增强农村发展活力的若干意见》,出台一批新的强农惠农政策。这是新世纪以来的连续第十个关注"三农"的中央一号文件。

思考:中共中央、国务院为什么要以公文方式关注三农问题? 这种发文方式与一般的事务文书有什么区别? 我国进入新世纪后,中央一号文件连续 10 年锁定"三农"有什么深远的意义?

必备知识

一、党政机关公文的含义

党政机关公文,又叫红头文件,简称公文。《党政机关公文处理工作条例》总则第三条规定:党政机关公文是党政机关实施领导、履行职能、处理公务的具有特定效力和规范体式的文书,是传达贯彻党和国家方针政策,公布法规和规章,指导、布置和商洽工作,请示和答复问题,报告、通报和交流情况等的重要工具。

二、公文的特点

(一) 政治性和政策性

公文的基本内容是党政机关的指挥意志、行动意图、公务往来与活动情况的系统实录,直接反映了党政机关的意志与根本利益。是实施管理、发布法规、下达指示的特定形式,它与人民群众的利益和社会生活密切相关,具有很强的政策性。

(二) 法定性和权威性

公文被称为机关的喉舌,具有法定的作者和读者,其作者是公文的制发机关。文学作品人们可看也可不看,学术论文的内容和观点,人们可以赞同,也可以批评,公文的内容则需要人们理解、执行,具有明显的法定权威性。领导机关发布的决定、决议、批复等有领导权威;权力机关发布的法律、法规、条例等,有法律权威;政策机关发布的政令、意见、通告等有指挥权威。各级组织必须切实遵照执行,不得违反。

(三) 规范性和庄重性

公文的制作、使用、处理程序要严格按照《党政行政机关公文处理工作条例》有关规定办理。公文的内容,包括主题、材料、结构和语言要符合行文规则与客观实际。公文文体和写作格式要标准化,不能自搞一套。公文的语言要严谨庄重,使用规范的现代汉语书面

语言。公文的语言、语气必须符合发文机关的职权范围、发文目的、特定文体表达的需要，把握上行文、下行文和平行文的不同用语。

三、公文的作用

（一）领导指挥作用

公文可以用来记录和传达上级指示精神，布置工作，指导工作，宣传方针、政策，帮助人们提高认识，统一思想，统一行动，步调一致。

（二）行为规范作用

公文可以用来颁布法规，传达指示。制定方针、政策，发布法律、法规、政令，规定人们行为规范的法律约束作用。

（三）联系纽带作用

公文可以用来反映情况、请示工作、交流经验、互通情况、商洽工作的联系知照作用。

（四）依据凭证作用

公文还是上级机关贯彻意图，下级机关根据意图执行的凭证依据。

案例评析

朱丹原是某中学的教师，前几年调入某职业技术学院工作。今年，朱丹准备申报副教授职称评选，学校要求其提供讲师职称任职证书。这时，朱丹才想起前几年由于在家生孩子，没有交照片，讲师资格证书没有及时办理。于是，朱丹赶到市教委找到评职称的文件复印下来，顺利完成了申报任务。

【评析】上述案例充分说明公文的法定权威性和依据凭证作用。

【任务演练】

搜集学校下发的文件，仔细体会公文的特点和作用。

任务二 党政机关公文的种类

情景导入

中国内地行政公文文种经历的六次变化：

20世纪50年代的7类12种：1. 报告、签报；2. 命令；3. 指示；4. 批复；5. 通报、通知；6. 布告、公告、通告；7. 公函、便函。

20世纪80年代早期的9类15种：1. 命令、令、指令；2. 决定、决议；3. 指示；4. 布告、公告、通告；5. 通知；6. 通报；7. 报告、请示；8. 批复；9. 函。

20世纪80年代后期的10类15种：1. 命令（令）、指令；2. 决定、决议；3. 指示；4. 布告、公告、通告；5. 通知；6. 通报；7. 报告、请示；8. 批复；9. 函；10. 会议纪要。

20 世纪 90 年代的 12 类 13 种:1. 命令(令);2. 议案;3. 决定;4. 指示;5. 公告、通告;6. 通知;7. 通报;8. 报告;9. 请示;10. 批复;11. 函;12. 会议纪要。

2000 年的 13 类 13 种:1. 命令(令);2. 决定;3. 公告;4. 通告;5. 通知;6. 通报;7. 议案;8. 报告;9. 请示;10. 批复;11. 意见;12. 函;13. 会议纪要。

2012 年党政机关公文统一为 15 种:1. 决议;2. 决定;3. 命令;4. 公报5. 公告;6. 通告;7. 意见;8. 通知;9. 通报;10. 报告;11. 请示;;12. 批复;13. 议案;14. 函;15. 纪要。

思考:公文种类的变化与当时的意识形态有没有一定的联系?从这些变化的文种中可以看出什么特点?

 必备知识

一、现行公文种类

公文种类简称文种。根据 2012 年 4 月中共中央办公厅、国务院办公厅发布的《党政机关公文处理工作条例》(2012 年 7 月 1 日施行)第二章规定,现行公文文种有十五种:

(一)决议

适用于会议讨论通过的重大决策事项。

(二)决定

适用于对重要事项作出决策和部署、奖惩有关单位和人员、变更或者撤销下级机关不适当的决定事项。

(三)命令(令)

适用于公布行政法规和规章、宣布施行重大强制性措施、批准授予和晋升衔级、嘉奖有关单位和人员。

(四)公报

适用于公布重要决定或者重大事项。

(五)公告

适用于向国内外宣布重要事项或者法定事项。

(六)通告

适用于在一定范围内公布应当遵守或者周知的事项。

(七)意见

适用于对重要问题提出见解和处理办法。

(八)通知

适用于发布、传达要求下级机关执行和有关单位周知或者执行的事项,批转、转发公文。

(九)通报

适用于表彰先进、批评错误、传达重要精神和告知重要情况。

(十)报告

适用于向上级机关汇报工作、反映情况,回复上级机关的询问。

（十一）请示

适用于向上级机关请求指示、批准。

（十二）批复

适用于答复下级机关请示事项。

（十三）议案

适用于各级人民政府按照法律程序向同级人民代表大会或者人民代表大会常务委员会提请审议事项。

（十四）函

适用于不相隶属机关之间商洽工作、询问和答复问题、请求批准和答复审批事项。

（十五）纪要

适用于记载会议主要情况和议定事项。

二、公文的行文关系

按行文关系，这十五种公文可以分为：上行文、平行文、下行文。

上行文：向上级机关报送的公文，如请示、报告等。

平行文：同级机关和不相隶属机关之间来往的公文，如函。

下行文：向下级机关发送的公文，如命令、决定、通知、通报、批复等。

三、公文的紧急程度

按紧急程度行政公文分为：特急、加急、常规三类。

四、按密级分类

按密级行政公文分为：绝密、机密、秘密、普通四类。

案例评析

关于办理倪济华退休手续的申请

××集团公司人力资源部：

兹有我下属公司(××物业管理有限公司)职工倪济华，男，1950年11月13日出生，今年已满60岁。根据国务院国发〔1988〕104号文件精神，符合退休条件，特报集团公司望予以批准办理相关手续。

特此申请。

××国际贸易有限公司
2010年11月8日

【评析】该文是某企业的真例，在文种的选择和行文对象上均存在着不规范。

【任务演练】

修改上述公文，使之规范化。

任务三　党政机关公文的写作格式

情景导入

公务文书有格式、有规范、有模式,如果对其中的格式规范模式知之不多,即便是作家,抑或硕士、博士也很难写出一篇规范的公文。反之,大专学生甚至中学毕业生,只要掌握了公文的规范模式,亦可妙笔生花,写出有公务价值的实用文书,大大提高工作效率。

以上是范兰德教授编写的《行政公文格式与处理规范》前言中的一段话,公文格式果真有如此重要吗? 学了这一任务,你肯定就会有切身体会了。

必备知识

一、公文的写作格式

公文纸张规格:A4 型纸(210 mm×297 mm)。

公文装印格式:左侧装订。排版一律从左至右横排排版规格:正文一般用 3 号仿宋字,一般每面排 22 行,每行排 28 个字,特定情况可作适当调整。

公文页码:一般用 4 号半角宋体阿拉伯数字,编排在公文版心下边缘之下,数字左右各放一条一字线;一字线上距版心下边缘 7 mm。单页码居右空一字,双页码居左空一字。公文的版记页前有空白页的,空白页和版记页均不编排页码。公文的附件与正文一起装订时,页码应当连续编排。

公文格式各要素划分为版头、主体、版记三部分。

(一)版头

1. 份号

如需标注份号(涉密公文应当标注份号),一般用 6 位 3 号阿拉伯数字,顶格编排在版心左上角第一行。

2. 密级和保密期限

如需标注密级和保密期限,一般用 3 号黑体字,顶格编排在版心左上角第二行;保密期限中的数字用阿拉伯数字标注。秘密等级和保密期限之间用"★"隔开。

3. 紧急程度

如需标识紧急程度,一般用 3 号黑体字,顶格编排在版心左上角;如需同时标注份号、密级和保密期限、紧急程度,按照份号、密级和保密期限、紧急程度的顺序自上而下分行排列。

4. 发文机关标志

由发文机关全称或规范化简称后面加"文件"组成;也可以使用发文机关全称或者规范化简称。发文机关标志居中排布,上边缘至版心上边缘为 35 mm,推荐使用小标宋字体,颜色为红色,以醒目、美观、庄重为原则。

联合行文时,发文机关标志可以并用联合发文机关名称,也可以单独用主办机关名称。如需同时标注联署发文机关名称时,一般应当将主办机关名称排列在前;如有"文件"二字,应当置于发文机关名称右侧,以联署发文机关名称为准上下居中排布。

5.发文字号

由发文机关代字、年份和发文顺序号组成。编排在发文机关标志下空二行位置,居中排布。年份、发文顺序号用阿拉伯数字标注;年份应标全称,用六角括号"〔〕"括入;发文顺序号不加"第"字,不编虚位(即 1 不编为 01),在阿拉伯数字后加"号"字。如:浙物产〔2013〕8 号。

上行文的发文字号居左空一字编排,与最后一个签发人姓名处在同一行。联合行文时,使用主办机关的发文字号。

发文字号之下 4 mm 处印一条与版心等宽的红色反线。

6.签发人

上行文应当标注签发人姓名。由"签发人"三字加全角冒号和签发人姓名组成,居右空一字,编排在发文机关标志下空二行位置。"签发人"三字用 3 号仿宋字体,签发人姓名用 3 号楷体字。

联合行文上行文,标上每个单位签发人,按照发文机关的排列顺序从左到右、自上而下依次均匀编排,一般每行排两个姓名,回行时与上一行第一个签发人姓名对齐。发文字号与最后一个签发人姓名处在同一行并使红色反线与之的距离为 4 mm。

(二)主体

1.标题

由发文机关名称、事由和文种组成。一般用 2 号小标宋字体,编排于红色分隔线下空二行位置,分一行或多行居中排布;回行时,要做到词意完整,排列对称,长短适宜,间距恰当,标题排列应当使用梯形或菱形。

2.主送机关

公文的主要受理机关,应当使用机关全称、规范化简称或者同类型机关统称。在标题下空 1 行,左侧顶格用 3 号仿宋字体。

3.正文

公文首页必须显示正文。一般用 3 号仿宋字体,编排于主送机关名称下一行。文中结构层次序数依次可以用"一、""(一)""1.""(1)"标注;一般第一层用黑体字、第二层用楷体字、第三层和第四层用仿宋字体标注。

4.附件说明

公文如有附件,在正文下空一行左空 2 字用 3 号仿宋字体标识"附件",后标全角冒号和名称。二份以上附件需用阿拉伯数字标出附件顺序号。如:

　　附件:1.××××

　　　　2.××××

附件名称后不加标点符号。附件名称较长需回行时,应当与上一行附件名称的首字对齐。

5. 发文机关署名、成文日期和印章。

发文机关署名:署发文机关全称或者规范化简称。

成文日期:署会议通过或者发文机关负责人签发的日期。联合行文时,署最后签发机关负责人签发的日期。成文日期一般右空 4 字编排,用阿拉伯数字将年、月、日标全,年份应标全称,月、日不编虚位(即 1 不编为 01)。印章用红色,不得出现空白印章。

单一机关行文时,一般在成文日期之上、以成文日期为准居中编排发文机关署名,印章端正、居中下压发文机关署名和成文日期,使发文机关署名和成文日期居印章中心偏下位置,印章顶端应当上距正文(或附件说明)一行之内。

联合行文时,一般将各发文机关署名按照发文机关顺序整齐排列在相应位置,并将印章一一对应、端正、居中下压发文机关署名,最后一个印章端正、居中下压发文机关署名和成文日期,印章之间排列整齐、互不相交或相切,每排印章两端不得超出版心,首排印章顶端应当上距正文(或附件说明)一行之内。

当公文排版后所剩空白处不能容下印章或签发人签名章、成文日期时,可以采取调整行距、字距的措施解决。

6. 附注

公文印发传达范围等需要说明的事项。公文如有附注,用 3 号仿宋字体,居左空 2 号字加圆括号标识在成文时间下一行。

7. 附件

公文正文的说明、补充或者参考资料。附件应当另面编排,并在版记之前,与公文正文一起装订。"附件"二字及附件顺序号用 3 号黑体字顶格编排在版心左上角第一行。附件标题居中编排在版心第三行。附件顺序号和附件标题应当与附件说明的表述一致。附件格式要求同正文。

如附件与正文不能一起装订,应当在附件左上角第一行顶格编排公文的发文字号并在其后标注"附件"二字及附件顺序号。

(三)版记

版记中的分隔线与版心等宽,首条分隔线和末条分隔线用粗线(推荐高度为 0.35 mm),中间的分隔线用细线(推荐高度为 0.25 mm)。首条分隔线位于版记中第一个要素之上,末条分隔线与公文最后一面的版心下边缘重合。

1. 抄送机关

除主送机关外需要执行或者知晓公文内容的其他机关,应当使用机关全称、规范化简称或者同类型机关统称。如有抄送机关,一般用 4 号仿宋字体,在印发机关和印发日期之上一行、左右各空一字编排。"抄送"二字后加全角冒号和抄送机关名称,回行时与冒号后的首字对齐,最后一个抄送机关名称后标句号。

2. 印发机关和印发日期

公文的送印机关和送印日期。一般用 4 号仿宋字体，编排在末条分隔线之上，印发机关左空一字，印发日期右空一字，用阿拉伯数字将年、月、日标全，年份应标全称，月、日不编虚位（即 1 不编为 01），后加“印发”二字。

二、公文的常用版式

下行文首页版式：

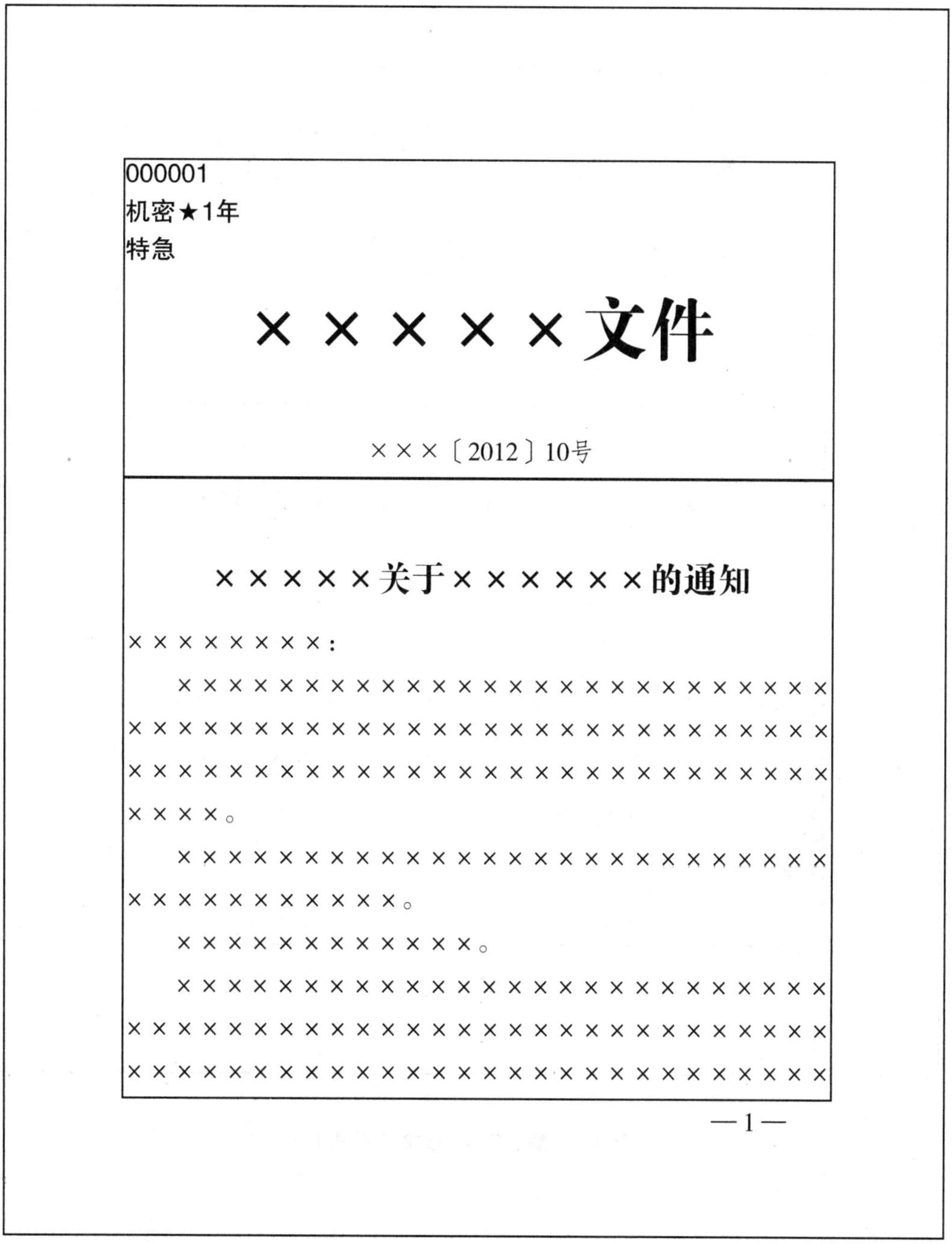
000001
机密★1年
特急

××××× 文件

×××〔2012〕10号

×××××关于××××××的通知

×××××××××：

　　××××××××××××××××××××××××××
××××××××××××××××××××××××××××
××××××××××××××××××××××××××××
××××。

　　××××××××××××××××××××××××××
×××××××××××。

　　××××××××××××。

　　××××××××××××××××××××××××××
××××××××××××××××××××××××××××
××××××××××××××××××××××××××××

—1—

图 1.1　公文首页版式

联合行文下行文首页版式：

000001
机密★1年
特急

××××××

×　×　　　×　文件

××××××

×××〔2012〕10号

×××××关于××××××的通知

×××××××：

　　×××××××××××××××××××××××××。

　　×××××××××××××××××××××××××××

××××××××××××××××××××××××××

×××××××××××××××××××××××××××

××××。

　　××××××××××××××××××××××××

——1——

图1.2　联合行文公文首页版式1

上行文首页版式：

000001

机　密
特　急

××××××

×　　×　　　×

×××××

签发人：×××　　×××
×××

×××〔2012〕10号

×××××关于×××××××的请示

×××××××：

　　×××××××××××××××××××××××××××
×××××××××××××××××××××××××××××××
××××××××××××××××××××××××××××××××
××××。
　　×××××××××××××××××××××××××××

—1—

图1.3　联合行文公文首页版式2

公文末页版式：

××××××××××××××。
　××××××××××××××××××××
××××××××××××××××××××××
××××××××××。

　　×××部
2012年7月1日

（×××××）

抄送：××××××××，×××××××××，×××××，
　　×××××。

×××××××××　　　　　　　　　　2012年7月1日印发

图1.4　公文末页版式1

联合行文末页版式：

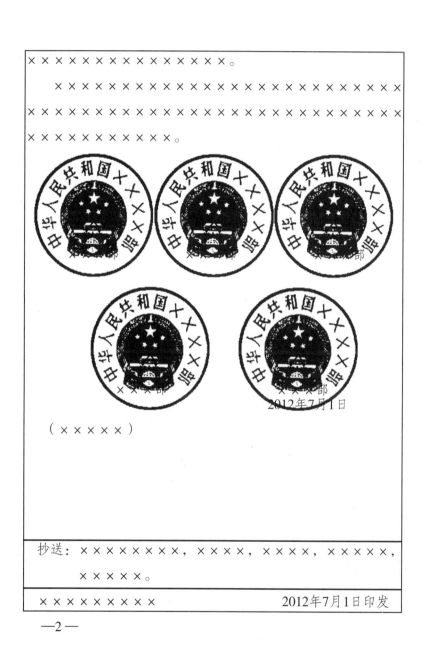

图 1.5　联合行文公文末页版式 2

带附件末页版式：

××××××××××××。
　　×××××××××××××××××××
××××××××××××××××××××××
××××××××××。
　　附件：1.×××××××××××××××××××
　　　　　　××××
　　　　　2.××××××××××××

　　　　　　　　　　×××××××
　　　　　　　　　　　×　　×　　×
　　　　　　　　　　2012年7月1日
　（×××××）

—2—

图1.6　附件说明页版式

附件2

　　×××××××××××

　　　×××××××××××××××××××
×××××××××××××××××××××××
×××。
　　　×××××××××××××××××××××
×××××××××××××××××××××××
×××××××××××××××××××××××
×××××××××××××××××××××××
×××××××××××××。

抄送：×××××××××，××××，××××，×××××，
　　　×××××。

×××××××××　　　　　　　　　　2012年7月1日印发

—4—

图1.7 带附件公文末页版式

三、公文的写作要求

公文起草应当做到：

(1)符合国家法律法规和党的路线方针政策,完整准确体现发文机关意图,并同现行有关公文相衔接。

(2)一切从实际出发,分析问题实事求是,所提政策措施和办法切实可行。

(3)内容简洁,主题突出,观点鲜明,结构严谨,表述准确,文字精练。

(4)文种正确,格式规范。

(5)深入调查研究,充分进行论证,广泛听取意见。

案例评析

关于举办××地区2013年迎新春室内五人制足球比赛的通告

×体发[2013]11号

各县市、各单位、各足球爱好者:

认真贯彻(体育法和全民健身条令)进一步普及和提高我区足球运动的水平,活跃各族人民的节日气氛,为跟好的服务××地区的稳定,××地区足协决定2013年1月25日到2月5日在××体育馆举办举办××地区2013年迎新春室内五人制足球比赛,各县市、各单位、接到此通知以后积极组队按时报名参加。

附件:《××地区2013年迎新春室内五人制足球比赛的规程》

××地区足球协会

二〇一二年一月二十八日

【评析】该文在公文标题、字号、主送机关、正文内容、附件说明、发文机关署名、发文日期等方面均存在着不规范。

【任务演练】

根据《党政机关公文处理工作条例》和《党政行政机关公文格式》的相关要求,修改上述公文。

综合实训

一、知识目标鉴定实训

(一)正确说出党政机关公文的含义、特点和作用。

(二)正确说出现行公文的种类和适用范围。

(三)正确说出公文格式由哪几部分组成,每一部分有哪些格式要求。

二、能力目标鉴定实训

通过电脑制作上行文和下行文的规范版式。

模块二 行政秘书常用写作

项目一 行政事务文书写作

【知识目标】

懂得计划的写作结构、要素和注意事项。

懂得总结的写作结构、要素和注意事项。

懂得述职报告的写作结构、要素和注意事项。

熟悉公司常用的规章制度以及写作要求。

【能力目标】

能根据实际需要写作各类计划书。

能根据实际需要写作总结。

能正确区分总结与述职报告，能根据实际需要写作述职报告。

能制定出公司常用的规章制度。

职场情境

俞琴通过回炉学习和大量地阅读公司以前的文书，对一般事务文书的写作有了更为深刻的认知。很快，临近年底，公司决定举办年度表彰会，俞琴主要负责表彰会的策划；同时，年底公司需要做好2013年度工作总结和2014年度工作计划；领导班子还需要述职；对公司各部门还需要考核；公司还要求俞琴修改完善年度考核制度。

项目描述

俞琴对自己的工作任务进行了仔细梳理。首先，年度表彰会每年都搞，今年第一次由她策划，要想搞出特色，体现水平，使领导和员工满意，必须先开展调查，多方面听取意见和建议，学习兄弟单位的经验，在此基础上写出策划方案；其次，在仔细研究各部门总结的基础上完成2013年公司总结，在此基础上完成公司班子集体述职报告，同时制订好2014年工作计划；最后，在听取意见的基础上修改完善年度考核制度。

任务一 计划的写作

情景导入

把时间的刻度调回到1953年,这一年,中国历史上第一个举国发展目标——"国民经济发展计划"诞生了。从此,伴随着共和国的成长,一个又一个"五年计划"成了中国国民经济计划的一部分。它主要是对全国重大建设项目、生产力分布和国民经济重要比例关系等作出规划,为国民经济发展远景规定目标和方向。它不断调整着中国经济、社会发展航程的节奏和航向。新中国成立60年来,从筚路蓝缕中寻求兴邦之道,到如今坚定不移地坚持改革开放;从探索前行的"计划",到新变化、新趋势、新要求下的科学"规划";11个"五年",见证了奋起,见证了激情,见证了危机,见证了转折,见证了亿万人民的奋斗历程,见证了共和国和平崛起的步伐。从1953年第一个"五年计划"开始至今,已经编制了十个"五年计划"和两个"五年规划"。目前全国上下正按照《国民经济和社会发展第十二个五年规划纲要》提出的目标,为全面建设小康社会、实现中华民族伟大复兴的中国梦而努力奋斗。

思考:计划在我们的日常工作中到底发挥着怎样的作用?

必备知识

一、计划的含义

计划是党政机关、社会团体、企事业单位和个人为了实现某一管理目标、完成某项任务或开展某项工作而预先作出安排与部署的一种事务文书。

计划是各种计划类文书的统称。常见的"安排""打算""规划""设想""方案""要点"等,都属于计划一类。

"安排",往往是预订在短时间内要做的一些具体事情。

"打算",准备在近期要做,但对其中的指标或措施等考虑还不是很周全,内容上往往只作一些原则性的要求。

"规划",是一种长远、宏大的计划,时间长,范围宽,涉及面广,内容概括,带有全局性,而在理论上须论证可行性,提出可能实现的奋斗目标。

"设想",为较长远的工作任务或某种目标着想,做粗线条式的、非正式的安排。

"方案",是对专业性比较强的单项工作进行较全面的、周密具体的部署和安排,包括目的要求、方式方法、时间安排,措施、步骤等。

"要点",是带有全局性的总体工作计划,是对工作的主要方面的安排,突出重点。

二、计划的种类

根据不同的标准,计划可分为不同的种类。按性质分,有综合性计划和专题性计划;按内容分,有学习计划、工作计划、科研计划、生产计划等;按时间分,有长期计划、中期计划、短期计划三类,具体还可分成五年、十年规划、年度计划、季度计划、月份计划、周计划等;按范围分,有国家计划、省市计划、地区计划、部门计划、单位计划、个人计划等;按形式分,有条文式计划、表格式计划、条文加表格式计划;按指挥性强弱程度分,有指令性计划、指导性计划等。

 能力技巧

一、计划的写作技巧

表格式计划的写法比较简单,只要把计划的内容一项一项用表格的形式加以罗列,并辅以简要的文字说明即可。这里主要说说条文式计划的写作技巧。

条文式计划一般由标题、正文、落款三部分组成。

(一)标题

计划的标题一般由单位名称、适用时间、内容概要、文种组成。单位名称可省略。如《长江学院2014年招生工作计划》《宏大公司2014年销售工作要点》。

(二)正文

计划的正文一般由前言、主体和结语三部分组成。

1. 前言

前言主要写制订计划的目的、依据、要求、背景和指导思想等。一般可用"为此,特制订计划如下""为此,我们将做好以下几方面工作"等过渡语转入主体部分。

2. 主体

主体主要写清楚计划的"三要素",即目标、措施和步骤安排。

(1)目标。即工作要达到的数量、质量要求。一般由总目标和具体任务构成,解决做什么的问题。

(2)措施。包括工作制度、具体规定、执行任务办法、分工情况、责任、配合协作关系等,解决如何做、由谁做的问题。

(3)步骤。即工作的程序、进程等,解决何时做的问题。

计划主体的结构模式主要有以下两种:一是按照三要素的顺序分条列项;二是以目标任务为小标题,每一小标题下写出实现相应目标任务的措施、步骤。

3. 结尾

计划的结尾一般概述完成计划的有利条件或完成计划的信心与决心,或提出号召,鼓舞士气等,一般要求简洁,点到为止,不必啰唆。这部分内容也可省略,依照行文需要确定。

（三）落款

落款写计划的制订者、制定日期。如标题中有制订者,则此处可省略。如果是上传下达的计划,还要盖上单位的公章。

二、计划的写作要求

（一）调查研究

制订计划时不能闭门造车,凭空想象,否则,计划就会脱离实际,不能实施。因此,制订计划时,要深入调查,广纳建议,尤其是制订全局性、前瞻性的长远规划时,还要经过认真分析和充分论证,草拟若干个方案,广泛征求群众和专家意见,再修改定稿。

（二）实事求是

制订计划,一定要从本单位、本部门的实际出发,把上级的指示、部署和要求具体化,因地制宜,切实可靠。切忌说假话、大话和空话,搞脱离实际的空头计划。

（三）合理可行

计划的指标和任务要根据实际情况,定得既积极又稳妥,不能盲目冒进,把计划定得太高,让人望而却步,失去信心;也不能僵化保守,把目标定得太低,不利于调动群众的潜力和积极性。

（四）防止通病

在计划写作中经常出现这样两种通病:一是计划中的措施办法过于笼统抽象,缺乏针对性和具体性,无法实际操作;二是沿袭过去的计划,生搬硬套,依葫芦画瓢,没有任何创新。

案例评析

【案例一】

××集团公司"制度大梳理"活动方案

为贯彻落实省国资委《关于省属企业党的群众路线教育实践活动中深入开展"六大专项行动"的通知》(浙国资党办〔2013〕11号)精神,按照"执行规章制度大检查"专项行动的部署要求,经研究,集团决定在总部范围内开展"制度大梳理"活动,并确定具体活动方案如下。

一、活动目标

作为集团开展党的群众路线教育实践活动的有机组成部分,"制度大梳理"活动是集团开展执行规章制度大检查行动的重要内容,旨在通过对现有规章制度的全面梳理来完善管控机制、健全管理制度、优化管理流程,真正做到用制度管人、以制度激励人,最终达到基础管理上水平、集团管控得到提升的目的。

二、活动思路

根据省国资委开展执行规章制度大检查行动的任务要求和集团管理提升工作目标的任务,"制度大梳理"活动的总体思路是:根据形势、任务和要求的变化,对集团现有规章制度进行"留、废、修、建"的全面梳理。

具体来说，对行之有效的制度需要继续坚持，并加大执行情况的检查力度；对整体上已不符合当前集团发展要求或与现行法律法规及上级相关文件精神不相符的规章制度，应予以废止；对部分内容不合时宜的规章制度，依照规定程序予以修订；对管理上的空白点，要按照相关法规或上级有关要求，结合工作实际情况，在充分调研的基础上，建立健全新的规章制度或条款。

三、组织分工

总部各部门负责相关规章制度的梳理、审查和修订等具体工作；办公室（党委办公室）负责本次"制度大梳理"活动的组织、协调和汇总工作。

四、进度安排

此次"制度大梳理"活动共分三个阶段：

一是全面梳理阶段（2013 年 9 月 1 日—9 月 10 日）。办公室（党委办公室）要将集团公司现有规章制度按部门进行分类统计后，请各部门按照分工表，对各自牵头梳理和会同梳理制度的执行情况、适用性进行分析评价，提出是否保留、废止、完善和新建的初步意见，并报请分管领导审定。

二是修订完善阶段（2013 年 9 月 11 日—10 月 15 日）。由各部门根据分管领导意见，结合集团实际对相关规章制度进行修改、补充、完善和规范，形成修订后的文件讨论稿，并经相关部门及下属单位讨论后，报分管领导审阅并定稿，提交董事会（党委会）通过后生效。

三是汇总成册阶段（2013 年 10 月底前）。由办公室（党委办公室）将修订后的各项规章制度形成新版《集团管理制度汇编》，并进行发放。

五、工作要求

（一）加强组织领导，严格落实责任。总部各部门要充分认识"制度大梳理"活动的重要性和必要性，将本活动与集团开展的党的群众路线教育实践活动及管理提升活动紧密结合，认真梳理，务求实效。

（二）强化集体研究，确保制度可行。涉及重大调整的制度条款，各部门在梳理时要进行充分调研，在请分管领导审核把关后，再提交董事会（党委会）集体研究决定。

（三）重视执行检查，在制度下生存。制度梳理是一项长期持续的工作，各部门应对制度的可行性与实效性进行定期检查，做到制度的慎重制定、严格执行，形成"制度下生存、制度中发展"的长效机制。

【评析】这是一篇专项工作计划，开头交代了制订计划的目的，主体部分交代工作目标、思路、组织分工和具体步骤，结尾提出执行要求。主体部分按照计划的三要素顺序写。

【案例二】

浙江经济职业技术学院 2013 年工作要点

2013 年是全面贯彻落实党的十八大精神的开局之年，是实施教育规划纲要和"十二五"规划承前启后的关键一年。学校工作的指导思路是：全面贯彻落实党的十八大会议精神,以邓小平理论、"三个代表"重要思想、科学发展观为指导,深入贯彻实施教育规划纲要,以提升教育质量为中心,产学研结合为核心,抓党建、提内涵、强服务、促和谐、争一流,进一步夯实国际知名、国内特色鲜明的一流高职建设基础。

一、抓党建,进一步推动学校持续发展

1.贯彻十八大精神,践行核心价值观。统筹组织好党的十八大精神教育、理想信念教育、社会主义核心价值体系及共同价值观教育、中国梦教育、法制宣传等教育活动。组织党委中心组、党员干部、全体师生等多层次、多形式开展学习贯彻党的十八大会议精神活动。把学习贯彻党的十八大精神作为学校思想政治教育的重要内容,纳入学校党课、团课和校园文化建设。把社会主义核心价值体系融入学校教育的全过程,培育和践行社会主义核心价值观。坚持育人为本、德育为先,着力培养学生的社会责任感、创新精神、实践能力,促进学生德智体美全面发展。

2.转变工作作风,实现阳光治校。认真贯彻落实中央"八项规定"和省委"六条禁令",开展以为民务实、清廉为主要内容的党的群众路线教育实践活动。深入开展廉洁从业教育,强化廉政文化进校园活动,争创廉政文化"进学校"示范点。在广大教师中深入开展以爱和责任为核心的职业精神和职业道德教育,弘扬高尚师德,规范从教行为。在学生中深入开展廉洁修身教育,把廉洁教育融入课堂教育、学生管理和校园生活之中。进一步深化党务、政务、校务公开,贯彻落实《浙江省教育系统"阳光工程"实施方案》,落实好招生"阳光工程",加强科研经费、学术诚信、基建和各种重大项目等监督检查,严格政治纪律、组织人事纪律等的执行力度,确保上级领导重大教育政策的贯彻落实,实现学校的可持续发展。

二、提内涵,进一步提升教育质量

1.切实推进品牌和特色专业建设。按照教育部出台的专业建设标准,进一步梳理和完善现有专业建设。全面完成国家骨干校4个重点专业建设任务,扎实推进2个中央财政支持的"服务地方产业升级"的专业、2个省级优势专业和8个省特色专业建设工作,同时充分发挥其示范、引领与辐射的功能,推动全校范围内的品牌或特色专业建设。各二级学院培育1~2个特色或品牌专业,进一步明确建设目标和举措。要将学校董事会、校企专兼团队"干中学"学习型团队、系统化综合实践人才培养、职业素质培育、国际合作交流与研发、基于ICT技术的校企合作实训、现代物流产业培训体系提升等7大平台建设成果渗透到各个专业建设中,建成师资水平高、学生就业强、社会认可度高的在省内外乃至全国知名的品牌和特色专业,提升专业服务产业转型升级能力。

2.全面提升课堂教学质量。强化教学质量管理,不断深化校企全程参与的系统化综合实践模式,培养学生创业创新能力。教务处要进一步完善综合实践项目管理制度,加强过程管理;二级学院和专业教师要进一步完善专业与就业岗位对接的综合实践项目与评价体系,确保学生高质量就业。要进一步建设好国家和省级精品课程,加快建设进程,高标准完成建设任务。在此基础上,进一步推动国家级和省级精品资源共享课的申报和建设工作。要进一步加大校企合作开发课程和教材的力度,引进企业评价标准,建出特色,建出水平,争取建成更多的国家"十二五"规划教材。要进一步加强教学督导工作,通过校、分院两级督导的制度建设,加强对课堂教学质量的把控,引导和督促教师自觉开展改革教学,以提升课堂质量,进而提升人才培养质量。

3.不断提高学校教育信息化和管理水平。全面启动国家教育信息化试点单位项目建设,进一步完善和提高优质网络平台建设,建设优质教学资源、管理资源和培训资源,服务学校教育教学质量和管理水平的提升、服务学生成人成才、服务企业员工素质提升。进一步完善校企合作视频互动平台、校企合作虚拟实训平台、校企合作网络教学平台等教学空间平台建设,构建智能化学习环境、实现智能化教学管理、提供智能化社会服务。全面启动学校协同办公平台,完善基于网络信息化为基础的管理信息化建设工程,提升管理效能,建设生态校园。

三、强服务,进一步推进产学研结合

1.充分发挥校董会平台作用,推进产学研结合。进一步建立学校与董事单位之间紧密、稳定的合作关系,充分发挥校董会对学校办学、教育、科研、社会服务等重大问题的咨询、指导和监督功能,实现董事会成员各方互惠互利、互动共赢的合作办学、合作育人、合作就业、合作发展的目标。深化落实《关于进一步推进浙江省物产集团公司和浙江经济职业技术学院产学研结合的实施意见》的六大目标和八项举措。进一步推动专业群与学校董事单位之间多形式产学研合作,重点提升校企合作建设优势特色专业、校企共同开发课程和教材、共建产学研实训基地、共建双师队伍等方面的能力。

2.依托现有平台,服务开发区和产业援疆项目。进一步发挥国家示范性技能鉴定所作用和开发区蓝领工程培训基地作用,继续做好"蓝领工程"和东芝学堂培训项目,进一步挖掘中职师资培训资源,强化社会服务能力。继续深化对口援建新疆阿克苏地区职业教育项目,发挥好省职业院校援疆牵头作用、援疆干部的指导作用,完成产业工人培训、重点专业建设和科研项目等方面的合作服务项目。

3.推进创业园建设,服务师生创新创业成果转化。在做好已注册的13家学生公司和4家教师企业的孵化管理工作基础上,争取至年底进驻20家教师和学生创业公司。充分利用背靠浙江物产集团的优势,形成校企合作的科研联动机制。通过制度化的约束,促使教师深入基层一线实践锻炼,开展应用性课题研究;并鼓励教师创办专业性技术公司,面向社会承接各种应用性课题的研发。2013年技术培训服务到款额力争250万元以上,争取具备2项发明专利和若干项实用新型专利资格。

四、争一流,进一步提升办学影响力

1.培养一流干部队伍。进一步加强班子民主生活会、理论中心组学习,增强学校党委和领导干部主动学习的自觉性和责任感,切实增强理想信念,更新教育理念,强化协同,提升班子整体领导与治校能力。进一步优化干部的队伍结构,在骨干校建设任务完成后,开展新一轮中层干部选拔交流活动,加强对干部任期的考核,建立能上能下的激励机制。充分运用各种培训平台,采用走出去和请进来相结合、网上培训和课堂培训相结合等多种培训方式,切实提升干部的能力素质。加强后备干部培养力度。结合年度考核,按照《党政领导干部选拔任用工作条例》的规定,通过民主推荐、公开选拔和组织考察等程序,储备一批政治素质较好、领导能力较强、群众公认、结构比例合理、数量充足的后备干部队伍,并制定具体培养措施,积极帮助他们创造开展工作、创造业绩的条件,为学校的事业发展奠定基础。

2.建一流专兼师资团队。贯彻落实《国务院关于加强教师队伍建设的意见》及其配套文件,进一步开展立德树人工程,加强师德师风建设。贯彻落实2012年暑期省教育厅组织的书记校长读书会精神,强化双师队伍建设。进一步落实专任教师下企业挂职锻炼的各项举措,提升教师理论教学和实践教学水平,提升教师纵向、横向技术服务与研发水平。进一步落实兼职教师任职标准和准入条件,充分发挥兼职教师在实践教学中的作用,建设好"干中学"专兼教学团队,并总结建设经验,发挥示范辐射作用。进一步提升教师出国、出境培训质量,提升教师国际化视野,引进国际职教先进经验。进一步加大人才引进力度,重点引进有企业实践经验的专任教师,达到双师素质95%,专兼教师1：1,1/3课程在企业完成等骨干校师资建设要求。

3.以学生为本,培育一流人才。深化以价值观为引领的文化素质教育。进一步在全校师生中践行社会主义核心价值观,学习最美浙江的精神,开展做精神富有的浙江人系列活动。围绕和谐职业人,将核心价值观渗透到"爱、学、诚、敬、新"五德的培养和爱之魂、诚之语、学之境、敬之歌、新之路等系列主题活动中,进一步开展企业文化融化、传统文化内化、课程建设深化、校园活动优化、社会实践悟化、专业渗透细化、师资提升强化、学生服务默化等八项活动,推动企业文化、传统文化和校园文化的融合。进一步推进专业教育与文化素质教育的融合,夯实"绿韵工程",培养高素质的和谐职业人。

4.做强国际合作平台,办一流学校。进一步发挥联合国教科文组织联系中心平台作用,积极参与联合国职教政策框架多边磋商和国际职教前沿项目研究,加强国内外 UNE-VOC CENTRE 的交流与合作。竭尽全力,承办好中国联合国教科文组织全国委员会委托承办的"联合国教科文组织-亚太地区教育创新计划创业教育工作网络会议"。加大借鉴国外专业建设的经验、加强专业和课程建设,提升学校专业和课程的国际化水平。进一步扩大境外师资培训基地,在原有的基础上根据专业的需求扩大师资培训基地,以满足不同层次的教师的发展需求。进一步建立和完善留学生/交换生基地,拓宽学生的国际视野,引导学生形成兼容开放的文化精神,同时也发挥我校的专业优势,吸引外国留学生来校学习。进一步加深中新合作项目建设,进一步整合两校优质资源,深化合作办学项目,提升办学国际化水平。

五、促和谐,进一步深化平安校园建设

1.完善和创新稳定工作体系。继续完善以学工动态、公寓简报、纪律简报、思政例会为内涵的制度化、规范化的隐患排查机制,充分发挥明暗两条线的信息员作用,积极主动收集、研判安全信息,提高识别信息、收集信息、分析信息的能力。及时发展学校各个阶段、各个环节存在的不稳定因素,密切关注重点时期、重点时段的师生思想动态,落实安全稳定隐患定期排查化解、思想动态定期研判、安全稳定月度工作重点和重大事项稳定风险评估等制度。强化党、政、工、团四位一体,办公室、学工、保卫处、二级学院、学生社区、辅导员、班主任、学生干部各负其责,预防、管理、教育、服务、自治多管齐下的稳定工作联防机制。加大对重点群体的人文关怀。针对困难群体、心理群体、情感问题群体等类型的特点,采取科学合理的措施及时化解。激发学生积极的心理潜能,提升幸福指数,促进学生的健康成长和潜能的发挥。

2. 发挥党、工、团和民主党派在构建和谐校园中的合力。组织师生开展"我的中国梦"和"发现'最美浙江人'、争做'最美浙江人'"等主题教育活动,推动师德师风建设,提高教师的育人意识和能力。加强学校职工文化品牌建设,通过组织多种形式的丰富多彩的活动和载体,提升教职工身心健康。指导青年团员积极有效开展工作。以"建设美丽校园、追寻最美青春"为主题,开展十佳大学生评选活动,发现、培育、宣传一批优秀大学生典型。进一步加强校园文化建设,活跃学生社团活动,引导和支持学生参加力所能及的有益社会的活动,组织开展志愿者服务、暑期社会实践和创业实践活动,发挥校园文化及实践活动的育人作用。

3. 继续加强校园民主建设。进一步完善领导班子议事规则和决策程序,规范决策行为,促进科学民主决策。切实推进党务公开、政务公开、校务公开和信息公开,建立健全决策公开、财务公开、人事工作公开等配套措施。充分发挥教代会的作用,进一步落实广大教职工的知情权、参与权、表达权、监督权,更好地服务学校的发展。充分发挥民主党派和党外教职工在服务学校科学发展、服务师生成长成才、服务经济转型升级等方面的优势和作用。充分发挥民主党派参政议政作用,集思广益,凝聚人心,构建和谐幸福校园。

【评析】这是浙江经济职业技术学院 2013 年工作计划。开头交代 2013 年工作总要求,主体部分以五个方面的目标任务为小标题,共提出了 15 条具体的措施,措施具体、明确、可操作。

【任务演练】

根据职场情境中提供的材料,根据一般公司计划写作要求,代俞琴拟写一篇公司 2014 年工作计划提纲。

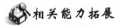 相关能力拓展

企业常用计划书的写作

一、经营计划书

企业经营计划书是企业在确定总的经营目标和管理理念的基础上,进一步具体规划落实的措施和步骤。一般包括公司目前状况分析、将要推出的产品或服务、竞争优势、消费需求、市场发展趋势分析,在此基础上确立公司的近期和长远目标以及达到这些目标所要采取的战略。主要围绕如何提高企业经营业绩、开发潜在市场、保持持续性经营和如何发展壮大企业等内容而写。

二、生产计划书

企业生产计划,是指某一时期内完成生产任务和进度情况的计划。包括年度计划,5年、10年规划等。主要围绕新产品的研制与开发、产品质量的提高、产量的增长、销售额的增长、销售技术的扩大、主要技术经营指标的改善等目标、措施、步骤而编写。

三、销售计划书

销售计划是企业在某一时期内产品的销售数量和销售收入的计划。一般包括销售额目标、利益目标以及措施、步骤;促销目标以及措施、步骤;扩大顾客需求目标以及措施、步骤;营业实绩的管理目标以及措施等。

四、人力资源计划书

人力资源计划书是根据企业的发展规划,对职务编制、人员配置、人员招聘、教育培训、人员管理等内容的计划。包括总体人员目标、招聘目标、方法、人员调整方法、绩效考核方法、培训措施、人力资源预算等内容。

五、促销计划书

促销计划书是指促成既有客户及潜在客户的购买的方案。主要包括促销对象分析、促销目标、促销活动安排、促销活动预期效果、配合事项等。

六、广告计划书

广告计划书是为实现广告目标而采用的措施和步骤。主要内容包括广告的目标和任务;现有市场分析(经营分析、产品分析、市场分析、消费者分析);广告重点;广告诉求对象和地区;广告策略(实施的具体措施、步骤、媒体选择等);广告预算及分析;广告效果预期等。

七、企业财务计划书

财务计划一般包括:固定资产投资计划;浮动资金使用和来源计划;流动资金使用效果计划;产品销售收入和利润计划;货币资金收支计划等。

企业财务计划书一般包括指导思想、基本情况、任务要求、工作进度、具体措施等结构内容。

八、利润分配计划书

利润分配计划书是企业按照国家的有关法规和企业利益分配方案确定利润如何分配的方案。一般开头简要说明基本情况和制订本计划的依据;主体:利润分配指标及分配办法,包括应上缴国家的利润、所得税等利税和留归企业自主分配的利润数额。留归企业的利润安排:用于企业技术改造发展生产,增加员工生活福利设施,提高员工物质文化生活水平,奖励对企业作出贡献的先进员工等。列出具体的分配政策、分配比例、分配形式等。

九、内部审计计划书

内部审计计划书是企业内部审计人员对一定时期内企业内部审计的目标、内容、方式、实施时间、组织措施的计划性文书。一般包括机构的设置、人员的安排、职责权限、工作程序、审计方法、进度安排、审计报告、管理办法等写作要点。

十、财务收支计划书

财务收支计划书一般包括编制计划的依据、生产指标、财务指标以及指标变化的原因、增收节支、实现计划的措施等内容。结构上可以采用条文式和表格式,表格式通常使用收入项目和支出项目两大类,并对它们作出合计。

任务二　总结的写作

情景导入

　　白领小孙是一名在张江高科工业园区上班地"工科男",他不善言语,却勤奋上进。因为今年工作业绩显著,所以同事们都认为他可能会升为业务主任,而他自己也很想获得更大的发展空间。原本往年随便写写的年终总结,在今年就显得很重要,他希望借此机会全面展现他的优点和取得的成绩。遗憾的是,小孙觉得自己文笔差,为了将这篇可能影响他升迁前途的年终总结写好,小孙在网上找了一名上海某高校的"枪手"代写。为确保万无一失,他把今年每月的月小结电子文档打包发给了"枪手"。"我所取得的成绩,月小结里面都有,不过需要她帮我归纳总结。在她按我的思路写好后,我又请一个要好地同事提了些意见,再让对方修改,最后拿到的成稿我很满意。"他说,"至少我不会认为因为写不好年终总结而影响升迁了。"

　　在网络上输入关键词,便跳出了无数代写年终总结的广告,一般报价在50至200元不等。在淘宝网一家秘书店铺上一口价100元。据店主费先生说,她们秘书网旗下共有500名专业写作人员,可提供承接中、英、德、法等8个语种的各类写作业务。"中英文年终总结一般100元每千字,专业术语多、难写的英文年终总结每千字可售价300元。"据介绍,这些代写"枪手"年龄在20~50岁,除了文笔好、有多年工作经验外,还有不少是硕士以上学历。"我们会先收取一半订金,然后写手们根据买家要求写作,买家不满意我们还可以再修改。"

思考:在现实工作中,总结到底发挥着怎样的作用? 写总结真的那么困难,需要找枪手代笔吗?

 必备知识

一、总结的含义

总结是对前一阶段内的学习、工作、生产、思想等情况进行系统的回顾,通过分析研究,作出客观的评价,肯定成绩和经验,找出问题和教训,并明确今后打算和努力的方向的一种事务性文书。

总结是认识客观事物、掌握客观事物规律的一种重要手段,也是把感性认识上升到理性认识的必由之路。人们所做的各项工作,就是通过计划—实践—总结—再计划—再实践—再总结的多次反复而积累经验,从而使认识不断加深,把零星的、肤浅的认识上升为全面的、系统的、本质的理性认识。

二、总结的种类

根据不同的标准,总结可以分为许多不同的类型。按内容分,有学习总结、工作总结、生产总结、思想总结等;按范围分,有全国总结、地区总结、单位总结、部门总结、班组总结、个人总结等;按时间分,有年度总结、季度总结、月份总结等;按性质分,有综合性总结和专题性总结;按写作目的分,有常规工作总结和经验总结等。

能力技巧

一、总结的写作技巧

(一)标题

总结的标题有公文式标题、论文式标题、主副标题和提问式标题四种形式。

1.公文式标题

这种标题一般由单位名称＋时限＋内容摘要＋文种构成,如《长江大学 2013 年教学工作总结》。有的标题省略单位名称或时间,如《企业安全工作总结》,其中省略的"时间""单位"等要素,在落款中标明。

2.论文式标题

这种标题一般要求概括总结的基本内容、范围或提示观点,表明经验,如《走活三步棋　选好一把手》。

3.主副标题

主标题点明主旨,副标题具体说明总结的单位名称、时限、内容和文种或只说明内容和文种,如《加强医德修养　树立医疗新风——同协医院精神文明建设的实践与体会》。

4.提问式标题

这种标题一般用于经验总结,如《我公司是如何抓好全面风险控制管理的》。

(二)正文

总结的正文一般由前言、主体、结尾三部分组成。

1.前言

概述基本情况,即对过去工作的时间、地点、背景、总体收获予以概括交代,对工作的基本成绩、经验和教训作出总体评价,给读者一个总体印象。往往用"现简要总结如下"等语过渡到主体部分。

2.主体

这是总结最核心的内容,包括成绩、经验和体会等。主要介绍工作取得了哪些成绩,这些成绩是如何取得的,采取了哪些方法和措施,收到了什么效果,有什么经验和体会等。

写这部分内容要求观点明确突出,典型事例和数据材料充实,观点与材料相统一。同时注意点面结合,不能就事论事,应把那些感性的材料,提高到理性高度,总结出鲜明的观点,做到叙述、说明、议论相结合。

应注意做到结构分明、层次清楚。常见的结构形式有三种:一是按照工作的模块划分层次。如学生总结往往分德育、智育、体育、美育等几个模块写。企业的总结分生产情况、销售情况、经营管理情况、企业文化建设等几个模块写。二是按照概括的几条经验划分层次。经验总结往往采用这样的结构。三是按照做法、成绩、经验或体会的先后顺序划分层次。内容较为复杂的总结,常常采用这种结构。

3.结尾

总结的结尾一般写存在的问题、教训与今后的打算。经验总结一般省略结尾。

问题和教训也是总结中不可缺少的内容。问题,是在实践中感到应该解决而没有办法解决或没解决好的事情;教训,是指观念或做法不对而导致错误、损失,从而得出的反面经验。今后的打算往往是针对存在的问题和教训,对开展今后工作提出改进意见。这一部分要写得简略、中肯、有针对性。

(三)落款

总结须在落款处写明单位名称或个人姓名、总结日期。如标题中已写明单位名称,落款处则可以省略。

二、总结的写作要求

(一)尊重客观事实

总结是自身工作实践的回顾与评价,必须完全忠实于客观事实;它所选用的材料,必须是自身实践活动中的真实的具体的材料,绝不能东拼西凑,更不能弄虚作假,无中生有。做了什么工作,取得什么成绩,有什么过失,存在什么问题,都要依据事实,不夸大,不缩小,不回避,做到实事求是。不能报喜不报忧,只谈成绩、经验,不谈问题、教训,切忌虚假。

（二）提炼本质规律

总结是对工作实践的本质概括，而不是客观实践的"流水账"记录和简单"复述"，也不是对工作过程和情况的表面反映，而是对工作中的成功与失误、成绩与问题进行分析、概括、研究，找出经验、教训，总结出带有典型性和规律性的东西，以便为今后的工作实践提供借鉴，给人以启迪作用。

（三）注意点面结合

总结并不是事无巨细，罗列所有的事实，而是要抓住重点，点面结合，选取典型的事例或数据，以个别来揭示一般，做到详略得当。

 案例评析

××化工公司 2012 年工作总结

2012 年，化工公司在集团总公司的大力支持和帮助下，秉持艰苦创业精神，紧紧围绕集团公司"提升素质、提升核心竞争力"的工作方针和"三个着力、两个实施、一个团队"的工作重点，持续强化分销能力、经营管理能力和资源配置能力，顺利完成了全年经营目标。

一、各项经营指标完成良好

（一）主要预算指标完成情况

表 2.1

项　目	2012 年实际	2012 年预算	完成预算	2011 年实际	同比增减
销售额/亿元	41	33	124.24%	27.6	48.55%
实物量/万吨	50	38.5	129.87%	28.5	75.44%
进出口总额/亿美元	1.29	1.42	90.85%	1.5	−16.28%
进口	1.17	1.33	87.97%	1.38	
出口	0.12	0.09	133.33%	0.70	
销售收入/亿元	35	27	129.63%	23.7	47.68%
利润总额/万元	4 600	3 500	131.43%	3 018	52.42%
净资产收益率/%	22.54	17.61	128.00%	18.36	22.77%
销售利润率/%	1.31	1.29	101.55%	1.27	3.15%
流动资产周转率/次	6	5.42	110.70%	8.64	−30.56%
资产负债率/%	79.98	75	106.64%	71.00	12.65%
流转费用水平/%	2.4	2.80	85.71%	1.55	54.84%

（二）2012年主要实物销售量

表2.2　　　　　　　　　　　　　　　　　单位：吨

项　目	2012年实际	2012年预算	完成预算	2011年实际	同比增减
PX	90 000	100 000	90.00%	118 000	-23.73%
PTA	100 000	120 000	83.33%	81 000	23.35%
MEG	35 000	30 000	116.67%	17 000	105.89%
PET(屯河)	40 000	40 000	100.00%		
塑料原料	86 000	80 000	107.5%	51 000	68.63%
混醇	8 000	10 000	80.00%	8 200	-2.44%
其他液化	71 000	15 000	473.33%	9 900	617.17%
橡胶	1 400	3 000	40%		

二、主要工作成效显著

（一）供应链服务，继续深化

聚酯原料上下游供应链延伸服务是公司的重头业务，正在不断地探索与深化之中。2012年代理华联三鑫和宁波逸盛采购进口及国产PX 9万吨，供应江西龙鹏、浙化联、四川聚酯、临安南庄等聚酯厂PTA 10万吨，销售MEG 3.5万吨。同时PTA的供应链服务与期货的套保有机结合，提高了赢利水平。

（二）委托加工，创新业态

公司在稳定发展常规销售业务的同时，积极探索委托加工的新模式。与新疆屯河聚酯公司开展了委托加工业务，充分发挥公司在采购和销售两个环节的优势，借用屯河聚酯的产能保证了PET货源的稳定供应。全年向中石油西北公司采购PTA 3.5万吨，MEG 1.5万吨，加工PET 4.2万吨，2012年销售3.8万吨，获取了较好的回报。

（三）网络建设，有序推进

塑料产品的销售面向千家万户的中小型企业，因此网络建设尤为重要。公司根据现有的人力资源实际情况，积极响应集团提倡的区域集成化运作的号召，率先在台州区域设立了分公司，因企制宜地制定了管理运行模式。分公司从2012年7月开始运作，全年预计销售塑料1.5万吨，销售额1.4亿元。网络建设促进了塑料产品的销售，全年销售塑料8.6万吨，比去年增长68.63%。

（四）液化经营，初显端倪

公司在充分重视老业务继续发展的同时，加大了液体化工产品的开发力度，克服对新行业、新品种和新客户不熟的困难，进行大胆探索。2012年经营产品扩大到甲醇、乙醇、辛醇、冰醋酸、醋酸乙酯等品种，与上下游企业建立起了良好的合作关系。全年销售以上产品7.1万吨，销售额4亿元。液化产品90%以上供应到终端用户。

（五）工厂建设，开始启动

医药中间体基地建设一直是公司贸工一体化的既定突破点。2012年上半年公司全力推进的长兴项目因环保等客观因素意外停止后，公司积极进行多方考察，在集团公司的全力支持帮助下，最终确定收购浙江宏元医药化工有限公司60%股权（含派往合资公司的有关自然人股权5%），在国家级原料药生产基地拥有了医药中间体生产工厂。控股后的浙江宏元医化将以降血脂原料药为核心产品，立足成为论证齐全、管理一流的原料药生产基地。

（六）强化管理，提高质量

1.财务管理：一是优化融资品种，积极推进国内信用证收付，探索以买方议付解决客户议付困难；二是关注汇率波动，及时调整贷款结构，新增美元贷款实现汇兑收益；三是开展进口押汇，节约了财务费用；四是加强银企合作，争取到了工行贷款和开证免担保的优惠政策。

2.信息管理：8月份着手新ERP系统开发。新系统融合了各业务部门和职能部门的最新需求，将实现对业务员、供应商和下游客户的全方位跟踪分析与考核。

3.人力资源管理：制定并落实了涵盖入职培训、周培训、拓展训练、岗位培训的系统培训计划，并组织实施，效果良好。年终采取□□□□与领导考评相结合的方式对员工进行全方位的综合考评，为绩效评价和职□□□□□效依据。

三、存在的问题及今后努力的方□□□

（一）贸工一体化经营水平有待提□□

由于公司从传统流通行业进入生产□□□□的尝试，缺乏必要的经验和积累，因此，今年的长兴项目在环保等客观因素影□□下被迫下马，人力、财力都遭受了一定的损失。公司要认真分析原因，吸取教训，尽快熟悉医药中间体生产领域，为收购并发展浙江宏元医化作好最充分的准备，提高贸工一体化经营水平。

（二）营销能力有待提升

公司分销网络也处于初建阶段，覆盖广度和深度都有待加强；业务扩张速度快，迅速扩编的团队过于年轻化（平均年龄28.4岁），员工个人能力和团队协作能力都有待于加强和提升。

（三）专业服务能力有待强化

目前，公司经营上还停留在传统贸易商层面，主要靠赚时间差、区域差、批零差获得利润。今后，更要注重集成服务能力的培养，利用公司的三大平台优势不断开拓各类增值服务，进一步提高专业服务能力，拓展公司可持续发展的空间。

【评析】这是一篇企业的综合性的全年工作总结。开头概括介绍了工作的背景、取得的整体成绩，然后根据企业总结的特点以表格的方式列出全年预算完成情况和主要实物销售量，数据表格，一目了然；接着按工作的重点概括了六方面的成绩；最后，客观地分析了存在的困难和问题，针对问题，提出了今后的努力方向。全文逻辑关系清晰，事实、数据材料充分，有点有面，叙议结合。

【任务演练】

根据职场情境中提供的材料,结合企业一般总结写作的特点,代俞琴为公司拟写一篇 2013 年工作总结提纲。

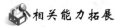相关能力拓展

大学生实习报告

一、实习报告的含义

为提高大学生,尤其是高职学生的实践能力,每年寒暑假,学生均要参与社会实践,最后一个学期还需参加毕业实习,在实习结束后将实习情况、体会和认识形成报告,即实习报告。

二、实习报告的内容要求

实习报告的基本内容主要包括实习期间在企业所观察和参与的业务活动的基本情况、基本流程;企业经营活动过程中或自身实践过程中存在的问题;分析这些问题产生的原因,并提出相应的改进对策和措施等。

实习报告的选题一般不宜过大,内容不宜太复杂,要求能够较好地结合企业实际情况,分析或解决专业领域中的某一具体问题。在报告写作的过程中,可以结合实习课题将所学专业知识和技能运用于实际,在理论和实际结合过程中进一步消化,加深和巩固所学的专业知识,并将其转化为分析和解决问题的能力。

三、实习报告的格式要求

实习报告一般包括:实习单位介绍,实习岗位,工作的内容、过程、实习的体会(包括专业体会、做人的体会)等方面内容。

案例评析

毕业综合实践报告

实习单位名称:杭州智源电子有限公司

实习岗位:前台兼文秘

工作职责:客人接待,电话接听,日常文件的复印、打印、传真等;固定电话话费、手机卡领用及充值管理;考勤登记及核对;员工联系电话单的制作及更新;外部货运方式的物品收发;订房订票,含与宾馆签订合同;销售内勤;其他文职类工作和临时任务。

一、毕业综合实践情况概述

在杭州智源电子实习已将近四个月的时间,在这四个月的时间里,我学到了许多实践知识。从对办公环境的陌生,到适应;从对同事的陌生,到认知;从对工作内容的模糊,到清晰……四个月的时间让我慢慢适应了公司的内部环境,熟悉了公司内部的企业文化,也

适应了自己的工作岗位及工作内容。现将四个月来的实习情况作如下汇报：

（一）实习单位基本概括

杭州智源电子有限公司,成立于1996年1月,位于三墩的西湖经济科技园区内,集研发、制造、市场于一体,是杭州国家高新技术产业开发区内的高新技术企业,注册资金2 000万元。公司现有员工近百名,本科以上学历者42人,其中专职研发人员30人。主要从事信息电子、汽车电子、电力电子产品的研发、制造、销售及服务。

（二）主要实践内容

1.来访客人的接待。作为公司的一名前台人员,接待公司来访人员,是必不可少的一项工作。实习期间,我每天都会接待不同的访客,需要面对不同的人,这点考验我的接待能力。我们公司规定,凡是外来人员来访,都必须得到被访人的允许,否则外来人员不得擅自进入公司。因此在接到访客后,都必须先问清楚对方来意,找谁,然后通知被访人相关事宜,经同意后,带入相应楼层,未经被访人的同意,来访人员不得擅自进入公司内部并且随意走动。同时,为了方便访客顺利见到被访人,前台需要引领访客送至相应的楼层,安排访客在接待室等待,再送上茶水。在接待访客时,需要注意自己的言行,同时还需要面带微笑,在客人面前展示公司的良好形象。

2.电话的接听。在实习期间,我最多的工作内容就是接打电话,公司每天都会有大量的电话打进来,包括业务联系,软件推销,问题咨询等。通过四个月的实习,我对公司内部相关信息也已经了解清楚,所以在转接电话时基本上能够顺利完成。我觉得对于这项工作的要求,主要就是对公司内部组织结构的了解,清楚各个员工所负责的工作内容,同时也要了解对于一些软件推销之类的电话一般不允许被转接,要果断地回绝。在这个过程中,以前学校里所学的电话礼仪以及在接听电话时需要的耐心、细心等得到了很好的实践。

3.公司手机卡领用及充值管理。在做这项工作之前,我先制订了一份关于手机卡领用及充值管理的说明,以便在工作中,按照要求来进行。按照公司目前的状况,公司正在使用的手机卡共有四张。为方便手机卡的管理,在领用时,管理人应登记领出时的金额、领出的时间、领出人及原因,相反的也要登记归还时的金额、时间、归还人姓名。同时,还必须做一张电子表格,按部门登记出每一季度各部门使用手机卡的情况及总金额。在做这项工作时,我觉得必须要对公司手机卡相关信息有所了解,熟悉其套餐及月租,在每月进行余额查询时,要仔细比对金额是否正确无误,保证所登记信息的正确性。

4.考勤登记。公司的考勤要求每周统计一次,一般在周一下午去各部门收集考勤登记表,周二或者周三上午统计出上周员工的出勤情况,将统计情况反馈给各部门经理确认,包括一周的加班时间、请假时间、迟到次数等信息。在进行统计的过程中,一般需要考勤登记表和门禁刷卡系统相结合,所以两者的信息必须是吻合的,统计时,以登记表上的信息为主,通过刷卡系统进行一周每日的信息核对。在进行此项工作过程中,我觉得最需要的是对工作的负责。在进行统计时,按照实际情况准确登记员工的上下班时间、加班时间、请假时间,同时在核对刷卡信息时,要特别仔细,不能出一点差错。

除此以外，我还主要负责公司订房订票、住房协议签订；公司外发货物的发送，销售后勤及其他文员协助性工作等。在工作中，虽然我的工作内容没有很大的技术含量，都是些琐事，但是作为一名即将毕业的学生，首先要摆正自己的心态，从最底层干起，积极地去承担一些小事，不断积累实践经验，很快熟悉公司的各种流程，以便自己能真正成长起来。

二、毕业综合实践工作体会

在实习中，对自己岗位最大的体会就是工作需要细心。前台属于公司内部服务性质的岗位，工作中的大部分内容都是在为公司各阶层员工服务。所以在工作中需要耐心和细心。在做每件事情时，都应该考虑清楚如何做才能做得更好、更全面、更细致。相对于秘书专业来说，在前台工作，我觉得还应该注意以下几点：

（一）良好的礼仪是做好文秘工作的前提

作为一名前台人员，是公司形象的展示，因此在接待公司来访人员时，必须注意自己的形象问题。平时在穿着上不应太过悠闲随意，要大方得体，时常保持微笑，有重要客户来公司时，应起身问好，并按照规定接待客户。在接待客户时，要特别注意礼仪，一个小小的举动也许就会让客户体会到企业内部人员的素质。因此，我觉得作为一名文秘人员拥有一定的礼仪修养是十分必要的。

（二）扎实的文秘专业知识是做好文秘工作的基本条件

我所从事的工作，是围绕文秘类工作内容而展开的，因此必须对文秘类工作有一定的了解，才能更好地进行工作。如关于订房订票类工作，在学校的时候，我们都进行过相关实践练习，了解了做这类工作时，需要注意的问题。因此在进行此类工作时，不会有太大的错误出现。我觉得作为一名文职人员，在具备一定专业知识的基础上，还应该多学习其他方面的知识，拓展自己的知识面。

（三）准确参透领导意图是做好文秘工作的保证

在实习期间，我体会到能顺利参透领导意图是十分重要的，这样不仅能够得到领导的赏识，有利于自己的工作发展，同时也能改善自己的灵活性，提高自己的思维能力。如果领导的一个举动或是一个眼神，你就能判别出领导的下一个动作，那么我觉得领导就会用不一样的眼光看你，这不仅有利于你以后的发展，同时也能增加你对工作的自信心和积极性。

三、实践工作中存在的不足

刚开始进入公司时，对于自己的岗位并不熟悉，因此在工作上或多或少都会出现错误，直到现在，在处理一些问题上还是会出现错误。

一是考虑问题还不够周全。如，在通知笔试人员来公司笔试时，交代了公司的名称、公司地点、乘车路线、联系方式、笔试时间以及需要注意的事项。但是事后同事提醒我，在通知过程中，还应让笔试者带上一份简历，因为公司一般都是从网上招聘的，没有应聘者的纸质资料，为了方便领导的审核，笔试人员应再提供一份简历。从中让我学到了，做任何事情都应考虑周全，切切实实地做好。

二是工作中灵活性还不够强。刚开始来公司的时候,也许是经验比较少的缘故,在接听一些电话时,不能正确作出判断是否转接,虽然问清楚了对方的单位及来电原由,但是有时还是不能快速地明白对方来电的真正目的,而且有些来电者表现出十分急切的样子,让你感觉他的事情很重要,想急于找到某人等,而对于这种情况,一般都会被转接进去。我觉得自己在接听电话这方面的灵活性还有待加强。

三是在文档处理方面有些工具掌握不够熟练。日常工作中,对表格或是文件的制作与处理是必不可少的。在对一些文件的处理过程中,我发现自己对一些文档工具的运用并不熟悉,比如说一些文件处理的快捷方式,在学校的时候对这方面涉及得比较少,所以计算机专业方面的知识并不熟悉。在工作之余,我应该加强这方面的练习,多摸索,多运用。

四、今后努力的方向

在四个月的实践工作期间,在公司领导、同事的指导及帮助下,让我感受到工作的快乐,公司就像一个温暖的大家庭,领导平易近人,同事热情友善。我也顺利地被公司正式录用,在今后的工作中,我会积极融入这个集体,努力做好一名前台文秘应做的事情,在工作中更加严格要求自己,养成工作认真负责的习惯,进一步完善自己的知识结构,提高专业技能,进一步提高计算机、办公软件运用水平。同时,要努力提高自己的灵活性,学会举一反三,不要太拘泥于一般的规则。多向身边的同事学习,改善自身存在的缺陷,努力做一名优秀的文职人员,以自己出色的业绩来回报学校老师的培养教育。

俞琴

2013 年 6 月 1 日

【评析】这篇学生毕业实习报告首先概括了实习时间、实习岗位以及工作职责等基本情况;接着阐述实习单位的经营概括,在此基础上写了自己的实习岗位和实习内容;最后写出自己的实习收获与体会,并对今后录用后的努力方向作了简述。符合实习报告的写作要求。且作者能以小标题的方式加以概括,文章层次清楚,条理清晰,不足之处是语言文字上尚需要进一步提炼。

任务三　述职报告的写作

情景导入

2013 杭州市"公述民评"大会于 9 月 25 日正式启动。和往年不一样,今年活动突出的是"面对面问政",现场来自各行各业的 190 余位民评代表与台上各相关部门领导之间的互动交流成为了活动的重头戏。

组织开展"公述民评"活动,是杭州加强作风建设的一项长效机制。今年的"公述民评"面对面问政先确定了老百姓关心的吃、喝、行、养四大问题，主题分别是加强食品安全监管、水源保护及河道污染控制、完善公共交通系统和缓解交通两难、推进社会养老工作。相关职能部门负责人现场作述职报告，接受百姓代表面对面提问和现场评议，每场约90分钟。杭州网作全程现场直播。

思考：述职报告到底有什么重要作用？

必备知识

一、述职报告的含义

述职报告是党政机关和企事业单位的干部、职工在工作总结或考核过程中，向组织部门领导和群众陈述本人在任职期间履行岗位职责情况的自我述评性的报告文书。

述职报告的内容主要是陈述自己在一定时期内的工作实绩、问题和设想。对领导干部而言，它是对自己任职期间德、能、勤、绩的检验；对普通职工群众而言，它是对自己履行岗位职责的回顾与评价。同时，述职报告还是组织人事部门考核、选拔、任用干部的重要依据。

二、述职报告的种类

按内容分，有综合性述职报告、专题性述职报告和单项工作述职报告；按时间分，有任期述职报告、年度述职报告和临时性述职报告；按述职成员划分，有集体述职报告（即班子述职报告）和个人述职报告。

三、总结与述职报告的区别

述职报告类似于总结，但不同于总结。主要有以下几点区别：

（一）述职的自我性

述职的自我性即自我评述，是述职报告不同于一般的工作总结、工作报告的显著特点。述职报告既要述（检查、总结自己的工作情况），又要评（解剖、评价自己的工作），总是用单数第一人称的口吻，不能写成回顾整个单位或他人工作情况的工作总结、工作报告。

（二）论述的确定性

写述职报告，是对自己在任职一定时期内所做工作的评述。要依据岗位职责和一定时期的目标任务这个标准去评价自己的工作，而一般的工作总结、工作报告的评价标准是不固定的，往往是以上级部门的工作部署和基本要求为依据的。

（三）内容的规定性

述职报告不像一般总结和报告那样，内容涉及面较广。如领导干部的述职报告要根据当前组织人事部门考核领导干部的有关规定，一般围绕德、能、勤、绩四个方面来述职，尤其要充分呈现述职人的工作政绩，不能夸大，也不能过于谦虚而妄自菲薄。

能力技巧

一、述职报告的写作技巧

（一）标题

述职报告的标题一般有三种写法：

1. 文种式标题

即直接用文种做标题，如《述职报告》或《我的述职报告》。

2. 公文式标题

由"述职者＋任职时间＋事由＋文种"四个要素组成，如《王一川2013年任劳动局长职务的述职报告》《期盛公司党委2013年述职报告》。

3. 主副标题

如《迎接挑战　跨越发展——金一标厂长述职报告》

（二）正文

1. 称谓

即听取述职报告的对象。

2. 正文

正文由前言、主体、结尾三部分组成。

（1）前言。交代述职者的身份和职责：担任的职务、分管的工作、岗位职责等。

（2）主体。一般围绕自己岗位履行过程中"德、能、勤、绩"四个方面的表现，重点陈述自己的工作实绩。

德，是指政治、思想和道德品质的表现；能，是指业务知识和工作能力；勤，是指工作态度和勤奋敬业的表现；绩，是指工作的数量、质量、效益和贡献。

这部分要紧扣岗位职责，重在陈述自己忠于职守，履行职责情况。陈述自己做了哪些工作，效益如何，自己在集体中发挥的作用：是出主意还是支持他人，是组织协调还是亲自指挥带头干，是决策还是提合理化建议。切忌总结整体工作，看不出自己的作用，或者把成绩记在个人的账上。选择具有较大影响的事件和突出政绩，不要事无巨细，写成流水账，也不要写自己的认识和思想活动。

（3）结尾。一般是写存在的问题。述职报告不能以偏概全，只报喜不报忧，而应该在陈述业绩的基础上，还要指出自己在履行职责期间的不足与存在的问题，以及今后的打算。

（三）结束语

述职报告最后一般还可加上"专此述职""特此报告，请审查""以上是我履行职责的情况，请领导、同志们批评指正"等结束语。

（四）落款

标明述职人本人的姓名和所在单位的全称，以示郑重。同时写上述职日期或成文日期。署名也可以写在标题之下。

二、述职报告的写作要求

(一)讲实话,防虚假

述职报告,主要指"汇报"的意思,要求报告人放下"官架子",明白自己"被考核"的身份,以严肃、庄重的态度向组织、领导和群众汇报自己的工作。报告的内容必须针对自己履行职责的情况,实事求是,在肯定成绩的同时,也应指出不足。不能不着边际,夸夸其谈,弄虚作假。

(二)抓重点,显个性

述职报告不宜长篇大论,要抓住重点,将具有代表性、典型性的事实和经验写充实,写具体,而对一般性、事务性的工作,只需概括说明,点到为止。而且,作为以自我述评性为显著特色的文体,述职报告不应该千人一面,呆板雷同,而应该突出自己的个性特色,写出自己特有的气质、风格和工作方法,让人看出一个真实而有个性的自我,看出自己在工作中起到的与众不同的作用。

(三)叙议结合,语言得体

述职报告兼有自述性和自评性两个方面。自述性,就是报告人采用自述的方式,报告自己在一定时间内,按照岗位职责的要求,干了哪些工作,取得了什么成效,作出了什么贡献,还存在什么问题,有什么设想等;自评性,就是报告人对自己德、能、勤、绩等各个方面,进行自我评估、自我鉴定和自我定性。自述要概括,简洁明了,并从自述中引出自评,做到既叙得清楚,又评得恰当。而且,作为汇报性的文体,语气必须谦虚、诚恳、朴实、得体,不能给别人留下炫耀成绩、沾沾自喜、居功自傲的印象。

 案例评析

述职报告

各位领导、各位同事:

本人自 2010 年 3 月开始任集团公司董事会秘书,2011 年任办公室副主任。作为办公室副主任和董事会秘书,我的主要职责是:协助配合主任做好部门工作,根据主任分工,有侧重地分管文秘、法律事务和具体从事部门有关工作;承办董事会、总经理办公会、党政联席会等重要会议的准备、纪要和决议起草等工作;负责集团公司公文、文件的核稿及重要信息的对外发布;撰写、修改董事会所需的有关文字材料;会同有关部门做好公共关系、中介机构的协调管理。三年来,在集团公司党委、董事会的领导、分管领导和××主任的带领下,在集团成员单位和总部其他职能部门的支持帮助下,在办公室其他员工的配合努力下,围绕集团公司中心工作,结合办公室年度重点工作,全力协助配合××主任,尽心尽力做好办公室各项工作。

一、政治思想表现

参加工作以来的第 22 个年头,我经历了从行政机关到企业的角色转换,亲历了××集团从转体到 800 亿规模的发展历程,为××集团这些年改革发展所取得的成就感到由衷自豪,为能在集团大家庭里工作而感到心情舒畅。因此,我一直怀着感激的心情,十分珍惜自己的工作岗位,努力工作。我始终坚持"实实在在做人、踏踏实实做事"的原则,政治上坚定信念,严要求;生活上克勤克俭,不求奢华;工作上尽心尽职,不越位;学习上勤奋刻苦,求上进,少说多做,为集团改革发展尽自己最大的努力,不计得失、兢兢业业、默默无闻、辛勤工作。虽然没有突出的业绩,但我能认真履行好岗位职责,诚实肯干,团结同事,较好地完成办公室和集团公司领导交办的各项任务。连续三年考核列副职前茅,2010年度被评为集团公司优秀党员。

二、三年的履职情况

(一)协助配合做好集团公司业务管理流程的修订工作。2010年根据新调整的组织架构、部门职能和岗位职责,参与梳理修订了办公室5个方面20项业务管理流程,编辑了人力资源、投资、财务、法律事务、党群、流通业务管理流程,形成了7个方面58项业务管理流程,努力使集团公司业务管理制度化、规范化。

(二)协助配合做好筹划集团整体上市工作。根据集团公司领导的指示,自2010年起开始着手准备集团公司整体改制工作,参与起草了××集团整体改制方案设想,并与花旗、高盛、美林、平安、中投等机构进行了广泛接触,分别就××集团整体上市的可行性、整体上市路径和存在问题进行调研、探讨,参与起草了集团公司整体上市情况汇报和浙江省××集团公司重组中大股份上市公司可行性方案。在省政府决定将中大股份国有股权划转给××集团后,参与了中大股份国有股权划转及元通整体注入中大股份相关材料的准备工作。中大股份国有股权划转后,参与制定了《关于做好与中大股份管理衔接工作的意见》。

(三)协助配合做好集团公司流通产业化推进工作。先后跟随集团公司领导和总部相关职能部门一起调研绍兴浙金、宁波浙金、武义薄板、台州、长兴、唐山等单位和地区。参与了集团公司流通产业化若干政策的制定和2010年、2011年集团各成员企业流通产业化政策的考核工作。

(四)协助配合以经营绩效为重点的内部审计工作。参与集团公司经营绩效评价报告编写,提出相关建议意见。2010年根据集团公司强化集团内部审计工作要求,开展以经营绩效评价为核心的内部审计,与内审小组成员一起先后对实业控股、国贸、化工等二家成员企业经营绩效进行了内部审计,对2011年度年报审计中披露的有关事项整改情况进行跟踪督查,对经营业绩和效绩评价各项指标进行了复核。

(五)协助配合做好集团法律事务工作。自2011年初法律事务审计部与办公室合署后,以组织、协调和管理为主要职责,依托集团公司法律顾问,先后为集团公司企业改制、投资项目、业务等八个方面的法律事务出具法律意见;在集团OA系统上增设了政策法规栏目,及时将有关法律法规、法律动态、专家观点等公布在OA系统政策法规栏目内;参与起草了《集团公司法律事务管理办法》。

(六)协助配合做好集团公司扁平化管理梳理工作。参与了对成员企业组织结构的调查摸底,在进行梳理的基础上,结合集团公司和成员企业发展战略规划的实施,提出相关建议意见,供集团公司领导决策。

(七)协助做好对外交流和接待工作。办公室作为集团公司对外交流和接待的窗口部门,三年来先后协助配合接待了商务部、中国物流与采购联合会、兄弟省市集团公司的领导来集团考察交流,省政府和有关部门领导到集团视察指导以及与省地矿局、铁路投资、交通集团、三狮集团战略合作等工作;跟随集团公司领导参加了商务部20家重点流通企业座谈会、中国物流与采购联合会物资工作座谈会、华东六省一市物资集团工作交流会等会议。

(八)认真做好集团公司党委、董事会会议工作。根据集团公司党委、董事会的工作安排,认真做好党委会、董事会会前的各项准备工作,会议期间做好会议记录,力求反映每位领导讲话的原意,会后根据要求,形成党委会、董事会纪要或决议。三年来共记录30余万字,形成党委会纪要、董事会纪要和董事会决议42份。

(九)做好集团公司公文核稿工作。按照公文的要求,严格把关,认真做好集团公司发文审核工作,三年来共审核集团公司发文稿件506份,其中2010年105份、2011年160份、2012年241份。

(十)做好相关文字材料起草工作。三年来,先后执笔起草了集团年度工作会议、年中工作会议领导讲话材料,商务部20家重点培育发展大型流通企业汇报材料,华东六省一市物资工作座谈会、中国物流与采购会流通工作座谈会交流材料,省国资委、经贸委会议交流材料等文字材料。做好省国委信息报道工作,编写、组织通讯稿近40篇,集团公司连续两年获国资委信息报道三等奖。同时做好集团网站相关栏目的更新和向公司报投稿工作。

三、存在的主要不足

(一)素质和能力需要进一步提升。回顾三年来所做的工作,尽管整天忙忙碌碌,经常加班加点,但限于本人素质和能力,离集团事业发展和领导的要求还有很大差距。

(二)主动性和创造性需要进一步加强。在实际工作中,尽管能很好地执行领导的指示,但做事往往按部就班,主动性和创造性还不够,特别是对如何发挥好办公室的功能和自身特点,当好领导参谋、助手方面做得还很不够。

(三)外联公关需要进一步强化。由于本人不善言辞,在对外联络、公关等方面还存在很多不足,特别是在接待方面还需要进一步磨炼,做到"周密灵活、规范得体"。

四、今后的努力方向

作为办公室副主任和董事会秘书,要履行好本职工作,发挥好相关会议的组织作用、实施决策的协调作用和改革创新的参谋作用,我感到责任很重,压力也很大。为此,我决心在集团公司董事会和经营班子领导和同事们的关心帮助下,不断加强学习,严格要求自己,不断提高自身综合素质,全身心做好本职工作。

(一)加强学习和提高。集团这些年发展快速,随着发展空间、经营领域的不断拓展,对总部每个人特别是中层领导提出了新的更高要求,要加强学习特别是专业知识的学习,完善自身的知识结构,努力提高自身素质和能力,适应总部工作性质、工作方式、工作方法的转变。

（二）勤于思考和总结。办公室承担着"参与政务、管理事务、搞好服务"的重要职能，要养成"事事关心、处处留意"的好习惯，勤于思考，不断总结工作中的经验和教训，增强工作的主动性和创造性，更好地适应办公室工作。

（三）加强组织和协调。办公室作为承上启下、联结左右的重要职能部门，组织协调工作显得至关重要，它渗透在办公室各项工作的每一个环节上，事关办公室职能的正常履行，也事关集团整体工作的高效运转，要加强组织和协调、沟通和联系，确保上下一致强执行，左右平衡保质量。

以上是我对三年来履职情况和今后努力方向的简要汇报，敬请领导和同事们多提宝贵意见，帮助我进步与成长。

【评析】这是某集团公司董事会秘书兼办公室副主任的述职报告，写法规范，内容全面具体，德、能、勤、绩各方面都涉及了，重点突出了自己岗位职责的履行情况；并且能一分为二，重点谈成绩、谈自身在工作中发挥的作用，同时也不违避个人工作中的不足和问题，并提出了今后工作的打算和努力方向。

【任务演练】

根据职场情境中提供的材料，代俞琴拟写一篇述职报告提纲，汇报自己在公司一年来履行岗位职责的情况。

任务四　规章制度的写作

情景导入

国外一家媒体曾在头版刊出关于沃尔玛供应工厂实地调查的长篇报道，指责这家企业将自己的巨额利润建立在对工人的压榨之上。据报道称，该公司规定员工每天工作18个小时，每周规定工作7天，每周最长的工作时间达到130小时……

另外一件事，一名黑人老外乘坐公交车时，想中途下车遭到拒绝后，指着司机和售票员骂"中国猪"，但司机和售票员始终坚持《员工守则》规定，对乘客"打不还手骂不还口"，依然笑脸相迎。

应该说，这两起事件包含了诸多社会因素。但是除此之外，两起事件背后的主角——企业一方，他们制定的各类规章制度是引发此类事件的主要原因之一。由于所在地区、所处行业各不相同，也许大多数企业制定的诸多内部规章制度中没有"超长时间工作""打不还手、骂不还口"之类的规定，但是细细检视一番，企业内部规章真的完全合理合法吗？企业里到底有多少不合理的"霸王条款"？

思考：如果你是企事业单位的领导，制定本单位的各种规章制度是相当的重要，因为这些将成为单位的员工行为准则和努力的目标。企事业单位应如何制订合法、合理、合适的规章制度呢？

必备知识

一、规章制度的含义

规章制度是一种规范性文书,又叫规约文书,它是党政机关、企事业单位和社会团体,依照相关法律、法令、政策,对行政管理、生产操作、学习和生活等方面制定出来,并要求大家共同遵守的、带有强制性和约束力的各种条例、规定、办法、守则、章程、制度和公约的总称。

规章制度是机关单位、团体组织和人民群众进行日常工作活动的准则,是社会生活中各项工作和活动管理的工具,对人们的社会行为和道德起着规范和约束作用,违反者要受到纪律处分或批评教育或舆论谴责。

二、规章制度的种类

规章制度类文书种类很多,主要介绍以下几种:

(一)条例

"条例"是国务院用以规定国家政治、经济、文化等领域的某些法定事项,或者规定某一机关的组织、职权等的法规性文书,如《中华人民共和国治安管理条例》《党政机关公文处理工作条例》《城市房屋拆迁管理条例》《信访条例》等。

此外,各省、自治区、直辖市人大制定的地方性法规也可以叫"条例"。

(二)规定

"规定"是机关单位针对某项工作或专门问题,作出政策限定的法规文书。如《公安部关于城镇暂住人口管理的暂行规定》《广东省劳动合同管理规定》《浙江大学关于高级专家退休问题的补充规定》《湖北职业学校教师培训规定》等。

"规定"在内容上比较具体化,哪些事允许做,哪些事不允许做;允许做的,可做到什么程度;不许做的,做了该怎么处理,都有具体而明确的规定。

"规定"与"条例"的不同在于:首先,条例的制定者是国家党政最高领导机关、国家立法机关与地方立法机关,而规定的制定者无此限制,可以是各级党政机关,也可以是社会团体和企事业单位;其次,条例的内容相对原则一些,而规定的内容比较具体;再次,条例涉及的是比较重大的、长期的事件,内容较为全面系统,而规定涉及的内容比较具体,现实性、局部性更强。

(三)办法

"办法"是对某一项工作作比较具体的规定,比如提出处理原则、具体做法和要求等。与"条例""规定"比,"办法"是对"某一项工作"作出的具体规定,针对性特别强,它的对象范围更小,条款项目也更具体,如《广东省科学技术进步奖实施办法》《杭州市十大景点评选办法》《浙江经济职业技术学院档案管理办法》等。

(四)细则

"细则"是对有关政策法规中的某一条或几条条款所制定的详细规则。常见于对已经制定出的规定或措施等作进一步的阐述和说明,它是国家机关或企事业单位以某规章制度为准则而制定的更具体的条文式规则。如《中华人民共和国专利法实施细则》《中华人民共和国居民身份证条例实施细则》《关于商品和服务实行明码标价的规定实施细则》《音像制品条码实施细则》等。

"条例""规定""办法""细则",在内容上一个比一个详细具体,因此,大多数情况下,可以用"细则"来对前三个文种作解释说明。当然,也可以用"办法"对"条例""规定"作解释说明。

正因为"细则"是用于对法律、法规性文件作解释、说明和补充的,因而它具有依附性、诠释性、补充性和可操作性等明显特点。

(五)规则

"规则"是国家机关、社会团体、企事业单位对某一事物或活动的行为准则作出具体规定的规范性文书。它是以某一专项工作、某一种行为甚至是某一操作过程为对象,制定出大家共同遵守的准则。与"守则""制度"相比,"规则"的档次要低一些。如《交通规则》《图书借阅规则》《会议议事规则》《篮球比赛规则》等。

"规则"与"规定"的不同之处是:"规则"用于一般的、具体的工作或活动管理,而"规定"则常用于较为重大和重要的行政工作;"规则"规范的内容比较具体、细致,有较强烈的专业性和可操作性,而"规定"规范的内容一般具有原则性。

(六)章程

"章程"是政党、团体、学会、协会、企业等组织,对本组织的性质、宗旨、任务、组织机构、组织成员、活动规则等所制定的准则和规范。如《中国共产党章程》《中国写作学会章程》《国家电力公司章程》等。

"章程"是规章性文书,它是依据国家的有关法律、法规和政策制定的,因此,一部章程就是一个组织的组织法和行动纲领。一个正规的政党、社会团体、学术组织、企业公司,都应该有自己的章程。章程的制定,通常是成立起草小组,草拟草案,然后广泛征求意见,最后经全体成员会议或代表大会按程序表决,通过后,成为该组织和团体的组织规程和办事规则,所有成员都必须承认,共同遵守。

(七)制度

"制度"是机关、团体和企事业单位为加强对某项工作的管理,根据实际需要而制定的要求有关人员共同遵守的规范性文书。

"制度"可分为岗位性制度和法规性制度。岗位性制度适用于某一岗位的长期性工作,所以有时也叫"岗位责任制",如《办公室人员考勤制度》《图书馆管理制度》《编辑工作岗位职责》等;法规性制度是对某方面工作制定的带有法令性质的规定,如《职工带薪休假制度》《差旅费报销制度》,这类制度可根据内容与作用的不同,使用"规则""规程""守则""准则""标准""规范""纪律""须知""注意事项"等不同的名称。

(八)守则

"守则"是国家机关、企事业单位和社会团体为维护公共利益和工作秩序,向所属成员发布的行为准则和道德规范。如《大学生守则》《监考员守则》《档案员保密守则》等。

与其他规章制度相比,"守则"的约束力要弱一些,它主要对人们的思想道德、职业操守、岗位责任等提出标准,要求大家自觉执行,如有违反,一般采用教育的方法加以纠正。

(九)公约

"公约"是社会组织或团体为了维护公共利益,维持社会公共秩序,树立良好社会风尚,通过讨论、协商而制定出来的,约定大家共同遵守的行为、道德的规章性文书。如《北京市人民文明公约》《红石街道爱国卫生公约》《钱江商场服务公约》等。

"公约"一般篇幅简短,文字通俗易懂;结构灵活自由,有的甚至用韵文写成,便于群众上口记诵。此外,公约必须经过适用范围的群众充分讨论通过才能执行。

 能力技巧

一、规章制度的写作技巧

规章制度类文书都采用条款式结构,一般由标题、日期、正文三个部分组成。

(一)标题

完整的标题一般由单位名称、事由、文种组成。如《中华人民共和国人民币管理条例》《广东省工业产品质量管理规定》《首都人民文明公约》等。有时,"单位名称"和"事由"可以省略。如《公共场所卫生管理条例》省略了"单位名称";再如《南方百货公司章程》则省略了"事由"。

(二)日期

日期写在标题下面的正中部位,用小括号括住。如由什么会议通过或由什么部门批准也写在这个括号里。也有的规章制度将日期写在落款处。

(三)正文

正文有分章列条法和逐条贯通法两种写法。

1.分章列条法

分章列条法的写法是:全文分为若干章,每章又分为若干条,各章的条数前后连贯,通常被叫做"章断条连式"结构。一般以"条"为单位,每条通常交代一个独立的规定内容。条的顺序一般用中文数表示,依次标明"第一条""第二条"……。条下还可分款,条下的款单独编项,每条的款项不必相连贯。

分章列条法的内容,一般由三部分组成:

(1)一般规则部分。又叫"总则""总纲"或"序言",通常说明制定本规章制度的依据、目的、任务、原则和要求等。一般第一章为总则。

(2)基本规则部分。又叫"分则""主体""实质"部分,是规章制度的主要内容。它具体规定本规章支持、保护、赞同什么,限制、禁止、取缔什么,以及对违章的处罚等。一般从"总则"以下直到最后一章的"附则"以上的所有条款都属于"分则"部分的范畴,因为内容较多,必须注意全面考虑,合理分章,做到各章内容相互独立,顺序安排恰当,一条一款清楚分明。

（3）"附则"部分。一般最后一章为"附则"，内容主要是说明本规章制度的解释权、修订权、实施要求、生效日期及其他需要注意的事项。

2.逐条贯通法

逐条贯通法就是，全文从头至尾不分章节，而以分条分款的形式，一条条内容依次叙说，条款贯穿全文。这种写法只适合于比较简单的规章制度。

二、规章制度的写作要求

（一）依法撰文

制定规章制度是件严肃和严谨的事，不能主观臆断，随意为之，而必须"上有所依，下有所系"。既要充分熟悉和掌握国家的法律、党的方针政策和上级机关的指示精神，又要密切联系本单位、本部门的实际情况，充分考虑在现实条件下执行的可能性、可行性问题，从而依法制定出合情合理的规章制度来。这样的规章制度才有法律效力，才会产生强制性作用和约束力量，确保人们严格遵守、认真执行。

（二）文种正确

规章制度类文书种类繁杂，这些文种既同中有异，又异中有同。要分清这些文种的不同性质、功能和特点，正确选用文种，不要互相混淆、张冠李戴。

（三）内容周密

为体现规章制度的规范性、严肃性和权威性，规章制度必须内容周备，应该怎样，不应该怎样，以及如何实施相关规定等，都要作出明确的规定；而且行文上要求逻辑严密，词义的内涵外延表述清晰，不可产生歧义或多种理解，以防止疏忽遗漏和让人钻空子。

（四）条理清晰

规章制度在表达上都采用条理分明的条款式结构，分"章""节""条""款""项""目"，层次清晰，条目贯通，把规定的事项详细列出，并用条分缕析的方法一一说明，内容明确、具体，条文准确、规范。

 案例评析

【案例一】

<h3 style="text-align:center">党政机关公文处理工作条例</h3>

（2012 年 4 月 16 日）

第一章　总　则

第一条　为了适应中国共产党机关和国家行政机关（以下简称党政机关）工作需要，推进党政机关公文处理工作科学化、制度化、规范化，制定本条例。

第二条　本条例适用于各级党政机关公文处理工作。

第三条　党政机关公文是党政机关实施领导、履行职能、处理公务的具有特定效力和规范体式的文书，是传达贯彻党和国家的方针政策，公布法规和规章，指导、布置和商洽工作,请示和答复问题,报告、通报和交流情况等的重要工具。

第四条 公文处理工作是指公文拟制、办理、管理等一系列相互关联、衔接有序的工作。

第五条 公文处理工作应当坚持实事求是、准确规范、精简高效、安全保密的原则。

第六条 各级党政机关应当高度重视公文处理工作,加强组织领导,强化队伍建设,设立文秘部门或者由专人负责公文处理工作。

第七条 各级党政机关办公厅(室)主管本机关的公文处理工作,并对下级机关的公文处理工作进行业务指导和督促检查。

第二章 公文种类

第八条 公文种类主要有:

(一)决议。适用于会议讨论通过的重大决策事项。

(二)决定。适用于对重要事项作出决策和部署、奖惩有关单位和人员、变更或者撤销下级机关不适当的决定事项。

(三)命令(令)。适用于公布行政法规和规章、宣布施行重大强制性措施、批准授予和晋升衔级、嘉奖有关单位和人员。

(四)公报。适用于公布重要决定或者重大事项。

(五)公告。适用于向国内外宣布重要事项或者法定事项。

(六)通告。适用于在一定范围内公布应当遵守或者周知的事项。

(七)意见。适用于对重要问题提出见解和处理办法。

(八)通知。适用于发布、传达要求下级机关执行和有关单位周知或者执行的事项,批转、转发公文。

(九)通报。适用于表彰先进、批评错误、传达重要精神和告知重要情况。

(十)报告。适用于向上级机关汇报工作,反映情况,回复上级机关的询问。

(十一)请示。适用于向上级机关请求指示、批准。

(十二)批复。适用于答复下级机关请示事项。

(十三)议案。适用于各级人民政府按照法律程序向同级人民代表大会或者人民代表大会常务委员会提请审议事项。

(十四)函。适用于不相隶属机关之间商洽工作、询问和答复问题、请求批准和答复审批事项。

(十五)纪要。适用于记载会议主要情况和议定事项。

第三章 公文格式

第九条 公文一般由份号、密级和保密期限、紧急程度、发文机关标志、发文字号、签发人、标题、主送机关、正文、附件说明、发文机关署名、成文日期、印章、附注、附件、抄送机关、印发机关和印发日期、页码等组成。

(一)份号。公文印制份数的顺序号。涉密公文应当标注份号。

(二)密级和保密期限。公文的秘密等级和保密的期限。涉密公文应当根据涉密程度分别标注"绝密""机密""秘密"和保密期限。

（三）紧急程度。公文送达和办理的时限要求。根据紧急程度，紧急公文应当分别标注"特急""加急"，电报应当分别标注"特提""特急""加急""平急"。

（四）发文机关标志。由发文机关全称或者规范化简称加"文件"二字组成，也可以使用发文机关全称或者规范化简称。联合行文时，发文机关标志可以并用联合发文机关名称，也可以单独用主办机关名称。

（五）发文字号。由发文机关代字、年份、发文顺序号组成。联合行文时，使用主办机关的发文字号。

（六）签发人。上行文应当标注签发人姓名。

（七）标题。由发文机关名称、事由和文种组成。

（八）主送机关。公文的主要受理机关，应当使用机关全称、规范化简称或者同类型机关统称。

（九）正文。公文的主体，用来表述公文的内容。

（十）附件说明。公文附件的顺序号和名称。

（十一）发文机关署名。署发文机关全称或者规范化简称。

（十二）成文日期。署会议通过或者发文机关负责人签发的日期。联合行文时，署最后签发机关负责人签发的日期。

（十三）印章。公文中有发文机关署名的，应当加盖发文机关印章，并与署名机关相符。有特定发文机关标志的普发性公文和电报可以不加盖印章。

（十四）附注。公文印发传达范围等需要说明的事项。

（十五）附件。公文正文的说明、补充或者参考资料。

（十六）抄送机关。除主送机关外需要执行或者知晓公文内容的其他机关，应当使用机关全称、规范化简称或者同类型机关统称。

（十七）印发机关和印发日期。公文的送印机关和送印日期。

（十八）页码。公文页数顺序号。

第十条　公文的版式按照《党政机关公文格式》国家标准执行。

第十一条　公文使用的汉字、数字、外文字符、计量单位和标点符号等，按照有关国家标准和规定执行。民族自治地方的公文，可以并用汉字和当地通用的少数民族文字。

第十二条　公文用纸幅面采用国际标准 A4 型。特殊形式的公文用纸幅面，根据实际需要确定。

第四章　行文规则

第十三条　行文应当确有必要，讲求实效，注重针对性和可操作性。

第十四条　行文关系根据隶属关系和职权范围确定。一般不得越级行文，特殊情况需要越级行文的，应当同时抄送被越过的机关。

第十五条　向上级机关行文，应当遵循以下规则：

（一）原则上主送一个上级机关，根据需要同时抄送相关上级机关和同级机关，不抄送下级机关。

(二)党委、政府的部门向上级主管部门请示、报告重大事项,应当经本级党委、政府同意或者授权;属于部门职权范围内的事项应当直接报送上级主管部门。

(三)下级机关的请示事项,如需以本机关名义向上级机关请示,应当提出倾向性意见后上报,不得原文转报上级机关。

(四)请示应当一文一事。不得在报告等非请示性公文中夹带请示事项。

(五)除上级机关负责人直接交办事项外,不得以本机关名义向上级机关负责人报送公文,不得以本机关负责人名义向上级机关报送公文。

(六)受双重领导的机关向一个上级机关行文,必要时抄送另一个上级机关。

第十六条　向下级机关行文,应当遵循以下规则:

(一)主送受理机关,根据需要抄送相关机关。重要行文应当同时抄送发文机关的直接上级机关。

(二)党委、政府的办公厅(室)根据本级党委、政府授权,可以向下级党委、政府行文,其他部门和单位不得向下级党委、政府发布指令性公文或者在公文中向下级党委、政府提出指令性要求。需经政府审批的具体事项,经政府同意后可以由政府职能部门行文,文中须注明已经政府同意。

(三)党委、政府的部门在各自职权范围内可以向下级党委、政府的相关部门行文。

(四)涉及多个部门职权范围内的事务,部门之间未协商一致的,不得向下行文;擅自行文的,上级机关应当责令其纠正或者撤销。

(五)上级机关向受双重领导的下级机关行文,必要时抄送该下级机关的另一个上级机关。

第十七条　同级党政机关、党政机关与其他同级机关必要时可以联合行文。属于党委、政府各自职权范围内的工作,不得联合行文。党委、政府的部门依据职权可以相互行文。部门内设机构除办公厅(室)外不得对外正式行文。

第五章　公文拟制

第十八条　公文拟制包括公文的起草、审核、签发等程序。

第十九条　公文起草应当做到:

(一)符合党的理论路线方针政策和国家法律法规,完整准确体现发文机关意图,并同现行有关公文相衔接。

(二)一切从实际出发,分析问题实事求是,所提政策措施和办法切实可行。

(三)内容简洁,主题突出,观点鲜明,结构严谨,表述准确,文字精练。

(四)文种正确,格式规范。

(五)深入调查研究,充分进行论证,广泛听取意见。

(六)公文涉及其他地区或者部门职权范围内的事项,起草单位必须征求相关地区或者部门意见,力求达成一致。

(七)机关负责人应当主持、指导重要公文起草工作。

第二十条 公文文稿签发前,应当由发文机关办公厅(室)进行审核。审核的重点是:

(一)行文理由是否充分,行文依据是否准确。

(二)内容是否符合党的理论路线方针政策和国家法律法规;是否完整准确体现发文机关意图;是否同现行有关公文相衔接;所提政策措施和办法是否切实可行。

(三)涉及有关地区或者部门职权范围内的事项是否经过充分协商并达成一致意见。

(四)文种是否正确,格式是否规范;人名、地名、时间、数字、段落顺序、引文等是否准确;文字、数字、计量单位和标点符号等用法是否规范。

(五)其他内容是否符合公文起草的有关要求。

需要发文机关审议的重要公文文稿,审议前由发文机关办公厅(室)进行初核。

第二十一条 经审核不宜发文的公文文稿,应当退回起草单位并说明理由;符合发文条件但内容需作进一步研究和修改的,由起草单位修改后重新报送。

第二十二条 公文应当经本机关负责人审批签发。重要公文和上行文由机关主要负责人签发。党委、政府的办公厅(室)根据党委、政府授权制发的公文,由受权机关主要负责人签发或者按照有关规定签发。签发人签发公文,应当签署意见、姓名和完整日期;圈阅或者签名的,视为同意。联合发文由所有联署机关的负责人会签。

第六章 公文办理

第二十三条 公文办理包括收文办理、发文办理和整理归档。

第二十四条 收文办理主要程序是:

(一)签收。对收到的公文应当逐件清点,核对无误后签字或者盖章,并注明签收时间。

(二)登记。对公文的主要信息和办理情况应当详细记载。

(三)初审。对收到的公文应当进行初审。初审的重点是:是否应当由本机关办理,是否符合行文规则,文种、格式是否符合要求,涉及其他地区或者部门职权范围内的事项是否已经协商、会签,是否符合公文起草的其他要求。经初审不符合规定的公文,应当及时退回来文单位并说明理由。

(四)承办。阅知性公文应当根据公文内容、要求和工作需要确定范围后分送。批办性公文应当提出拟办意见报本机关负责人批示或者转有关部门办理;需要两个以上部门办理的,应当明确主办部门。紧急公文应当明确办理时限。承办部门对交办的公文应当及时办理,有明确办理时限要求的应当在规定时限内办理完毕。

(五)传阅。根据领导批示和工作需要将公文及时送传阅对象阅知或者批示。办理公文传阅应当随时掌握公文去向,不得漏传、误传、延误。

(六)催办。及时了解掌握公文的办理进展情况,督促承办部门按期办结。紧急公文或者重要公文应当由专人负责催办。

(七)答复。公文的办理结果应当及时答复来文单位,并根据需要告知相关单位。

第二十五条 发文办理主要程序是:

(一)复核。已经发文机关负责人签批的公文,印发前应当对公文的审批手续、内容、文种、格式等进行复核;需作实质性修改的,应当报原签批人复审。

(二)登记。对复核后的公文,应当确定发文字号、分送范围和印制份数并详细记载。

(三)印制。公文印制必须确保质量和时效。涉密公文应当在符合保密要求的场所印制。

(四)核发。公文印制完毕,应当对公文的文字、格式和印刷质量进行检查后分发。

第二十六条 涉密公文应当通过机要交通、邮政机要通信、城市机要文件交换站或者收发件机关机要收发人员进行传递,通过密码电报或者符合国家保密规定的计算机信息系统进行传输。

第二十七条 需要归档的公文及有关材料,应当根据有关档案法律法规以及机关档案管理规定,及时收集齐全、整理归档。两个以上机关联合办理的公文,原件由主办机关归档,相关机关保存复制件。机关负责人兼任其他机关职务的,在履行所兼职务过程中形成的公文,由其兼职机关归档。

第七章 公文管理

第二十八条 各级党政机关应当建立健全本机关公文管理制度,确保管理严格规范,充分发挥公文效用。

第二十九条 党政机关公文由文秘部门或者专人统一管理。设立党委(党组)的县级以上单位应当建立机要保密室和机要阅文室,并按照有关保密规定配备工作人员和必要的安全保密设施设备。

第三十条 公文确定密级前,应当按照拟定的密级先行采取保密措施。确定密级后,应当按照所定密级严格管理。绝密级公文应当由专人管理。

公文的密级需要变更或者解除的,由原确定密级的机关或者其上级机关决定。

第三十一条 公文的印发传达范围应当按照发文机关的要求执行;需要变更的,应当经发文机关批准。

涉密公文公开发布前应当履行解密程序。公开发布的时间、形式和渠道,由发文机关确定。

经批准公开发布的公文,同发文机关正式印发的公文具有同等效力。

第三十二条 复制、汇编机密级、秘密级公文,应当符合有关规定并经本机关负责人批准。绝密级公文一般不得复制、汇编,确有工作需要的,应当经发文机关或者其上级机关批准。复制、汇编的公文视同原件管理。

复制件应当加盖复制机关戳记。翻印件应当注明翻印的机关名称、日期。汇编本的密级按照编入公文的最高密级标注。

第三十三条 公文的撤销和废止,由发文机关、上级机关或者权力机关根据职权范围和有关法律法规决定。公文被撤销的,视为自始无效;公文被废止的,视为自废止之日起失效。

第三十四条 涉密公文应当按照发文机关的要求和有关规定进行清退或者销毁。

第三十五条 不具备归档和保存价值的公文,经批准后可以销毁。销毁涉密公文必须严格按照有关规定履行审批登记手续,确保不丢失、不漏销。个人不得私自销毁、留存涉密公文。

第三十六条　机关合并时,全部公文应当随之合并管理;机关撤销时,需要归档的公文经整理后按照有关规定移交档案管理部门。

工作人员离岗离职时,所在机关应当督促其将暂存、借用的公文按照有关规定移交、清退。

第三十七条　新设立的机关应当向本级党委、政府的办公厅(室)提出发文立户申请。经审查符合条件的,列为发文单位,机关合并或者撤销时,相应进行调整。

第八章　附　则

第三十八条　党政机关公文含电子公文。电子公文处理工作的具体办法另行制定。

第三十九条　法规、规章方面的公文,依照有关规定处理。外事方面的公文,依照外事主管部门的有关规定处理。

第四十条　其他机关和单位的公文处理工作,可以参照本条例执行。

第四十一条　本条例由中共中央办公厅、国务院办公厅负责解释。

第四十二条　本条例自2012年7月1日起施行。1996年5月3日中共中央办公厅发布的《中国共产党机关公文处理条例》和2000年8月24日国务院发布的《国家行政机关公文处理办法》停止执行。

【评析】本条例采用分章立条式写法,全文分章,章下分条,条下有款,条理清楚。第一章为总则,第八章为附则,中间部分第二至第七章为分则,内容全面、系统,行文严密,体现了法规类规章制度的强制性、周密性等特点。

【案例二】

互联网电子公告服务管理规定

第一条　为了加强对互联网电子公告服务(以下简称电子公告服务)的管理,规范电子公告信息发布行为,维护国家安全和社会稳定,保障公民、法人和其他组织的合法权益,根据《互联网信息服务管理办法》的规定,制定本规定。

第二条　在中华人民共和国境内开展电子公告服务和利用电子公告发布信息的,适用本规定。

本规定所称电子公告服务,是指在互联网上以电子布告牌、电子白板、电子论坛、网络聊天室、留言板等交互形式为上网用户提供信息发布条件的行为。

第三条　电子公告服务提供者开展服务活动,应当遵守法律、法规,加强行业自律,接受信息产业部及省、自治区、直辖市电信管理机构和其他有关主管部门依法实施的监督检查。

第四条　上网用户使用电子公告服务系统,应当遵守法律、法规,并对所发布的信息负责。

第五条　从事互联网信息服务,拟开展电子公告服务的,应当在向省、自治区、直辖市电信管理机构或者信息产业部申请经营性互联网信息服务许可或者办理非经营性互联网信息服务备案时,提出专项申请或者专项备案。

省、自治区、直辖市电信管理机构或者信息产业部经审查符合条件的,应当在规定时间内连同互联网信息服务一并予以批准或者备案,并在经营许可证或备案文件中专项注明;不符合条件的,不予批准或者不予备案,书面通知申请人并说明理由。

第六条　开展电子公告服务,除应当符合《互联网信息服务管理办法》规定的条件外,还应当具备下列条件:

(一)有确定的电子公告服务类别和栏目;

(二)有完善的电子公告服务规则;

(三)有电子公告服务安全保障措施,包括上网用户登记程序、上网用户信息安全管理制度、技术保障设施;

(四)有相应的专业管理人员和技术人员,能够对电子公告服务实施有效管理。

第七条　已取得经营许可或者已履行备案手续的互联网信息服务提供者,拟开展电子公告服务的,应当向原许可或者备案机关提出专项申请或者专项备案。

省、自治区、直辖市电信管理机构或者信息产业部,应当自收到专项申请或者专项备案材料之日起60日内进行审查完毕。经审查符合条件的,予以批准或者备案,并在经营许可证或备案文件中专项注明;不符合条件的,不予批准或者不予备案,书面通知申请人并说明理由。

第八条　未经专项批准或者专项备案手续,任何单位或者个人不得擅自开展电子公告服务。

第九条　任何人不得在电子公告服务系统中发布含有下列内容之一的信息:

(一)反对宪法所确定的基本原则的;

(二)危害国家安全,泄露国家秘密,颠覆国家政权,破坏国家统一的;

(三)损害国家荣誉和利益的;

(四)煽动民族仇恨、民族歧视,破坏民族团结的;

(五)破坏国家宗教政策,宣扬邪教和封建迷信的;

(六)散布谣言,扰乱社会秩序,破坏社会稳定的;

(七)散布淫秽、色情、赌博、暴力、凶杀、恐怖或者教唆犯罪的;

(八)侮辱或者诽谤他人,侵害他人合法权益的;

(九)含有法律、行政法规禁止的其他内容的;

第十条　电子公告服务提供者应当在电子公告服务系统的显著位置刊载经营许可证编号或者备案编号、电子公告服务规则,并提示上网用户发布信息需要承担的法律责任。

第十一条　电子公告服务提供者应当按照经批准或者备案的类别和栏目提供服务,不得超出类别或者另设栏目提供服务。

第十二条　电子公告服务提供者应当对上网用户的个人信息保密,未经上网用户同意不得向他人泄露,但法律另有规定的除外。

第十三条　电子公告服务提供者发现其电子公告服务系统中出现明显属于本办法第

九条所列的信息内容之一的,应当立即删除,保存有关记录,并向国家有关机关报告。

第十四条 电子公告服务提供者应当记录在电子公告服务系统中发布的信息内容及其发布时间、互联网地址或者域名。记录备份应当保存60日,并在国家有关机关依法查询时,予以提供。

第十五条 互联网接入服务提供者应当记录上网用户的上网时间、用户账号、互联网地址或者域名、主叫电话号码等信息,记录备份应保存60日,并在国家有关机关依法查询时,予以提供。

第十六条 违反本规定第八条、第十一条的规定,擅自开展电子公告服务或者超出经批准或者备案的类别、栏目提供电子公告服务的,依据《互联网信息服务管理办法》第十九条的规定处罚。

第十七条 在电子公告服务系统中发布本规定第九条规定的信息内容之一的,依据《互联网信息服务管理办法》第二十条的规定处罚。

第十八条 违反本规定第十条的规定,未刊载经营许可证编号或者备案编号、未刊载电子公告服务规则或者未向上网用户作发布信息需要承担法律责任提示的,依据《互联网信息服务管理办法》第二十二条的规定处罚。

第十九条 违反本规定第十二条的规定,未经上网用户同意,向他人非法泄露上网用户个人信息的,由省、自治区、直辖市电信管理机构责令改正;给上网用户造成损害或者损失的,依法承担法律责任。

第二十条 未履行本规定第十三条、第十四条、第十五条规定的义务的,依据《互联网信息服务管理办法》第二十一条、第二十三条的规定处罚。

第二十一条 在本规定施行以前已开展电子公告服务的,应当自本规定施行之日起60日内,按照本规定办理专项申请或者专项备案手续。

第二十二条 本规定自发布之日起施行。

【评析】本规定采用逐条贯通式写法,条理清晰,第一条为总则,第二至第十九条为分则,最后两条为附则;内容具体,结构规范,符合规定的写作要求。

【案例三】

××集团公司奖励实施细则

为进一步调动公司全体职工的工作积极性、主动性和创造性,激励广大职工建功立业,根据《××集团公司奖励暂行办法》,特制定本实施细则。

第一条 根据集团公司各部门的工作职能,每年初制定尽可能量化的目标任务和工作职责,便于年终进行考核评议和表彰,本单位自筹奖励基金对有功人员予以奖励。

第二条 设立业务工作单项奖。凡部门业务工作受到国家级表彰的,奖励该部门1万元;凡受到省级表彰的,奖励该部门8 000元;凡受到市级表彰的,奖励该部门5 000元。

个人受到国家级、省级、市级表彰的,分别奖励8 000元、6 000元、4 000元。

同时获得几级奖励的按最高层次奖励。

第三条 设立宣传报道奖。所写文章被报纸杂志、电台、电视台采用的,按调研文章和信息两个文种给予奖励,国家级分别奖励 1 000 元、800 元;省级分别奖励 600 元、500 元;市级分别奖励 400 元、300 元。

第四条　对完成工作任务的部门给予奖励,根据当年实际任务基数确定奖励基数,对完成任务的奖给奖励基数,超额完成任务的按超额数的 10% 奖给部门,对特殊情况,由董事长办公会研究决定。

第五条　以上条款的奖惩考核,在年终采取至下而上或至上而下的方法由公司进行考核评议,根据其考核评议结果实施奖惩。

【评析】本文是根据《××集团公司奖励暂行办法》而制定的详细规则,是对奖励办法的具体解释、说明和补充,内容具体,条理清晰,可于实际中实施操作。

【案例四】

电脑室管理规则

一、凭上机证按规定时间进入电脑室操作学习。

二、进入机房前必须换鞋。

三、听从电脑室人员安排和指挥,对号入座。

四、严格按照操作规程上机操作,否则损坏机件要负责赔偿。

五、上机时要集中精神,不得喧闹,以免干扰他人。

六、保证电脑室的清洁卫生,不得有破坏公共用品的行为。

七、如遇设备出现故障,应立即向电脑室人员提出。

八、上机完毕,须按规范关闭电脑,并检查设备完好无损后离开电脑室。

【评析】本规则按照"入室"—"入座"—"上机"—"关机"的顺序提出有关规定,逐条贯通,条理特别清楚,内容具体、细致,语言简洁,符合规则的写作要求。

【案例五】

浙江经济职业技术学院董事会章程

(2012 年 6 月 24 日)

第一章　总　则

第一条　为贯彻落实《中华人民共和国高等教育法》《国家中长期教育改革和发展规划纲要(2010—2020)》《教育部关于全面提高高等职业教育教学质量的若干意见》(教高〔2006〕16 号)、《教育部财政部关于进一步推进"国家示范校高等职业院校建设计划"实施工作通知》(教高〔2010〕8 号)等相关法律文件精神,健全政、行、企等社会各方支持和督促学校发展的长效机制,深化学校与行业、企业产学研结合,实现资源共享,形成合作办学的有效机制,增强学校办学活力,提高教育质量和办学效益,更好地发挥学校为社会发展服务的功能,经浙江省物产集团公司批准,成立浙江经济职业技术学院董事会(以下简称学校董事会)。

第二条　为促使学校董事会在功能定位、组织架构、运作模式等方面的规范化、常态化与制度化,进一步明确学校董事会成员各方的责任、权利与义务,特制定本章程。

第三条　学校董事会为非法人的指导咨询决策型机构,是董事单位与学校建立紧密、稳定的合作关系的桥梁和纽带,是促进学校与社会建立广泛联系与合作、支持学校建设与发展的合作办学组织形式,是学校与行业、企业、政府管理机构等进行沟通、交流的平台。其主要职能是对学校办学、教育、科研、社会服务等重大问题提供咨询、指导和监督,为学校办学条件的改善提供良好的政策支持和投入环境支持,为学校发展筹措办学资源,最终实现董事会成员各方互惠互利、互动共赢的合作办学、合作育人、合作就业、合作发展的目标。

第二章　董事会成员

第四条　学校充分依托政府与浙江物产集团共同举办的体制优势,依托学校担任中国物流与采购联合会常务理事单位和浙江省物流采购协会副会长单位的行业支持优势,建设以学校与物产集团等行业龙头企业为基础,吸收相关县(市)政府与当地龙头企业,国、省两级物流行会参与(简称"222")的学校董事会体制架构。

第五条　学校董事会本着"平等协商、自愿参加"的原则,依据学校区域资源整合体制创新与共赢运行的战略需要,以物产集团成员企业为主,聘请省属机关相关职能处室、合作县(市)政府部门代表、区域经济龙头和骨干企业代表、行业协会专家和领导、社会知名人士、知名学者、杰出校友代表等为学校董事会成员。

第六条　其他热心高等职业教育、关心和支持学校发展的行政主管部门、企事业单位、社会团体、实业家和社会各界人士,凡承认本章程,有志于携手学校发展并提供给学校一定支持的各类单位和个人,均可申请成为董事会成员。

第七条　经审核后具有董事会成员资格的单位和个人,其单位由法人代表或法人代表委派的其他人担任董事,个人会员由其本人担任董事。董事会单位成员如需变更董事人选时,应书面通知董事会。

第八条　董事会成员数额不限。董事会可根据需要不定期吸收有关单位和个人加入董事会。新增董事由董事长或执行董事提名,经董事会议审议确定。

第三章　组织机构

第九条　学校董事会设董事长1名,执行董事若干名,董事若干名;视情况聘请行政机关老领导、知名学者、行业、企业资深专家担任名誉董事长。董事长由浙江省物产集团公司主要领导担任;执行董事由物产集团分管领导和学校主要领导担任;董事由物产集团成员企业、紧密合作企业、行业协会、政府机关领导、杰出校友等担任;其人选由董事会提名推荐、经董事会全体会议选举产生。董事会每届任期5年,期满改选,可以连选连任。

第十条　学校董事会下设秘书处,作为常设办事机构,负责处理董事会的日常事务,加强董事会成员与学校的联系。设秘书长1名,副秘书长1~2名,人选由浙江经济职业技术学院推荐,经执行董事会议通过后由董事长聘任。秘书处设在浙江经济职业技术学院院长办公室。

第十一条　董事会根据工作需要设立学校发展规划委员会、基金筹措委员会等专业委员会。在董事会指导和帮助下,充分依托各董事会成员在产业规划、经费筹措、先进技术应用、兼职教师聘任(聘用)、实习实训基地建设和吸纳学生高质量就业等方面的优势,开展科研、协调、服务等专项工作。学校董事会常设机构及专业委员会可依据需要作适当调整。

第十二条　董事会全体会议为学校董事会的最高权力机构。董事会全体会议一般每年召开一次,必要时由董事长或委托执行董事临时召集。董事会全体会议的主要议题为:

1.选举董事长和由董事长提名的执行董事、董事;

2.聘请名誉董事长和名誉董事(顾问);

3.审议并批准董事会章程;

4.听取学校年度工作汇报;

5.审议董事会年度工作报告和年度工作计划;

6.审议董事会基金的财务报告;

7.对学校的办学方向、发展规划、人才培养等重大问题进行咨询、审议、指导和监督;

8.支持学校举办产学研合作等重大交流活动;

9.其他应讨论的事项。

第十三条　董事会全体会议召开前一个月,由董事会秘书处提出议题,经董事长确定。董事会全体会议举行前一周,董事会秘书处应书面通知各位董事,写明会议议题、时间和地点,重要议题应在会前向董事提供有关资料。

第十四条　董事因故不能出席董事会全体会议时,应向董事会秘书处请假或书面委托代表人出席。

第十五条　出席董事会全体会议的法定人数应为全体董事的三分之二以上,人数不够三分之二时,其通过的决议无效。

第十六条　每次董事会全体会议均应以会议纪要形式如实记载议事结果,并将会议纪要发至各位董事。董事会全体会议作出的决议,由董事长签署执行。

第十七条　董事会全体会议闭会期间,由执行董事行使董事会职权,执行董事会议每年召开一至两次。

第十八条　董事长主持董事会的全面工作,执行董事主持董事会的日常工作,负责召集董事会议,执行董事会决议。董事长缺席时,由执行董事代行其职责。

第四章　权利与义务

第十九条　董事会成员权利

1.根据董事单位需要,学校为其组织专场招聘会,董事单位优先选择学校的优秀毕业生;

2.学校优先为董事单位提供员工培训、技术研发、技术转让等服务;

3.经董事或董事单位推荐的考生,符合招生条件的,浙江经济职业技术学院优先录取;

4.学校积极创造条件,与董事单位合作培养董事单位所需行业示范生、订单培养生;

5.学校聘请有经验和名望的董事担任学校客座教授、兼职教授(研究员),聘请董事单位专业技术人员担任学校兼职讲师、实践指导老师,定期请董事单位派人来学校讲学;

6.由董事或董事单位提供经费设立的奖励基金、建设的建筑物、购置的大型设备等,可以董事或董事单位名称命名;

7.董事单位的技术和管理人员可根据需要参与学校承担的科学研究项目,研究成果的知识产权由双方协商共同分享;

8.董事在使用学校图书、网络等公共教学资源方面与校内职工享有同等权利。

第二十条　董事会成员义务

1.董事会成员可依据自身发展需要,指导学校发展战略规划,参与学校专业布局优化、课程标准厘定等教育教学改革;

2.学校与董事会成员本着"责任共担、过程共管、互动共赢"的原则建立"需求对接、设施共享、人才共用、信息互通"的紧密型合作关系;

3.董事会成员应优先在人才培养模式改革、科技研发、师资培养、实训基地建设、招生就业、社会服务等方面给学校提供政策环境支持及资源支持;

4.董事单位应优先为学校教师挂职锻炼、学生顶岗实习、社会调查、勤工助学等方面提供基地和场所;

5.董事或董事单位应充分考虑学校在人才、技术、土地、设施设备、资金等方面的发展需求,并有优先给予支持和帮助的义务;

6.协助学校落实各类毕业生就业工作;

7.为学校提供各种信息,促进学校与董事单位及社会的广泛接触和联系;

8.通过各种形式和途径,向国内外宣传浙江经济职业技术学院各方面的成就,扩大学校影响,提高学校的办学声誉,加强国内外的合作与交流。

第五章　附　则

第二十一条　董事单位可根据工作需要委派一名联络员负责董事会的日常联系工作。

第二十二条　本章程自学校董事会全体会议通过后生效,并委托董事会秘书处负责解释和修改。

【评析】本章程就学校董事会的宗旨、目的、性质、成员、机构、权利义务等作出规范,有较强的针对性、约束性,有利于董事会成员严格遵守和顺利开展工作。

【案例六】

××学院学生考勤管理制度

为加强学生考勤工作的管理,保证良好的教学秩序,根据《普通高等学校学生管理规定》和《××学院学生学籍管理办法》,特制定本制度。

一、学生要认真执行教学设计的规定,按时参加学院统一安排、组织的一切活动。学生上课、实习、军训、开会、运动会等都实行考勤。

二、学生因病或其他原因无法参加学习和学院所规定的活动时,必须事先办理请假手续,并经准假后始有效。请假期满,学生本人应及时向有关部门销假,因故不能按期销假者,要办理续假手续。学生请假按下列手续办理:

（一）学生请假必须有书面申请，说明请假原因、时间。病假需持本院医务所或二级甲等以上医院证明；事假必须有充分理由和必要的证明，一般从严掌握。

（二）学生请假1天以内由辅导员批准，1天以上3天以内（含3天）由系主任审批，连续或累计4天以上由系主任审批，并报教务处和学生处备案。

（三）学生因公请假，必须持院内、外有关单位证明，按请假时间长短，经辅导员、系主任同意，教务处审核。公假不作缺课处理。

三、学生必须按规定的时间准时上课，做到不迟到、不早退、不旷课。

（一）迟到或早退三次者，折算成旷课一节处理。

（二）迟到或早退时间超过十五分钟者，按旷课处理。

（三）对旷课的学生，视其情节轻重，给予批评或纪律处分。一学期内累计旷课10~19学时予以警告处分；旷课20~29学时予以严重警告处分；旷课30~39学时予以记过处分；旷课40~59学时予以留校察看处分，旷课60学时或连续两周以上按退学处理。

四、每班应设立考勤日志记录制度。各班考勤员要以身作则，严格考勤手续。每节课都要做好考勤记录，并于课后请任课老师审核后在考勤表上签名。

五、考勤员于每周星期一上午9：00前，要把上周的考勤登记情况及时向班里同学公布，并将考勤登记原始记录表、考勤汇总表及有关请假单和请假报告等材料送交辅导员审核签名后，再上交系学生工作办存档。系学生工作办于每学期末汇总登记入学生档案。

六、辅导员要认真抓好本班的考勤管理工作。对旷课或迟到、早退较多的学生，要及时地予以批评教育。对旷课达10节的学生，要及时地给予书面警示。

七、本制度自颁发之日起执行，原有关规定与本制度相冲突的，以本制度的规定为准。

【评析】本考勤制度属于法规性制度，对学生出勤、请假、考勤及缺勤处理等方面问题作出了明确的规定，具有执行的强制性。

【案例七】

××图书公司员工行为守则

一、热爱图书发行事业，热爱本职工作，热爱公司。

二、遵纪守法，遵守社会公德，严守职业道德，遵守公司各项规章制度。

三、品行端庄，行为文明，诚信待人，保持环境整洁，注重仪表、仪容。

四、热情服务，礼貌待人，努力提供优质的产品和服务，维护公司的声誉和形象。

五、熟悉业务流程，熟悉图书分类，不断提高自身业务技能和服务质量。

六、服从指挥，服从工作安排，团结互助，尊重他人，友好合作，树立集体主义精神。

七、加强文化知识学习，不断提高个人素质和文化修养。

八、增效节支，爱护公司财物，严禁铺张浪费。

九、严守公司机密，自觉维护公司安全。

【评析】本守则主要从思想道德、职业操守、负责守纪、提高素质、爱护公物等方面规定员工的行为准则和道德规范，言简意赅，通俗易懂。

【任务演练】

根据职场情境中提供的材料,代俞琴拟写一份公司考核制度。

综合实训

一、知识目标鉴定实训

(一)简述计划的三要素及具体要求。

(二)简述总结的特点及其写作要求,并说说总结正文的主要内容是什么?

(三)阅读下列总结和计划,指出其问题所在,并予以修改。

钢铁国内事业部 2013 年上半年总结及下半年工作计划

上半年小结:

业务统计数字:合同采购 79 万吨,实际已执行 71 万吨,累计实现销售 62 万吨,月均 10 万吨。基本达到年初制定的预算要求。

事务性方面主要工作:按公司统一部署完善了事业部内的组织架构调整;

重新调整确定各销售公司主打经营品种;重新拟订一系列事业部内部管理办法、工作流程;筹备开设唐山公司;

不足:

1.销售环节用户结构的优化没有实质进展;

2.配供业务增殖服务能力培育没有新的发展;

3.预计行情变化时督促采取阶段性降库存的力度不够,缺少有效手段。

下半年的打算:

目前首要任务是在亏损最小化的原则基础上如何有效降低现有库存,增加现金存量,同时,保持良好进取精神,抓住下半年可能有的反弹行情,扩大经营成果。此外,几个板块工作重点如下:

一、产业化推进方面

围绕提升供应链服务集成能力,同时兼顾项目投资总额、项目即期效益保障、项目对物产国际的间接收益影响的宗旨,钢铁国内事业部目前有以下三个项目计划在下半年着手调研筛选:

1.和中钢在天津京唐港开设剪配中心。

2.和本钢大连公司在大连开设船用钢材配送中心。

3.和日照沟通能否在上海(华东)设立剪配中心。

二、采购中心:

1.对于上半年协议量减量比较多的钢厂,下半年对协议量的执行数量要作为重点争取政策来对待,综合管理部和采购中心按季提供情况报告,亏损月份单月原则上数量不能比上半年月平均数多。同时加大同钢厂政策制定部门和人员的沟通力度,及时掌握钢厂政策导向,为销售环节制定工作思路提供正确判断依据。

2.对于日照钢厂,采购中心必须和分子公司每周末碰头,制定下周的工作要点,比如快发还是慢发、快销还是慢销、水运还是水陆联运、销售缺货和采购排产要求等信息交流方面,抄送事业部领导和综合管理部;每季,综合管理部对日照业务做出分析评价,包括子公司运营水平、日照钢厂采购中心的运作水平、日照钢厂总体价格优势等方面的总结和建议。这一办法在年底前将逐步扩大到带钢、钢坯、唐钢、沙钢等钢厂的采购环节。

3.开发中南地区和其他对唐山地区有互补作用的钢厂的资源。拟开发出昆钢的冷轧资源到广东市场;泰钢的热带、热卷、冷轧到华东、华南市场。

4.和台州子公司一道调研各船用热卷生产钢厂在价格、质量、市场接受度等方面的优劣势,并结合我们的目标市场,决定是否在目前鞍钢的基础上建立第二家船用热卷合作钢厂,并且考虑和前述剪配中心的协同;调研是否在合适的时间,从营口中板、敬业、首钢、马钢四钢厂中选择一家作为我们的船板和中板的长期合作单位。

5.人员和管理:充实一到两名具有采购工作经验的人员加入采购中心;对现有采购人员实行钢厂专人负责制;在职能分工上实现采购维护和市场采购的职责分工;对采购人员和内勤人员的岗位职责及工作流程进行重新明确;由于采购中心新人居多,所以必须加强学习和相互间的传帮带,采购中心要在8月份做出下半年关于学习、交流的计划和老带新责任制。

三、网点销售方面

1.各子公司必须按照加速周转以降低资金占用的指导思想来统领工作,库存基本控制在半个月内的销售规模上。

2.梳理直供用户现状,8月份整理出已经合作的直供用户统计分析表,事业部据此评定各子公司业绩考核中关于直供业务的比例和每年的比例上升任务;各子公司提报可能的潜在用户情况,事业部领导会同子公司,完成对其的走访、考察,帮助直供业务的推进。

3.区域子公司在事业部指导下,配合前述产业项目的调研和推进。

4.中板产品:尝试事业部的中板开发和业务推广(包括中板的上游板坯资源),人员从各子公司内部调整,或由某个子公司承担此开拓任务,并从其他子公司抽调相关人员,充实力量,明确任务。待时机成熟考虑如何和船用中板业务板块的整合。

5.项目配供部门:尽全力降低到期应收款占用;强化市场运作和工地配送的协同;确定配供业务产业化发展和配供服务增殖能力培育的思路,并进行前期项目筛选。制定出关于项目配供业务的拓展指导意见和执行规范。

6.台州子公司:细化对船用钢材及其他船用产品配供业务的分工和人力配备;明确现有重点用户后,落实由谁维护;要抽调得力人员落实在舟山、宁波的实质推进;明确具体人员落实船卷业务推进工作时间表和方式方法;加强和江苏湘钢物产的协同合作,特别是在现货贸易方面。要求建立5家合计月合作规模大于5 000吨的直接热轧卷板直供用户。

7.上海公司:要求建立5家合计月合作规模大于5 000吨的直接热轧卷板直供用户,承担中板开发的主要责任。

8.唐山公司:明确产品定位,强化网络建设,除京津冀外,需完成对山东的辐射;完成对首钢产品的合作开发;加强对钢坯的当地市场运作能力。

9. 广州公司：要求建立3家合计月合作规模大于6 000吨的直接热带合作工厂,5家月合作规模达到6 000吨的冷轧、轧硬直供用户;要加大对冷轧品种钢的开拓,年底前达到500吨/月。

10. 宁波地区的运作：派得力人员,加强对宁波及周遍区直供用户的开发,主要以热轧和建材为主;同时加强和瑞丰公司在宁波地区的统筹管理。

四、内部管理

1. 协助公司对子公司SAP系统的实施。

2. 船板业务内部结算从船舶产业事业部调到钢铁国内事业部采购中心项下。

3. 钢铁国内事业部原单独在项目实施部项下的采购结算,也调整到钢铁国内事业部采购中心项下进行,由采购中心进行内部调拨。

4. 综合管理部协助公司管理部门,结合SAP上线,完善对分子公司的各类管理办法、考核办法、工作流程等方面制度。

五、风险管理

1. 加大对小于300万吨规模合作钢厂的监控力度,适时逐步减少对其的实际信用额度,暂缓1~2个月对其远期矿砂开证,有付款采购的,适当减少规模,加速资金周转速度。

2. 对下游直供销售业务,若有信用销售需要的,适当从严考核,规范监管流程,并积极采用银行信用保险方式降低本金风险。

3. 加强对钢厂成本变化、政策调整的关注,适时调整和钢厂的合作规模、产品结构。

4. 新采购渠道基本在9、10月份前接触完毕,争取抓住下轮反弹行情。

六、供应链推进：

1. 积极和矿产能源事业部、钢铁国际事业部、产业发展事业部加强合作,推进公司供应链服务能力的培育。当然,在这个过程中要把风险控制放在首要考虑的位置。

2. 在事业部内部也要贯彻供应链服务集成的理念,加强各子公司和部门的协同,加强各区域的互补。

3. 在现有基础上,寻找新的符合公司战略发展要求的供应链合作伙伴、供应链优势环节、供应链合作模式,减少现有供应链模式下的风险。

钢铁国内事业部

黄晓林

2013-06-15

(四)说说总结与述职报告的不同。

(五)规章制度有哪些主要类型? 并说说规定、规则有什么区别?

(六)阅读下列《草坪规则》,指出其不妥之处,并进行修改。

某校在校园内修建了一个小花园,买来铺地锦、剑兰、墨兰等几种花木种在园内,给校园增添了别致的气氛。但有不少同学不爱惜,随便进园践踏、打球、戏耍或乱扔杂务,甚至将垃圾倒入园内,为此学校爱国卫生委员会便制定了一份《草坪规则》。请指出该"规则"

存在的问题,并进行修改。《草坪规则》全文如下:

1. 爱护校园,人人有责。

2. 爱护花草,禁止践踏。

3. 禁止往草坪丢杂物,倒垃圾。

4. 禁止在草坪内打球。

5. 违反2、3、4条,每人罚款10元,并视情节轻重给予纪律处分。

××学校爱国卫生委员会

二、能力目标鉴定

(一)根据自己的实际情况,制订下学期的学习计划。要求目标任务明确,措施详细具体,并且切实可行。

(二)根据自己的实际情况,写一份学习总结,要求对自己取得的成绩与经验、存在的问题等进行恰当的总结与评价。

(三)假如你曾经担任过学生会、团委或班级的学生干部,请你结合自己的工作情况,写一篇述职报告。

(四)结合你自身的兴趣爱好,成立一个学生社团,制定社团活动章程;同时,策划一次有创意的活动,写出活动方案。

(五)三江学院即将进行期末考试,需制定一份新的监考人员规则。请你以三江学院教务处秘书的身份草拟该监考人员规则。

(六)根据你所在大学班级的实际情况,拟写一篇《班级文明公约》。

项目二 行政会务文书写作

【知识目标】

懂得会议方案的写作结构、要素和注意事项。

懂得开幕词、闭幕词的写作结构、要素和注意事项。

懂得主持词、发言稿的写作结构、要素和注意事项。

懂得会议记录的写作结构、要素和注意事项。

【能力目标】

能根据实际需要写作各类会议方案。

能根据实际需要写作得体的开幕词、闭幕词。

能根据实际需要写作主持词和发言稿。

能规范地做好各类会议的会议记录。

职场情境

2013年正好是杭州智能科技有限公司创办二十周年的特殊之年,公司决定举办盛大的二十周年庆典活动,在庆典活动期间将隆重举行表彰大会,表彰那些为公司发展作出突出贡献的人员,有关表彰大会的策划组织工作就交由公司办公室负责。由于俞琴是文秘专业毕业的大学生,办公室主任就把这个任务交给俞琴和其他几个年轻人具体负责。主任嘱咐俞琴一定要全力做好这次会议准备工作,以自己的成绩向公司领导交出一份满意的答卷。

项目描述

俞琴深感责任重大,但有决心和信心完成这项艰巨的任务。她经过充分思考,并与同事们反复讨论商量,经请示领导同意,决心努力完成所有会议组织与准备工作,而其中最重要的是首先要完成好这样几篇会议文书的撰写工作:首先,要写一个会议方案,为会议的召开提前做好安排与部署;其次,要为领导写好三篇讲话文稿,即开幕词、闭幕词和主持词;再次,要做好规范的会议记录。

任务一 会议方案的写作

情景导入

　　小黄是刚毕业不久的年轻大学生,进入公司之后,他所处理的很大一部分工作是会议组织事务,可这也成为他最大的一个烦恼。

　　由于公司领导众多,会议也多,时间和场地总是会出现冲突,再加上没有会议主持人进行管理,总是产生议程混乱、议而不决、冗长低效的情况。领导不止一次地批评了小黄,小黄也很委屈,学校里的会哪有这么麻烦,随便拉到一个教室,两三句话就讲完了,哪里还能考虑到这么多问题。

　　思考:召开一次会议真的那么复杂吗? 事前需要考虑到哪些细节呢? 怎样的会议必须形成详细的会议方案呢?

必备知识

一、会议方案的含义

　　会议方案是在会议准备阶段组织安排会议工作的前期计划性文书,是一种为大型的或重要的会议所做的预设方案。会议方案,要在会议召开前,对会议预期效果、整个日程作出全面具体的计划安排,使会议能顺利进行,取得完满的结果。特别是那些较重要的、规模较大的、时间较长的大中型会议一定要事先写出会议方案。

二、会议方案的特点

(一)预想性

　　会议方案是会前制定的一种预设方案,是对会议如何召开所作的预想和安排。可见,预想性是会议方案的突出特色。

(二)周密性

　　会议方案要求对会议各方面的内容和工作,如会议的目的、要求、宗旨、规模、规格、议题、议程、会期、会议开法、经费使用、材料准备、发言人安排等,做出切实、合理的安排,其全面性、周密性特点显而易见。

(三)请示性

　　会议方案有时还需要送达上级机关请示核准,带有某种请示或请示附件的性质。

能力技巧

一、会议方案的写作技巧

会议方案的结构通常由标题、正文、落款三部分组成。

（一）标题

规范的会议方案标题写法应由召开单位、会议名称和文种（方案）三要素组成，如《浙江工业大学第六届教职工代表大会方案》。个别情况省略会议召开单位，如《新产品推广交流会工作方案》。

（二）正文

会议方案正文通常由开头、主体和结尾三部分构成。

1. 开头

开头部分应写明开会目的、会议名称、会议时间、地点、会期等，大致相当于一般方案的"指导方针""总体设想"部分。

有的会议方案在开头前，还要写上送达机关的名称：需送上级机关批示的，写上须送达的上级机关名称；需下级机关知晓的，则写上须送达的下级机关的名称。

2. 主体

主体部分要写出会议的宗旨、规模、议程、做法和准备情况，大致相当于一般方案中的"主要目标""实施步骤""政策措施"等内容。这部分内容要具体明确，如会务工作包括一切有关事务，会前需要准备的文件、资料、发言稿、会议通知，会场准备、与会人员接待，会中的各种服务、会议记录、随时情况汇总、编写会议简报、会后整理记录、撰写会议纪要，以及与会人员的返回安排等均要一一落实到人。

3. 结尾

结尾部分要根据会议方案的性质而定，如属需送上级机关批示的会议方案，可写上类似请示的结束语，如"以上方案，当否，请批示"；如属上级机关下发的指导性会议方案，可写上"以上方案，请研究执行"等语。

（三）落款

写明会议工作方案的制定者和制定时间。制定者指负责会议工作整体组织与协调的部门或机构名称，如公司总经理办公室或会议筹备工作办公室等。

二、会议方案的写作要求

（一）预先设想，周全考虑

会议方案是在会议召开之前制定的，对于为什么要召开这次会议，怎样召开这次会议，会议要讨论哪些议题，议程如何安排，会议将达到什么效果等，都要预先设想清楚，考虑周全、细致，使制定出来的会议方案切合实际，具有可行性和操作性。

（二）认真调研，讨论决定

作为一种繁复的会议计划文书，会议方案要设想安排好会议各方面的内容和工作，会议的目的要求、会议的规模、议程的安排、会议的形式、经费的使用，其中还包括不少具体的问题，诸如请什么规格的领导出席、安排什么人讲话和发言、准备什么会议材料等。这些问题不能光靠主观设想，也不是靠一个人的力量就能办到的，而是需要了解实情，深入调研，广泛听取群众意见，经过充分讨论，反复研究，才能确定下来，这样才能写出切实可行的方案。

（三）行文规范，条理清晰

因为会议方案要对会议各方面的内容和工作作出设想和安排，涉及的内容和项目繁多，写作时要注意层次清楚，脉络清晰，条理分明，如会议的目的、宗旨、主题、规模、议题、议程、开会时间、会议开法等，要分条叙述，分项撰写，让人一目了然。

 案例评析

浙江经济职业技术学院学校董事会成立暨产学研推进大会方案

为贯彻落实《中华人民共和国高等教育法》《国家中长期教育改革和发展规划纲要(2010—2020)》等相关法律文件精神，深化学校与行业、企业产学研办学的有效机制，经浙江省物产集团公司批准，成立浙江经济职业技术学院董事会，并于 2012 年 6 月 24 日上午召开首届董事会成立暨产学研推进大会。现制定如下会议方案。

一、会议时间：2012 年 6 月 24 日（周日）上午 9：00—12：00

二、会议地点：星都宾馆

三、会前准备及分工

表 2.3

序号	工作内容和要求	负责人	组员	完成时限
1	上级领导、嘉宾、董事单位人员、发请柬、邀请函并确认参会情况	俞××	邵××、吕××、朱××、龚××	6 月 15 日
2	会议手册制作 120 份：封面设计、序言、参会领导和嘉宾名单、会议议程、浙江经济职业技术学院董事会章程(草案)、浙江经济职业技术学院首届董事会董事长、执行董事、秘书长、副秘书长、董事建议名单、浙江经济职业技术学院荣誉教授、特聘教授、兼职教师名单	邵××	朱××、葛××、陈××、康××	6 月 21 日
3	起草会议讲话稿：主持词、欢迎词、关于董事会成立的背景、章程说明、董事长、执行董事、秘书长、董事单位等情况说明；领导致辞等	俞××	朱××、康××	6 月 22 日

续表

序号	工作内容和要求	负责人	组员	完成时限
4	授牌制作:董事长、执行董事、董事;荣誉教授、特聘教授、兼职教授;会议代表证制作	张××	葛××、朱××、程××、王××	6月22日
5	纪念品准备(纪念邮册120份)	朱××	柳××、李××	6月20日
6	会场布置:背景、主席台、发言席、会议桌、桌签摆放、贵宾室准备	吕××	李××、葛××、陈××、程××	6月23日
7	礼仪11名(报到处4、引导3、贵宾室2、会场门口迎候2;授牌仪式11)	姜××	柳××、傅××、韩××	6月24日
8	会议资料装袋及发放:学院宣传册、会议手册、笔记本、笔、文件袋等120份	朱××	柳××、钱××、龚××、杜××	6月22日
9	外地代表住宿、接机(车)安排	张××	柳××、李××、程××、戴××	6月23日
10	设备准备:电脑、一体机、打印纸,办公用品、录音笔等	朱××	康××、龚××	6月23日
11	签到:购置签到本、水笔、胸花120份、引导	黄××	柳××、韩××、陈××、林××	6月24日
12	授牌仪式协调:董事长;执行董事;董事3批;荣誉教授;特聘教授;兼职教授(分批);排序、对应授牌领导、礼仪等安排协调	张××	朱××、柳××、陈××、付××	6月24日
13	会场音响协调、音乐准备、全程摄像	倪××	郑××、陈××	6月24日
14	宣传:媒体邀请(浙江日报、教育信息报等)、会场摄影、合影、会议录音、记录	葛××	康××、王××	6月24日
15	餐饮安排:23日晚外地代表、24日中午全体与会代表,自助餐	姜××	柳××、陈××	6月23—24日
16	车辆调度:下沙参会人员接送、其他临时接送用车、领导、嘉宾车辆停放协助	黄××	沈××、李××	6月24日
17	司仪:介绍领导和嘉宾;宣读董事长、执行董事,秘书长、副秘书长、董事建议名单	张××		6月24日

四、会议主持:浙江经济职业技术学院党委书记俞××

五、参加会议人员

省教育厅领导、省财政厅领导、省发改委领导、省人力资源与社会保障厅领导、中国物流与采购联合会领导、省物流与采购协会领导、集团公司领导、集团总部职能部门负责人、集团成员企业董事长或总经理、首届董事会董事、学校中层以上干部、教授、企业兼职教授代表、校友代表等,总计120人。

六、会议议程

(一)司仪介绍参加会议领导和嘉宾;

(二)主持人宣布浙江经济职业技术学院董事会成立暨产学研结合推进大会开始;

(三)浙江经济职业技术学院院长陈××致欢迎辞;

(四)浙江经济职业技术学院院长陈××作董事会成立背景、章程等有关内容的说明;

(五)浙江物产集团总经理周××宣读《关于同意筹建浙江经济职业技术学院董事会的批复》;

(六)审议表决《浙江经济职业技术学院董事会章程》(草案);

(七)审议表决《浙江经济职业技术学院首届学校董事会名单》(草案);

(八)首届学校董事会董事长、执行董事、董事受聘仪式;

(九)浙江经济职业技术学院荣誉教授受聘仪式;

(十)首届学校董事会董事代表讲话;

(十一)浙江省教育厅领导讲话;

(十二)首届学校董事会董事长讲话;

(十三)合影留念。

大会筹备组

2012年6月3日

【评析】本会议方案内容周密,除交代清楚会议的时间、地点、议程等常规内容外,还对会前准备诸多事情作了非常具体的安排和布置,用表格式,一目了然,在实际中可以很方便地操作实施。

【任务演练】

根据职场情境中提供的材料,代俞琴拟写一篇会议方案,希望为公司表彰大会的顺利召开预先做好打算和安排。

任务二　开幕词与闭幕词的写作

情景导入

小余从某高职院校文秘专业毕业后,分配到市区某局办公室工作,恰逢该局召开第一届职工代表大会,会议非常重要。办公室领导非常重视,召集全体办公室人员开会研讨会议准备工作,任务分配到每一个人的头上。小余的具体任务是撰写两篇讲话稿:一篇是局党委副书记在会议开幕式上的讲话,一篇是副局长在会议闭幕式上的讲话。小余接到任务后犯愁了,不知两位领导该讲些啥,尤其不清楚在开幕和闭幕式这两个不同场合的讲话该有什么区别。小余无奈之余,只好硬着头皮向领导询问具体情况,结果,他终于明白了他要写的两位领导的讲话稿的差异:原来,要给副书记写的是一篇会议开幕词,给副局长写的是一篇会议闭幕词,两篇讲话稿有非常明显的区别。

思考:开幕词与闭幕词有什么区别?两者在写法上有什么不同要求?

 必备知识

一、开幕词的含义

开幕词是大型会议开始时,由会议组织机关的主要领导人或会议主持人向大会所作的重要讲话。其内容主要包括:说明开会宗旨、指导思想和重要意义,简介大会有关情况,向与会者提出开好会议的要求,以及向会议的召开表示祝愿等。

开幕词是大会的序曲,是大会正式开始的标志,对开好大会具有重要的启发、引领和指导作用。主要领导人向大会致开幕词,体现了组织者对大会的重视。

开幕词的写作一般要以会议方案为蓝本,事先要经过主席团、委员会等领导机构批准。

二、闭幕词的含义

闭幕词与开幕词相对应,是在大型会议结束时,由主要领导人向大会所作的总结性讲话。其主要内容是对大会作概括性的评价和总结,并向与会者提出贯彻落实大会精神的要求,向与会单位提出奋斗目标和希望。可以说,闭幕词是一种概括性和评价性的总结文字。

致闭幕词的领导人,与致开幕词的领导人一般不是同一个人,通常与致开幕词者身份相当或略低。

 能力技巧

一、开幕词的写作技巧

开幕词的结构一般为:标题 + 称谓 + 正文。

(一)标题

开幕词的标题一般由"致词者姓名 + 会议名称 + 开幕词"构成,如《黄大平在国际合作论坛会议上的开幕词》;"致词者姓名"有时写在标题下,如《在浙江物产集团职工运动会上的开幕词》。当然,标题的写法也可灵活一些,如《胡锦涛在北京〈财富〉全球论坛开幕式上的讲话》《王晓在第三届经贸洽谈会开幕式上的致辞》等;有时还用正副标题,如《中国人民站起来了——毛泽东在中国人民政治协商会议第一次会议上的开幕词》;有时直接用"开幕词"三字作标题。

(二)称谓

即对与会者的称呼,如"各位代表""同志们""朋友们""女士们、先生们"等。

(三)正文

1. 开头

开幕词的开头一般可写这样几项内容:宣布会议开幕;对大会的规模和参加大会人员的身份进行介绍;对大会表示祝贺,对来宾表示欢迎。

2. 主体

主体是开幕词的核心部分,一般应写这样几方面内容:一是阐明会议的重要意义。如会议召开的形势、背景,需要讨论的问题,问题的意义价值以及会议最终要达到什么目的等;二是交代会议的主要任务,即说明会议的主要议程和议题;三是向与会者提出希望和要求等。

3. 结尾

开幕词一般用祝颂语结束全文,如"最后,祝大会取得圆满成功。祝大家在会议期间身心愉快。谢谢!"

二、开幕词的写作要求

(一)了解情况,掌握精神

要写好开幕词,必须熟悉有关会议的基本情况、主要精神和要求。这就要求写作者要听取会议主持人或有关领导人的意见和指示,按主持人和领导的意图去写;要熟悉会议材料,了解会议安排与会议的具体开法;尤其要了解会议召开的背景、指导思想以及会议的精神、任务和要求等。

(二)紧扣议题,突出主题

开幕词简要地交代会议的议程,介绍会议的主要精神,说明会议的开法,使与会者对会议情况有大致的了解,从而积极地重视和参加会议。写作时,应紧扣会议的中心议题,做到中心明确、主题突出。

(三)文字精练,语言热情

开幕词一般篇幅不长,对会议的主题精神和主要内容只作原则性的交代,达到提示、点题的作用,因此文字必须精练简洁;开幕词属于讲话稿文书,要在会上面对出席者宣读,所以,在语言上应做到热情明快,并力求口语化,多选用鼓舞人心的词语,使与会者易于理会,感受亲切,受到鼓舞和激励。

三、闭幕词的写作技巧

闭幕词的结构与开幕词基本相同,由标题、称谓、正文三部分组成。

(一)标题

闭幕词的标题与开幕词一样,常见的写法是"会议名称 + 文种",如《浙江经济职业技术学院 2013 年思想政治工作年会闭幕词》;或者由"致辞者 + 会议名称 + 文种"组成,如

《刘云在光大集团公司年终表彰大会上的闭幕词》。偶尔也可以用正副标题,如《愚公移山——毛泽东在中共七大会议上的闭幕词》。

(二)称谓

称谓一般跟开幕词相同。

(三)正文

1. 开头

闭幕词的开头,一般要用简洁的语言,说明大会经过全体代表的努力,已经顺利完成预定任务和使命,即将胜利闭幕。

2. 主体

闭幕词的主体一般包括两个内容:一是对大会进行概括总结与评价,即列举会议完成的任务和取得的成果等;二是提出贯彻大会精神的希望与要求。这部分要从理论高度进行概括,做到观点鲜明、层次清楚、重点突出,语言简洁有力,具有深刻性和鼓动性。

闭幕词通常要概括会议的过程及成果,如研究了哪些议题,作出了哪些决定,取得了哪些成果,与会者提出了哪些意见和建议,会后要开展什么工作,布置什么任务,以及如何贯彻会议精神等,使与会者对会议有比较全面、深刻的了解。同时,要对整个会议作出总体性评价,恰当肯定会议的主要成果,客观评估会议的深远影响,并指出继续努力和奋斗的方向,从而激励与会人员的斗志,增强其贯彻会议精神的决心和信心。

3. 结尾

闭幕词的结尾通常比较简单,或用一两句话发出号召,提出希望,使与会者在激动鼓舞中离席;或以热情的话语,对为大会圆满成功而辛勤服务的全体工作人员表示感谢;或用一句话郑重宣布会议胜利闭幕。

四、闭幕词的写作要求

(一)了解进程,搜集材料

闭幕词从会议开始就要做好写作准备,及时构思动笔,不能等到会议快要闭幕时才撰写,由于仓促进而会影响撰写质量。因此要求了解会议进程,掌握会议全面情况,搜集会议的主要文字资料,这样才能根据会议实际情况,紧密结合会议议题和精神进行阐述,写出的闭幕词才能与开幕词前后呼应,有较强的针对性。

(二)高度概括,语言鼓动

闭幕词作为会议收尾的标志,要对会议内容予以概括和肯定,要总结会议成果,并提出贯彻大会精神的任务和要求,但不能长篇大论,重复啰唆,画蛇添足,而应高度概括,简洁明了,点到为止;而且,语言要热情明快,激情昂扬,富有感染性和号召力,使与会者受到鼓舞。

(三)恰当补充,号召强调

闭幕词既是对会议的总结与评价,又可以是对会议精神的延伸和补充。对会议的重要内容和主要精神作必要性的强调,使会议的内容与精神得到一定的深化,发挥更大的影响和作用。

案例评析

【案例一】

在俄罗斯中国旅游年开幕式上的致辞

(2013 年 3 月 22 日,莫斯科)

中华人民共和国主席   习近平

尊敬的普京总统,女士们,先生们,朋友们:

在早春 3 月的美好时节,我们在这里隆重举行俄罗斯中国旅游年开幕式。我们大家心中都有一个美好的期盼,就是希望俄罗斯中国旅游年活动能够像春天一样百花齐放、姹紫嫣红。

首先,我谨代表中国政府和人民,并以我个人的名义,向友好的俄罗斯政府和人民,向支持和协助举办中国旅游年的俄罗斯朋友们,表示衷心的感谢!

中俄两国山水相连,是好邻居、好伙伴、好朋友。亲仁善邻,国之宝也。我和普京总统一致决定,把扩大各领域务实合作作为今后两国关系发展的重点,为提高两国人民生活水平和质量提供重要推动力。

旅游是传播文明、交流文化、增进友谊的桥梁,是人民生活水平提高的一个重要指标,出国旅游更为广大民众所向往。旅游是综合性产业,是拉动经济发展的重要动力。旅游是修身养性之道,中华民族自古就把旅游和读书结合在一起,崇尚"读万卷书,行万里路"。

俄罗斯是旅游大国。古老的文明和灿烂的文化在世界上独树一帜,快速发展的现代风貌吸引着世人眼球,伏尔加河、乌拉尔山、贝加尔湖的美丽风光享誉世界,莫斯科、圣彼得堡、叶卡捷琳堡、索契等城市的独特魅力备受青睐。我记得,中方去年拍摄了《你好,俄罗斯》百集电视专题片,展现出俄罗斯秀丽的自然风光和各民族的多彩风情。去年,中国俄罗斯旅游年成功举办,中国赴俄罗斯旅游人数增加 46%,两国双向往来 330 万人次。中国成为俄罗斯第二大旅游客源国,俄罗斯则是中国第三大旅游客源国。

中国是拥有 5 000 多年历史的文明古国,又是充满发展活力的东方大国,旅游资源得天独厚,被列入世界文化和自然遗产的就有 40 多处。中华书画、京剧、中医等传统文化博大精深,雄伟壮丽的三山五岳、气势磅礴的万里长城、独一无二的兵马俑、享誉世界的少林寺、阳光明媚的热带海滩等自然和人文景观异彩纷呈。中国已成为全球第三大入境旅游接待国和出境旅游消费国。希望双方以举办旅游年为契机,把旅游合作培育成中俄战略合作的新亮点。

旅游是增强人们亲近感的最好方式。我听说,2012 年 7 月 19 日,到俄罗斯参加"你好,俄罗斯"旅游交流活动的 1 100 名中国游客,齐聚莫斯科宇宙酒店音乐厅,俄罗斯艺术家为中国游客表演了精彩的节目,当《莫斯科郊外的晚上》熟悉的旋律响起时,全场中俄观众共同引吭高歌,勾起了大家心中最美好的回忆。同年 9 月底至 10 月初,应北京市政府之邀,50 个俄罗斯家庭到北京参加民宿交流活动,住在北京普通市民家中,中方接待家庭对能在自己家里接待俄罗斯家庭表现出了强烈的愿望,很多家庭由于没有得到接待机会而深感遗憾。这些中俄家庭就像亲人一样一起生活,结下了深厚友谊,分别时都依依不舍。我相信,他们都会把这一段美好的经历永远珍藏在心中。

女士们、先生们!

"有朋自远方来,不亦乐乎!"中国人民正致力于建设美丽中国。今晚开幕式文艺演出的主题就是"美丽中国"。我代表热情好客的中国人民,盛情邀请俄罗斯朋友们来中国旅游,欢迎你们到中国做客,观赏自然风光,体验中华文明,增进人民友谊。

谢谢大家!

【评析】这是习近平主席在俄罗斯中国旅游年开幕式上的讲话,开头代表中国政府和人民对支持和协助举办活动的俄罗斯朋友表示感谢之意,主体部分阐述了俄罗斯中国旅游年的意义,最后提出希望和祝愿。言简意赅,热情洋溢。

【案例二】

夏云峰同志在中国人民政治协商会议英山县第七届委员会第四次会议闭幕会上的讲话

(2010 年 1 月 20 日)

各位委员、各位同志:

中国人民政治协商会议英山县第七届委员会第四次会议,经过全体委员和与会同志的共同努力,圆满完成了各项议程,今天就要闭幕了。

这次大会是在全县人民深入贯彻中共十七大、十七届三中、四中全会精神,全面建设小康社会的热潮中召开的。开幕式上,县委书记杨良锋同志代表县委作了热情洋溢的致辞,我们要认真学习,深刻领会,贯彻落实。县委、县政府领导及县直有关单位负责人出席或列席大会,并到各小组认真听取委员的意见,体现了对政协工作的重视和支持。

会议审议批准了县政协常委会工作报告和提案工作报告,审议通过了有关决议。委员们列席了县人大十六届四次会议,听取并讨论了县政府工作报告和其他报告。大家以高度的责任感和使命感,就全县经济和社会生活中的重大问题,积极建言,共谋发展大计,共献兴县良策。这次大会开得很成功,是一次民主求实、团结鼓劲的大会,是一次积极参政议政、凝聚力量的大会。

各位委员,会议结束后,大家将奔赴各自的岗位,为英山的经济发展和社会繁荣进行着不懈的努力。作为人民政协委员,在新形势下,面临着机遇和挑战,责任重大,使命光荣。一是要不断提高自身素质。要树立"终身学习"的理念,多学习、多思考、多研究,在推进委员素质工程建设中,努力成为勤奋学习、善于思考的模范;以学促干、学有所成的模范;解放思想、开拓创新的模范;参政为公、议政为民的模范。二是要在服务经济建设中建功立业。要围绕"三县建设"和"四大战略"等经济发展中的重大课题进行调研,多提建议,献计出力。要积极投入经济建设主战场,在创业中体现自身的价值,展现政协委员的风采。三是要关注民生促进和谐。政协委员来自于人民,为人民谋利益是每一位政协委员的神圣职责。要围绕人民群众最关心、最直接、最现实的热点、难点问题,深入调查研究,善于建言,勇于直言。要充分发挥自身优势,多做化解矛盾,理顺情绪,维护稳定、凝聚人心的工作,团结一切可以团结的力量,一心一意谋发展,聚精会神搞建设。

各位委员、各位同志,我们要十分珍惜过去的努力所取得的成绩,更要精心呵护今天的大好局面,积极应对未来的挑战。让我们更加紧密地团结在以胡锦涛同志为总书记的党中央周围,高举中国特色社会主义伟大旗帜,深入贯彻落实科学发展观,同心同德,开拓创新,为加快建设富裕文明和谐的新英山而努力奋斗。

现在我宣布:中国人民政治协商会议英山县第七届委员会第四次会议胜利闭幕!

【评析】本闭幕词,对大会的意义、成果作了概括性的总结与评价,对会后贯彻落实会议精神提出了要求,观点明确,层次清楚,语言诚恳,简洁有力。

【任务演练】

根据职场情境中提供的材料,请你代俞琴拟写一篇公司表彰大会的开幕词和二十周年庆典活动的闭幕词。

任务三　主持词与发言稿的写作

 情景导入

小陈从某高职院校文秘专业毕业后,进入上海一家文化公司工作,从事图书推介、广告策划、文化宣传等工作,由于自己的勤奋努力,工作干得很不错,取得了很好的业绩,一年后被评为优秀员工。2013年年底,公司要举行隆重的总结表彰大会,小陈被推选为获奖员工代表上台发言。同时,公司领导知道小陈是文秘专业毕业的大学生,就请他也为会议主持人写一篇主持词,以便主持人在主持大会的过程中穿插使用。小陈愉快地接受了这两个任务,但心里又犯难了,一时不知道发言稿和主持词该如何下笔。后来通过阅读有关应用文写作方面的书籍和向他人请教,终于大致明白了这两种会议文书的不同写法和要求。

思考:主持词和发言稿分别有什么特点和写作要求?

必备知识

一、主持词的含义

主持词是指会议主持人主持会议时发表的讲话类文书。其主要内容是会议主持人根据会议的安排,对会议有关内容和事项作出说明,对一些重要问题进行强调,对领导的报告和讲话作出简要的评价,并对会后如何贯彻落实会议精神提出要求,布置任务。

主持词是会议主持人在整个会议进程中穿插进行的,主要起穿针引线的作用,具有过渡性、衔接性特征。

二、发言稿的含义

发言稿是发言人代表本单位、本部门或其本人在会议上发表的与会议有关的意见、看法、经验或情况。发言稿是党政机关、企事业单位、社会团体组织广泛使用的一种会议文书。

发言稿可以汇报工作、介绍情况、陈述建议,也可以谈心得体会、介绍经验教训等。

能力技巧

一、主持词的写作技巧

(一)标题

一般由"会议名称 + 文种"组成,如《浙江经济职业技术学院第六届职工代表大会主持词》。

(二)称谓

即对与会者的称呼,如"代表们""同志们"等,与开幕词、闭幕词基本一致。

(三)正文

主持词的正文一般分开头、中间、结尾三部分。

1. 开头

主持词的开头一般包括以下几项内容:

(1)宣布正式开会。

(2)介绍会议召开的背景,说明会议是经哪些领导提出、批准、同意和决定召开的,以强调会议的规格以及上级机关与领导对会议的重视。

(3)介绍领导、来宾身份及与会人员的构成情况,并以东道主的身份对领导的关怀、来宾的支持表示感谢和敬意。

(4)全面介绍会议的主要程序,明确会议的任务和目的。这是开头部分的关键内容。介绍背景可以简明扼要,介绍会议任务则要求详细具体。

(5)介绍会议内容及议题。在会议具体议程进行之前,主持人要对会议内容一项一项地逐一进行介绍,以便与会者对整个会议情况有大致全面的了解。

2. 中间

之所以叫"中间"部分而不叫"主体"部分,说明这部分内容较为简单,而且也没有固定的模式。它是主持人将整个会议贯穿为一体的一些过渡性的、衔接性的"言词"。比如,依照会议的安排,顺次介绍会议的每项议程,如"下面请××同志作报告""下面请××同志发言"等;有时,在一个相对独立的内容进行完毕之后,特别是领导的重要讲话之后,主持人必须作一个简短的、恰切的评价;如果会议时间持续较长,主持人可以宣布暂时休会,并介绍下一个会议议程的内容,等等。

3.结尾

会议结束前,会议主持人要对会议作一个简短的总结,对会议的成果作一个简要的评价,并对如何落实会议精神提出要求,作出部署,并宣布会议结束。

二、主持词的写作要求

(一)语言简练

主持词作为一种引导性、衔接性的言词,不外乎是用来说明会议情况、介绍领导身份、交代会议程序、点评领导讲话、总结会议成果、提出会议要求等,所有这些言词都要力求简短、精练,切忌长篇大论,滔滔不绝,喧宾夺主。

(二)把握气氛

主持词要切合会议现场情况,和现场活动紧密结合。如果是比较严肃、庄重的会议,主持词也应该严肃庄重;如果是娱乐性、文艺性会议的主持词,则可以轻松、幽默和活泼一些,以利于与会议现场气氛保持一致性。

(三)留有余地

主持词有很较强的现场色彩,文字表述要和当时的现场活动紧密结合。这就要求主持词不要写得太实、太死,要留有一定的空白,让主持人自己在主持会议时有临场发挥的余地。

三、发言稿的写作技巧

发言稿的结构一般由标题、正文、落款三部分组成。

(一)标题

发言稿的标题简单一点的由发言者、会议名称和文种组成,如《林平处长在就业工作会议上的讲话》。复杂一点的一般要揭示讲话的主体,如《查摆问题　促进内涵　扎实推进群众路线教育实践活动》。还有一种用主副标题,如《整改问题　做好表率　提升管理　推动发展——在集团公司深入开展党的群众路线教育实践活动动员会上的讲话》。

(二)正文

发言稿的正文一般包括三部分内容:

1.开场白

相当于发言的引语或者前言,一般写发言的缘由,以引入正题。

2.主体

这是发言稿的核心部分,主要写发言的具体内容;根据会议的内容和讲话的目的确定这部分内容,注意主题明确、内容充实、层次清楚、表达流畅、文字准确。

3.结尾

可适当概述、申述一下自己的主要观点,也可以提出一些要求或建议,也可省略结尾部分。

（三）落款

落款包括发言者姓名和日期。这项内容也可以置于标题之下、正文之前。

四、发言稿的写作要求

（一）有的放矢

发言不是聊天，不是闲谈，要根据会议的内容、议题和精神来写，不能海阔天空，东拉西扯，说一些与会议无关乃至不着边际的话。

（二）观点鲜明

发言稿应该观点明确，层次清晰，谈了几个问题，以及谈了什么问题，赞成什么，反对什么，肯定什么，否定什么等，要清楚明白，一目了然，切不能态度暧昧，含糊其辞。

（三）通俗易懂

"发言"即说话，是在会议上当着与会者的面正式、认真地发表自己的言论，表明自己的看法，提出自己的建议，因此要说真话、实话，不说大话、空话和套话，尤其要多说口语、短句，语言朴实，通俗易懂。

案例评析

【案例一】

第三届高等职业教育"文化育人"高端论坛开幕式主持词

各位领导、专家、学者、老师们：

经过紧张有序的筹备，由教育部职业院校文化素质教育指导委员会、全国高职院校文化素质教育协作会主办，宁夏职业技术学院和浙江经济职业技术学院承办的第三届高等职业教育文化育人高端论坛即将在中华文明的发祥地之一、美丽的"塞上明珠"——银川拉开序幕，现在进行开幕式。

首先，介绍向大家介绍出席本届论坛的上级领导、专家、和嘉宾，他们是：

……

参加本次论坛的有：来自全国近80家中高职院校的领导、专家、老师，来自出版社和企业界的领导，共150多位代表，在此，对大家的到来表示热烈的欢迎和衷心的感谢。

开幕式主要有四项议程：

一是宁夏职业技术学院×××书记致辞；

二是教育部职业院校文化素质教育指导委员会主任委员×××教授致辞；

三是宁夏回族自治区教育厅领导讲话；

四是教育部领导讲话。

首先有请本次会议的东道主——宁夏职业技术学院党委书记×××先生致辞。

感谢×××书记热情洋溢的致辞。

下面有请教育部职业院校文化素质教育指导委员、全国高职院校文化素质教育协作会会长、深圳职业技术学院党委书记、院长×××教授致辞。

　　×××主任是我们高职文化素质教育的积极创导者、实践者和引领者,为高职文化素质教育协作会的成立和"文化育人"高端论坛的推进付出了大量的心血。感谢×××主任精彩的致辞。

　　下面有请宁夏回族自治区教育厅×××厅长讲话。

　　感谢宁夏回族自治区教育厅对本次论坛的支持,感谢×××厅长的精彩讲话。

　　下面有请教育部职成教司教学与教材处×××处长讲话。

　　感谢教育部职成司一直以来对高职文化素质教育的支持和指导。感谢×××处长的精彩讲话。

　　我相信,有领导和专家的支持、有各位热心高职文化素质教育的老师们的齐心努力,本次论坛一定会取得圆满成功。

　　第三届高等职业教育"文化育人"高端论坛开幕式到此结束。谢谢大家!

　　请大家到会议室外面合影留念。15分钟后回到这里举行专家报告会。

　　【评析】这篇主持词,简要交代了会议主办和承办单位、介绍了到会领导和代表;介绍了会议议程,并对主要领导的讲话进行了适时点评,是一篇灵活而有现场感的主持词。

　　【案例二】

在华夏文化遗产中国画院成立大会上的讲话

（2012年7月29日）

尊敬的潘××副部长、各位领导、各位来宾、各位艺术界的朋友们:

　　大家上午好!

　　仲夏之际、群英荟萃。在党的十八大即将召开之际,来自全国各地、包括港、澳、台地区的领导、专家和艺术家们欢聚在首都北京,隆重举行"华夏文化遗产中国画院"成立仪式。这是华夏文化遗产保护中心的一件大事,也是中国国画艺术界的一件盛事。首先,我谨代表画院,向应邀出席成立大会的各位领导、嘉宾、各位艺术家们表示热烈的欢迎! 向在画院筹建过程中给予热心支持和帮助的各位领导、专家和顾问表示衷心的感谢!

　　承蒙各位的信赖和厚爱,推选我担任画院院长,深感责任之重。下面我就如何做好画院工作,讲三点意见。

　　一、充分认识画院在传承华夏文化遗产中的积极作用

　　民族培育了文化,文化凝聚了民族。已有2 000多年历史的中国画艺术是中华民族优秀传统文化之一,她"纳古今于方寸,纵千里于一纸",是富有民族特色的文化瑰宝。从东晋顾恺之的《洛神》到北宋张择端的《清明上河图》;从明代沈周的《庐山高图》到清代郑板桥的《梅竹》;从近代吴昌硕的《花鸟》到张大千的《山水》、齐白石的《虾》、徐悲鸿的《马》,等等,可谓历史悠久、流派纷呈、名家辈出,彰显出了中华民族独特的艺术渊源和技艺发展轨迹。"华夏文化遗产中国画院"的成立,将弘扬和传承中华民族五千年的文明史和中国画文化遗产,这也是我们每个画家所要承担的历史责任。把全国各地有志于保护、传承和发展华夏文化遗产的国画界人士凝聚起来,以国画为载体,以艺术为

媒介,汇聚各方力量,合力推进国画艺术事业发展,对于保护、传承和发展中华民族优秀的文化遗产,建设中华民族共同的精神家园,推进社会主义文化大繁荣,建设文化强国,具有十分重要的意义。

二、充分发挥画院在发展华夏文化遗产中的积极作用

取名"华夏文化遗产中国画院",就是要以继承和弘扬华夏文化遗产为己任,为发展国画这一华夏文化遗产中的瑰宝,提高全民族的文化水平和艺术素养贡献力量。在当今良好的政治环境和艺术氛围中,画院要通过举办各种活动,组织和鼓励艺术家们以高昂的艺术激情,坚持高起点、高品位、宽视野,坚持"两为方向"和"双百方针",在继承传统国画艺术的基础上,推陈出新,把社会主义建设事业所取得的喜人成就和人民安居乐业的幸福生活,通过画笔展现出来,创作出更多贴近生活、贴近实际、贴近群众的富有时代气息和艺术价值的国画精品。同时,积极开展国画艺术的普及和培训工作,服务人民群众的艺术需求,提高广大人民群众的艺术鉴赏力和文化品位,提升全社会对华夏文化遗产的保护和传承意识。

三、夯实基础,切实加强画院的自身建设

今天,56位来自不同地区、不同流派的艺术家为了保护和传承华夏文化遗产这一共同理想,组成了画院这个大家庭。使这个大家庭和谐、稳定、壮大是我们共同的目标。要按照章程有关规定,大力推进画院工作的制度化、规范化,努力形成严谨、踏实、精干的工作作风。要充分尊重艺术家的艺术风格和创作习惯,增强画院的凝聚力、吸引力和创造力,使画院成为奇花竞放、活力纷呈的艺坛圣地;成为画家们以丹青言志,以翰墨寄情,以艺术交友的良好平台。既要相互切磋技艺,不断提高自身艺术修养,更要学习求真向善的书画情怀,不断提高品行修养,使画院真正成为以画会友的画家之家、以画传情的和谐之家。要创新活动方式,活跃文化建设,力求搞出有气势、有规模、有影响的活动,取得最佳的社会效益。

让我们借本次成立大会的契机,同心同德、群策群力,为弘扬国画艺术,传承华夏文化遗产,发展先进文化,作出不懈的努力。我相信,在各位领导、各位企业家、各位画家的共同努力下,华夏文化遗产中国画院一定会蓬勃发展,大有可为,大有作为。

谢谢大家!

【评析】这是画院院长在画院成立大会上作的发言。开头开门见山地交代了举行成立大会的意义;主体部分作为新当选的画院院长阐述了画院成立的意义,并对画院今后要承担的责任和自身建设提出了要求;结尾部分提出希望和祝愿。本讲话针对性强,观点突出,条理清楚,热情洋溢。

【任务演练】

根据职场情境中提供的材料,代俞琴拟写一篇主持词,并代一位受表彰者写一篇发言稿。

任务四 会议记录的写作

情景导入

某集团总公司召开教育工作会议,从某高职院校文秘专业毕业的周川毕业后分配在该集团总公司办公室担任秘书工作,他被领导安排为会议记录人,为此次会议作了如下记录:

××集团总公司教育工作汇报会议记录

时间:2007 年 2 月 18 日

地点:二楼会议室

出席人:集团所属 10 个公司办公室主任

主持人:汪一标(集团党委副书记)

记录:周川(集团办公室秘书)

本次会议主要内容如下:

一、决定在总公司召开表彰先进教师大会;

二、讨论给所有教师安排一次体检;

三、研究发展教师入党问题;

四、讨论研究解决教师困难、提高教师待遇的其他问题,如优先给教师分配宿舍、给 20年以上教龄的教师颁发荣誉证书、给教师发慰问信和纪念品、积极解决分居教师配偶的工作调动问题。

思考:这则会议记录有哪些不妥之处?

必备知识

一、会议记录的含义

会议记录是由会议组织者指定专人,如实、准确地记录会议的组织情况和会议内容的一种应用文书。会议的组织情况是指会议的时间、地点、出席人数、列席人数、缺席人数、主持者、记录人和会议议程等;会议内容是指会议讨论和研究的问题、报告和发言的内容、形成的决议等。会议记录一般用于比较重要的或正式的会议,它要求真实、全面地反映会议的本来面目。

二、会议记录的特点

(一)真实性

会议记录人必须忠实地记录会议本身的情况。记录人不能进行加工、提炼,不能增添,也不能删改,不能移花接木,张冠李戴。记录人对会议内容只有记录权,没有修改权,必须确保记录的内容确切、真实。

（二）凭据性

会议记录是对会议原始情况的真实记录,是最为可靠的第一手材料,它是会后传达会议精神、执行会议决议的权威依据;也是会后编写会议简报和会议纪要的素材来源;还可以作为历史资料和重要的档案保存下来,以备日后查验、修史和研究之用。

（三）完整性

会议记录对会议的时间、地点、出席和列席人数、缺席人数、主持人、议程等基本情况,对领导的讲话、与会者的发言、讨论和争议、形成的决议与决定等内容,都要一一记录下来,以保持记录的完整性而不遗漏会议内容。

 能力技巧

一、会议记录的写作技巧

会议记录一般由标题、会议组织情况、内容、结尾四个部分组成。

（一）标题

会议记录的标题一般由"会议名称 + 文种"组成,如《黎明职业技术学院教学工作会议记录》。

（二）会议组织情况

1. 会议时间

要写明年、月、日,上午、下午或晚上,乃至具体到×时×分至×时×分。

2. 会议地点

要写明具体的开会地点,如"××会议室""××报告厅"。

3. 主持人

要写清楚主持人的姓名、职务,如"××局局长×××""××公司董事长×××"。

4. 出席人

可根据会议的性质、规模和重要程度,采取详略不同的写法。

如果会议规模较大,出席人数较多,可以只显示身份类别和出席人数,如"各系部党支部书记30人""各系部主任40人""全体与会代表200人"等。

如果出席人身份复杂,既有上级领导,又有本单位主要领导,则要把他们的姓名、职务一一列出;其他与会人员可分类列出,或只作概括说明,如"各系部党支部书记""负责安全生产的系部领导"等。

5. 列席人

包括列席人的身份、姓名等,可参照出席人的记录方法。

6. 缺席人

如有重要人物缺席,则要记录下来。

7. 记录人

要写明记录人的姓名和所在的具体部门。

（三）会议内容

会议内容应该随着会议的进展过程依次完成，没有固定统一的模式。一般应包含以下几方面内容：

1. 会议议题，即会议讨论、研究的问题；

2. 会议报告和讲话，领导的报告和讲话如有书面材料的可以不记录；

3. 会议讨论和发言，按发言的先后顺序记录；

4. 会议的表决情况；

5. 会议的决定和决议；

6. 会议的遗留问题；

7. 其他情况。如主持人的会议总结、会议传达贯彻安排等。

这些项目一般会议都包括了，但侧重点有所不同，先后次序有别，要根据具体和实际情况作记录。

（四）结尾

会议结束，可写"散会"二字，也可将它略去不记。最后，由主持人与记录人对会议记录进行核校后，分别签上自己的姓名。

二、会议记录的写作要求

（一）记录准确

对会议主持人、报告人、发言人的话或会议的实际情况必须如实准确地进行记录，务必保持原貌，不能随意增添或删改。与会议主题有关的话一定要记全、记准确，对与本次会议无关的话，则可略记或不记。但对于会议形成的决定和决议，则必须严格地一字不差地记录下来，不能有任何出入；另外，如果是特殊会议，甚至对一些无关紧要、重复啰唆的话，也要原样记录下来。必要时还要在会后整理会议记录，以便送有关方面查阅。

（二）掌握技巧

记录会议要有较快的速度，速度慢，就跟不上说话者的速度，会议内容就记不全，记录稿的真实性就无保证。所以做会议记录时，要高度集中思想，集中注意力，专注听会，善听才能善记，听得清才记得清，记得准。要又快又准地记好会议记录是件不容易的事情，这就需要掌握一些记录技巧，比如：碰到来不及写的词语，可用一些特殊符号、略语、缩语来代替。如用"∵"代替"因为"，用"∴"代替"所以"，用"体改"代表"体制改革"等；遇上数字，尽可能用简单的阿拉伯数字记录，如百分之九十写成90%，千分之二十写成20‰；此外，记录人还可以根据自己的习惯，设计一些简单易懂的速记方法。

案例评析

厦门大学研究生会主席联席会议记录

会议名称：厦门大学研究生会主席联席会议

会议主持人：王端

会议时间：2013 年 5 月 18 日 20:30—21:30

会议地点：自钦楼二楼会议室

与会人员：

厦门大学研究生会主席团：王端、傅咛、陈友淦、雷英英、叶塑、叶淑惠、吴婧、黄冬莲

各院研究生分会主席：蔡泽亚（人文学院）、关岑（新闻传播学院）、刘淑娟（外文学院）、张凯（法学院）、安亮（公共事务学院）、董斌（经济学院）、蔡崇福（管理学院）、郑志强（艺术学院）、陈恩荣（数学科学学院）、史振江（物理与机电工程学院）、卓山龄（化学化工学院）、孙化雨（材料学院）、陈精锋（海洋环境学院）、杨敦旭（信息科学与技术学院）、马卓（软件学院）、叶建宁（建筑与土木工程学院）、李啸（台湾研究院）、王艳（国际关系学院）、刘磊（教育研究院）、王楠（王亚南经济研究院）

缺席：赖家荣（生命科学学院）、林飞太（医学院）

会议记录：吴婧（学生会秘书长）

会议议题：

议题一：关于厦门大学研究生会换届方案及推荐候选人预备人选问题。

校研会向各院研究生分会下发《关于推荐厦门大学第十九届研究生委员会委员候选人预备人选的通知》，并请各院按文件精神认真推荐委员候选人预备人选。

王端（学生会主席）：本次校研会换届将充分保障民主，重视学院推荐意见，每位委员候选人预备人选均须得到学院党委分管书记和学院团委书记推荐后方可参加之后的换届面试。

换届日程安排暂定如下：

5 月 14 日 模拟研究生会抽签分组；

5 月 18 日 主席例会，下发关于各学院研究生分会推荐第 19 届研代会候选人的红头文件；

5 月 23 日 模拟研究生会公开答辩；

5 月 27 日 换届面试；

5 月 28—29 日 候选人名单公示；

5 月 27—31 日 各院研究生分会推选厦门大学第 19 届研究生代表大会与会代表并报大会审核；

6 月 7 日 举行厦门大学第 19 届研究生代表大会。

议题二：组织各学院研究生分会观摩厦门大学研究生会第二届模拟研究生会比赛。

傅咛（学生会副主席）：为充分发扬民主，保障校研会换届选举切实有效，同时也为促

进校研会和各院研究生分会间交流,校研会组织各学院研究生分会与 6 月 23 日晚 7 点在化学报告厅观摩厦门大学研究生会第二届模拟研究生会比赛。

议题三:优秀研究生分会及优秀研究生分会主席评选。

陈友浍(学生会副主席):5 月 25 日主席例会将下发关于评选优秀研究生会及优秀研究生分会主席的红头文件。有意向参评的学院须依据文件要求上报资料。

议题四:关于"学长辅助计划"活动往返漳州校区车船证问题。

王端:前段时间信息科学与技术学院反映了大规模组织去漳州校区开展"学长辅助计划"活动的交通费用难题。为有效促进"学长辅助计划"长期开展,校团委将为跨校区开展此类活动的各级学生组织和社团提供一批车船证并授权由校研会统一管理。

散会。

主持人(签名盖章)

记录人(签名盖章)

2013 年 5 月 18 日

【评析】这篇会议记录格式规范,会议组织情况交代清楚,会议内容记录详细具体,按顺序记录会议的四个议题。条理清晰,语言简练,如实地反映了会议的真实面貌。

【任务演练】

召开一次秘书写作主题班会,作好会议记录,看哪位同学的会议情况记得准确真实。

综合实训

一、知识目标鉴定

(一)什么是会议方案?会议方案的正文主要应写清楚哪些内容?

(二)会议记录有什么特点?会议记录与会议纪要有什么区别?

(三)开幕词、闭幕词、主持词、发言稿各由哪几部分组成?有哪些写作要求?

(四)阅读下列发言稿,提出其存在的问题,并对其进行修改。

班级管理级验交流发言稿

尊敬的领导,敬爱的老师:

大家上午好!

首先要感谢学校领导的信任,把这个重任交给我。但我发现我的发言现在成了问题,我本来性格沉静,不善言辞,在公开场合发扬就脸红心跳,甚至紧张结巴。现在要面对你们这么多位即将走上教师岗位的刚刚走出大学校门的新教师们,我就觉得有点惶恐,一时不知从何说起。害怕我的发言会让你们觉得班主任太难当了,会令你们对以后的工作产生畏难情绪。希望大家不要有畏难情绪,其实做班主任也不是什么难事。不过,我想我应该声明一下,我要说的只是我个人在班级管理工作中的一点实际作法。所谓实际做法,就是没有什么理论性,没有很深刻的道理,对大家不一定有参考价值。我谈自己的实际做法,只是和在座的各位一起探讨交流,恳请大家给我提出宝贵意见。

有人说班主任工作是一门艺术,我却想说:班主任工作其实就是复杂的生活,比柴米油盐更加琐碎,一个班级其实就是一个大家庭,这个大家庭里有老师,有学生,有家长,其中的每一份子都是缺一不可,互相关联的。作为班主任,要管理好一个复杂的班集体真的不容易。也许你们刚才上课的时候才教育过他们"同学之间要友好相处,要学会宽容",他们也会异口同声地告诉你知道了。可是下课了,你刚在办公桌前坐下,还没来得及喝口水,可能就又有学生来向你报告了:"老师,谁和谁又打架了。"你只好又回到教室,把你一而再再而三地说过的道理一遍又一遍地重复,而且谁也不能保证学生不会再犯同样的错误。所以,我们要像为人父母一样做好班主任!不管是什么样的学生,不管是什么样的情况,我们只要从一个父母的角度出发,那么一切都好解决。不管自己的孩子长得丑也好,漂亮也好;听话也好,调皮也好;聪明也好,笨也好,父母都不会嫌弃自己的孩子。我们可以生气,可以偶尔灰心,但是我们决不能轻言放弃!我们必须要像父母相信自己的孩子一样相信自己的学生!所以我一直告诉我的学生:犯了错误没有关系,不仅是学生会犯错误,老师、家长是大人了,有时候也会犯错误,关键是我们要认识到自己的错误,下次尽量不要再犯同样的错误。只要能够知错就改,我们都要以一颗宽容的心去接纳他们!原谅他们!

其实我没有什么好的经验,以上谈的只是个人的一些做法,请大家多提宝贵意见。谢谢大家!

二、能力目标鉴定

阅读下列背景材料,回答文后问题。

中国××国际货运总公司是一家大型国际性集团公司,主要承担华东、华中和华南地区业务,总公司所在地在广东深圳。总公司各分公司全国员工共1 200人,2012年营业收入50亿元,税利2.1亿元,发展势头良好。为加强与同行的合作交流,拓展公司业务、研究和提升公司业务的层次,表彰优秀员工,总公司决定在2013年12月8日～11日在广东深圳××国际会议中心举行"2013中国××国际货运公司中国地区客户联谊暨年度表彰大会"。参加会议的有各分公司业务主管人员、优秀员工代表、主要客户单位负责人和特邀嘉宾。会议主要内容有四项:

1. 由总公司举行隆重的总公司年度表彰大会。负责人全面总结2012年度公司业务发展情况,分析现状、找出问题、挖掘潜力、表彰先进。颁奖牌、证书和奖金。并安排获奖代表介绍经验。

2. 由总公司负责人召集全国各分公司代表举行公司业务发展座谈会,商讨2014年公司在全球经济背景下的应对策略。对分公司提出要求,并在12月底提出2014年分公司发展基本计划和预期目标。

3. 与受邀国内外客户代表签订合作协议。安排好场所、相关服务和材料、物品等。

4. 组织与会代表考察深圳××国际商贸城等地。计划会议人员共108人。经公司董事会决定,由总公司行政事务部全面负责本次会议的组织与实施。并要求在2013年11月8日前将会议方案交公司领导层讨论决定。

根据以上材料,请你以该公司行政事务部秘书的身份,拟写以下几分会议文书:

1. 拟写一篇会议方案;

2. 拟写一篇开幕词和一篇闭幕词;

3. 拟写一篇主持词;

4. 拟写一篇会议记录;

5. 此外,还要以受表彰的优秀员工身份,拟写一篇在会上的发言稿。

 项目三　党政机关公务文书写作

【知识目标】

懂得决议、决定、意见、通知、通报、报告、请示、批复、议案、函、纪要的适用范围和写作要求。

了解命令的适用范围。

懂得决定与决议的区别、决定与通报的区别；公报、公告与通告的区别；通知与通报的区别；请示与报告的区别；请批函与请示的区别；答复函与批复、回复报告的区别；纪要与会议记录的区别。

懂得信函式公文格式。

【能力目标】

能熟练写作决议、决定、公报、公告、通告、意见、通知、通报、报告、请示、批复、议案、函和纪要等公文。

能熟练运用下行文、上行文和信函式的格式制作各类公文。

职场情境

时间过得飞快,俞琴在秘书部工作已经一年多了,由于其工作表现优秀和她在工作中表现出来的写作才华,经公司研究决定升她为秘书科科长,俞琴感到肩上的责任更重了,唯有更加努力地工作来报答领导对自己的栽培。很快俞琴又接到一个任务:公司计划在下半年举行一次职工技能比武,需要俞琴拟写相关的文字材料。

项目描述

通过向上司了解技能比武的方案,俞琴明白了自己的具体任务:技能比赛需要公司总部同意并给予资金支持,所以先要递交请示;因为要请省劳动厅职业技能鉴定所专家来主考,所以得致函劳动厅;技能比赛的具体项目需要听取职工代表大会意见和建议,需要根据初步方案写一份议案提交职工单表大会通过,整个活动情况需要上报公司总部,需要写一份报告。因此俞琴确定了自己所要拟写的文书:请示、函、议案、报告等。这些文书都属于公文,在使用和写作上具有严格的规定性。它们的适用范围是什么? 写作上有哪些规范和要求? 这是俞琴迫切需要解决的问题。

任务一　决议的写作

情景导入

2012 年 4 月 6 日,中共中央办公厅、国务院办公厅联合印发了《党政机关公文处理工作条例》,同时废止了 1996 年中办印发的《中国共产党机关公文处理条例》和 2000 年国务院印发的《国家行政机关公文处理办法》。"决议"原只是在党的机关公文中有,不属于行政机关公文范畴,这次党政机关公文条例合一,"决议"成为党政机关 15 种公文之一。

思考:决议真的只有在党的公文中使用吗? 日常行政办公、企事业单位是否也要常常使用呢?

必备知识

一、决议的含义

会议适用于会议讨论通过的重大决策事项。它是对某个重大问题或重要事项,经过会议讨论研究并表决通过,而后正式发表,并要求贯彻执行的领导性、法规性公文文体。人大、政协和群团组织经常使用决议文体,企业的董事会研究的重要事项也可用决议。

决议是对重大问题和重大事项所作出的决策,一经形成,就会在较大范围内对工作和生活发生重大影响,有很强的政策性和决策性。一经发布,其下属必须严格遵守,认真落实,不得违背,具有很强的权威性。

二、决议的种类

根据决议涉及内容范围的不同,可分为三种类型:一是公布性决议,用于公布某项法规和提案,安排某项工作,具有条例、规定一样的法令性;二是批准性决议,用于批准某项事项或通过某个文件,肯定或否定某种议案;三是阐述性决议,对某些重大结论的具体内容加以展开阐述,往往涉及原则性、纲领性问题。

能力技巧

一、决议的写作技巧

决议由标题、通过的会议名称及日期、正文三部分组成。

(一)标题

决议的标题主要有两种写法:

一是由"单位名称（或会议名称）+ 主要内容 + 决议"组成，如《中国共产党第十八次全国代表大会关于十七届中央委员会报告的决议》；二是由"发文机关 + 主要内容 + 决议"组成，如《东北电力股份有限公司董事会 2013 年第一次会议决议》。"发文机关"有时也可以省略。

（二）通过决议的会议及日期

通过决议的会议名称和通过时间，写于决议标题之下居中位置，并用括号括住，如"董事会第三次会议 2013 年 5 月 16 日通过"。

如果决议标题中已包含有会议名称，括号内只需写明"×××× 年 ×× 月 ×× 日通过"即可。

（三）正文

决议的正文一般包括三项内容：决议的原由或根据、决议事项、号召或执行要求。

1. 开头

决议的开头部分主要写决议的缘由、依据，或者作决议的背景、概况。要写清楚会议听取了什么、学习讨论了什么、审议了什么、批准或通过了什么，自何时生效等。

2. 主体

这部分写决议的事项，主要指审议通过而形成的意见。可以分条分项叙述，即把决议通过的内容按"一""二""三"的顺序依次表述清楚。

当然，也可以不分条分项叙述，但一定要做到层次清晰，眉目清楚，一般用"会议批准""会议同意""会议强调""会议要求""会议建议"等语引出内容，让人一目了然。

3. 结尾

这部分内容可有可无。有时主体结束，全文也就自然结束了。有时需要写一个结尾，则多以希望、号召来鼓舞人心，振奋精神，收束全文。

二、决议的写作要求

（一）内容要忠实准确

由于决议"用于经会议讨论通过的重要决策事项"，是一种严肃性、决策性和权威性都要求很高的公文，所以它有对内容真实性、原始性的要求，不允许有任何修改、变动，不允许有一丝一毫的出入和差错。

（二）文风要庄重严谨

决议在语言上要求庄重严谨、用语缜密、词意确切、定性准确、评价恰当，不能让人产生歧义、多义理解，甚至误解，以体现决议的严肃性、决策性和权威性特色，达到激发人们自觉和严格执行决议的目的。

（三）行文要有条理性

写决议时，最好能分条分项地把决议的事项写清楚，使每项决议内容相对地独立出来，做到脉络清晰，井然有序。

案例评析

【案例一】

中国纺织机械股份有限公司董事会决议

中国纺织机械股份有限公司五届131次董事会于2013年11月6日以通讯方式召开,会议应参加董事10名,实际参加董事10名,会议审议并通过了如下议案:

一、《关于公司向上海银行虹口支行申请续贷的议案》

公司向上海银行虹口支行申请的流动资金借款人民币1 000万元将于2013年12月6日到期。因公司流动资金周转需要,拟继续向上海银行虹口支行申请流动资金借款人民币1 000万元,期限为一年,利率为基准利率。

表决结果:9票同意、0票反对、1票弃权(董事雷小华弃权)。

二、《公司对外出售资产的议案》(详见公司临2013-043号公告)

表决结果:9票同意、0票反对、1票弃权(董事雷小华弃权)。

三、《关于公司变现可供出售金融资产用于补充经营性流动资金的议案》

鉴于公司主业发展的实际需要,为解决公司经营性资金短缺问题,公司拟通过二级市场减持市值1 000万元的可供出售金融资产,款项将用于公司生产经营所需。

董事会审议通过上述议案,并授权经营班子实施。

表决结果:9票同意、0票反对、1票弃权(董事雷小华弃权)。

中国纺织机械股份有限公司董事会

2013年11月8日

【评析】这是一篇公告性的董事会决议,内容比较单一,把决议的事项逐条地直接叙写出来,条理清楚,文字周密,文风严谨。公告时开头还有一段话"本公司及董事会全体成员保证公告内容的真实、准确和完整,对公告的虚假记载、误导性陈述或者重大遗漏负连带责任"。

【案例二】

中国人民政治协商会议上海市第十二届委员会第一次会议决议

(二〇一三年一月三十一日市政协十二届一次会议闭幕会议通过)

中国人民政治协商会议上海市第十二届委员会第一次会议于2013年1月26日至31日举行。会议审议并通过冯国勤同志代表政协上海市第十一届委员会常务委员会所作的工作报告、王新奎同志代表政协上海市第十一届委员会常务委员会所作的提案工作情况的报告,选举产生政协上海市第十二届委员会主席、副主席、秘书长、常务委员。会议圆满完成了各项议程,是一次继往开来、求真务实的大会,是一次发扬民主、团结奋进的大会。

会议认为,十一届市政协在中共上海市委领导下,高举爱国主义、社会主义旗帜,围绕推进创新驱动转型发展、举办中国2010年上海世博会、维护城市公共安全、保障和改善民生、推动文化发展繁荣、促进人口资源环境相协调等全市重点工作,积极探索团结民主、履行职能的方式方法，认真履职尽责，勇于开拓创新，切实发挥协调关系、汇聚力量、建言献策、服务大局的作用，为建设"四个中心"和社会主义现代化国际大都市作出了积极贡献。十一届市政协履行职能、开展工作的成功实践，为新一届市政协提供了宝贵经验。

会议讨论并赞同杨雄同志所作的《政府工作报告》，以及市发展和改革委员会关于计划草案的报告、市财政局关于预算草案的报告，讨论并赞同市高级人民法院、市人民检察院的工作报告。会议认为，过去的五年，面对复杂外部环境和自身发展转型严峻挑战，在中共上海市委领导下，全市人民坚持以邓小平理论和"三个代表"重要思想为指导，深入贯彻落实科学发展观，攻坚克难，砥砺奋进，加快推进"四个率先"，加快建设"四个中心"，开启了创新驱动、转型发展的新局面。《政府工作报告》贯彻中共十八大和市第十次党代会精神，分析了上海发展面临的机遇和挑战，提出了今后五年的奋斗目标和主要任务，部署了2013年重点工作，体现了忧患意识、改革思维、创新精神和务实作风，措施有力，催人奋进。

会议期间，全体委员以饱满的政治热情，围绕上海改革开放和现代化建设的重点问题、人民群众关注的热点问题议政建言，就推进经济结构战略性调整、提高经济增长质量与效益，深化重点领域改革、培育开放型经济新优势，优化人才发展环境、增强自主创新能力，统筹城乡一体化发展、提升郊区发展水平，建设国际文化大都市、增强城市软实力，加强社会建设、促进民生改善，推进绿色循环低碳发展、提高生态文明水平，健全社会主义协商民主制度、推进社会主义民主法治建设等，提出了一系列建议。委员们还就加强政协自身建设、进一步提高政协工作科学化水平提出了意见和建议。

会议认为，今后五年是上海推进"四个率先"、建设"四个中心"的重要时期，也是创新驱动、转型发展的攻坚阶段。参加市政协的各党派团体、各族各界人士要增强使命感和责任感，深入学习贯彻中共十八大精神，巩固共同思想政治基础，凝聚广泛共识，增强对中国特色社会主义的道路自信、理论自信、制度自信。围绕创新转型重点、难点和关键点建言谋策，充分发挥协商民主重要渠道作用，深入推进专题协商、对口协商、界别协商、提案办理协商，将民主监督融入履职全过程，为上海发展广纳群言、广集民智。密切联系各界别群众，畅通社情民意反映渠道，促进改革发展成果更多更公平地惠及人民群众。扩大团结面，增强包容性，广泛联系社会各界，增进对外友好交往，积极开展人民政协公共外交，为上海改革开放和现代化建设营造良好环境。充分发挥委员作用，彰显界别特色，改进工作作风，不断提高履职水平和实效。要扎实做好2013年工作，努力实现新一届市政协工作良好开局。

会议号召，参加市政协的各党派团体和全体委员紧密团结在以习近平同志为总书记的中共中央周围，在中共上海市委领导下，牢牢把握团结和民主两大主题，善谋转型大计，广献发展良策，多建改革诤言，汇聚复兴力量，坚定不移沿着中国特色社会主义道路前进，为上海当好全国改革开放排头兵和科学发展先行者，为加快建设"四个中心"和社会主义现代化国际大都市、创造人民更加幸福生活与美好未来贡献智慧和力量！

【评析】这是一篇阐述性决议，对政协上海市第十二届委员会第一次会议审议通过而形成的意见逐一进行阐述,观点鲜明,行文缜密,体现了决议的政策性、决策性等突出特点。

【任务演练】

召开一次班级班风建设主题班会,在此基础上形成会议决议。

任务二　决定的写作

 情景导入

吴晓是某公司安全处的助理。春节将近,公司要求安全处起草一份有关春节期间做好安全工作的文书,该任务落到吴晓身上。吴晓认为这项工作很重要,为了引起各部门的重视,决定用"决定"行文。

思考:吴晓的想法正确吗? 究竟什么情况才用"决定"行文呢?

必备知识

一、决定的含义

决定适用于对重要事项作出决策和部署,奖惩有关单位和人员,变更或者撤销下级机关不适当的决定事项。

二、决定的种类

(一)指挥性决定

指挥性决定用于部署事关全局、涉及重大方针政策和战略决策的重要工作。这类决定具有极强的指挥性,受文机关必须严格贯彻执行。

(二)事项性决定

事项性决定用于对重要的具体事项作出安排,如调整行政区划、设置重要机构、召开重要会议、安排人事事务等。

(三)奖惩性决定

奖惩性决定用于表彰作出重大成绩、贡献的单位或个人,或者用于惩处、批评发生重大失误、严重错误的单位或个人。

能力技巧

一、决定的写作技巧

(一)标题

一般由"发文机关 + 事由 + 决定"组成,也可省略发文机关。如《中共中央关于全面深化改革若干重大问题的决定》。

（二）正文

1. 指挥性决定的正文

开头通常写行文的背景、依据、目的、原因等。主体部分应分条列项地写明决定的具体事项，提出工作任务、措施、方案、要求等。结尾通常是提出希望号召或执行要求。若主体部分已言尽其意，可不作专门的结尾。

2. 奖惩性决定的正文

开头简要概述奖惩对象的事迹、情况。然后对所述情况进行分析评价，接着写明具体的奖惩决定。最后发出号召或提出希望，要求以表彰对象为学习榜样，或者希望以惩戒对象为前车之鉴。

3. 更改性决定的正文

开头直接写明发文机关或有关会议对下级的有关决定予以变更、撤销的缘由。接着应对决定事项加以展开：若是"变更"，应具体说明其变更的具体内容；若是"撤销"，则应具体说明所涉及的事项如何处理。

二、决定的写作要求

写作决定主要是与相似文种进行区别。

（一）决定与决议的区别

一般来说决议的内容原则性、理论性较强，公布经会议讨论通过的事项；而决定相对比较具体，侧重于部署工作，提出要求，不一定要会议讨论通过。

（二）决定与命令、通报的区别

命令、决定、通报均可用于奖惩事项，但在具体行文时，并非任选其一即可。应根据法律的规定、职权大小以及奖惩的性质、种类、级别、发布范围等具体情况，选择使用相应的文种。

奖惩性命令（嘉奖令、惩戒令）是奖惩性文件中规格最高的文种。宪法规定，命令适用于县级以上的行政机关，奖惩最具典型性和影响力的功绩、楷模或过错、弊端，其公示的范围也最广泛。奖惩性通报则是各级各类社会组织均可使用的奖惩性文种，用于奖惩具有一定典型性的功过，其公示范围较狭。奖惩性决定也是各级各类社会组织均可使用的文种，其公示范围可广可狭，其规格和适用范围则介于奖惩性命令和奖惩性通报之间。

 案例评析

【案例一】

国务院关于表彰全国劳动模范和先进工作者的决定

国发〔2010〕11 号

各省、自治区、直辖市人民政府，国务院各部委、各直属机构：

2005 年全国劳动模范和先进工作者表彰大会以来，各行各业涌现出一大批在全面建设小康社会、加快推进社会主义现代化伟大实践中取得显著业绩的先进模范人物,他们是继续解放思想、锐意改革创新的时代先锋,推动科学发展、促进社会和谐的行动楷模。为表彰他们的突出贡献,弘扬他们的先进思想,进一步激励全国各族人民积极投身建设中国特色社会主义伟大事业,推动经济社会又好又快发展,国务院决定授予2 115人全国劳动模范荣誉称号,授予870人全国先进工作者荣誉称号。

国务院希望获得全国劳动模范和先进工作者荣誉称号的同志,谦虚谨慎,再接再厉,继续发挥模范表率作用,不断作出新的更大贡献。国务院号召全国各族人民,以全国劳动模范和先进工作者为榜样,学习他们信念坚定、胸怀大局的崇高思想,艰苦奋斗、勇于奉献的高尚品质,求真务实、纪律严明的优良作风,开拓创新、自强不息的进取精神,在以胡锦涛同志为总书记的党中央坚强领导下,高举中国特色社会主义伟大旗帜,以邓小平理论和"三个代表"重要思想为指导,深入贯彻落实科学发展观,同心同德、奋发图强,为夺取全面建设小康社会新胜利、谱写人民幸福美好生活的新篇章而不懈奋斗!

附件:全国劳动模范和先进工作者名册(共2 985名)

国务院

2010年4月24日

【评析】这是一则表彰的决定,开头简述表彰的背景。主体内容指明表彰的内容和决定,最后对受表彰者提出希望和要求,并号召大家向受表彰者学习。

【案例二】

国务院安委会关于进一步加强安全培训工作的决定

安委〔2012〕10号

各省、自治区、直辖市人民政府,新疆生产建设兵团,国务院安委会各成员单位,各中央企业:

为提高企业从业人员安全素质和安全监管监察效能,防止和减少违章指挥、违规作业和违反劳动纪律(以下简称"三违")行为,促进全国安全生产形势持续稳定好转,现就进一步加强安全培训工作作出如下决定:

一、加强安全培训工作的重要意义和总体要求

(一)重要意义

党中央、国务院高度重视安全培训工作,安全培训力度不断加大,企业职工安全素质和安全监管监察人员执法能力明显提高。但一些地区和单位安全培训工作仍然存在着思想认识不到位、责任落实不到位、实效性不强、投入不足、基础工作薄弱、执法偏轻偏软等问题,给安全生产带来较大压力。实践表明,进一步加强安全培训工作,是落实党的十八大精神,深入贯彻科学发展观,实施安全发展战略的内在要求;是强化企业安全生产基础建设,提高企业安全管理水平和从业人员安全素质,提升安全监管监察效能的重要途径;是防止"三违"行为,不断降低事故总量,遏制重特大事故发生的源头性、根本性举措。

（二）总体思路

深入贯彻落实科学发展观，认真落实党中央、国务院关于加强安全生产工作的决策部署，牢固树立"培训不到位是重大安全隐患"的意识，坚持依法培训、按需施教的工作理念，以落实持证上岗和先培训后上岗制度为核心，以落实企业安全培训主体责任、提高企业安全培训质量为着力点，全面加强安全培训基础建设，严格安全培训监察执法和责任追究，扎实推进安全培训内容规范化、方式多样化、管理信息化、方法现代化和监督日常化，努力实施全覆盖、多手段、高质量的安全培训，切实减少"三违"行为，促进全国安全生产形势持续稳定好转。

（三）工作目标

到"十二五"时期末，矿山、建筑施工单位和危险物品生产、经营、储存等高危行业企业（以下简称高危企业）主要负责人、安全管理人员和生产经营单位特种作业人员（以下简称"三项岗位"人员）100%持证上岗，以班组长、新工人、农民工为重点的企业从业人员100%培训合格后上岗，各级安全监管监察人员100%持行政执法证上岗，承担安全培训的教师100%参加知识更新培训，安全培训基础保障能力和安全培训质量得到明显提高。

二、全面落实安全培训工作责任

（一）认真落实企业安全培训主体责任

企业是从业人员安全培训的责任主体，要把安全培训纳入企业发展规划，健全落实以"一把手"负总责、领导班子成员"一岗双责"为主要内容的安全培训责任体系，建立健全机构并配备充足人员，保障经费需求，严格落实"三项岗位"人员持证上岗和从业人员先培训后上岗制度，健全安全培训档案。劳务派遣单位要加强劳务派遣工基本安全知识培训，劳务使用单位要确保劳务派遣工与本企业职工接受同等安全培训。境内投资主体要指导督促境外中资企业依法加强安全培训工作。安全生产技术研发、装备制造单位要与使用单位共同承担新工艺、新技术、新设备、新材料培训责任。

（二）切实履行政府及有关部门安全培训监管和安全监管监察人员培训职责

地方各级政府要统筹指导相关部门加强本地区安全培训工作。有关主管部门要根据有关法律法规，组织实施职责范围内的安全培训工作，完善安全培训法规制度，统一培训大纲、考试标准，加强教材建设，严格管理培训机构，做好证件发放和复审工作，避免多头管理、重复发证；要强化安全培训监督检查，依法严惩不培训就上岗和乱办班、乱收费、乱发证行为；组织培训安全监管监察人员。要将安全生产知识作为领导干部培训、义务教育、职业教育、职业技能培训等的重要内容。要减少对培训班的直接参与，由办培训向管培训、管考试、监督培训转变。

（三）强化承担安全培训和考试的机构培训质量保障责任

承担安全培训的机构是安全培训施教主体，担负保证安全培训质量的主要责任，要健全落实安全培训质量控制制度，严格按培训大纲培训，严格学员、培训档案和培训收费管理，加强师资队伍建设和资金投入，持续改善培训条件。承担安全培训考试的机构要严格教考分离制度,健全考务管理体系,建立考试档案,切实做到考试不合格不发证。

三、全面落实持证上岗和先培训后上岗制度

(一)实施高危企业从业人员准入制度

有关主管部门要结合实际,制定本行业领域从业人员准入制度。矿山和危险物品生产企业专职安全管理人员要至少具备相关专业中专以上学历或者中级以上专业技术职称、高级工以上技能等级,或者具备注册安全工程师资格。各类特种作业人员要具有初中及以上文化程度,危险化学品特种作业人员要具有高中或者相当于高中及以上文化程度。矿山井下、危险化学品生产单位从业人员要具有初中及以上文化程度。安全生产专业服务机构为企业提供安全技术服务时,要对企业安全培训情况进行审核。高危企业安全生产许可证发放、延期和安全生产标准化考评时,有关主管部门要审核企业安全培训情况。

(二)严格落实"三项岗位"人员持证上岗制度

企业新任用或者招录"三项岗位"人员,要组织其参加安全培训,经考试合格持证后上岗。取得注册安全工程师资格证并经注册的,可以直接申领矿山、危险物品行业主要负责人和安全管理人员安全资格证。对发生人员死亡事故负有责任的企业主要负责人、实际控制人和安全管理人员,要重新参加安全培训考试。要严格证书延期继续教育制度。有关主管部门要按照职责分工,定期开展本行业领域"三项岗位"人员持证上岗情况登记普查,建立信息库。要建立特种作业人员范围修订机制。

(三)严格落实企业职工先培训后上岗制度

矿山、危险物品等高危企业要对新职工进行至少72学时的安全培训,建筑企业要对新职工进行至少32学时的安全培训,每年进行至少20学时的再培训;非高危企业新职工上岗前要经过至少24学时的安全培训,每年进行至少8学时的再培训。企业调整职工岗位或者采用新工艺、新技术、新设备、新材料的,要进行专门的安全培训。矿山和危险物品生产企业逐步实现从职业院校和技工院校相关专业毕业生中录用新职工。政府有关部门要实施"中小企业安全培训援助"工程,推动大型企业和培训机构与中小企业签订培训服务协议;组织讲师团,开展培训下基层进企业活动。

(四)完善和落实师傅带徒弟制度

高危企业新职工安全培训合格后,要在经验丰富的工人师傅带领下,实习至少2个月后方可独立上岗。工人师傅一般应当具备中级工以上技能等级,3年以上相应工作经历,成绩突出,善于"传、帮、带",没有发生过"三违"行为等条件。要组织签订师徒协议,建立师傅带徒弟激励约束机制。

(五)严格落实安全监管监察人员持证上岗和继续教育制度

市(地)及以下政府分管安全生产工作的领导同志要在明确分工后半年内参加专题安全培训。各级安全监管监察人员要经执法资格培训考试合格,持有效行政执法证上岗;新上岗人员要在上岗一年内参加执法资格培训考试;执法证有效期满的,要参加延期换证继续教育和考试。鼓励安全监管监察人员报考注册安全工程师等职业资格,在职攻读安全生产相关专业学历和学位。

四、全面加强安全培训基础保障能力建设

(一)完善安全培训大纲和教材

有关主管部门要定期制定、修订各类人员安全培训大纲和考核标准,根据安全生产工作发展需要和企业安全生产实际,不断规范安全培训内容。鼓励行业组织、企业及培训机构编写针对性、实效性强的实用教材。要分行业组织编写企业职工安全生产应知应会读本、建立生产安全事故案例库和制作警示教育片。

(二)加强安全培训师资队伍建设

承担安全培训的机构要建立健全安全培训专职教师考核合格后上岗制度,保证专职教师定期参加继续教育,积极组织教师参加国际学术交流。有关主管部门要加强承担安全培训的教师培训,定期开展教师讲课大赛,建立安全培训师资库。企业要建立领导干部上讲台制度,选聘一线安全管理、技术人员担任兼职教师。

(三)加强安全培训机构建设

要根据实际需要,科学规划安全培训机构建设,控制数量,合理布局。支持大中型企业和欠发达地区建立安全培训机构,重点建设一批具有仿真、体感、实操特色的示范培训机构。要加强安全培训机构管理,定期公布安全培训机构名单和培训范围,接受社会监督。支持高等学校、职业院校、技工院校、工会培训机构等开展安全培训。

(四)加强远程安全培训

开发国家安全培训网和有关行业网络学习平台,实现优质资源共享。建立安全培训视频课程征集、遴选、审核制度,建设课程"超市",推行自主选学。实行网络培训学时学分制,将学时和学分结果与继续教育、再培训挂钩,与安全监管监察人员年度考核、提拔使用、评先评优挂钩。利用视频、电视、手机等拓展远程培训形式。

(五)加强安全培训管理信息化建设

编制安全培训信息管理数据标准。开发安全培训信息管理系统。健全"三项岗位"人员、安全监管监察人员培训持证情况和考试题库、培训机构、考试机构、培训教师等数据库,实现全国安全培训数据共享。

五、全面提高安全培训质量

(一)强化实际操作培训

制定特种作业人员实训大纲和考试标准。建立安全监管监察人员实训制度。推动科研和装备制造企业在安全培训场所展示新装备、新技术。提高3D、4D、虚拟现实等技术在安全培训中的应用,组织开发特种作业各工种仿真实训系统。

(二)强化现场安全培训

高危企业要严格班前安全培训制度,有针对性地讲述岗位安全生产与应急救援知识、安全隐患和注意事项等,使班前安全培训成为安全生产第一道防线。要大力推广"手指口述"等安全确认法,帮助员工通过心想、眼看、手指、口述,确保按规程作业。要加强班组长培训,提高班组长现场安全管理水平和现场安全风险管控能力。

（三）建立安全培训示范视频课程体系

分行业建立"三项岗位"人员安全培训示范视频课程体系，上网发布，逐步实现优质培训资源社会共享。将示范课程作为教师培训的重要内容。建立示范课程跟踪评价制度，定期评选优质课程，给予荣誉称号或者适当资助。

（四）加强安全培训过程管理和质量评估

建立安全培训需求调研、培训策划、培训计划备案、教学管理、培训效果评估等制度，加强安全培训全过程管理。制定安全培训质量评估指标体系，定期向全社会公布评估结果，并将评估结果作为安全培训机构考评的重要依据。

（五）完善安全培训考试体系

有关主管部门要按照职责分工，建立健全本行业领域安全培训考试制度，加强考试机构建设，严格教考分离制度。要建立健全安全资格考试题库，完善国家与地方相结合的题库应用机制。建立网络考试平台，加快计算机考试点建设，开发实际操作模拟考试系统。加强考试监督，严格考试纪律，依法严肃处理考试违纪行为。有关主管部门要统一本行业领域一般从业人员安全培训合格证书式样，规范考试发证管理。

六、加强安全培训监督检查

（一）加大安全培训执法力度

有关主管部门要把安全培训纳入年度执法计划，作为日常执法的必查内容，定期开展安全培训专项执法。要规范安全培训执法程序和方法，将抽查持证情况、抽考职工安全生产应知应会知识作为日常执法的重要方式。要加强对承担安全培训的机构管理，深入开展专项治理，促进安全培训机构健康发展。企业要建立安全培训自查自考制度，加大"三违"行为处罚力度。

（二）严肃追究安全培训责任

对应持证未持证或者未经培训就上岗的人员，一律先离岗、培训持证后再上岗，并依法对企业按规定上限处罚，直至停产整顿和关闭。对存在不按大纲教学、不按题库考试、教考不分、乱办班等行为的安全培训和考试机构，一律依法严肃处罚。对各类生产安全责任事故，一律倒查培训、考试、发证不到位的责任。对因未培训、假培训或者未持证上岗人员的直接责任引发重特大事故的，所在企业主要负责人依法终身不得担任本行业企业矿长（厂长、经理），实际控制人依法承担相应责任。

（三）建立安全培训绩效考核制度

制定安全培训工作绩效考核指标体系，做到定性与定量、内部考核与外部评议相结合。安全培训绩效考核结果要纳入安全生产综合考核内容。每年通报安全培训绩效考核结果。

七、切实加强对安全培训工作的组织领导

（一）把安全培训摆上更加突出位置

各级政府及有关主管部门、各企业要把安全培训工作纳入实施安全发展战略的总体布局。各级安委会要定期研究解决安全培训突出问题，有关主管部门主要负责同志要亲自抓、负总责,各级安委会办公室要牵头抓总,当好参谋,创新实践,整合资源,示范引领。要经常深入基层、企业开展安全培训调查研究。要支持工会、共青团、妇联、科协以及新闻媒体等参与、监督安全培训工作。

(二)保证安全培训投入

建立以企业投入为主、社会资金积极资助的安全培训投入机制。要将政府应当承担的安全培训经费纳入财政保障范围。企业要在职工培训经费和安全费用中足额列支安全培训经费,实施技术改造和项目引进时要专门安排安全培训资金。研究探索由开展安全生产责任险、建筑意外伤害险的保险机构安排一定资金,用于事故预防与安全培训工作。

(三)充分运用典型和媒体推动安全培训工作

要总结推广政府有关主管部门加大安全培训监管力度、企业落实安全培训主体责任、培训机构提高安全培训质量的典型经验,以点带面推动工作。要定期公布安全培训问题企业和问题培训机构名单。要广泛宣传安全培训工作的重要地位和作用,宣传安全生产知识和技能,不断提高人民群众安全素质,努力形成全社会更加支持安全生产工作的氛围。

各省级安委会和国务院有关主管部门及各有关中央企业要根据本决定制定实施意见,并及时将实施意见和落实情况报告国务院安委会办公室。

国务院安委会

2012 年 11 月 21 日

【评析】这是一则指挥型的决定,开头提出颁布决定的背景,主体部分提出加强安全培训工作的七条措施,结尾提出要求。全文语气肯定,体现了规范下级机关单位的管理和行为的权威性。

【任务演练】

根据下面的材料,写一则决定。

黎明职业大学 2013 年度在全校开展了福建省大中专学生志愿者暑期"三下乡"社会实践活动,活动开展一年来,学校涌现出了一大批先进集体和先进个人。为了表彰先进,总结经验,经研究决定,授予机电系"生产过程自动化相关专业人才需求状况调查"实践队、经贸系"泉港外贸企业发展情况及新农村建设"调研队、外语系东美社区暑期社会实践队、工商系"国家助学贷款学生入户调查"社会实践队 2013 年"暑期社会实践活动先进团队"荣誉称号;授予洪群应、傅强、林宏三位老师 2013 年"暑期社会实践活动优秀工作者"荣誉称号;授予 2012 级外语(1)班张左一等 252 名同学 2013 年"暑期社会实践活动积极分子"荣誉称号。

任务三　公报、公告和通告的写作

 情景导入

中国共产党第十八届中央委员会第三次全体会议,于 2013 年 11 月 9 日至 12 日在北京举行。11 月 12 日,会议一闭幕,各大媒体就发布了《中国共产党第十八届中央委员会第三次全体会议公报》,向社会公布这次大会的主要精神。

思考:为何要用公报这一文种,公报和公告、通告的区别在哪里?

必备知识

一、公报、公告、通报的定义

公报适用于公布重要决定或者重大事项。

公告适用于向国内外宣布重要事项或者法定事项。

通告适用于在一定范围内公布应当遵守或者周知的事项。

二、公报、公告、通告的种类

(一)公报的种类

公报依据发文主体的不同分为两类:一类是党政机关或团体发布重大事件、重要决定的公报;另一类是联合公报。党、政、团体发布的公报可因内容的不同分为事件性公报和会议公报两种;联合公报是用于两个或两个以上国家的政府、政党、团体的代表就会谈、访问等事宜所发表的公报。

(二)公告的种类

根据内容的不同,将公告分为两类:一是重要事项公告,内容大多关系到国家政治、经济、军事等领域内的大事。二是法定事项公告,适用于政府及有关职能部门或其他组织依据法律法规的规定,向社会广泛告知具有规定性、权威性、约束力的重要事项和法定事项。

(三)通告的种类

通告有法规性通告和知照性通告两大类型。法规性的通告不可能没有知照性,知照性的通告完全没有法规内容的也不多见。但二者在性质上有所区分,如《关于坚决清理非法占道经营的通告》,强制性措施较多,属于法规性通告;关于因施工停水、停电的通告,主要起通知事项的作用,没有强制性措施,属于知照性通告。

三、公报、公告、通告的区别

公报、通告和公告三者有一些相似之处,都具有晓谕性和公布性,也就是说,内容都是知照性的,发布范围都是面向全社会,是公诸于众的文件,无需保密,一般也没有主送机关、抄送机关,而是普告天下,一体周知。

三者的区别可大致概括为以下四个方面:一是内容的重要程度不同。公报所涉及的内容,应是党内外、国内外普遍关心和瞩目的重大事件或重要决定。公告是用来发布重要事项和法定事项的,涉及内容多是国家大事或省市级的行政大事,或者履行法律规定必须遵循的程序。通告是用来发布在一定范围内需要遵守或周知的事项的,它所涉及的事项一般没有公告那么重大。二是对发文机关的限制性有较大不同。公报的发布机关级别很高,或者是以中央的名义,或者是以国家的名义,或者是以政府的名义。公告是一种高级别的文体,只有涉及全局性的重大事项或法定事项时,才能由高级别的行政部门发布。而通告是一种高级机关和基层单位都可使用的文体,不仅行政机关可以制发,社会团体、企事业单位在自己的职权范围之内,也可以制发。三是发布范围有所不同。公报和公告是向国内外发布重要事项和法定事项采用的文种,它的发布范围比较大,面向全国,有时面向全世界。通告虽然也是面向社会发布的,但多是限定在一个特定社区范围内,而且内容也多是指向一个特定的人群,要求这一社区的某一类特定人群遵守或周知。四是发布的方式不同。公报、公告多数是在报刊上刊登,一般不用红头文件的方式下发。而通告可以在新闻媒体上刊登,也可以用红头文件的形式下发,还可以公开张贴。

 能力训练

一、公报、公告、通告的写作技巧

(一)公报的写作

1.标题

公报的标题可以是事由 + 文种,如《中国共产党第十八届中央委员会第三次全体会议公报》;也可以是发文机关 + 文种,如《贵州省人民政府公报》;还可以是发文机关加事由加文种,如《北京市 2012 年国民经济和社会发展统计公报》。一般不允许单用"公报"二字作标题。

2.题注

公报的题注在标题的正下方,用圆括号"( )"括入,写明发布公报的日期或者通过事项的日期以及会议名称。

3.正文

正文包括开头、主体两部分。

开头,即前言部分。事件性公报要求用最鲜明、最精练的语言概述事件的核心内容,即何时、何地、发生了什么重大事件;会议性公报要求概述会议的名称、时间、地点、参加人员等;联合公报要求概述公报的来由,即在何时、何地、谁与谁举行了什么会谈或谁对谁进行了什么性质的访问等。主体,是公报的核心内容,要求把公报的内容完整、系统、有序地表达清楚。常见的有三种写作方式:第一种是分段式,即每段说明一层意思或一项决定;第二种是序号式,多用于内容复杂、问题头绪较多的公报;第三种是条款式,多用于联合公报。

4.尾部

事件性公报和会议性公报一般没有尾部;联合公报要在正文之后写明双方签署人的身份、姓名、日期、并写明签署地点。

(二)公告的写作

1.标题

公告的标题一般有三种形式:第一种由"发文机关名称 + 事项 + 公告"组成,如《杭州市政府征用土地方案公告》;第二种由发文机关名称和文种组成,如《天津市政府公告》;也有的只写出文种"公告"即可。

2.正文

公告的正文一般包括因由、事项和结语三个内容。开头一般用简要的语言写出公告的依据、原因、目的等。主体部分,要求明确写出公告的决定和要求。结语一般用"现予公告""特此公告"等习惯用语,体现公告的庄重性、严肃性。

(三)通报的写作

1.标题

通告的标题,主要有两种写法。一是由发文机关 + 主要内容 + 通报构成,如《河南省地方税务局关于认真落实〈事业单位、社会团体、民办非企业单位企业所得税征收管理办法〉的通告》;二是省略主要内容的写法,由发文机关 + 通报组成,如《中华人民共和国公安部通告》。

2.正文

通告正文一般由三大部分组成。开头一般写通告缘由,主要交代发布通告的背景、根据、目的、意义等。主体部分写需要受众遵守或周知的具体事项。如果内容多,采用分条列项的写法,以做到条理分明、层次清晰。如果内容比较单一,也可采用贯通式写法。通告的结尾,一般采用"本通告自发布之日起实施"或"特此通告"的模式化结语。

案例评析

【案例一】

中国共产党第十八届中央委员会第三次全体会议公报

(2013 年 11 月 12 日中国共产党第十八届中央委员会第三次全体会议通过)

中国共产党第十八届中央委员会第三次全体会议,于 2013 年 11 月 9 日至 12 日在北京举行。

出席这次全会的有:中央委员 204 人,候补中央委员 169 人。中央纪律检查委员会常务委员会委员和有关方面负责的同志列席了会议,党的十八大代表中部分基层同志和专家学者也列席了会议。

全会由中央政治局主持,中央委员会总书记习近平作了重要讲话。

全会听取和讨论了习近平受中央政治局委托作的工作报告,审议通过了《中共中央关于全面深化改革若干重大问题的决定》。习近平就《决定(讨论稿)》向全会作了说明。

全会充分肯定了党的十八大以来中央政治局的工作。一致认为,面对十分复杂的国际形势和艰巨繁重的国内改革发展稳定任务,中央政治局全面贯彻党的十八大和十八届一中、二中全会精神,高举中国特色社会主义伟大旗帜,以邓小平理论、"三个代表"重要思想、科学发展观为指导,团结带领全党全军全国各族人民,坚持稳中求进的工作总基调,着力稳增长、调结构、促改革,沉着应对各种风险挑战,全面推进社会主义经济建设、政治建设、文化建设、社会建设、生态文明建设,全面推进党的建设新的伟大工程,扎实推进党的群众路线教育实践活动,各项工作取得新进展,推动发展成果更多更公平惠及全体人民,实现了贯彻落实党的十八大精神第一年的良好开局。

全会高度评价党的十一届三中全会召开35年来改革开放的成功实践和伟大成就,研究了全面深化改革若干重大问题,认为改革开放是党在新的时代条件下带领全国各族人民进行的新的伟大革命,是当代中国最鲜明的特色,是决定当代中国命运的关键抉择,是党和人民事业大踏步赶上时代的重要法宝。面对新形势新任务,全面建成小康社会,进而建成富强民主文明和谐的社会主义现代化国家、实现中华民族伟大复兴的中国梦,必须在新的历史起点上全面深化改革。

全会强调,全面深化改革,必须高举中国特色社会主义伟大旗帜,以马克思列宁主义、毛泽东思想、邓小平理论、"三个代表"重要思想、科学发展观为指导,坚定信心,凝聚共识,统筹谋划,协同推进,坚持社会主义市场经济改革方向,以促进社会公平正义、增进人民福祉为出发点和落脚点,进一步解放思想、解放和发展社会生产力、解放和增强社会活力,坚决破除各方面体制机制弊端,努力开拓中国特色社会主义事业更加广阔的前景。

全会指出,全面深化改革的总目标是完善和发展中国特色社会主义制度,推进国家治理体系和治理能力现代化。必须更加注重改革的系统性、整体性、协同性,加快发展社会主义市场经济、民主政治、先进文化、和谐社会、生态文明,让一切劳动、知识、技术、管理、资本的活力竞相迸发,让一切创造社会财富的源泉充分涌流,让发展成果更多更公平惠及全体人民。

全会指出,要紧紧围绕使市场在资源配置中起决定性作用的深化经济体制改革,坚持和完善基本经济制度,加快完善现代市场体系、宏观调控体系、开放型经济体系,加快转变经济发展方式,加快建设创新型国家,推动经济更有效率、更加公平、更可持续发展;紧紧围绕坚持党的领导、人民当家做主、依法治国有机统一的深化政治体制改革,加快推进社会主义民主政治制度化、规范化、程序化,建设社会主义法治国家,发展更加广泛、更加充分、更加健全的人民民主;紧紧围绕建设社会主义核心价值体系、社会主义文化强国的深化文化体制改革,加快完善文化管理体制和文化生产经营机制,建立健全现代公共文化服务体系、现代文化市场体系,推动社会主义文化大发展大繁荣;紧紧围绕更好保障和改善民生、促进社会公平正义的深化社会体制改革,改革收入分配制度,促进共同富裕,推进社会领域制度创新,推进基本公共服务均等化,加快形成科学有效的社会治理体制,确保社会既充满活力又和谐有序;紧紧围绕建设美丽中国的深化生态文明体制改革,加快建立生态文明制度,健全国土空间开发、资源节约利用、生态环境保护的体制机制,推动形成人与自然和谐发展现代化建设新格局;紧紧围绕提高科学执政、民主执政、依法执政水平深化党的建设制度改革,加强民主集中制建设,完善党的领导体制和执政方式,保持党的先进性和纯洁性,为改革开放和社会主义现代化建设提供坚强政治保证。

全会指出,全面深化改革,必须立足于我国长期处于社会主义初级阶段这个最大实际,坚持发展仍是解决我国所有问题的关键这个重大战略判断,以经济建设为中心,发挥经济体制改革的牵引作用,推动生产关系同生产力、上层建筑同经济基础相适应,推动经济社会持续健康发展。

全会指出,经济体制改革是全面深化改革的重点,核心问题是处理好政府和市场的关系,使市场在资源配置中起决定性作用和更好地发挥政府作用。

全会强调,改革开放的成功实践为全面深化改革提供了重要经验,必须长期坚持。最重要的是,坚持党的领导,贯彻党的基本路线,不走封闭僵化的老路,不走改旗易帜的邪路,坚定走中国特色社会主义道路,始终确保改革正确方向;坚持解放思想、实事求是、与时俱进、求真务实,一切从实际出发,总结国内成功做法,借鉴国外有益经验,勇于推进理论和实践创新;坚持以人为本,尊重人民主体地位,发挥群众首创精神,紧紧依靠人民推动改革,促进人的全面发展;坚持正确处理改革发展稳定关系,胆子要大、步子要稳,加强顶层设计和摸着石头过河相结合,整体推进和重点突破相促进,提高改革决策科学性,广泛凝聚共识,形成改革合力。

全会要求,到 2020 年,在重要领域和关键环节改革上取得决定性成果,形成系统完备、科学规范、运行有效的制度体系,使各方面制度更加成熟更加定型。

全会对全面深化改革作出系统部署,强调坚持和完善基本经济制度,加快完善现代市场体系,加快转变政府职能,深化财税体制改革,健全城乡发展一体化体制机制,构建开放型经济新体制,加强社会主义民主政治制度建设,推进法治中国建设,强化权力运行制约和监督体系,推进文化体制机制创新,推进社会事业改革创新,创新社会治理体制,加快生态文明制度建设,深化国防和军队改革,加强和改善党对全面深化改革的领导。

全会提出,公有制为主体、多种所有制经济共同发展的基本经济制度,是中国特色社会主义制度的重要支柱,也是社会主义市场经济体制的根基。公有制经济和非公有制经济都是社会主义市场经济的重要组成部分,都是我国经济社会发展的重要基础。必须毫不动摇巩固和发展公有制经济,坚持公有制主体地位,发挥国有经济主导作用,不断增强国有经济活力、控制力、影响力。必须毫不动摇鼓励、支持、引导非公有制经济发展,激发非公有制经济活力和创造力。要完善产权保护制度,积极发展混合所有制经济,推动国有企业完善现代企业制度,支持非公有制经济健康发展。

全会提出,建设统一开放、竞争有序的市场体系,是使市场在资源配置中起决定性作用的基础。必须加快形成企业自主经营、公平竞争,消费者自由选择、自主消费,商品和要素自由流动、平等交换的现代市场体系,着力清除市场壁垒,提高资源配置效率和公平性。要建立公平开放透明的市场规则,完善主要由市场决定价格的机制,建立城乡统一的建设用地市场,完善金融市场体系,深化科技体制改革。

全会提出,科学的宏观调控、有效的政府治理,是发挥社会主义市场经济体制优势的内在要求。必须切实转变政府职能,深化行政体制改革,创新行政管理方式,增强政府公信力和执行力,建设法治政府和服务型政府。要健全宏观调控体系,全面正确履行政府职能,优化政府组织结构,提高科学管理水平。

全会提出,财政是国家治理的基础和重要支柱,科学的财税体制是优化资源配置、维护市场统一、促进社会公平、实现国家长治久安的制度保障。必须完善立法、明确事权、改革税制、稳定税负、透明预算、提高效率,建立现代财政制度,发挥中央和地方两个积极性。要改进预算管理制度,完善税收制度,建立事权和支出责任相适应的制度。

全会提出,城乡二元结构是制约城乡发展一体化的主要障碍。必须健全体制机制,形成以工促农、以城带乡、工农互惠、城乡一体的新型工农城乡关系,让广大农民平等参与现代化进程、共同分享现代化成果。要加快构建新型农业经营体系,赋予农民更多财产权利,推进城乡要素平等交换和公共资源均衡配置,完善城镇化健康发展体制机制。

全会提出,适应经济全球化新形势,必须推动对内对外开放相互促进、引进来和走出去更好结合,促进国际国内要素有序自由流动、资源高效配置、市场深度融合,加快培育参与和引领国际经济合作竞争新优势,以开放促改革。要放宽投资准入,加快自由贸易区建设,扩大内陆沿边开放。

全会提出,发展社会主义民主政治,必须以保证人民当家做主为根本,坚持和完善人民代表大会制度、中国共产党领导的多党合作和政治协商制度、民族区域自治制度以及基层群众自治制度,更加注重健全民主制度、丰富民主形式,充分发挥我国社会主义政治制度优越性。要推动人民代表大会制度与时俱进,推进协商民主广泛多层制度化发展,发展基层民主。

全会提出,建设法治中国,必须深化司法体制改革,加快建设公正高效权威的社会主义司法制度,维护人民权益。要维护宪法法律权威,深化行政执法体制改革,确保依法独立公正行使审判权检察权,健全司法权力运行机制,完善人权司法保障制度。

全会提出,坚持用制度管权管事管人,让人民监督权力,让权力在阳光下运行,是把权力关进制度笼子的根本之策。必须构建决策科学、执行坚决、监督有力的权力运行体系,健全惩治和预防腐败体系,建设廉洁政治,努力实现干部清正、政府清廉、政治清明。要形成科学有效的权力制约和协调机制,加强反腐败体制机制创新和制度保障,健全改进作风常态化制度。

全会提出,建设社会主义文化强国,增强国家文化软实力,必须坚持社会主义先进文化前进方向,坚持中国特色社会主义文化发展道路,坚持以人民为中心的工作导向,进一步深化文化体制改革。要完善文化管理体制,建立健全现代文化市场体系,构建现代公共文化服务体系,提高文化开放水平。

全会提出,实现发展成果更多更公平惠及全体人民,必须加快社会事业改革,解决好人民最关心最直接最现实的利益问题,更好满足人民需求。要深化教育领域综合改革,健全促进就业创业体制机制,形成合理有序的收入分配格局,建立更加公平可持续的社会保障制度,深化医药卫生体制改革。

全会提出,创新社会治理,必须着眼于维护最广大人民根本利益,最大限度增加和谐因素,增强社会发展活力,提高社会治理水平,维护国家安全,确保人民安居乐业、社会安定有序。要改进社会治理方式,激发社会组织活力,创新有效预防和化解社会矛盾体制,健全公共安全体系。设立国家安全委员会,完善国家安全体制和国家安全战略,确保国家安全。

全会提出,建设生态文明,必须建立系统完整的生态文明制度体系,用制度保护生态环境。要健全自然资源资产产权制度和用途管制制度,划定生态保护红线,实行资源有偿使用制度和生态补偿制度,改革生态环境保护管理体制。

全会提出,紧紧围绕建设一支听党指挥、能打胜仗、作风优良的人民军队这一党在新形势下的强军目标,着力解决制约国防和军队建设发展的突出矛盾和问题,创新发展军事理论,加强军事战略指导,完善新时期军事战略方针,构建中国特色现代军事力量体系。要深化军队体制编制调整改革,推进军队政策制度调整改革,推动军民融合深度发展。

全会强调,全面深化改革必须加强和改善党的领导,充分发挥党总揽全局、协调各方的领导核心作用,提高党的领导水平和执政能力,确保改革取得成功。中央成立全面深化改革领导小组,负责改革总体设计、统筹协调、整体推进、督促落实。各级党委要切实履行对改革的领导责任。要深化干部人事制度改革,建立集聚人才体制机制,充分发挥人民群众积极性、主动性、创造性,鼓励地方、基层和群众大胆探索,及时总结经验。

全会分析了当前形势和任务,强调全党同志要把思想和行动统一到中央关于全面深化改革重大决策部署上来,增强进取意识、机遇意识、责任意识,牢牢把握方向,大胆实践探索,注重统筹协调,凝聚改革共识,落实领导责任,坚定不移实现中央改革决策部署。要按照中央决策部署,坚持稳中求进、稳中有为,切实做好各项工作,保持经济社会发展势头,关心群众特别是困难群众生活,促进社会和谐稳定,继续扎实推进党的群众路线教育实践活动,努力实现经济社会发展预期目标。

全会号召,全党同志要紧密团结在以习近平同志为总书记的党中央周围,锐意进取,攻坚克难,谱写改革开放伟大事业历史新篇章,为全面建成小康社会、不断夺取中国特色社会主义新胜利、实现中华民族伟大复兴的中国梦而奋斗!

【评析】这是典型的会议公报,标题写明公报全称,括号注明何时、何会通过。开头交代会议召开的时间、地点、出席、列席对象及数额,主持等会议概况;主体部分用会议指出、会议强调、会议要求、会议号召等条理清晰地概述了会议讨论的重大问题及其重要意义,对会议的重要内容起到公布作用。

【案例二】

关于企业所得税核定征收有关问题的公告

国家税务总局公告 2012 年第 27 号

根据《中华人民共和国企业所得税法》及其实施条例、《国家税务总局关于印发〈企业所得税核定征收办法〉(试行)的通知》(国税发〔2008〕30 号)和《国家税务总局关于企业所得税核定征收若干问题的通知》(国税函〔2009〕377 号)的相关规定,现就企业所得税核定征收若干问题公告如下:

一、专门从事股权(股票)投资业务的企业,不得核定征收企业所得税。

二、依法按核定应税所得率方式核定征收企业所得税的企业,取得的转让股权(股票)收入等转让财产收入,应全额计入应税收入额,按照主营项目(业务)确定适用的应税所得率计算征税;若主营项目(业务)发生变化,应在当年汇算清缴时,按照变化后的主营项目(业务)重新确定适用的应税所得率计算征税。

三、本公告自 2012 年 1 月 1 日起施行。企业以前年度尚未处理的上述事项,按照本公告的规定处理;已经处理的,不再调整。

国家税务总局

2012 年 6 月 19 日

【评析】这是政府相关职能部门颁布的重要事项的公告。开头交代了颁布公告的依据,主体部分交代具体内容和要求,具有规定性、权威性、约束力。

【案例三】

西安市人民政府关于实施幸福路地区综合改造有关事项的通告

幸福路地区综合改造是市政府确定的重点城市片区改造工程。为加强对该地区建设项目管理,保障综合改造工作有序推进,现就有关事项通告如下:

一、幸福路地区综合改造范围为:北起华清路、南至新兴南路,东起铁路专用线(酒十路延伸线)、西至金花路(东二环),改造区规划面积 17.63 平方千米。

二、依据"市区共建"总体要求,改造工作坚持"市级主导、区级实施、整体规划、同步推进"原则,加快区域基础设施更新、生态环境优化、工业企业搬迁、城中村及棚户区改造等工作。

三、幸福路地区综合改造管委会全面负责区域综合改造的组织实施工作。对改造范围内所有项目涉及发改、建设、规划、国土、市政、市容园林、水务、城(棚)改等审批事项,设立项目审批绿色通道,集中报批、限时办结。

四、幸福路地区综合改造范围内新建项目、在建项目的建设单位,应当自通告公布之日起 30 日内,持相关资料到幸福路地区综合改造管委会办理项目备案登记。

五、幸福路地区综合改造规划范围内各机关、团体、企事业单位及个人应积极配合综合改造各项工作。

六、综合改造范围内凡未办理有关许可、审核登记手续的建设项目,将依法进行处理;

对于未经批准擅自占用或转让土地进行开发建设的单位和个人,将依法查处。

七、本通告自发布之日起执行。

幸福路地区综合改造管理委员会地址:西安长乐中路126号沣华国际酒店18层,联系电话(传真):68753753,邮编:710043。

西安市人民政府

2013年10月31日

【评析】这是一则要求有各方面遵守和周知的通告,因此,没有主送机关,开头交代发布通告的目的,主体部分分条列项写出具体的事项,结尾写出实施时间和联系电话和地址,便于大家有问题咨询,这种通报一般刊登在媒体上,起到广而告之的作用。

【任务演练】

俞琴所在的杭州智能科技有限公司马上要进行职工技能比武了,为民主和公平起见,公司召开了职工代表大会,通过了技能比武方案,并选举产生了比赛评委会,现公司要将选举产生的评委会名单告知全体员工,应用哪一种文种?请你代俞琴起草一份合适的公文。

任务四　意见的写作

情景导入

意见从2001年开始才正式成为行政公文的文种之一,同时删去了"指示"这一文种,取消了"报告"原有的"提出意见或者建议"这一适用范围,即将原来"指示"和"建议报告"改用"意见"行文。

思考:你觉得国务院作上述改动的主要目的和意图是什么?这里的意见和我们平时所说的多提宝贵意见的意见是否是一回事?

必备知识

一、意见的含义

意见适用于对重要问题提出见解和处理办法。

二、意见的种类

意见的种类很多,按性质和用途可分为指导性意见、实施性意见、具体工作意见和建议性意见等几种。

(一)指导性意见

这是用于布置工作的下行文,是对某一时期的某一方面的工作提出的大体构想。它指示了一个时期内某项工作的要点、原则和努力方向,一般没有具体的办法和措施,如《国务院关于公立医院改革试点的指导意见》。

(二)实施性意见

贯彻某一重要决定或中心工作所制定的实施方案的下行文,它重在阐发上级的有关精神,提出较为具体的行动方案和工作安排,指导下级工作,如《农业部关于全面推进"无公害食品行动计划"的实施意见》。

(三)具体工作意见

这是对如何做好某项工作提出意见,内容较具体,往往有一些可操作性的办法、措施等,如《最高人民法院关于贯彻宽严相济刑事政策的若干意见》。

(四)建议性意见

这是向上级提出工作建议、设想的上行文,它分呈报性建议意见和呈转性建议意见。呈报性建议意见是向上级机关提出某方面的建议,供上级机关决策参考;呈转性建议意见是有关职能部门就某项专门工作提出设想和打算,呈送领导机关审定后,批转更大范围的有关方面执行的意见,所以又叫待批性意见。

 能力技巧

一、意见的写作技巧

(一)标题

一般由发文机关 + 事由 + 意见组成。根据行文的需要可以在文种前加上"几点""若干"等说明性的文字,如《中共中央 国务院关于深化医药卫生体制改革的意见》。

(二)正文

1. 开头

写明提出意见的目的、依据、意义、原因。最后一句习惯用语一般是"为进一步加强……,特提出如下意见",或者"为了全面贯彻落实……文件,进一步推动……工作的顺利开展,现提出如下意见"等,以此作为过渡衔接主体部分。

2. 主体

即意见条文,这是意见的主要内容,一般以条文形式分述目标、任务、实施要求、措施办法、建议事项等。要把对重要问题的见解或处理办法一一写明,如是内容繁多的意见,可列小标题作为大层次,再分条表述。不同层次意见的往往有不同的要求。高层次领导机关发布的指导意见比较原则;下层机关的意见则比较具体、操作性强;实施性意见要把任务、措施、步骤和实施监督等要素写得具体、可行。

3. 结语

即执行要求。有些意见需要对贯彻执行提出一些要求,可以列入条款,也可以单独写一段简练的结束文字。根据意见的行文方向、行文内容酌选"以上意见,请贯彻执行""以上意见如无不妥,请批转有关部门执行""以上意见供参考"等惯用语作结。主体部分若已文意完足,也可不设专门的结语。

二、意见的写作要求

(一)注意与相近文体的区别

如与通知的区别。下行文的意见与通知有相似之处,但意见除措施、步骤、实施要求外,还需对意见的正确性、切实可行性予以阐发、说明。又如呈转性建议意见,通常是行政职能部门需要在较大范围内开展工作,而采取的措施、办法超出了本部门的职权范围,必须借助上级的权威加以推动时才能用。不能随意乱用,更不能写成报告或请示。

(二)注意行文的得体

指示性、实施性意见的语气要注意严肃、平和、决断,但不能过分使用命令性词语。呈转性建议意见,形式上的上行文,实质上目的在于经上级批转后交有关部门执行,提出的意见、建议主要不是针对上级,而是针对下级和有关方面而提出,撰写时尤其要注意行文的得体。

案例评析

【案例一】

环境保护部关于发展环保服务业的指导意见

环发〔2013〕8 号

各省、自治区、直辖市环境保护厅(局):

为贯彻《国家环境保护"十二五"规划》《"十二五"节能环保产业发展规划》和《"十二五"国家战略性新兴产业发展规划》,现就发展环保服务业提出如下意见:

一、环保服务业发展现状及面临的形势

"十一五"以来,我国大力推进生态环境保护工作,污染物总量控制、重金属污染防治、环境风险防范、农村环境综合整治等方面工作取得重要进展,社会环保服务需求增加,为环保服务业提供了广阔的发展空间。在环保服务市场容量扩大的同时,服务能力进一步增强,服务内容进一步完善,服务质量进一步提高。

据估算,"十一五"期间我国环保服务业收入年均增长率约为30%。到"十一五"末,我国环保服务业年收入总额约为 1 500 亿元,环保产业中环保服务业增加值比重约为15%,从业单位约1.2 万个,从业人员约270 万,持有有效环境污染治理设施运营许可证书的单位有 2 100 多个。

虽然我国环保服务业发展较快,但总体上看还存在发展水平较低、结构不合理、创新能力不强、市场不规范、服务体系不健全等问题。

当前和今后一段时间是我国全面建成小康社会的关键时期,也是环保服务业发展的历史机遇期,必须紧紧抓住国内国际环境新特点,顺应世界经济发展和产业转型升级的大趋势,着眼于满足我国保护生态环境、节能减排、建设资源节约型环境友好型社会的需要,加快发展环保服务相关产业,为保护生态环境提供坚实的物质基础和技术保障。

二、指导思想、基本原则和总体目标

（一）指导思想

以中国特色社会主义理论为指导，坚持在发展中保护、在保护中发展，积极探索环保新道路，适应转变经济发展方式、优化产业结构的需要，满足实行环境管理战略转型和改善环境质量工作的新要求，以市场化、产业化、社会化为导向，营造有利于环保服务业发展的政策和体制环境，促进环保服务业健康发展。

（二）基本原则

科学划分环境保护领域基本公共服务和非基本服务的范围；以增加非基本服务领域的环保服务产品交易和基本公共服务领域的政府购买环保服务产品为重点，强化政府作为环保服务业市场培育者、社会环境行为监管者和环保基本公共服务产品提供者的作用；积极发挥市场机制在资源配置方面的作用，鼓励社会资本进入环保非基本服务领域和部分适合由社会组织承担的环保基本公共服务领域，减轻企业和社会负担；因地制宜，因势利导，充分发挥各级政府和服务提供机构的积极性和创造性；将满足环保市场需求作为发展环保服务业的主要着力点，在改善环境质量状况、治理环境污染的过程中，带动环保服务业发展；推动环保服务提供主体和提供方式多元化，促进环保产业和各个行业的深度融合和共生。

（三）总体目标

环保服务业实现又好又快发展，服务质量显著提高，产业规模较快增长，服务业产值年均增长率达到30%以上；培育一批具有国际竞争力、能够提供高质量环保服务产品的大型企业集团；环保服务业吸纳就业能力显著增强；形成50个左右环保服务年产值在10亿元以上的骨干企业；城镇污水、垃圾和脱硫、脱硝处理设施运行基本实现专业化、市场化。

三、重点工作

（一）规范环境污染治理设施运行服务

按照法律规定和行政审批制度改革的总体要求，进一步完善环境污染治理设施运行服务许可工作，营造规范、有序、统一、公平竞争的运行服务市场环境。进一步探索通过行业组织和企业自律、强化事后监督等方式维护运行服务市场正常秩序的途径，创造条件逐步弱化对市场主体的行政管制和干预。取消对环境污染治理设施运行服务企业的规模歧视和业务范围限制。按照国家污染物排放控制要求，做好环境污染治理设施运行人员的技能培训工作，扩大培训规模，保证培训质量和提高人员素质。鼓励自行运行环境污染治理设施的排污单位运行人员参加技能培训。在环境执法监管工作中，平等对待采用委托运行方式和自行运行方式的排污单位。

（二）开展环保服务业政策试点

针对各地环保服务需求扩大和服务业发展中存在的突出问题，以地级以上城市政府（不含直辖市）和省级以上工业园区管理机构为主体，开展促进环保服务业发展的政策试点工作。试点重点领域包括：改善环境质量与污染介质修复、污染治理、咨询培训与评估、环境认证与符合性评定、环境监测和污染检测、环境投融资和保险等。各地区（园区）的具体试点内容,根据实际需要和具备的基础条件,量力而行,自行确定。要通过试点,提高对环保服务业发展规律的认识,提高环境保护设施建设运行的专业化、市场化、社会化程度,完善与环保服务业相关的金融、税费、价格等体制机制和政策措施,改善环保服务业发展环境。

(三)建立环保服务业监测统计体系

积极探索建立以现行部门和行业统计制度为基础,以各部门和行业统计数据共享为条件、能够常态化运行的环保服务业监测统计制度,保证统计数据的时效性和利用价值,为科学决策提供可靠支持。按照部门分工,做好部门服务业财务统计工作,公布统计数据。

(四)健全环保技术适用性评价验证服务体系

以为环境保护和污染防治工作提供可靠的技术保障为目标,按照环保技术发展应用的客观规律,全面梳理环保技术评价与推广工作,健全环保技术适用性评价验证服务工作机制,提高服务质量。在政府组织的环保技术适应性评价工作的基础上,建立社会化、多元化、市场化的环保技术评价服务机制,培育权威、中立的社会环保技术评价服务机构,适时开展环保技术适用性验证工作,保障技术应用的一致性和再现性。

(五)完善消费品和污染治理产品环保性能认证服务

要按照国际通行做法和国家相关政策,完善环境友好型消费品认证服务工作,逐步放开认证市场,通过引入竞争机制,提高服务质量和服务水平。做好消费品生产使用废弃过程环境影响知识和信息的传播服务工作,培养消费者形成资源节约型、环境友好型的消费习惯,促进公众生活方式转变,进一步扩大环境友好型消费品认证服务范围。根据环境保护工作需要,做好环境污染治理设备、药剂、仪器等产品的性能认证服务工作。

(六)促进环保相关服务和环保服务贸易发展

以保护生态环境和防治环境污染工作的需要为导向,促进相关的咨询、设计、监测、审核、评估、教育、培训、金融、证券、保险等服务业发展,为各方面环境保护工作提供有力支持。统筹国内和国际两个大局,加快转变对外贸易发展方式,大力发展环保服务国际贸易,提高国内环保服务开放水平,扩大贸易规模,优化贸易结构,提升贸易质量和效益。将环保服务作为今后我国对外援助的优先、重点领域之一。采用"走出去"和"引进来"相结合的方式,提升我国环保服务产品的国际竞争力和影响力。

四、保障措施

各级环保部门应积极协调和配合有关部门,采取促进环保服务业发展的措施,为环保服务业创造良好的发展环境。

(一)按照《"十二五"节能环保产业发展规划》,完善价格、收费和土地政策

严格落实脱硫电价,研究制定燃煤电厂脱硝电价政策。深化市政公用事业市场化改革,进一步完善污水处理费政策,研究将污泥处理费用逐步纳入污水处理成本,研究完善对自备水源用户征收污水处理费制度。改进垃圾处理收费方式,合理确定收费载体和标准,降低收取成本,提高收缴率。对于城镇污水垃圾处理设施等国家支持的项目用地,争取在土地利用年度计划安排中给予重点保障。

（二）按照《"十二五"节能环保产业发展规划》,加大财税政策支持力度

安排中央财政节能减排和循环经济发展专项资金,中央预算内投资和其他中央财政专项资金,采取补助、贴息、奖励等方式,支持环保服务业发展,加大对环保服务业的支持力度。严格落实并不断完善现有环境保护税收优惠政策。积极推进环境税费改革。

（三）按照《"十二五"节能环保产业发展规划》,拓宽投融资渠道

推动银行业金融机构在满足监管要求的前提下,积极开展金融创新,加大对环保服务业的支持力度。建立银行绿色评级制度,将绿色信贷成效作为对银行机构进行监管和绩效评价的要素。鼓励信用担保机构加大对资质好、管理规范的环保服务企业的融资担保支持力度。鼓励和引导民间投资和外资进入环保服务领域,支持民间资本进入污水、垃圾处理等服务行业。

（四）强化监督管理

严格环保执法监管,严肃查处各类环境违法违规行为,加大惩处力度。落实环保目标责任,开展专项检查和督察行动。加强服务市场监督,充分发挥各相关行业协会作用,加强行业和企业自律。整顿和规范环保服务市场秩序,打破地方保护和行业垄断,打击低价竞争、恶性竞争等不正当竞争行为,促进公平竞争、有序竞争,为环保服务业发展创造良好的市场环境。

环境保护部

2013 年 1 月 17 日

【评析】这是关于发展环保服务业的指导意见。开头简单交代发布意见的依据,接着分析面临的形势,以此表明发文的重要意义;主体部分提出指导思想、基本原则、工作目标、重点工作、保障措施等。因是指导意见,内容比较原则,下级机关收文后需要结合实际制定具体的实施性意见。

【案例二】

泸县工商局、卫生局、经济和商务局、环保局、建设局关于加强夜市管理的意见

县政府:

近年来,随着泸县经济的不断发展,人民群众生活水平不断提高,泸县夜市也迅速发展起来,这对方便人民群众生活、特别是对丰富城镇物质文化生活发挥了积极作用。但夜市的设置、夜市经营时间、经营条件、食品卫生等方面都存在不同程度的问题,有的甚至影响了人民群众的正常生活和身体健康。为规范夜市经营行为,进一步加强夜市管理,维护广大人民群众的利益,促进夜市健康发展,根据《中华人民共和国食品卫生法》,国务院《无照经营查处取缔办法》等有关法律、法规的规定,特提出如下管理意见:

一、规范夜市经营场所、经营时间

（一）县城夜市设置由城市管理部门提出方案,报县人民政府批准;

（二）各镇夜市设置由当地镇人民政府自行划定,报县人民政府、县经济和商务局、工商局备案;

（三）各夜市经营时间原则上不超过零时。

二、夜市经营的基本条件

（一）夜市经营者必须经工商行政管理部门批准，发给营业执照后，在政府划定的经营场所范围内经营。县城夜市占道者应到城管部门办理占道手续，并服从城管人员管理；

（二）凡是夜市饮食、面食、小吃等食品经营的业主及其服务人员必须经健康体检合格后，持健康证及卫生知识培训合格证上岗；

（三）凡涉及食品卫生的业主必须取得《卫生许可证》到工商部门办理《营业执照》后方可从事经营活动，其他经营项目按国家有关规定办理；

（四）经营夜市业主的摊位、门市必须具备防尘、防蝇、防鼠设施，餐具要有"一清、二洗、三消毒"的卫生设施。

三、从事夜市经营的业主及相关人员应遵守如下规定

（一）业主必须把好商品质量关，不购进"三无"商品和其他来路不明、标识不全、质量无保证的商品；

（二）不销售假冒伪劣商品、有毒有害商品、不合格商品和国家明令禁止销售的商品；

（三）不销售过期失效、腐烂变质、死因不明的畜禽产品、水产品；

（四）遵循"平等、自愿、公平、质价相称、诚实守信"的原则，做到文明经商、礼貌待客、童叟无欺，树立良好的职业道德观念；

（五）各业主对经营场地实行"三包"（即包卫生、包绿化、包秩序），保持良好的环境卫生和优良的经营秩序。

四、广大消费者进入夜市要文明消费，不高声喧哗、酗酒闹事，影响他人的正常生活，做一个文明、礼貌、理智的消费者。

五、工商、卫生、城管、环保、经济商务、公安等部门要密切配合，各司其职，加强夜市的管理，充分发挥职能作用，维护优良的经营秩序，促进夜市健康有序发展。

违反上述规定者，由相关职能部门予以依法查处，触犯刑律的移交司法机关处理。

2010 年 4 月 15 日

【评析】这是一则呈转性建议意见。由于这种意见是有关职能部门（工商局、卫生局、经济和商务局、环保局、建设局）就某项专门工作（夜市管理）提出意见和建议，呈送领导机关（县政府）审定后，批转更大范围的有关方面执行。因此，形式上是上行文，实质上还是下行文的语气，提出工作的具体措施要求。

思考：县政府同意后，应该采取哪一文种行文？

【任务演练】

进入大学后，各种社团组织不断向你抛出橄榄枝。但同时，你肯定也发现大学学生社团虽然名目繁多，但是学生社团的群体优势往往没有得到充分发挥，规模效益还不明显，社团工作的制度化、规范化建设有待于进一步加强。请你以校团委的名义写一篇关于加强学生社团管理的意见。

任务五　通知的写作

情景导入

　　××市林业局领导交代秘书小王写一则会议通知,内容是:局将在12月14日到17日召开关于会计决算编审工作会议,主要布置决算报表和审计工作以及编审2013年林业贴息贷款计划等事宜。于是小王就写了下列一则通知:

关于××市林业局召开会计编审工作会议的通知

各区县林业局,市局属各单位:

　　兹定于12月14日—12月17日召开2013年度会计决算编审工作会议,现将有关事项通知如下:

　　一、参加人员:各区县林业局及市局属各单位主管决算工作会议1人

　　二、会议地点:××市开竺圃(××县××乡)

　　三、报到时间;12月14日上午10:30

××市林业局

　　思考:文中有哪些错误与不足,这类通知与我们在日常生活中经常看到的张贴事务性通知有什么不同?

必备知识

一、通知的含义

　　通知适用于发布、传达要求下级机关执行和有关单位周知或者执行的事项,批转、转发公文。

　　通知一般为普发性的下行文,即机关、企事业单位发给相关的下属机关、公司或部门。

二、通知的特点

(一)使用范围广

　　通知内容广泛,可涉及国家生活和社会生活的各个方面。下达指示,部署工作,告知事项,联合举办活动,转发上级、同级、下级机关的公文,任免干部,召集会议等,均可使用通知。

(二)使用频率高

　　由于通知涉及内容较广,是上情下达的重要工具,因而使用频率很高。

（三）种类多

按通知的内容可分为批示性（批转和转发性）通知、贯彻周知性通知、会议通知、任免通知等。

能力技巧

不同类型的通知的写作技巧包括以下几个方面：

（一）批示性通知的写作技巧

批示性通知指转发上级机关和不相隶属机关的公文、批转下级机关的公文所用的通知。

1. 批示性通知的标题

一般由发文机关＋批转（转发）＋被转发文件名称＋通知组成，如《国务院批转证监会关于提高上市公司质量意见的通知》

注意：被转发文件名不用加书名号，如转发文件的文种是通知，可省略最后的"通知"二字，如《浙江省人民政府转发国务院关于开展全国食品卫生大检查的通知》

2. 批示性通知的正文

批转、转发通知正文须把握二点：一是对批转、转发的文件提出意见，表明态度，如"同意""请认真贯彻执行""望遵照执行""请结合实际参照执行"等；二是写明所批转、转发文件的目的和意义，提出希望和要求等。

（二）贯彻周知性通知的写作技巧

贯彻周知性通知指上级机关对下级机关某一项工作作出指示和安排或就某一具体事项布置工作，交代任务所用的通知。

1. 贯彻周知性通知的标题

一般由发文机关＋事由＋通知组成，如《浙江经济职业技术学院关于评选优秀班主任的通知》。

2. 贯彻周知性通知的正文

通常由发文缘由、具体任务、执行要求等组成。发文缘由要简洁明了，说理充分；任务一般分条写，要具体明确、条理清楚、详略得当，充分体现此类通知的政策性、权威性、原则性；执行要求要切实可行，便于受文单位具体操作。

3. 贯彻周知性通知结束语

贯彻周知性通知一般用"以上通知，请认真贯彻执行""特此通知""望转属知照"等结束语。

（三）会议通知的写作技巧

1. 会议通知的标题

一般由发文机关＋关于召开＋会议名称＋通知组成，如《美达公司关于召开 2013 年度业务工作会议的通知》。

2. 会议通知的正文

一般应写明召开会议的原因、目的、会议名称、会议议题、会议的时间、地点,参加会议的对象、需准备的材料等。

3. 会议通知的结束语

会议通知一般用"特此通知"结束,或省略。

(四)任免通知的写作技巧

任免通知一般只写决定任免、聘用的机关、依据,以及任免、聘用人员的具体职务即可。

 案例评析

【案例一】

国务院批转发展改革委等部门关于深化收入分配制度改革若干意见的通知

国发〔2013〕6 号

各省、自治区、直辖市人民政府,国务院各部委、各直属机构:

国务院同意发展改革委、财政部、人力资源社会保障部《关于深化收入分配制度改革的若干意见》,现转发给你们,请认真贯彻执行。

收入分配制度是经济社会发展中一项带有根本性、基础性的制度安排,是社会主义市场经济体制的重要基石。改革开放以来,我国收入分配制度改革不断推进,与基本国情、发展阶段相适应的收入分配制度基本建立。同时,收入分配领域仍存在一些亟待解决的突出问题,城乡区域发展差距和居民收入分配差距依然较大,收入分配秩序不规范,隐性收入、非法收入问题比较突出,部分群众生活比较困难。当前,我国已经进入全面建成小康社会的决定性阶段,按照党的十八大提出的千方百计增加居民收入的战略部署,要继续深化收入分配制度改革,优化收入分配结构,调动各方面积极性,促进经济发展方式转变,维护社会公平正义与和谐稳定,实现发展成果由人民共享,为全面建成小康社会奠定扎实基础。

我国仍处于并将长期处于社会主义初级阶段,当前收入分配领域出现的问题是发展中的矛盾、前进中的问题,必须通过促进发展、深化改革来逐步加以解决。解决这些问题,也是城乡居民在收入普遍增加、生活不断改善过程中的新要求新期待。同时也应该看到,深化收入分配制度改革,是一项十分艰巨复杂的系统工程,不可能一蹴而就,必须从我国基本国情和发展阶段出发,立足当前、着眼长远,克难攻坚、有序推进。

深化收入分配制度改革,要坚持共同发展、共享成果。倡导勤劳致富、支持创业创新、保护合法经营,在不断创造社会财富、增强综合国力的同时,普遍提高人民富裕程度。坚持注重效率、维护公平。初次分配和再分配都要兼顾效率和公平,初次分配要注重效率,创造机会公平的竞争环境,维护劳动收入的主体地位;再分配要更加注重公平,提高公共资源配置效率,缩小收入差距。坚持市场调节、政府调控。充分发挥市场机制在要素配置和价格形成中的基础性作用,更好地发挥政府对收入分配的调控作用,规范收入分配秩序,增加低收入者收入,调节过高收入。坚持积极而为、量力而行。妥善处理好改革发展稳定的关系,着力解决人民群众反映突出的矛盾和问题,突出增量改革,带动存量调整。

各地区、各部门要深入学习和全面贯彻落实党的十八大精神,充分认识深化收入分配制度改革的重大意义,将其列入重要议事日程,建立统筹协调机制,把落实收入分配政策、增加城乡居民收入、缩小收入分配差距、规范收入分配秩序作为重要任务。各有关部门要围绕重点任务,明确工作责任,抓紧研究出台配套方案和实施细则,及时跟踪评估政策实施效果。各地区要结合本地实际,制定具体措施,确保改革各项任务落到实处。要坚持正确的舆论导向,引导社会预期,回应群众关切,凝聚各方共识,形成改革合力,为深化收入分配制度改革营造良好的社会环境。

国务院

2013 年 2 月 3 日

【评析】这是一份批示性通知,开头交代了批转对象,说明批转的态度和要求,主体部分提出发文的意义和落实所转发文件的要求。有的批示性通知只写开头第一段内容,因为具体内容和要求在批转和转发的文件里已经交代清楚了。

【案例二】

教育部关于深入开展节粮节水节电活动的通知

各省、自治区、直辖市教育厅(教委),新疆生产建设兵团教育局,部属各高等学校:

为深入贯彻中央关于厉行勤俭节约、反对铺张浪费的精神,加强生态文明理念和资源环境国情教育,把节能环保、生态文明纳入社会主义核心价值体系和教育教学体系,大力推进节约型校园建设,教育引导学生树立"节约光荣、浪费可耻"的意识,养成良好行为习惯,决定从今年秋季开学起,在全国各级各类学校和幼儿园深入开展节粮、节水、节电(以下简称"三节")活动。现就有关事项通知如下:

一、全力建设"三节"校园文化

各地各学校要充分发挥文化育人功能,研究设计不同的活动形式及载体,开展丰富多彩的主题班会、读书读报、征文演讲等活动,积极倡导"三节"理念。在校园文化精品活动建设中,打造一大批"三节"教育文化品牌,将"三节"教育融入全国大学生文艺汇演、高校校园文化建设优秀成果评选等具有影响力的活动中。要依托网络平台积极开展"三节"教育,着力打造若干个对青少年具有广泛影响的示范性主题教育网站和网络互动社区,充分利用移动新媒体平台开展"三节"教育。

二、将"三节"教育全面纳入课堂教学

各地各学校要充分发挥课堂主渠道作用,将"三节"教育贯穿于国民教育全过程,用好修订完善的大中小学德育和思政课教材,把"三节"的内容融入高校形势与政策教育宣传、中等职业学校德育课程教学、中小学德育课程教学等教育环节之中。增强教师教书育人和节约教育意识,在其他课程教学中也要深入发掘教育资源,有机融入"三节"教育。

三、积极开展"三节"行动

各地各学校要引导学生从小事做起、从自己做起,逐步养成节约的行为习惯。要持续开展光盘行动,制订防止餐桌浪费的具体办法,普遍设立"学生文明就餐监督员",将节粮行动落到实处,最大限度减少食品浪费。各地各学校要动员学生积极参与节电节水活动,促使学生养成及时关水、关灯习惯,杜绝长流水和长明灯现象。各校要结合实际,制订详细的评价办法,将学生日常节俭行为习惯养成情况作为重要指标,纳入学生综合素质评价。

四、全员参与"三节"体验活动

各地各学校要组织学生开展与学龄段相适宜的形式多样的体验活动。组织学生到节粮、节水、节电的社会实践基地,观察了解节粮、节水、节电的知识和方法,开展相关研究性学习。组织开展餐饮消费、家庭用水、用电等情况的社会调查。安排农业生产或生产实习等相关的体验活动,让学生获得劳动的切实体验,培养尊重劳动人民和劳动成果的思想感情,形成勤俭节约生活习惯。要积极组织学生参与学校的"三节"管理工作,充分发挥他们"三节"管理工作中的作用,并从中受到教育。

五、营造"三节"教育良好氛围

各地各学校要围绕"三节"教育,通过精心设计主题海报、公益广告、动漫作品、宣传栏、黑板报等形式,让"三节"教育随处可见、随时可学。要高度重视学生先进典型的培育和选树工作,抓好"三节"教育的先进典型。各级教育部门要主动会同宣传部门充分利用各种媒体,组织节约教育专题报道,形成宣传声势,营造良好舆论氛围。

六、完善"三节"流程管理和技术保障

各地各学校要进一步加强食堂管理,确保伙食原材料的科学储藏,降低库存损耗;加强科学调度,合理设计单份食品量,避免饭菜量过剩;加强精细化加工,提高原材料利用率;加强烹饪技能培训,减少烹饪过程浪费。要抓住"节电""节水"的关键环节,加快推进监控平台建设,利用信息化手段实现科学管理;积极利用新技术、新产品和可再生能源,推进科技节约;加强校园主要用能设备维护管理,强化节能措施;加快老旧供水管网改造,避免跑冒滴漏;积极推进水循环利用,创造条件建设中水回用设施;积极探索引入合同能源管理模式,实施与推广节能节水项目。

七、建立健全"三节"制度

各地各学校要因地、因校制宜,制订实施方案,大力推进"三节"活动开展,常抓不懈,真正落实到学校管理的各个环节。要健全管理制度,落实"三节"专项工作制度,建立奖惩制度和责任追究制度,推动"三节"活动长期持续有效开展,形成风气、形成习惯。

八、加强督导检查。各级教育督导机构要将地方和学校开展节约教育、建设节约型校园情况纳入教育督导,并开展经常性督导检查。将督导结果向社会公布,对开展节约教育不力的地方和学校要予以通报,对存在严重浪费现象的地方和学校要责成有关部门严肃处理。各地各学校要定期发布粮食、水、电的节约量,并自觉接受广大师生员工的监督。

各级教育部门和各级各类学校要高度重视"三节"工作,迅速行动,认真部署,引导广大学生从点滴做起,让勤俭节约蔚然成风。

教育部

2013 年 9 月 27 日

【评析】这是一则贯彻周知性通知,开头交代发布通知的背景和目的,主体事项交代具体事项和执行要求,内容简洁、层次清晰、语气肯定,符合下行文的行文风格。

【案例三】

关于召开湖北省地质学会

第十届理事会第三次常务理事会议的通知

各常务理事单位:

经研究,湖北省地质学会第十届第三次常务理事会议在武汉召开,会期半天。现就有关事项通知如下:

一、会议时间:2013 年 7 月 15 日下午 3:00。

二、会议地点:中南花园酒店南苑楼 4 楼 3 号会议室(武昌丁字桥)

三、参会人员:各常务理事单位派常务理事参加,副秘书长列席会议。

四、会议主要内容:

(一)审议武汉地调中心王节涛研究员申报 2013 年度湖北省青年科技晨光计划和武汉地调中心黄波林副研究员申报第十一届湖北省青年科技奖有关材料。

(二)讨论关于开展 2013 年湖北青少年地学夏令营的活动事宜。

(三)审议湖北省地质学会人事安排。

(四)审议湖北省地质学会 2013 年上半年工作总结和 2013 年下半年工作安排。

五、请各常务理单位提前作好安排,并于 7 月 10 日前将会议回执发给 hjl@126.com 邮箱。会务组联系人及联系电话:

韩金陵:××××××××××××   孙四权:××××××××××××

刘文秀:××××××××××××   胡志喜:××××××××××××

附件:参会回执

湖北省地质协会

2013 年 7 月 1 日

【评析】这是一篇会议通知。正文开头写会议目的和会议名称。文种承启语后,写了会议的议题、时间、地点、与会人员及有关注意事项。文章层次分明,语言简洁、清晰。

【任务演练】

根据职场情境的材料,代俞琴写一则职工技能比武的通知。

任务六　通报的写作

 情景导入

建议尽快建立上海市食品安全信息通报制度

由于食品安全的问题涉及面广,许多食用农产品都来自外地,源头不在本市,而食品加工行业中,中小型企业居多,食品种类复杂,给食品安全及其监管带来了很大的难度,据有关方面的信息显示,仅2011年全市查处的食品安全事件就逾8 000件,但媒体报道的不超过100件。由于信息渠道不畅,市民对有关部门采取有效监管的情况并不了解,有关职能部门的反映和反馈结果常慢半拍,从而使市民和消费者心存疑虑,为此,建议尽快在本市建立食品安全信息通报制度:一是建立食品安全信息定时定期通报制度,使之与食品安全白皮书、食品安全监管和信息服务平台一起,构成较为完善的上海食品安全监管工作推进体系。可以在每月10日左右,由食品安全委员会发布权威信息,将上一个月本市食品安全的总体情况、存在问题、有关部门重点推进的工作、重点、难点、市民反映最为集中的问题,以及希望市民配合或特别关注的问题等情况,予以正式通报。同时,将违规违法等企业予以公布。二是市内外出现食品安全突发性事件时,有关部门借助食品安全信息通报渠道,及时发布有关信息,让广大市民第一时间了解权威信息,避免形成群体性恐慌。

(作者凤懋伦:系上海市政协委员,致公党市委秘书长)

思考:上述材料来自上海统一战线官网,你认为建立食品安全信息通报制度有必要吗?通报在日常工作和生活中随处可见,那么作为红头文件的"通报"一般用于什么情况呢?

 必备知识

一、通报的含义

通报适用于表彰先进,批评错误、传达重要精神和告知重要情况。通报也是普发性的下行文。

二、通报的种类

(一)表彰性通报

用以在一定范围内表彰好人好事,评价经验、宣传先进思想、树立学习榜样等。

(二)批评性通报

用来批评后进,纠正错误,打击歪风,指出有关单位或个人存在的错误事项,提出解决办法或处理意见。

（三）情况性通报

用于传达上级重要精神、沟通信息、互通情况，以推动本单位或全局工作。

通报的题材，不论是表彰性的、批评性的，还是通报情况的，都要求有典型意义。

能力技巧

通报的写作技巧包括以下几个方面：

（一）标题

一般由发文机关＋事由＋通报组成，也可省略发文机关，如《关于表彰"2013 浙商风云人物"的通报》《广电总局关于处理影片〈苹果〉违规问题的情况通报》。

（二）正文

一般由主要事实、事实评析、决定和要求组成。

1.表彰性通报的正文内容

先概括介绍先进典型值得人们学习、效法的主要事迹，并据此分析先进典型的精神实质和意义；然后作出表彰决定；最后提出要求，号召学习。

2.批评性通报的正文内容

先概述错误事实或现象；接着对错误性质或危害进行分析；再提出惩罚决定或治理措施；最后提出希望要求，以便收文单位能够高度重视，吸取教训，引以为戒。

3.情况性通报的正文内容

先简要交代通报的缘由和目的；再具体写清通报情况与信息；最后在明确情况的基础上，对收文单位提出希望和要求。

案例评析

【案例一】

重庆市北碚区人民政府关于表彰 2013 年度见义勇为先进分子的通报

各镇人民政府、街道办事处，区政府各部门，在碚市属各单位：

2013 年，我区广大人民群众在建设平安北碚的过程中，坚持以服务他人、奉献社会为己任，在国家利益、社会公共利益和人民群众生命财产受到侵害的关键时刻挺身而出，涌现出一批见义勇为先进分子。他们不怕牺牲、不畏强暴，英勇顽强地同违法犯罪分子作斗争，用鲜血谱写了时代的正气歌，为维护国家长治久安，为人民群众安居乐业作出了突出贡献，表现了中华民族见义勇为的传统美德和无私奉献的高尚品质。杨炼同志是其中的优秀代表。区政府第 25 次常务会议审议决定对杨炼同志授予见义勇为先进分子的光荣称号，现予以通报表彰。

希望受到表彰的同志珍惜荣誉，戒骄戒躁，继续努力，为社会建设做出新的、更大的贡献。

区政府号召，要以见义勇为先进分子为榜样，不畏强暴、见义勇为、无私奉献，为我区建设平安北碚、"一极两区"、实现"四大愿景"而努力奋斗。

附件:北碚区 2013 年见义勇为先进分子事迹简介

重庆市北碚区人民政府

2013 年 7 月 24 日

【评析】这是一则表彰性通报,开头对先进事迹进行概述,接着进行分析意义,接着写表彰决定,最后写提出号召希望和要求,既包括对被表彰者的勉励和期望,又包括对广大群众的号召和希望。

【案例二】

农业部办公厅关于 2013 年肥料监督抽查情况的通报

农办农〔2013〕65 号

根据《农业部办公厅关于开展肥料监督检查工作的通知》(农办农〔2013〕30 号),今年5 月至 8 月,我部组织对河北等 15 个省(区)的全国农企合作推广配方肥生产企业、农资市场以及磷酸二氢钾"一喷三防"中标企业产品质量和标签标识进行了监督抽查。现将监督抽查结果通报如下。

一、基本情况

此次监督抽查由农业部种植业管理司、全国农业技术推广服务中心组织,农业部肥料质量监督检验测试中心(沈阳)、农业部肥料质量监督检验测试中心(郑州)、农业部肥料质量监督检验测试中心(杭州)、农业部肥料质量监督检验测试中心(广州)、农业部肥料质量监督检验测试中心(成都)等 5 家部级质检中心负责实施。在河北、山西、内蒙古、吉林、黑龙江、江苏、安徽、江西、山东、河南、湖北、湖南、广东、四川、云南等 15 个省(区)共计抽取复混肥料(复合肥料)、掺混肥料(BB 肥)和磷酸二氢钾样品 162 个,涉及生产企业 107 家、经销企业(个体商户)69 家。

二、抽查结果

(一)总体情况。此次抽查的 162 个肥料样品中,检验结果和标签标识均合格的 142个,合格率为 87.7%。其中,复混肥料(复合肥料)和掺混肥料(BB 肥)抽查的 148 个样品中,检验结果和标签标识均合格的 129 个,合格率为 87.2%。磷酸二氢钾抽查的 14 个样品中,检验结果和包装标识均合格的 13 个,合格率为 92.9%。

(二)全国农企合作推广配方肥企业抽查情况。此次抽查全国农企合作推广配方肥企业 30 家,其中 28 家企业的样品抽查结果为合格,合格率为 93.3%;抽查样品 58 个,检验结果和标签标识均合格的 55 个,合格率为 94.8%。

(三)农资市场抽查情况。此次抽查农资市场 45 个,涉及 69 家肥料经销单位。其中,51 家肥料经销单位的样品抽查结果为合格,抽查合格率为 73.9%;抽查样品 90 个,检验结果和标签标识均合格的 74 个,合格率为 82.2%。

(四)磷酸二氢钾生产企业抽查情况。此次在河北、山东、河南和四川等 4 省抽查磷酸二氢钾生产企业 14 家,其中 13 家企业的样品抽查结果为合格,合格率为 92.9%;抽查样品 14 个,检验结果和标签标识均合格的 13 个,合格率为 92.9%。

三、主要问题

此次监督抽查发现,存在养分含量不足、氯离子含量超标、产品包装标识不规范三个方面问题。其中,存在养分含量不足问题的样品 14 个,占不合格样品数的 70%;存在氯离子含量超标问题的样品 3 个,占不合格样品数的 15%;既存在养分含量不足又存在氯离子含量超标问题的样品 2 个,占不合格样品数的 10%;存在包装标识不合格问题的样品 1 个,占不合格样品数的 5%(不合格产品名单见附件)。

四、处理意见

(一)认真核查不合格产品。各地农业行政主管部门要加强肥料监督检查,一旦发现经营本次通报的不合格产品者,要立即责令其停止销售,同时要求经营者按照销售档案收回已销售产品,防止给农业生产造成损失。

(二)督促企业落实整改措施。各有关省(区、市)农业行政主管部门要依照《农产品质量安全法》和《肥料登记管理办法》的有关要求,对存在问题的生产者、经营者进行处理。对产品质量不合格的,要督促企业加强管理,切实提高质量;对制假售假的,要会同有关部门进行严厉打击。对产品不合格的农企合作推广配方肥企业,要责令其限期整改,整改不力的,取消其农企合作推广配方肥企业资格。请各有关省(区、市)农业行政主管部门于 2013 年 10 月 31 日前将企业整改情况报我部种植业管理司。

(三)加强肥料监督管理。各级农业行政主管部门要依法加强肥料监督管理,进一步完善肥料登记管理制度,定期开展肥料监督抽查。在春秋两季用肥高峰,要对重点品种、重点区域、重点市场进行监督抽查,净化肥料市场秩序,维护农民群众和合法企业利益。要加强对农企合作推广配方肥企业和国家财政补贴项目所用肥料中标企业的监督管理,建立严格的质量追溯和全程监管机制,确保国家政策落到实处,使农民用上放心肥料。

附件:2013 年肥料监督抽查不合格产品名单

农业部办公厅

2013 年 9 月 5 日

【评析】这是一则情况通报。开头部分提出通报的依据、工作概况,主体部分概括了肥料监督抽查的基本情况、抽查结果,指出了存在的问题,最后提出处理意见。全文行文思路清晰、语言明晰。

【任务演练】

根据根据职场情境的材料,代俞琴写两则职工技能比武的通报,一是表彰技能比武优胜者;二是通报本次技能比武的组织情况。

任务七　报告的写作

情景导入

　　2003 年春天,我国遭遇了一场突如其来的"非典"疫情重大灾害,给全国人民带来了恐慌。党中央、国务院把人民群众的身体健康和生命安全放在第一位,及时研究和部署防治非典工作。卫生部启用疫情零报告制度。零报告制度就是从初次上报报表到本次上报报表之间的时段内,即使没有出现新情况,也要将报表填上"0"上报的制度。上报报表的时间和时间间隔是上级规定的,目的是为了掌握某时段内的最新情况。

　　2013 年春季,全国各地出现了数例 H7N9 禽流感病人,各地区相继启动了零报告制度。此外,在一些特殊时期的其他工作也实行"零报告制度",比如自然灾害、交通安全、生产安全、社会安全、政治事件等。

　　思考:在一些特殊时期或特殊行业,零报告制度有什么作用?

必备知识

一、报告的含义

　　报告适用于向上级汇报工作,反映情况,回复上级机关的询问。报告是典型的上行文,因而在写作时必须有签发人。

　　公文的报告不同于一般的调查报告、经济活动分析报告、考察报告、英模报告、会议报告等,这些都不属于公文。

二、报告的种类

　　按内容分,公文的报告有工作报告、情况报告、答复报告。

　　按性质分有综合报告和专题报告。综合性报告是将全面工作或一个阶段许多方面的工作综合起来写成的报告。它在内容上具有综合性、广泛性,写作难度较大,要求较高。

　　专题性报告是针对某项工作、某一问题、某一事件或某一活动写成的报告,在内容上具有专一性。

能力技巧

一、报告的写作技巧

(一)标题

　　一般由发文机关＋事由＋报告组成,也可省略发文机关,如《浙江经济职业技术学院

2013届毕业生就业情况报告》《全国农资打假督查情况报告》。

（二）正文

1. 工作报告正文

工作报告正文的主要内容包括基本情况、成绩和经验、问题和教训、对策、措施或今后的打算。

不同目的的工作报告，对上述各项内容有不同的侧重点。重在总结经验、教训的工作报告，应当注重工作情况的分析，对经验和教训详作归纳；重在汇报工作情况的工作报告，则应详述工作情况、过程、做法，略写经验、教训。

2. 情况报告

情况报告正文部分写作内容一般包括：陈述情况或问题，进行原因分析，提出基本看法，有时可提出处理意见或建议。

反映事故、灾情的情况报告，其具体内容、结构为：简要叙述事故发生的时间、地点，事故的简要经过、伤亡人数、直接经济损失的初步估计，采取的措施及事故控制情况，事故发生原因的初步判断，对事故的看法和态度。

3. 回复报告正文

回复报告开头必须交代答复依据，一般分下列三种情况：如收到上级问询函，开头一般这样写：《关于××函》(×发〔××××〕×号)收悉，现将……问题报告如下；如接到上级问询电话，开头一般这样写：×月×日电悉，关于……问题报告如下；如接到上级通知，要求完成某一工作后写一份回复报告，开头一般这样写：按照《关于……的通知》(×发〔×××〕×号)精神，现将本单位……情况报告如下。

答复报告主体主要针对上级询问的问题一一回复。

二、报告的写作要求

（1）综合报告应该注意抓住重点，突出主要和矛盾的主要方面。

（2）专题报告，要一事一报，体现其专一性。

（3）忌将报告提出的建议或意见当作请示，要求上级指示或批准。

 案例评析

【案例一】

中科院2012年度信息公开工作报告

国务院：

作为国务院直属事业单位，中科院把信息公开作为进一步增强机关工作透明度、提高公共服务水平的重要内容。2012年，中科院机关深入贯彻《中华人民共和国政府信息公开条例》要求，建立完善体制机制，规范充实公开内容，信息公开工作取得重要进展。现将2012年信息公开情况报告如下：

一、信息公开情况概述

（一）加强组织领导，明确工作职责

中科院2012年第1次院长办公会明确：中科院机关工作领导小组负责统一领导中科院机关信息公开工作；办公厅负责中科院机关信息公开的日常协调和组织实施；院保密办公室负责总体指导对拟公开信息的保密审查，督促检查信息公开工作中的保密情况；院机关各部门主要负责人承担本部门业务范围内信息公开的领导责任；每个部门明确一位由综合处处长或办公室主任担任的信息公开工作联络员，具体组织协调落实本部门业务范围内的信息公开与公开前的保密审查工作。院机关信息公开工作体系初步建立，工作责任明确落实。

（二）健全工作制度，形成长效机制

2012年2月，《中国科学院机关信息公开管理办法（试行）》《中国科学院机关信息公开指南》《中国科学院机关信息公开目录》和《中国科学院机关信息公开实施细则》印发，通过文件的形式明确了中科院机关信息公开的领导体制、工作机制，规定了信息公开的内容范围、方式、程序、监督和保障，建立了一整套信息公开制度。

（三）借助院网平台，加强在线服务

一是在中科院门户网站开通"信息公开"专栏，设立"信息公开规定""信息公开指南""信息公开目录""信息公开申请""信息公开年度报告""信息公开联系方式"等栏目，方便公众主动获取信息。二是在"信息公开"专栏"信息公开申请"栏目设置在线受理信息公开申请，为公民和法人/其他组织申请信息公开提供便捷渠道。

二、主动公开信息情况

（一）通过院网站"信息公开专栏"公开信息情况。

2012年，"信息公开专栏"新增信息10 298条，其中信息公开"相关规定"7条、"组织机构"2条，中国科学院学部与院士"基本信息"744条、"规章制度"21条、"学部动态"318条、"陈嘉庚科学奖"3条，中国科学院院部"机构设置与职能"7条、"政策规章"3条、"发展规划"0条、"重要事项"567条、"科研工作"8 035条、"科学传播"575条、"年度统计与出版物"16条。

（二）通过新闻发布会、新闻媒体等公开信息情况

2012年，中科院机关针对中科院新时期战略定位的内涵、取得的创新成果、培养造就的科技骨干人才、体制机制改革与协同创新的举措与成效以及重大会议、活动等，共举办新闻发布会、媒体通气会6次，组织记者集中采访35次，中央主要媒体播发相关新闻1 100余条。

（三）院网站其他专栏公开信息情况

2012年，院网站除"信息公开"以外的其他专栏，共发布全院各方面工作相关信息11 039条。

三、依申请公开信息情况

2012年，中科院机关共收到信息公开申请事项4件，全部在规定时限内予以答复。其中"依申请公开"1件、"部分公开"1件、"属于主动公开范围"1件、"非中科院机关信息"1件。

四、存在的主要问题和改进措施

2012年,中科院机关在信息公开工作方面做了大量基础性工作,但距离国家和公众的要求还存在一定差距,信息主动公开的力度需进一步加大,公开的载体需进一步拓宽,公开的及时性需进一步加强。

2013年,中科院机关将重点做好以下信息公开工作:

(一)加大信息主动公开力度

严格执行《中国科学院机关信息公开管理办法(试行)》,主动、及时、准确地公开《中国科学院机关信息公开目录》所列信息。

(二)加强督促检查

定期对信息公开工作开展情况进行检查,督促院机关各部门把工作要求落到实处,推动信息公开工作规范运行。

(三)拓宽信息公开渠道

探索建立微博信息发布和运行管理机制,加大主动公开信息的工作力度,及时回应社会关切的相关问题。

【评析】这是一份工作报告。正文首先介绍了工作依据和工作的做法、措施、成效;最后提出存在的问题和改进措施。采用分条列项法,内容排列有序,逻辑思路清晰。

【案例二】

潜江市粮食局关于潜江市粮油储备公司雪灾情况的报告

省粮食局:

2012年2月3日,储有省级储备粮760吨的潜江市粮油储备公司渔洋粮库拖市粮站容量为100万千克的1号库,因屋面积雪厚达50厘米,仓库木架不堪重负,在清晨5时许突然坍塌三间。事件发生后,该公司迅速组织30多名精干力量奋力展开抢险救灾工作。上午8时,我局接到灾报后,立即成立了由局长金泽新任组长、副局长李孝安、工会主任赵生福同志任副组长,业务科、资管办等相关科室负责人为成员的抗灾救灾领导小组,并于9时赶到现场指挥救灾工作,同时,采取了三个措施以防类似事件再次发生。

一是组织了三个专班,深入到各国有粮食企业对所有仓库、厂房及相关设施进行了"拉网式"检查,全面掌握了雪情;二是督促各粮食企业组织员工及时清扫重点部位的积雪;三是集中一切人力物力,清理抢修坍塌仓库,确保储粮绝对安全。当日下午6时,受灾仓库的清理抢修工作顺利完成,造成直接经济损失5 059元,预计灾后维修带来间接损失20万元左右。

此次事件的发生,充分说明我市国有粮食仓库的不安全因素增多,给我们敲响了安全警钟,我局将切实加强仓库安全管理,加大资金投入,做好仓库维修工作,同时,恳请省局对我市的仓库维修工作给予政策倾斜,以确保仓库维修工作顺利进行。

潜江市粮食局

2012年2月18日

【评析】这是一则突发性情况报告,先概述事故经过、结果及相关处理工作,接着分析事故的原因,然后提出今后措施。全文结构严谨,条理清晰。

【案例三】

南通交通运输局关于南通如海运河船舶堵航有关情况的报告

南通市政府:

4月7日中午,中央电视台新闻直播间报道:"江苏南通如皋至海安如海运河、丁堡河河段百余船被困,坝埝成拦路虎。"根据徐副部长指示,我局立即对相关情况进行了调查,目前海安船闸上下游堵航船舶约350艘。具体情况报告如下:

如海运河位于江苏省南通市,南至长江,流经如皋,北至海安,是1958年人工开挖的一条引江运河,规划航道等级为6级(通航100吨级船舶);丁堡河与如海运河并行,航道等级为7级(通航50吨级船舶),均不属于长三角高等级航道网和江苏干线航道网规划的高等级航道。

由于南通市地处长江引水末梢,冬春季节内河水位低,水质普遍受海水侵蚀返咸,为保证农业灌溉用水及饮用水需求,南通市于3月15日启动了引淡排咸工作,计划于5月初结束。受放水排咸影响,南通市内河航道水位持续下降,目前该河段通航水深基本保持在1.5~1.8米,比正常水位下降了1米左右,航道通过能力受到较大影响。同时,由于海安船闸即将改建断航,沿线企业提前储运,运输船舶急骤增加,加之泰州船闸改建不通航,大量船舶绕道通行,进一步加大了该段航道的通航压力。据了解,目前如海运河和丁堡河实际通行船舶吨级大都在200~500吨,大大超过了其通航能力。从3月份起,海事部门对该段航道进行了交通管制,实行单向通行。

引淡排咸期间,江苏省航道、海事部门立即启动了应急预案,联合坐镇现场指挥,落实动态报告制度,每天派专人定时勘测水位,及时发布航道信息通告,组织人员全力以赴加强疏导,维护通航秩序,加强对因大型船舶拥堵造成的坝埝或浅滩的勘测和排查,并全力协助船民解决生活用水、出行等困难。

目前,如海运河和丁堡河通而不畅,但船舶停靠有序。下一步,我局将继续密切跟踪事态发展,并要求江苏省航道局、地方海事局及时协调解决有关问题,重大事项及时报告。

南通交通运输局

2012年4月11日

【评析】这是一篇回复报告,开头引用回复依据,主体针对问题作出具体的说明和回复。

【任务演练】

根据职场情境的材料,代俞琴写一份报告,将技能比武整个活动情况报告给公司总部。

任务八　请示的写作

情景导入

王赢应工作业绩出色被提升为营销科科长。走马上任后，王赢仔细盘算了一下营销科的工作，发现现有员工人数不能满足业务开展的需要，而且营销科经常有临时性任务需要外出或接待外来客户，也没有一辆可以应急的商务车。因此，王赢就跟总经理提出希望招聘一批有经验的员工，购置一辆商务车的要求。经理听了王赢的汇报后说："你的主意不错，可以考虑，不过，你得先打个书面报告上来。"王赢虽然业务工作不错，但文书写作基础并不好，这个报告该怎么写了，王赢陷入了思考……

思考：如果你是王赢，该从哪些方面组织材料呢，是否真的用报告行文呢？

必备知识

一、请示的含义

请示适用于向上级机关请求指示、批准。请求指示指在工作中遇到重大或疑难问题，请求上级机关给予指示。请求批准指遇到须经上级批准才能办理或必须处理，但本单位又无权处理的事项，请求上级批准。

二、请示和报告的区别

请示和报告都是上行文，都有向上级汇报情况、陈述意见的内容。但请示和报告是两种不同的公文，在现实使用中不能将两者混淆，更不能写成"请示报告"。其主要区别有：

（一）行文时间不同

请示的事项是要等上级机关批准后才能处理实施的，必须事前行文。报告所涉及的事项大都是过去的或者正在进行中的，可以事后行文，也可以事中行文。

（二）行文目的不同

请示的目的在于请求上级指示或帮助解决，为上级批复提供依据；报告的目的是向上级反映情况、汇报工作，为上级机关提供信息和经验教训或回复上级的询问。

（三）上级反馈不同

上级机关收到请示，不管同意与否，均必须及时批复；收到报告，大多是了解下级工作情况，没有特殊情况可以不回复。

🎲 **能力技巧**

一、请示的写作技巧

(一)标题

一般由发文机关＋事由＋请示组成,也可省略发文机关,如《浙江经济职业技术学院关于开设空中乘务专业的请示》。

(二)正文

1.请示理由

请示的开头充分阐明请示的背景情况、请示依据、实际困难、请示缘由。要求理由充分、具体,体现出请示事项的重要性、迫切性。它是上级机关是否批准请示事项的重要依据。

2.请求事项

请示的主体,具体说明本机关解决问题的打算和意见,以供上级机关参考,可以引用有关的政策和法规,需要解释的问题可以详细说明;然后提出对上级的要求。内容复杂的也可加附件。这部分要具体明确,便于上级机关作明确答复。

3.请示结语

请示的结束语一般比较委婉,如"以上意见妥否,请批示";"当否,请批准";"妥否,请批复、请审批"等。

二、请示的写作要求

(1)请示事项单一,坚持"一文一事"原则。

(2)不搞多头请示。请示的主送机关只能一个,如双重领导,必要时可抄送另一个上级机关。但不得直接送领导者个人,也不能同时抄送同级或下级机关。

(3)按隶属关系逐级请示,不可越级请示。

(4)请示必须有签发人,必要时在附注处写上联系人、联系电话。

(5)请示不能与报告混用。切忌写成"关于……的请示报告"。

(6)注意上行语气,不能用命令语言。待批事项一般用"拟"。

🎲 **案例评析**

【案例一】

关于移民搬迁问题的请示

县政府:

近几年,政府一直在宣传因为修建沙坨电站要移民搬迁,我乡乌江村(原白果村)部分地区在搬迁之列。几年的时间过去了,一直没有动静。目前,到底搬迁不搬迁,什么时候搬迁等问题,严重影响了可能涉及搬迁居民的正常生产生活。一些村民本打算利用可能淹没的地方种植经济作物，或者发展一些生产生活措施，但是搬迁未定，不能动。一些村民的房屋因处于危房，准备拆了，在原址重建，但是好像又不能建，现在住在危房里，很不安全。咨询县移民办，他们也没有明确的答复。为不影响村民的正常生活，请县政府对搬还是不搬，什么时候搬等问题，及早明确，并告知村民。

特此请示，请予以回复。

共和乡人民政府
2011 年 3 月 24 日

【评析】这是一篇请求指示的请示。开头说明请示的缘由，然后说明请示的事项，最后请求上级单位给予指示。正文内容简洁明了，请示事项单一明确。

【案例二】

关于申请核拨 2013 年退役士兵职业教育和技能培训经费的请示

兰民优发〔2013〕33 号

省民政厅：

2012 年冬季城乡退役士兵接收工作已基本完成，为使退役士兵了解目前的安置法规、政策及就业状况，掌握初级专业技能，提高他们适应市场经济的能力，根据省政府《关于认真做好 2012 年冬季退役士兵接收安置工作的通知》（甘政发〔2013〕5 号）文件要求，我市将对 2012 年冬季退役士兵进行就业前培训。为了顺利完成退役士兵职业教育和技能培训工作，根据甘肃省民政厅、教育厅、财政厅、人社厅和甘肃省军区司令部印发的《甘肃省退役士兵职业教育和技能培训暂行办法》（甘民发〔2011〕128 号）第 5 章教育经费之第 25 条："教育培训经费，由省与市、县（省直管县）按 5 : 5 比例负担"的规定，经统计，我市 2012 年度退役士兵教育培训总人数 524 人，涉及 36 个专业，22 个培训机构，总计培训费用为 348.65 万元。需省级负担培训经费 174.325 万元。

特此请示，望予核拨。

附件：2013 年兰州市退役士兵教育培训经费预算表

兰州市民政局
2013 年 8 月 14 日

【评析】这是一则请求上级机关支持、帮助的请示。正文开头介绍了请示的目的和依据，主体部分交代了请示的具体事项，结尾以"特此请示"等惯用语结束。

【任务演练】

请代××学校写一份请示。

××学校田径场为渣质 400 米的跑道，地势低洼，又无排水设施。如遇雨天，场地积水数日不退，严重影响了体育课教学的正常进行，也妨碍了全校师生的身体锻炼。也不符合国家教委关于高职办学条件评估的要求。现需请示市财政局拨款 30 万元，学校自行解决 10 万元，将田径场改造为塑胶跑道，并增添排水设施。

任务九　批复的写作

情景导入

××乡政府：

对你乡的多次请示,作如下答复:

1.原则批准你乡建立联合贸易公司,负责本乡的内、外贸易工作。你乡应尽快使联合贸易公司开始营业。

2.你乡提出试行"关于违反计划生育规定的处罚办法"最好不执行,因为这个办法违反上级有关文件精神。

3.今年你乡要盖礼堂一座,并准备开辟为对外营业的影剧院,有利于活跃农民文化生活,增加宣传阵地。批准你们的请示。

4.同意你乡"关于开展学习拥军模范赵香同志活动"的请示。赵香同志支持丈夫、儿子上前线。在丈夫牺牲后又鼓励女儿报考军队护校,她还给前线战士寄书、写信,鼓励他们保卫祖国,事迹是感人的,应大力宣传。

××县政府

××××年××月

思考:此批复存在哪些问题?

必备知识

一、批复的含义

批复适用于答复下级机关的请示事项,是下行文。

批复代表着上级机关的权利和意志,对请示事项的单位有约束力,受文机关必须执行批复内容。

二、批复的类型

(一)对请求指示的批复

是针对下级机关提出的难以理解的政策、法规和没有明文规定的疑难问题,作出具体明确的解释和答复,或表明意见和态度。

(二)对请求审批事项的批复

是针对下级机关请求批复的事项,进行认可和审批,具有表态性和手续性。

能力技巧

一、批复的写作技巧

（一）标题

批复的标题由"发文机关＋事由＋批复"组成。大致有两种写法，一种是"关于"加上批复的事项，如《国务院关于杭州市城市整体规划的批复》；另一种是在"关于""同意"加上批复的事项，如《国务院关于同意天津古海岸与湿地等十六处自然保护区为国家级自然保护区的批复》。

（二）正文

批复的正文一般由三个部分组成：

1. 引语

批复的开头通常要引述请示的字号、标题、请示事项、内容等作为批复的依据。如"你单位《关于××××的请示》(××〔2013〕×号)收悉。现批复如下："

2. 主体

针对下级机关请示的事项作出明确的答复。如下级单位请求指示的，即给予明确的指示。如下级单位请求批准的，首先表示同意与否的态度，如不同意，还要阐述不同意的理由；如同意，一般也要对在执行请求事项过程中需要注意的问题提出希望和要求。

3. 结尾

一般写上结束语："特此批复""此复"等。也可省略。

二、批复的写作要求

（一）态度明确

批复用于答复请示，必须态度明确，不能模棱两可。不管同意与否都要迅速及时予以回复。批复的目的是用于指导下级机关的工作，因此在表明态度以后，还应当概括地说明方针、政策以及执行中的注意事项。

（二）针对性强

批复必须是针对下级机关请示事项而发，属被动行文，批复的内容必须针对请示的事项，批复的主送单位只能是请示机关。

（三）一事一文

批复必须一事一文，即一份批复针对一份请示。

案例评析

国务院关于全国高标准农田建设总体规划的批复

国函〔2013〕111号

各省、自治区、直辖市人民政府，发展改革委、财政部、国土资源部、水利部、农业部、人民银行、质检总局、统计局、林业局：

发展改革委关于报请审批全国高标准农田建设总体规划的请示收悉。现批复如下：

一、原则同意《全国高标准农田建设总体规划》（以下简称《规划》），请认真组织实施。

二、《规划》实施要加强统筹规划，强化政策支持，加大投入力度，着力改善农田基础设施，着力规范建设标准，着力明确管护责任，着力推进农业发展方式转变，坚持不懈推进高标准农田建设，为保障农产品有效供给、提高农业综合生产能力奠定坚实基础。

三、通过实施《规划》，到2020年，建成旱涝保收的高标准农田8亿亩，亩均粮食综合生产能力提高100千克以上，其中，"十二五"期间建成4亿亩；高标准农田集中连片，田块平整，配套水、电、路设施改善，耕地质量和地力等级提高，科技服务能力得到加强，生态修复能力得到提升。

四、各省（区、市）人民政府要加强组织领导，根据《规划》确定的目标和任务，抓紧制定本地区高标准农田建设规划，细化配套政策，并督促县级人民政府编制实施方案，确保建设任务落实到地块。要整合资金，集中投入，连片治理，强化项目建设管理和建后管护，提高资金使用效益。

五、发展改革委要会同有关部门，按照职责分工，密切配合，加强协作，不断完善相关标准和制度，做好相关规划间的衔接，对《规划》落实情况进行跟踪分析和督促评价，确保《规划》目标任务实现。

国务院

2013年10月17日

【评析】批复是与请示对应的文种，"一请示一批复"。开头部分说明批复缘由和根据，正文先表态同意规划，最后又站在上级的立场上对方案的实施提出了具体要求，便于下级机关执行，体现了批复权威性的特点。

【任务演练】

针对任务八中的请示，代市教育局写一篇同意田径场改造的批复。

任务十　议案的写作

情景导入

两会电力议案征集：假如我是人大代表，我要提……

有参与公共事务的热情，却没有人大代表或政协委员的身份？没关系！今天起，如果您想对全国"两会"建言献策、引起社会广泛讨论；如果您渴望听到来自政府部门的声音，又希望自己的声音能被听到；如果您对电力行业的发展有什么好点子或对其中存在的问题有什么意见和建议……欢迎您在这里发表您的提案、议案。届时，您的提案、议案将会被社会广泛关注，我们的记者也将带着您的建议，前往两会现场直接递交给代表委员或相关部门。

这是全国两会召开前，在中国电力新闻网上的一则启事。思考：这里提到了提案和议案，两者有区别吗？公文的议案又是在什么情况下适用呢？

 必备知识

一、议案的含义

议案适用于各级人民政府按照法律程序向同级人民代表大会或者人民代表大会常务委员会提请审议事项。

除行政公文议案外，党派、群众团体也有使用议案提请组织审议事项的，但两者依据不同，前者依法律程序，后者则根据本组织的章程。

二、议案的种类

（一）立法性议案

立法性议案主要在两种情况下使用：一是政府机构制定了某项法律或法规之后提请人大审议通过时；二是建议、请求某行政机构制定某项法规时。前者如《国务院关于提请审议〈国务院机构改革和职能转变方案〉的议案》，后者如《关于要求制定〈农业投入法〉的议案》。

（二）决策性议案

关于财政预算决算、城乡发展规划、重大工程上马以及政治、经济、文化、教育、科技、卫生等领域中的重大事项的决策，需要提请人民代表大会审议批准时使用的议案，就属于重大事项的决策性议案，如《浙江省人民政府关于提请审议取消10项行政审批和许可的议案》。

（三）任免性议案

行政机关向权力机关提请任命、免去或撤销行政机关工作人员职务，请求人民代表大会审议批准的议案，就是任免性议案，如《关于提请审议新一届省政府组成部门领导任命的议案》。

（四）建议性议案

以行政部门的身份向权力部门提出建议，也可以使用议案。这种议案有些像建议报告，供人民代表大会审议、采纳。

能力技巧

一、议案的写作技巧

议案一般包括:文头、案由、主送机关、主体、提议案单位、日期、审查意见等。

(一)文头

常以"某某某人民代表大会议案"式样,一般填写在事先印好的规范议案纸上。

(二)标题

即案由,一般由议案提出机关名称、事由及文种名称组成。事由部分要把该议案的核心内容表达出来,如《海宁市人民政府关于提请审议浙江大学国际校区建设项目的议案》。

(三)主送机关

议案的主送机关只能是同级的人民代表大会或人民代表大会常委会,即与人民政府同级的权力机关。

(四)正文

正文一般由案由、案据、方案和结语组成。

案由是指议案提出的理由;案据是指议案提出的根据。

方案:就是对提请审议的事项或问题提出解决的途径、方法的部分。如果是提请审议已制定的法律法规的,解决问题的方案就在法律法规之中,这部分只需写明提请审议的法律法规的名称即可,但要把法律或法规的文本作为附件;如果是任免性议案,要将被任免人的姓名和拟担任的职务写明;如果是提请审议重大决策事项的,要把决策的内容一一列出,供大会审阅;如果是建议采取行政手段解决某方面问题的,要把实施这一行政手段的方案详细列出,以便于审议。

结语:主要用于提出审议请求。一般都采用模式化写法,言简意赅。如"这个草案业经市政府同意,现提请审议。"

(五)提议案单位

提议单位要和主送机关平级。

(六)日期

即所提议案提交主送机关的日期。

(七)审查意见

即大会议案审查委员会所通过的"决定立案"还是"不予立案"的意见。

二、议案的写作要求

要跟提案区别开来。"议案"与"提案"虽一字之差,却有本质之别。一是提出的主体不同。"提案"专用于人民政协,而"议案"大多用于人大;提出人大议案,必须是法律规定的单位或代表团,且必须达到法定的人数,而对政协提案既可以是政协的各专门委员会或参加政协的各党派、人民团体,也可以是政协委员个人或联名,人数不受限制。二是内容要求不同。"议案"内容相对较窄,必须属于本级人民代表大会或本级人大常委会职权范围内。而政协"提案"内容上不受限制。三是通过的方式不同。人大议案须经人民代表大会或人大常委会议审议后表决通过,然后形成相应的决议或决定。而政协提案,只要经过提案委员会审查,符合《政协提案工作条例》的规定,便予以立案。四是时限要求不同。人大代表议案,一般只在大会期间提出,而政协委员提案,既可在全体会议期间提出,也可在休会期间提出。五是法律效力不同。议案具有法律的约束力,起法律的监督作用;而政协提案不具有法律的约束力,只起民主监督作用。

 案例评析

关于提请审议《惠东县旅游发展总体规划》的议案

县人大常委会:

为整合我县旅游资源,明确市场定位,提高吸引力,拓展旅游内容的广度与深度,优化旅游产品的结构,促进旅游可持续发展,为县委、县政府及职能部门决策提供科学依据,确保我县旅游事业获得良好的社会和经济效益。2009年12月,我县委托中山大学旅游发展与规划研究中心编制《惠东县旅游发展总体规划(2010—2030)》(以下简称《旅游总规》),2010年7月,《旅游总规》完成终稿。《旅游总规》分为总文本、稔平半岛专项规划和相关概念规划三个部分,既有对全县旅游资源与旅游产业的全面规划,又重点对稔平半岛、莲花山、御景峰森林公园、古田自然保护区及城市旅游的发展进行了深入研究。

2010年1月27日,《旅游总规》通过了专家评审组评审。2011年1月11日,《旅游总规》通过了县城镇规划委员会评审。2011年3月2日县政协第八届委员会第二十一次常务会议,3月14日县政府八届第55次常务会议及县委九届138次常委扩大会议分别对《总体规划》进行了审议并通过。现提请县人大常委会审议。

附件:惠东县旅游发展总体规划说明

惠东县人民政府
2011年5月17日

《惠东县旅游发展总体规划》说明

为整合我县旅游资源,明确市场定位,提高吸引力,拓展旅游内容的广度与深度,优化旅游产品的结构,促进旅游可持续发展,为县委、县政府及职能部门决策提供科学依据,确保我县旅游事业获得良好的社会和经济效益。县旅游局根据县委、县政府工作部署,委托中山大学旅游发展与规划研究中心编制了《惠东县旅游发展总体规划(2010—2030)》(以下简称《旅游总规》)。

《旅游总规》分为总文本、稔平半岛专项规划和相关概念规划三个部分,既有对全县旅游资源与旅游产业的全面规划,又重点对稔平半岛、莲花山、御景峰森林公园、古田自然保护区及城市旅游的发展进行了深入研究。

规划范围:将我县旅游资源划为两个区域,即稔平半岛和山区沿江旅游资源。稔平半岛旅游资源包括巽寮滨海旅游度假区、港口滨海旅游度假区、稔山镇、平海镇等七个沿海行政区域为核心的滨海资源。山区沿江旅游资源包括北部山区镇以及沿西枝江流域沿江镇(街道),以人文旅游资源为主。

规模预测:①游客规模。近期(2010—2015)年游客量达到230万～350万人次,中期(2016—2020年)年游客量达到380万～470万人次,远期(2021—2030)年游客量达到490万～760万人次。②旅游接待人次和旅游总收入目标。实现接待入境旅游者80万人次,接待国内旅游者达760万人次;旅游收入增长达30亿元左右。

旅游发展目标及市场定位:将惠东建设成为具有国际水准的休闲度假旅游目的地,成为广东乃至全国新时期滨海旅游示范基地。客源市场定位境内为以珠三角为主体,重点开发江西、四川和重庆等内陆省市客源,适当培育长三角和京津唐市场;境外则以港澳台为主体,日韩为补充市场,积极延伸欧美市场。

旅游产品发展规划:我县主体旅游资源可分为四大块:滨海、温泉、山地和城市旅游资源。从旅游资源等级和吸引力范围来看,滨海强于温泉,温泉优于山地,山地好于城市。旅游产品开发要主要围绕这四个板块来进行,形成"海、泉、山、城"的旅游产品开发格局。"唱好山海经、做好泉文章,建好一座城"将会是惠东旅游产品的未来开发过程中的主旋律。

功能分区和空间结构:空间结构可具象为"二主三副、三区一带",即两个接待中心(巽寮滨海旅游度假区和平山街道)与三个副接待中心(白盆珠、梁化与平海镇)、三大旅游片区(北部生态旅游片区、中部城市旅游片区与南部海滨旅游发展片区)与"西枝江沿江"景观带。

道路交通系统规划:在对外交通方面,大力发展区际快速公路交通,拓展海上直航线路,提升铁路交通,提高惠东的可进入性。在对内交通方面,进一步加强各景区与中心城市间、景区间路网建设,开辟相应的运营线路,提高景区景点的通达性。在交通管理与服务方面,加强硬件设施建设和运营管理,开发多层次服务项目,提高服务质量,降低游客的旅游交通综合成本。

旅游产业发展规划:通过提升旅游住宿业的品质,提高旅游餐饮业的水平,开发旅游商品,发展旅行社业和旅游娱乐业,实现地区旅游相关产业的联动发展。同时规范稔平半岛和县城旅游企业行为,扶持沿江山区旅游企业的发展,促进旅游产业地区的平衡发展,突出发挥重点地区的旅游优势和示范作用,提高旅游产业在惠东的经济地位。

在2010年1月27日召开的专家评审会上,《旅游总规》通过了专家组的一致评审。评审组认为,《旅游总规》基础研究扎实,专题研究系统,理论依据科学,整体结构合理,技术路线正确,深入地研究了惠东县旅游发展特点、规律,在准确把握市场需求趋势、全球旅游业发展态势的基础上,结合惠东县市场及资源优势,对规划应解决的问题和前景进行诊断和判断,提出了规划期内全县旅游发展的目标与战略,尤其是把惠东打造成为广东省滨海旅游示范区战略对惠东县旅游业发展具有重要指导意义,在国内已完成的县域旅游发展总体规划中居一流水平。

2011年1月11日,《旅游总规》通过了县规委会的一致评审,并要求做好《旅游总规》的落实工作。规委会专家一致认为该规划符合惠东实际,立足点高、规划思路清晰、产业定位科学、产品设置合理,具有很强的指导性和操作性。

2011年3月2日,《旅游总规》通过了的县政协第八届委员会第二十一次常务会议审议,认为《旅游总规》填补了我县旅游规划空缺,惠东旅游发展要严格执行《旅游总规》,走可持续发展道路。

2011年3月14日,《旅游总规》通过县政府八届第55次常务会议及县委九届第138次常委扩大会议审议,认为《旅游总规》是我县旅游发展指导性规划,今后全县旅游详规、项目规划要在其指导下进行,同意报县人大常委会审议后在全县实施。

【评析】这是一则关于重大决策事项的议案,开头案由部门写议案提出的目的、依据,主体部分对提请审议的事项《旅游总规》的总体内容和编制过程进行了说明,为便于审议,又附了一份较为详细的方案说明。

任务十一　函的写作

 情景导入

函——原指装信的封套。古代寄信用鱼形木匣递送,这种木匣称为"函"。后称信件为"函",如"函件""信函""来函""公函"等。小学时我们学过书信的写作、中学时学过邀请函等应用文的写作。本教材的模块四我们还将学习商务信函文书的写作,那么公文的"函"到底跟日常的信函、商务信函等有什么区别与联系呢?

必备知识

一、函的含义

函适用于不相隶属机关之间相互商洽工作、询问和答复问题、请求批准和答复审批事项。函是一种以平行文为主的公文。

二、函的种类

(一)按照内容分

一是商洽函。用于平行机关或不相隶属机关之间商洽工作、联系有关事宜的函;二是询问答复函。用于不相隶属机关之间互相询问答复处理有关问题的函;三是请批函、批准函。指向不相隶属的业务主管部门制发的请批函，及业务主管部门向不相隶属的机关单位制发的批准函。

（二）按往来关系分

分为来函和复函。来函，即主动发出的函，也叫去函、发函；复函，即答复函。

能力技巧

一、函的写作技巧

（一）标题

函的标题也是由"发文机关 + 事由 + 函（复函）"组成，如《浙江物产国贸公司关于关于要求增加广交会招展摊位的函》。答复函要在标题中写明"复函"，如《中国机电产品进出口商会关于同意增加广交会招展摊位的复函》。

（二）正文

1. 发函的写作

发函即主动与对方机关商洽工作、询问问题、征求对方意见、请求批准事项等所用的函。

发函开头：写清发函缘由，即商洽、询问、请求批准的理由、依据等。此处不必像写私人信函那样写客套话，而是开门见山，直奔主题。

发函主体：写发函事项，即商洽、询问、请求批准的主要事项。这部分要求具体明确。

发函结束语：如要求对方答复，就写明"特此函达，请函复""特此函询，请函告"等用语；如无须对方回答，则写上"特此函达""特此函告"等用语。

2. 复函的写作

复函开头：复函的开头跟答复报告、批复等相似，交代批复的依据，即针对哪个函作答复。一般引用来函的标题、字号等。如"你公司《关于要求增加广交会招展摊位的函》（浙物国总〔2013〕16 号）收悉。经研究，答复如下："。

复函主体：写明答复事项，即针对来函商洽、询问或要求批准的事项一一作答。要求态度明确。

复函结束语：复函一般用"特此函复""此复"等作结语。

二、信函格式

《党政机关公文格式》10 条规定公文的特定格式，其中对信函的格式规定如下：

发文机关标志使用发文机关全称或者规范化简称，居中排布，上边缘至上页边为 30 mm，推荐使用红色小标宋字体。联合行文时，使用主办机关标志。发文机关标志下 4 mm 处印一条红色双线（上粗下细），距下页边 20 mm 处印一条红色双线（上细下粗），线长均为 170 mm，居中排布。如需标注份号、密级和保密期限、紧急程度，应当顶格居版心左边缘编排在第一条红色双线下，按照份号、密级和保密期限、紧急程度的顺序自上而下分行排列,第一个要素与该线的距离为3号汉字高度的7/8。发文字号顶格居版心右边缘编排在第一条红色双线下,与该线的距离为3号汉字高度的7/8。标题居中编排,与其上最后一个要素相距二行。第二条红色双线上一行如有文字,与该线的距离为3号汉字高度的7/8。首页不显示页码。版记不加印发机关和印发日期、分隔线,位于公文最后一面版心内最下方。

信函版式:

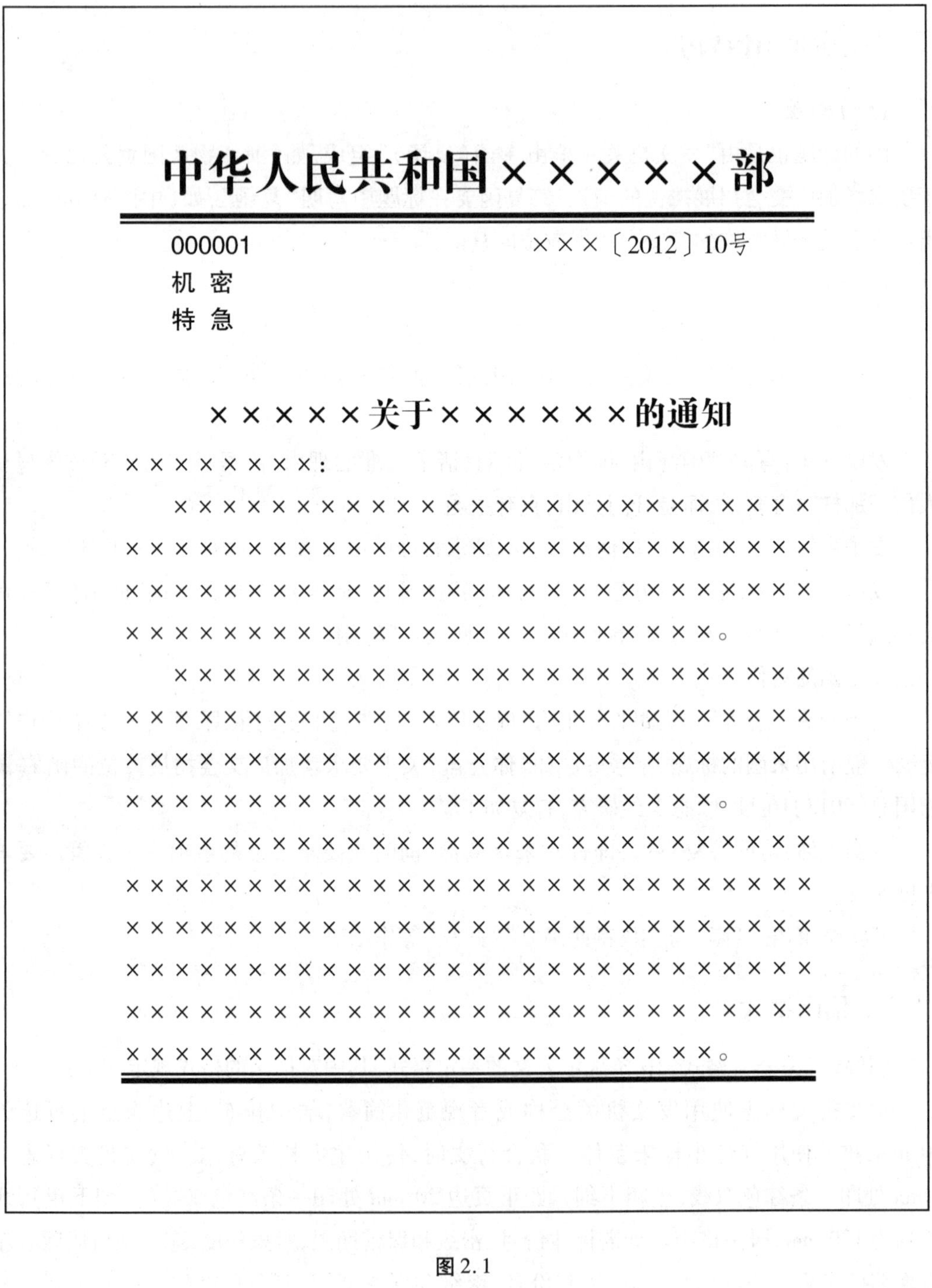

图 2.1

三、函的写作要求

(一)正确使用文种

凡是向不相隶属的机关,无论是高级别、低级别还是相同级别行文,一律使用"函"。注意:向上级机关请求批准用请示;向不相隶属机关请求批准用函。答复上级机关用报告;答复下级机关用批复;答复不相隶属机关用复函。

(二)开门见山,简洁明了

不要问候、寒暄、客套,直接进入主题,并做到一事一函。

(三)语言得体

注意礼貌用语,诚恳有礼,既要符合本机关的职权身份,又要尊重对方、讲究礼节,不能强人所难,忌用指令性语言。

案例评析

【案例一】

浙江物产国际贸易有限公司关于要求购买商务车的函

省控办:

我司系浙江省物产集团公司控股成员单位,主要从事进出口及内贸业务,2010 年取得了良好的经济效益,实现进出口总额为 7.36 亿美元,销售 90 亿元。

随着对外贸易进一步扩大,国内外客户互访日益增多,现有车辆已不能满足业务用车需要。为更好地做好接待服务工作,拓展公司业务,现申请购买型号为 ACR30L-MFSEK 丰田面包车一辆。

专此函请,望予以批准为盼!

浙江物产国际贸易有限公司

2011 年 6 月 21 日

【评析】此文属于请批函,因两个单位之间不相隶属,因此,不能用请示,这份函用简洁的语言将请批原由和事项交代清楚,以便省控办审批。

【案例二】

关于直接接触药品工作人员体检有关问题的复函

食药监办安函〔2012〕140 号

广东省食品药品监督管理局:

你局《关于直接接触药品工作人员体检有关问题的函》(粤食药监法〔2012〕10 号)收悉。经研究,现函复如下:

2010 年 2 月 10 日,人力资源和社会保障部、教育部、卫生部联合发布了《关于进一步规范入学和就业体检项目维护乙肝表面抗原携带者入学和就业权利的通知》(人社部发〔2010〕12 号),进一步明确取消入学、就业体检中的乙肝检测项目,并规定:因职业特殊确需在入学、就业体检时检测乙肝项目的,应由行业主管部门向卫生部提出研究报告和书面申请,经卫生部核准后方可开展相关检测。经核准的乙肝表面抗原携带者不得从事的职业,由卫生部向社会公布。人社部发〔2010〕12 号文件和《卫生部办公厅关于加强乙肝项目检测管理工作的通知》(卫办医政发〔2010〕38 号)还规定:对需要评价肝脏功能的,应当检查丙氨酸氨基转移酶(ALT,简称转氨酶)项目;对转氨酶正常的受检者,任何体检组织者不得强制要求进行乙肝项目检测。《药品生产质量管理规范(2010 年修订)》第三十二条规定:"企业应当采取适当措施,避免体表有伤口、患有传染病或其他可能污染药品疾病的人员从事直接接触药品的生产",目的是防止药品在生产过程中人为产生污染和交叉污染。乙肝表面抗原携带者与患有传染病属不同范围,其健康检查指标和传染病检查范围均遵守卫生部的要求,国家局并未制定其他特殊要求。

国家食品药品监督管理局办公室

2012 年 4 月 11 日

【评析】例文是不相隶属的单位答复问题时所使用的答复函,先引述来函情况,接着对咨询的内容按照相关政策依据予以明确答复。

【任务演练】

××学校想让相关专业的学生参观某计算机管理的大型电力中心项目,目的是想增强学生对现代电力工程管理的感性认识。请以该大学名义写一封联系参观事宜的公函。

任务十二　纪要的写作

 情景导入

张景是某公司市场部经理,有一天,公司总经理到市场部召开现场座谈会,了解该部门年经营情况,听取群众意见。总经理肯定了该部门近两年来的经营业绩,希望张景将本次座谈会的记录整理成会议纪要,下发到其他部门推广学习。张景非常高兴,当晚就将所作的会议记录认真整理打印出来,第二天交给总经理,却被告知不合要求。

思考:什么是纪要? 它与会议记录到底有什么区别?

必备知识

一、纪要的含义

纪要适用于记载会议主要情况和议定事项。

纪要是在会后根据会议记录和各种会议材料整理而成的,内容要求真实准确。一经下发,便对有关单位和人员产生指示作用,起着决议的某些作用。

二、纪要的种类

按会议的形式可分为工作会议纪要和座谈会议纪要；按会议的内容性质可分为决策型会议纪要、研讨型会议纪要和交流型会议纪要。

 能力技巧

一、纪要的写作技巧

（一）标题

纪要的标题一般由"主办单位 + 会议名称 + 纪要"组成，如《杭州市人民政府企业改制专题会议纪要》；有时省略主办单位，采用"会议名称 + 纪要"，如《职业院校服务产业发展专题会议纪要》。

（二）正文

1. 开头

会议概况，包括会议名称、时间、地点、规模等形式要素；会议宗旨、意义、议题、议程、成果等内容要素；会议举办者、主持人、与会者等人员要素。以上要素应酌情择要交代，不必面面俱到。

2. 主体

议定事项，一般包括会议研究的问题、讨论的意见、作出的决定和提出的措施办法等。写作时常用"会议一致认为""会议指出""代表在发言中指出""会议强调""会议决定""会议要求"等惯用语引领段落。主要有以下几种写法：

（1）集中概述法。对会议主要精神、领导讲话、研究讨论的重要问题、与会者所形成的共识、提出的任务要求等予以陈述，可采用总分式结构。较复杂的工作会议或经验交流会议的纪要多采用这种写法。

（2）分项叙述法。适用于部署工作的会议或办公会议，及研究具体事物事项较多的工作协调会等。写作时可按会议议题将议定事项分门别类，分条列项写出。逐条分别陈述其讨论的意见、形成的决议、提出的任务等。

（3）发言提要法。摘录重要发言的要点，按议程为序或按议题分类，予以层次井然的表述。这种写法相似于会议记录，但不是照搬会议记录的所有内容和流水账式的结构。此形式可以更具体地反映与会者的见解，常用于较重要的座谈会、学术讨论会或高层领导会议。

一般情况下，一篇纪要会综合几种方式写。

二、纪要的写作要求

（一）提炼会议精神

纪要不同于会议记录，不能事无巨细，有闻必录。写作纪要不需要面面俱到，动笔前必须对会议进行整理,择取其要,提炼出精华,概括出主要精神,归纳出主要事项,做到既体现会议的精神又不繁杂啰唆。

(二)吃透会议实质

一定要仔细研析会议记录,分析每一位发言者的发言,归纳会议决议,全面吃透会议精神,领会好会议实质,把握好会议基调,确保传达的会议精神不失真、不跑调。

(三)把握会议风格

对于复杂纷繁的内容,用"会议指出""会议认为""会议强调""与会者一致认为"等惯用语自然分层,以体现清晰的条理。

三、纪要格式

《党政机关公文格式》规定纪要格式:

纪要标志由"×××××纪要"组成,居中排布,上边缘至版心上边缘为35 mm,推荐使用红色小标宋字体。

标注出席人员名单,一般用3号黑体字,在正文或附件说明下空一行左空二字编排"出席"二字,后标全角冒号,冒号后用3号仿宋字体标注出席人单位、姓名,回行时与冒号后的首字对齐。标注请假和列席人员名单,除依次另起一行并将"出席"二字改为"请假"或"列席"外,编排方法同出席人员名单。

案例评析

【案例一】

2013 年市人口与计划生育领导小组会议纪要

2013 年 1 月 14 日上午,市人口与计划生育领导小组副组长、市委副书记周红霞主持召开了市人口与计划生育领导小组会议,市人口与计划生育领导小组副组长、副市长朱海英,市人口与计划生育领导小组全体成员参加会议。会议形成纪要如下:

一、会议听取了市人口与计划生育领导小组办公室关于 2012 年全市人口和计划生育工作情况的汇报,并对 2013 年全市人口和计划生育工作思路进行了讨论,会议原则同意 2013 年全市人口和计划生育工作思路。

二、会议研究审定了 2012 年度镇(街道)人口和计划生育目标管理责任制考核结果。按照年初市政府与各镇(街道)签订的《人口和计划生育目标管理责任书》和《海宁市 2012 年度镇(街道)、人口和计划生育目标管理责任制考核评估意见》(海人计领〔2012〕4 号文件)精神,根据考核得分情况,经讨论,确定硖石街道、周王庙镇、马桥街道、袁花镇、黄湾镇、海洲街道、许村镇 7 个单位为优胜单位,长安镇(高新区)、盐官镇、丁桥镇、斜桥镇、海昌街道 5 个单位为达标单位。

三、会议讨论明确了有关事项。

(一)关于适度提高海宁市计划生育家庭特别扶助金标准的问题。会议同意自 2013 年 1 月起对计划生育特别扶助金作如下调整:"失独"家庭由每人每月 250 元提高到 350

元;独生子女残疾家庭由每人每月200元提高到300元。特扶对象的确认程序、经费来源、发放办法按原相关文件规定执行。

（二）关于加强流动人口计划生育队伍建设的问题。会议认为,由于近年来我市流动人口的不断增多,在加强流动人口基础信息管理、推进新居民计划生育公共服务均等化、实施新居民生育全过程管理、建立孕情消失倒查机制、劝导不符合法定条件对象、查处违法生育行为、严厉打击"两非"违法行为、遏制流入人口出生人口性别比偏高势头等方面任务艰巨。流动人口计划生育服务管理工作已成为当前及今后一个时期人口计生工作的重点和难点,必须要进一步加强流动人口计划生育管理服务队伍建设,以进一步提高流动人口计划生育服务与管理水平。

海宁市人口与计划生育领导小组

2013 年 1 月 18 日

【评析】这是一篇专题会议纪要,开头写明这次会议的主持者、出席者等,主体部分写清会议决定的内容,采用条目式,将事项分条列项阐述,思路清晰、条理清楚,对该项工作具有明显的指导作用。

【案例二】

贵池区区长办公会议纪要

2013 年 4 月 2 日,区长高峰主持召开区政府第十五次区长办公会议。常务副区长杨波,副区长朱树林、孔维鹏、虞美顺,副区长、区政协副主席程平,副区长程菲菲、黄伟、袁振兴和区政府办公室主任杨志云出席会议,副区长钱松因公缺席,区政协副主席李应华应邀列席。区直有关部门负责同志在研究有关工作时列席会议。现将会议主要内容纪要如下:

一、会议认真讨论了《池州市贵池金桥资产经营发展有限公司改组方案（送审稿）》。会议认为,为进一步整合全区有效国有资产,做大做强融资平台,拓宽投融资渠道,提高投融资能力,有必要对池州市贵池金桥资产经营发展有限公司进行改组,做大做强我区融资平台。会议决定:①原则同意区财政局拟定的《池州市贵池金桥资产经营发展有限公司改组方案（送审稿）》,经进一步修改完善后,提交区委常委会审议;②区财政局负责根据《改组方案》精神,制定具体的金桥公司改组实施细则。

二、会议认真听取了区财政局主要负责同志关于成立贵池区财税征管工作领导小组的情况汇报。

会议认为,为进一步强化税收征管工作,扎实推进税款均衡入库,我区结合实际,有必要成立相关领导小组。会议原则同意成立贵池区财税征管工作领导小组（文件另发）,具体负责全区税收征管工作。

三、会议认真听取了区人口计生委主要负责同志关于全区人口和计划生育工作的情况汇报。

会议认为,2012 年度,我区人口与计划生育工作获省政府表彰,这是全区政治经济生活中的一件大事,也是全区计生系统全体干部职工共同努力的结果。根据《贵池区2012年度人口和计划生育工作目标管理责任制考评方案》(贵办发〔2012〕23号)精神,应当对人口计生工作给予鼓励并嘉奖,促进2013年全区人口计生工作再上新台阶。会议决定:

1. 原则同意区人口计生委拟定的2012年度人口和计划生育工作奖励意见;

2. 原则同意给区人口计生委记集体三等功一次;

3. 区人口计生委负责会同区财政局,对《贵池区2013年度人口和计划生育目标管理责任制考评方案》进行认真审查和完善;

4. 同意4月份召开全区人口和计划生育工作会议,并对2012年度全区人口计生工作先进单位和个人进行表彰;

5. 区人口计生委负责将上述事项提请区委常委会审议。

四、会议认真听取了池州高新区负责同志关于拓迈思高速电梯项目落户情况的汇报。会议决定:

1. 原则同意池州高新区管委会拟定的拓迈思高速电梯项目入园落户政策有关意见;

2. 池州高新区负责根据拓迈思高速电梯项目固定资产实际投资额度,给予相关贷款贴息,并切实加强对拓迈思高速电梯项目贴息贷款资金流向的动态监管;

3. 由副区长黄伟牵头,区招商局负责会同工业园区及镇街道拟定我区招商引资普惠性政策,提交区长办公会议研究。

五、会议认真听取了区林业局主要负责同志关于参加省林业厅组团赴台考察事宜的情况汇报。

会议原则同意区林业局拟定的参加省林业厅组团赴台考察有关意见,提请区委常委会审议后,按规定程序报市政府审批。

【评析】这是一篇办公会议纪要,开头写明这次会议召开的时间、主持者、出席者等,主体部分写清会议研究决定的五个方面内容,采用条目式,将事项分条列项阐述,思路清晰、条理清楚,对每项研究的内容都有明确的决定,为会后落实提供了依据。

【任务演练】
组织全班同学召开一次"工学结合"主体班会,认真作好会议记录,形成纪要。

综合实训

一、知识目标鉴定实训

(一)正确说出决议、决定、公报、公告、通告、意见、通知、通报、报告、请示、批复、议案、函、纪要的适用范围、常见类型。

(二)正确说出嘉奖令、表彰性通报与表彰决定的区别。

(三)正确说出公报、公告、通告的区别。

(四)正确说出情况通报与情况报告的区别。

(五)正确说出报告与请示的区别。

(六)正确说出会议记录与纪要的区别。

（七）正确说出回复报告、批复、复函的区别。

（八）正确说出请批函与请示的区别。

（九）阅读下面这则通报，指出它的毛病。

××县人民政府关于表扬营业员×××同志的通报

各乡镇人民政府：

　　××年×月×日中午十二时左右，××百货商店××路门市部售表柜台前来了一个青年顾客，提出要买一块"北京"牌手表。青年营业员×××同志将手表拿出上了几扣弦后递给这个顾客，又忙着接待别的顾客。一种强烈的责任促使他随时盯着买表人的动作。忽然，发现那人侧过身子挡住营业员的视线，把表放在耳边装作听表样。这种行为引起了×××同志的警觉，他心想：挑表为什么要侧过身子背对着营业员呢？当他把表交回来的时候，×××同志立即进行了检查，发现弦是满的，表面上有两道划纹。他马上认定新表已被换走，于是当机立断，喊了一声："你停一下！"那人听到喊声，慌忙向店外跑去。见此情景，×××同志一跃跳到货圈外，用尽力气拼命追赶。霎时间，那家伙穿过胡同，跑出数百米。营业员边追边喊："抓住他！抓住他！"终于在××分局同志的协助下，将罪犯逮住扭送公安派出所，从其衣袋里搜出换去的新表。

　　×××同志机智果断，不顾个人安危与坏人坏事作斗争，保住了国家财产，精神可嘉。决定给予通报表扬，并颁发奖金，以资鼓励。

公章
××××年××月××日

（十）仔细阅读下面这则公文，思考文中表达是否正确，观点是否单一，材料是否恰当，并作出修改。

××市××公司关于××制衣厂翻建房屋的请示报告

××局：

　　我公司所属××制衣厂于 2012 年 10 月开始翻建汽车库。到现在一层顶板已扣完。工程进展较快。由于汽车库的翻建已经拆除了司机、装卸工宿舍、武装部办公室、基建科办公室等共计 510 平方米。因为以上办公用房的拆除，以致汽车无处停放，有关职工无处办公，严重影响正常工作。另外，为缓和厂区占地紧张状况及结合全厂长远规划，故决定改建第一层为汽车库，第二层为办公室。

　　妥否，请批示。

××市××公司（公章）
2012 年六月八日

（十一）评析下列批复。

关于新建办公楼请示的批复

××厂：

　　有关请示已悉。关于新建办公楼一事，经研究，还是以不建为宜。此复。

（十二）下面的函存在颇多不足，请重写。

关于联系教师进修的函

××大学教务处：

首先让我们以××市公关学校的名义，向贵处表示衷心的感谢，过去为我校办学给予了很大的帮助。目前我校又面临一个很难解决的问题。

原来事情是这样的：我校开办不久，师资力量很差，决定派××位年轻教师到贵校旁听进修一年。我校与有关部门多次商量。但××位教师进修住宿问题，至今也没有得到解决。提高教学质量的关键是师资。为提高我校教育质量，恳请贵处设法在贵校给解决住宿问题。但不知贵处是否有什么困难。如果需要我校给贵处办什么事情，请尽管提出，我校会竭力去办。再说一句，贵处如能解决我校进修教师住宿问题，我们以我校领导的名义向贵校领导深深地表示谢意。

××市公关学校（印章）
二〇××年×月×日

二、能力目标鉴定实训

（一）通过电脑制作信函式公文格式公文版式。

（二）根据以下材料写一通知，要求按文件格式拟写公文，文号、发文日期、印发日期自拟。

华宇公司打算在12月28日开一个年终总结会，要求总公司每个部门的经理和所有分公司的主要负责人都要参加。会议在江山宾馆东楼308号会议室开。参加会议的人都要随带本单位的总结和明年的计划。会议于30日下午结束。会上要总结当年度工作，还要研究明年的工作计划。请代该公司拟一份通知。（标题用完全式。成文日期自定，但不能用"××"代替）

（三）根据以下材料写一通报。

××区花楼工商管理所青年职工肖栋十分热爱本职工作，工作责任心很强，无论上级交给他什么任务，他都认真履行自己的职责，克服困难去把工作干好。搞基层工商行政管理员的工作经常与一些做生意的人打交道，在这种环境中，他能拒腐蚀，顶歪风，事事以国家利益为重，处处维护国家工商管理干部的形象，作风正派。2013年6月7日，肖栋在一次执行任务时对一辆长途客运汽车进行例行检查，由于他平时业务熟练，所以走私货物逃不过他的眼睛，因此他当场查获走私分子张××携带的走私名表400多只，价值人民币200多万元。在押送走私分子途中，张犯先以1万元人民币企图贿赂肖栋，被肖栋严词拒绝后张犯凶相毕露，狗急跳墙，拔刀行凶刺伤肖栋胸部，妄图逃跑，肖栋负伤流血不止，但他临危不惧，紧追张犯不放，与张犯展开英勇搏斗，后在群众和闻讯赶来的巡警的协助下，终于制服张犯。

为此，肖栋所在区工商管理所给予肖栋全区工商系统通报表扬，记一等功，给予奖金2万元，并号召全区工商干部向肖栋学习。

（四）根据下列材料代学院起草一份规范的教学检查的实施性意见。

1. 检查主要内容:各专业计划的执行情况、教学进度、教学大纲的执行情况及效果;各专业理论教学、实践教学、教学管理存在的问题;教师教学态度、教学方法、教案、教学效果和批改作业等教学情况;实验、实训课程的组织管理措施及效果;学生出勤、课堂纪律等情况。

2. 检查时间第 10 周—11 周,即 4 月 17 日—4 月 30 日。

3. 检查方式:根据新修订的《教学工作质量检查暂行办法》(同时下发)实施检查,采用教师互评和学生评议想结合的方式。各教研室开展教师互相听课和评教活动,学院督导对各系进行抽查听课;各系召开教师和学生座谈会。

4. 其他要求:各系领导要高度重视,认真部署,要求实事求是完成此项工作;各系注意总结经验,对检查过程中发现的有关问题,上报教务处,并积极、及时地进行整改;各系在 12 周把教学检查工作的有关情况和《系(部)教师教学情况综合评定表》报教务处。

(五)根据下面的材料,以中国电力企业联合会名义给各常务理事、理事单位及有关单位写一则决定。

根据中国电力企业联合会《关于开展 2013 年度电力行业企业管理创新成果评审工作的通知》(中电联文化外联〔2013〕176 号)的精神,电力行业企业管理创新成果评审委员会评委对 2013 年申报的 325 项成果进行了评审,共评出创新成果 261 项,其中一等奖 59 项,二等奖 123 项,优秀奖 79 项。现予以公布表彰(名单见附件),并颁发电力行业企业管理创新成果证书。

(六)根据以下材料写一则函。

根据××市委深入开展党的群众路线实践教育活动的总体要求,2013 年 7 月 8 日×市中小企业局深入开展党的群众路线实践教育活动领导小组办公室欲向各县(区、市)中小企业局、开发区经济发展局征求关于"领导班子对照检查报告"修改意见,希望各县(区、市)中小企业局、开发区经济发展局于 2013 年 7 月 15 日前反馈回市局学习活动办公室。

领导组办公室电话:245677

联系人:×××

(七)请根据下面的会议记录,拟写一份纪要。

××市××区人民政府区长办公会议记录

时间:××××年 12 月 9 日下午。

地点:第一会议室。

主持:阎逸(区长)。

出席:李萍、赵迅、于明华、钱诗涛(副区长)。

列席:吴奎(农办主任)、常聚智(研究室主任)、王布久(商委主任),孙浩长(畜牧局长)、张良(粮食局长)、金铃(教育局长)。

记录:王春春、常降智。

阎区长:今天研究三个问题:一是请李萍同志传达市商业工作会议精神,研究决定我们明年的商业工作重点。二是请于明华同志谈谈当前牛中的主要问题,研究解决办法。三是请钱诗涛同志谈市人大代表视察我区教育工作时提出的意见,商定我们的解决办法。先请李萍同志讲。

李萍：市里的商业工作会议是上月十五日到十八日开的。会议纪要和市领导同志的讲话已经印发给大家了，就不重复讲了。这次会议主要解决两个问题：一是商业改革问题。会上介绍了一些商业、服务业的门店实行租赁制的经验。二是增加商业网点，方便群众问题。全市新建小区不少，那里群众反映商业网点太少，生活珍不方便。会议要求各区、县要设法解决这些问题。咱们区今年商业工作进步很大，特别是在一些中小门店搞租赁试点以后，出现了一些新气象。过去亏损的门店扭亏为盈，服务态度也有了较大的改进。我们区的"城门前综合商店"，这次还在市的商业会议上介绍了经验，受到了与会者的重视。

赵迅：这个店的经验很值得重视。这个店的地理位置不错，经营品种也不少，可过去半年亏损，群众反映很大。实行租赁后，大大改观了。我找一些商店经理谈过此事，他们认为"城门前店"的办法可以推广。

钱诗涛：租赁这件事可以搞，但时间太短，应当看一看。

于明华：中、小型门店可以实行，大型的可不可以搞，恐怕还得再调查研究一下。

李萍：我也认为可以在中、小型门店推广这个办法（以下详细论述了租赁制的具体做法及优、缺点）。

阎区长：搞租赁制是个好办法，明年我们先在中、小型门店实行，不断总结经验，研究存在的问题，不断加以完善。大家是否同意这个意见？（大家表示同意）这件事就这么定下来。下面是不是等三件事都谈完了。我们一并讨论，以节省时间。请李萍同志接着讲。

李萍：会上提出商业网点问题。咱们区，问题较大。这几年在咱们这儿盖了许多楼房，形成了两个小区，几十栋高层建筑，几万人口。一下子增加这么多人，商业压力很大，群众也有意见。电台、晚报等新闻单位转来不少群众来信。我也收到一些提意见的信。看来必须尽快解决。我同商委的同志研究了一下，明年商业工作的重点是：加快小区商业点建设，在楼群中开三至四个综合商店，再搞一批代销点；在中小型商业门店中，当然也包括服务、饮食、修理业，我们把这些也都包含在商业中了，推行租赁制，以这种改革，促进服务质量的提高，改进服务态度。具体工作计划在这次会以后报道，明年初召开一次全区的商业工作会议进行部署。讲完了。

阎区长：请于明华同志谈。

于明华：市里召开的发展奶牛、改善牛奶供应会议以后，区里决定在山坡乡区办三个奶牛场，各乡也要发展集体或户养奶牛。经过近两年的努力，咱们区奶牛发展很快（以下介绍了奶牛发展的情况），给市里的提供了新的奶源，受到市领导的表扬和群众的称赞。当前饲料成了问题，特别是精饲料，粮食供应不足。各乡还可以自己想点办法，区办的三个场，困难更大。这三个场的牛奶产量占全区的1/2以上，因此，急需解决他们的问题。当然乡办的集体牛场和一些养牛专业户也有这个问题，但目前还能维持，从现在抓起，不会产生大的影响。解决的办法我看还要粮食局设法调拨。张局长，吴主任，你们看怎么办好？（张、吴表示可以帮助解决。）

阎区长：老于讲完了吗？（答：完了。）请钱诗涛同志说。

钱诗涛：本月一日、二日市人大代表一行八人来我区视察教育工作。他们走访、视察了十六所小学，对各校工作的成绩给予了充分的肯定，对学校领导、老师、学生提出的一些问题做了解答。有的代表还接受了学校的邀请,答应抽时间给师生做报告。视察结束后,代表们提了一个很重要的意见,要求区里立即解决前山、子母堡、洼地三个小学的危险教室的翻修问题。这三所小学各有两三个教室是危房,有倒塌的危险。(以下谈了具体情况)

阎区长:金铃同志,你立即给三个小学打电话,这些教室马上停止使用,并在周围设立屏障和危房标志,必须确保安全。具体办法过一会我们研究。(金局长去打电话)。诗涛同志接着讲。

钱诗涛:解决这三个学校的危险教室问题已迫在眉睫。现在主要是经费不足,我的意见无论怎么困难也得先翻修。修教室期间,学生们可以分二部制上课。我讲完了。

阎区长:对这三件事。我讲以下意见,然后大家讨论。

一、商业会议明年初开。同意商委意见,明年工作重点是:推行租赁制,先在中、小型门店搞;加快网点建设,除了依靠我们自己的力量,还要发动群众,多办些代销点,货源我们保证,形成一个网。

二、奶牛场饲料问题,保证区办的三个场。请粮食、畜牧局同志协商解决。一定尽力优先解决这三个场的问题,保证一定量的牛奶供应。乡里要因地制宜,早做规划,尽快解决饲料供应问题,不要等到不能维持时才办。这件事情请张局长、孙局长协助乡办好。

孙浩长:饲料问题我们一定尽力解决,饲料公司已有准备。(下面谈了具体解决的办法。)

阎区长:好。饲料公司还是有远见的,优先解决区办的三个奶牛场的问题。

三、三所小学危险教室问题我应该检讨,这么严重的问题,不及时解决会出乱子的。这件事,先停止使用,教育局立即筹款请城建部门协助,找最好的施工队,在短期内翻修好。修房期间可以实行二部制,不要影响学生上课。过两天,请金铃同志跟我到这三所学校看看。大家对这三件事这么办有什么意见,请发表。

(大家表示同意这么办,并补充了一些情况。)

没有不同意见,那就这么决定了。散会。

模块三 公关秘书常用写作

项目一　宣传文书写作

【知识目标】

懂得声明的写作结构、要素和注意事项。

懂得几种常用启事的写作结构、要素和注意事项。

懂得海报的写作结构、要素和注意事项。

熟悉消息的写法技巧和注意事项。

熟悉大事记作用和写法技巧。

熟悉简报的编写以及写作要求。

【能力目标】

能根据实际需要写作声明。

能根据实际需要写作几种常用的启事。

能正确区分海报与启事,根据实际需要写作海报。

能熟练使用不同的方法,写作消息。

能熟练编写大事记。

能熟练编写各类简报。

职场情境

杭州智能科技有限公司二十周年庆典活动越来越近了,办公室任务接踵而来,作为秘书科科长的俞琴接到主任的一系列任务:公司十年以来的大事需要整理;庆典晚会、二十周年公司庆典活动、新的门店需要开张,这些都需要做好对外宣传工作。正在这节骨眼上,由于公司产品信誉好、销量好,竟然出现了假冒的"李鬼",为了维护公司声誉,马上需要进行危机公关处理。

项目描述

经过一年多的历练,俞琴越来越沉着了,她仔细分析了一下,首先要委托企业法律顾问发表声明,反击"李鬼";同时,公司二十周年庆典活动是公司大事,绝不能出差错,尤其是对外的宣传很重要,二十年的大事记需要整理,在此基础上出好宣传画册;为了更好地宣传公司业务,结合公司业务特点可以出几期专题简报,庆典晚会和新的门店开业需要活动启事和开业启事,晚会还需要宣传海报,庆典活动后发布消息借此机会更好地宣传公司形象。

任务一　声明的写作

情景导入

严正申明

近期,北京某公司借用海外机构的名义,建设了所谓的"中国教育网",并四处散发冠以"重要通知""特别通知"等为题,以各类招生为主的垃圾广告,经我们向教育部及相关部门核实确认,该网站没有依据相关规定,在我国相关管理部门办理合法手续。教育部任何部门也没有授权其发布任何招生信息。

在此我们郑重申明:中国教育网由中国教育和科研计算机网 CERNET 唯一合法拥有,所谓"中国教育网"必须立即停止侵害行为,我们将保留采取进一步法律措施的权力。同时,请各级教育机构及学校注意,CERNET 对非法"中国教育网"所造成的一切法律后果,不承担任何责任。

以上是中国教育和科研计算机网网络中心发布在互联网上的信息,思考:现实中经常将"申明"和"声明"混淆,到底两者之间有什么区别?

必备知识

一、声明的含义

声明是机关、单位、团体或个人公开向社会各界申明让更多人知晓的公告性文体,是对某个事件、问题表明声明人的立场、态度,最终目的是维护自身的合法权益不受他人侵害。

现实中经常有人将"声明"写成"申明"。根据《现代汉语词典》的解释,"申明"是"郑重说明"的意思,"声明"是"公开表示态度或说明真相",用做名词时,指"声明的文告"。"声明"重在公开宣布,以让公众知道;"申明"重在说明,以说服对方。

二、声明的种类

声明有主动性声明和被动性声明两种。

(一)主动性声明

在自己遗失了支票、证件等重要凭据或证明文件时,为防止他人冒领冒用而发表的声明。如"遗失声明"等。

(二)被动性声明

当自己的某种合法权益受到侵害,为维护自己的合法权益、引起公众关注,并要求侵权方停止侵害行为的声明。如"抗议声明"等。

能力技巧

一、声明的写作技巧

声明一般由标题、正文和落款三部分组成。

（一）标题

一般可以直接写上文种"声明"两字；或者可以由"事由"＋"文种"构成，如"遗失声明"等；还有一种是由"发文机关名称"＋"事由"＋"文种"三项组成，如"光华集团关于商标侵权的声明"。

（二）正文

直截了当简要说明要向社会告知的内容，表明态度。结尾，通常另起一行写上常用结束语"特此声明"。

（三）落款

在正文的右下方落上声明的单位或个人及日期。以单位名义落款的需要加盖公章。如果需要社会公众给予共同关注监督的，可以在署名日期之后另起一行空两格写上联系方式。

二、声明的写作要求

（一）态度鲜明

写作声明时要义正严词地维护声明人的权益，直接对侵权行为发出警告，表明鲜明的态度。

（二）语气坚决

由于声明人处于正义的、受法律保护的一方，所以写作时语言要准确有力，语气要坚决果断。

案例评析

欧瑞莲企业声明

近来，欧瑞莲公司接到消费者举报，在个别地区有不法人员以欺骗手段吸引他人进行非法聚集，并冒充欧瑞莲公司收取入门费用而且没有实际产品进行销售，同时非法印制欧瑞莲直销合同，吸引不明真相的人员加入开展传销活动，此行为严重侵犯了欧瑞莲公司的合法权益，并危害到消费者的切身利益。对此欧瑞莲中国公司特此郑重声明并敬告广大消费者：

一、任何形式的传销行为都与欧瑞莲公司无关。欧瑞莲公司是欧洲最大的化妆品直销公司，在世界各地一直以来以良好的企业公民形象赢得了广大消费者的认可和赞誉，欧瑞莲中国公司秉承欧瑞莲全球的经营理念，以规范的经营行为和良好的企业信用，依法取得中国政府颁发的直销经营资格。欧瑞莲公司严格遵守中国政府直销相关的法律法规，同时也坚决支持打击任何形式的传销行为。

二、欧瑞莲中国公司只在江苏、上海、北京、四川、广东设有省级分支机构,除江苏部分城市开展直销外,其他省市的经营方式均为店铺式销售。

三、欧瑞莲中国公司没有授权或委托任何个人和单位在江苏南京、苏州(昆山)、无锡等城市以外地区开展直销经营业务。

四、欧瑞莲中国公司作为一家合法的直销企业不会在分公司以外与销售人员签订劳务协议。

五、欧瑞莲中国公司所有销售人员的劳动报酬都是由公司统一发放,不会通过个人和其他单位进行发放。

六、欧瑞莲中国公司的销售人员以产品销售为目的实现个人的既得利益,而不会存在没有实际产品销售而发展人头数量的形式。

七、欧瑞莲中国公司有较为丰富的化妆品种类,其中主要包括高质量的护肤产品、护体产品及彩妆品,并按照《直销管理条例》规定有完善的退换货机制和售后服务措施,从事欧瑞莲产品的销售不需要任何入门费用,特此敬告广大消费者谨防被不法分子欺骗。

八、欧瑞莲中国公司敬告广大消费者,如果对欧瑞莲公司和产品有兴趣或者存在任何疑问,欢迎拨打欧瑞莲中国公司的客服电话:400-700-0888,公司的工作人员将竭诚为您服务。

九、目前,根据举报我们将协同当地工商、公安等职能部门进行深入的调查,对其违法行为,希望能够给予严惩。对于个别非法人员对欧瑞莲中国公司声誉和利益等方面所造成的伤害、损失,我公司保留追究其法律责任和要求赔偿的权利。

十、如果有欧瑞莲营销人员参与其中,一经查实,公司将会依据公司制度予以严肃处理,并呈请工商、公安机关依法处治。

【评析】这则声明语气坚定有力,态度严正,为了有效地维护自身的权益,还公开联系方式,便于公众监督。

【任务演练】

根据职场情景的材料,代俞琴写一则反对商标侵权的声明。

任务二 启事的写作

情景导入

大学宿舍楼的公告栏总是隔不了几天就会出现一张张寻物启事,有寻手机、U盘或MP3的,也有寻书、笔记本、衣物的。为了找到这些失窃的财务,大学生们可谓各显身手,有动之以情晓之以理的:"小女子省吃俭用三个月才换来这个手机,望各位大人行行好归还手机,小女子当盛宴款待";"U盘内有重要资料,我现在万分焦急,请各路英雄豪杰打救小人于苦海之中";"图书馆借的书,丢失则十倍赔偿,租期在即,十万火急"。也有恐吓式的:"教室里的摄像头已经拍下了拿我手机那位仁兄的相貌,识相的就请尽快归还,否则后果自负。"题目也是五花八门,有正规的"寻物启事",也有浪漫一点的"我的生活离不开她",凄凉一点的"好汉救吾命也",文采一点的"众里寻她千百度"……

思考:启事的写作真的需要文采+感情吗?

 必备知识

一、启事的含义

启事是机关、团体、单位或个人,在需要向公众说明某事或者希望公众给予协助办理某事时使用的一种应用文体。

现实中有人把"启事"写成"启示",虽然两者的读音相同,但是一字之差,意思就完全不同了。启事是公开陈述某事,而"启示"则是因为某事有所领悟的意思。

二、启事的种类

(1)根据内容和用途,启事可以分为征召、告知、寻找三大类。

①征召类启事,包括招聘启事、招工启事、招生启事、征婚启事、征文启事等。

②告知类启事,包括更名启事、开业启事、乔迁启事、遗失启事等。

③寻找类启事,包括寻人启事、寻物启事等。

(2)根据发布途径,启事可以分为报刊启事、广播启事、电视启事、张贴启事等。

能力技巧

一、启事的写作技巧

启事的写作一般包括标题、正文、落款三个部分。

(一)标题

启事的标题通常有以下五种:一是"事由"+"文种",如"寻人启事";二是"事主"+"文种",如"本刊启事""××公司启事";三是单写文种"启事";四是单写"事由",如"征婚""寻笔记本";五是"事主"+"事由"+"文种",如"本社迁址启事""××学校乔迁启事"。

(二)正文

正文的内容一般需要包含写作启事的目的、内容、要求、联系单位名称或个人姓名、联系方法、地址、电话号码、邮政编码等要素。但根据启事内容,有的启事需要写得具体详尽,如"招聘启事"需要写清招聘单位的基本情况、招聘需要的对象、应聘条件和方法;有的就可以写得简单概括,如"招领启事"只需要对招领物件作大致的描述就可。对于内容简单的,正文的写作可以采取一段成文的写法,对于内容比较复杂的最好采取分几段或者分条款式的写法。不同类型的启事,正文的内容应有所不同。

招聘启事一般包括：招聘单位的性质、所在城市、地理位置及企业的基本经营状况；应聘者的条件：招聘的岗位、性别、年龄、学历、专业、工作经历等；应聘者的工作待遇、优惠条件；报名办法、需要准备的个人资料；招聘单位名称、地址、电话、联系人、网址等。

开业启事一般包括：开业企业的名称、开业时间；开业企业主要经营的商品介绍；开业期间为消费者提供哪些优惠让利服务；开业优惠活动起止的时间；开业企业的名称、地址、电话、联系人、网址等。

征文启事一般包括：征文的目的；征文的主题；征文的范围；征文的要求；征文起止的时间；征文评选的办法、设立的奖项及奖金标准；欢迎应征的礼貌语等。

(三)落款

落款一般位于正文右下方。启事人如果是个人，落款包括事主的署名和时间。如果是机关、团体或者是单位，落款应有启事单位名称、时间和启事单位的公章，以增加启事的可信度。如果正文中没有交代联系事项，还应在署名之后附上详细的联系方式。

二、启事的写作要求

启事的写作，除因种类不同，有些具体要求外，一般要做到：

(一)内容真实完整

启事的目的意在向公众说明、宣传需要知晓或提供帮助的事情，从而达到某种特定目的，因而，作者应将事情真实完整地叙说清楚。如果弄虚作假、或者有所遗漏，那么非但不能实现启事的目的，甚至会造成极为恶劣的后果。

(二)用语诚恳礼貌

作为一种求知性、求助性文体，启事的语言应该真诚、谦和、礼貌，使得他人乐意接受并自愿采取帮助行动。

(三)文字简洁明确

启事一般要求"一事一启"，内容比较单纯具体，写作时应简洁明确，将主要事项交代清楚即可，不必追求辞藻的华丽、结构的匀称等，更不可拖泥带水，长篇大论。

 案例评析

××公司工厂招工启事

××公司成立于××××年，主营房地产开发与经营、物业管理、建材购销、房地产咨询等业务，现因公司业务发展需要，现面向社会诚聘销售管理人员。愿您的加入给我们带来新的活力，我们也将为您提供广阔的发展空间！

1.仓管员2名，男女不限，年龄在20~30岁，高中以上文化程度，熟悉仓库账务，有一年以上的相关工作经验，试用期1 000元左右。

2.电焊工2名，要求男性，年龄在20~40岁，熟练操作电焊机，有2年以上的工作经验，试用期工资在1 400元左右。车床工2名，要求男性，年龄在20~40岁，能熟练操作车床，会看图备料，有2年以上的工作经验，试用期工资在1 400元左右。

3. 工程师 2 名,专科以上学历,有工程师职称,化工机械相关科系毕业,能独立设计压力容器,有机械设计 2 年以上经验,质保、焊接、工艺、检验等职称均可。

4. 文员 2 名,要求高中以上文化程度,熟悉办公软件,有 1 年以上的相关工作经验,年龄在 20~30 岁。

5. 清洁工 1 名,限女性,能吃苦耐劳,年龄在 50 岁以下。招聘绘图员 2 名,要求机电一体化相关科系毕业,熟悉 AutoCAD 机械制图,有 1 年以上的相关工作经验。

6. 报名方式:电话报名登记,发送邮件投寄简历或直接到×××销售部报名,并按报名顺序统一组织面试,可登录××网或××大学网查询招聘信息。

7. 报名日期:截止到×××年××月××日。公司网址:×××××××。联系电话:××××××。联系人:王先生。面试日期:×××年××月××日(周六)上午 9 点(请带毕业证或学生证,近期一寸免冠照片 1 张,简历 1 份参加面试)。面试地点:××销售部(××路和××路交界口,××店对面)。

××公司工厂

×××年××月××日

【评析】这是一则招工启事,所招工种、年龄和技能要求、联系方式及面试时间地点清楚。语言简洁规范,启事内容说明清楚有序。

【任务演练】

根据职场情景的材料,代俞琴写一则公司新门店开业启事。

任务三　海报的写作

　情景导入

大学生的生活总是丰富多彩的,各种学术讲座、社团活动此起彼伏,也因此孕育了琳琅满目的活动海报,这些海报往往图文并茂,措辞也极富煽动性,成了学院校园文化的一道亮丽的风景线。

思考:海报一般用于哪些场合?究竟发挥怎样的作用?

必备知识

一、海报的含义

海报是机关、单位或个人向社会公众预告临时性活动信息时所使用的告启性文书,海报是人们在日常生活中经常使用的一种张贴形式的应用文。一些文艺性海报为了吸引公众的目光,还会配以美轮美奂的美术设计。

二、海报的种类

（1）根据宣传内容的不同，可以将海报分为：演出海报、比赛海报、展览海报等。

（2）根据表现形式的不同，可以将海报分为文字海报和美术海报。

能力技巧

一、海报的写作技巧

海报通常由标题、正文和落款三部分组成。

（一）标题

标题是海报宣传的"窗户"，因此，标题的撰写，尽量做到简洁明了，新颖醒目，能一下子抓住读者的注意力和兴趣。通常有两种写法：一是直接以文种作为标题，写上"海报""好消息"等。二是根据活动内容，撰写标题，如"迎新舞会""演讲比赛"等。

（二）正文

正文是海报的核心部分，这是对海报标题的具体描述语言，要求描写形象生动，简明扼要，做到既有鼓动性，又不夸大其词。内容简单的海报可以采取一段成文的写作方式，简明扼要地讲清时间、地点、人物、事件即可。内容比较多的则可采用分项目的说明方法，将有关事项分别说清。

（三）落款

落款通常写在海报正文的右下角。写明主办单位及撰写日期。这部分内容如果在正文内有所涉及，也可省略不写。为了增加吸引性也可在落款处配上一句吸引人的口号，例如，"机会难得，勿失良机！"等。

二、海报的写作要求

（一）内容真实

海报中涉及的内容必须真实可信，切忌夸大其词、欺骗公众。

（二）语言生动

作为具有较强宣传性、煽动性的应用性文书，海报的语言必须生动形象，具有鼓动性，还可适当配备一些艺术图案，以增强感染力。

案例评析

苗族风情艺术展演海报文案

"四面楚歌"为何动听？因为她是苗族的艺术。

幽远的古乐，传自五千年前的"凶黎之丘"，那里有一位"铜头食沙，以角抵人"的蚩尤，苗人敬他为尤公……古朴的傩戏将慢慢对您讲述。

铮铮楚风曾铸就项羽的拔山傲骨,蛮夷文明也哺育屈原的不朽辞赋,这是一个崇真尚美的民族! 封闭的苗疆有幸真实地留住了古老文明。如今……我们驾驭春风,走出山门,与时代共舞!

黔中的优雅,东岭的彪悍,还有西山的狂野,西南大地"三苗"联袂,共同展露一幅清新神秘的画卷。您将一睹质朴高昂的舞风,多彩欢乐的服饰礼俗,鲜见的工艺古物,惊骇玄妙的神功傩仪,幽远凄婉的楚歌,以及恐怖有趣的"鬼哭节"祭鬼傩戏……

如火如荼的情感,来自俊逸淳良的苗乡。一群刀山敢上、火海敢下的黎人将为您献上蚩尤部落古文化,一个虽远犹近的传奇!

【评析】这是一则艺术展演活动海报,主题突出又不失艺术性。在保持内容真实的前提下,语言生动,极富煽动性,具有较强的感染力,使读者产生跃跃欲试的参与热情。

【任务演练】

根据职场情景的材料,代俞琴写一则公司二十周年庆典活动的海报。

任务四　消息的写作

情景导入

世界上最大的新闻社

美联社(Associated Press)1892 年成立于芝加哥。前身为 1848 年墨西哥战争期间,纽约市的 6 家大报成立的"港口新闻联合社"。由纽约《太阳报》等 6 家报社创建。其后经过不断合并、改组,规模逐渐扩大。1900 年总社迁至纽约。最初稿件只供给本社成员报纸,1945 年以后开始向非成员报纸和电台供稿。它是由美国报业(1 300 家报纸)和广播成员(3 890 家电台、电视台)组成的新闻联合组织。全社工作人员约 3 000 名,其中编辑、记者 1 600 多人。国内分社 134 个(包括 6 个总分社,100 多个分社和记者站)。国外分社83 个(包括 3 个总分社),驻外记者 500 人。每天用 6 种文字播发新闻和经济信息约 300万字。每年发图片 15 万张。不仅为美国 1 500 多家报纸、6 000 家电台、电视台服务,还为世界 115 个国家和地区的 1 万多家新闻媒介供稿。

思考:看了上述一串数据你有何感想? 在资讯日益发达的今天,新闻在我们的生活中有什么重要作用?

必备知识

一、消息的含义

以简洁的文字迅速传播新近变动的事实,包括新近发生的事实、某些将要变动的事实。它是目前最广泛、最经常应用的一种报道形式。

狭义的新闻就是消息。消息是报纸、广播、电视、网络等新闻媒介最常用的一种新闻体裁,是一种最基本的新闻体裁,它是其他新闻体裁产生与发展的基础,其他新闻体裁可以说是消息的延伸、扩展与补充。

二、消息的种类

按内容分有:经济消息、科技消息、文艺消息、体育消息、社会消息、军事消息等。

按写作特点与表达形式分有:动态消息、综合消息、经验消息、特写消息、述评消息、人物消息等。

最常见的有以下几种消息:

(一)简明新闻

这是消息中最简练、最短小的一种新闻体裁,也叫简讯、短讯或快讯。它只报道一个事实,一般不交代背景,也不写详细内容,篇幅很小。

(二)动态消息

动态消息,就是指及时地反映现实生活中出现的新事物的简短的新闻报道。这种动态新闻比较单一,只反映一个动态。其特点是文字简短,内容广阔,新鲜活泼。

(三)综合消息

综合消息,是由许多不拘泥于时间、地点的事实,经过综合、归纳、概括、提炼而成,具有鲜明的主题和很强的指导性。往往是围绕一个主题,综合三个较大范围(一个地区、一条战线、一个单位)在一个时期内发生的事情。它既有面的情况概括,又有典型材料作说明,点面结合,反映全局。这种形式适于宣传各条战线的形势,某项工作的成就,或者反映群众运动的声势、规模、特点、趋向等。

(四)经验消息

经验消息,即是反映事物发展变化的阶段性、概况性、经验性或典型性的报道。它往往是由许多事实,经过综合、归纳、概括、提炼而成。它不是突发性的,事情的发生、发展有比较长的过程。它所选择的事实有典型意义,能在不同程度上反映某一个时期、某一项工作的全貌。它不是简单的现象罗列,而是通过纵和横的对比、分析、阐述,揭示事物的本质,对读者有启发性、指导性。

(五)人物消息

人物消息,即对人物的主要特点放大和再现,对人物进行集中突出的描绘,相当于电影中的近镜头。在选材上,则抓取现实生活中人物活动的一两个场面,一两个镜头,充分地展示生活的横剖面,描绘比较细腻,感染力强。在结构上,既不同于一般新闻,也不同于一般人物通讯,而是取二者之长。在角度上,选择一个特定的角度,仔细观察局部特征,选择一个侧面加以报道。

(六)述评消息

述评消息,就是以叙述新闻事实为主,加上作者对新闻事实的恰到好处的评论。它的特点是:有述有评,边述边评,述评结合。述评消息是介于消息和新闻评论之间的一种报道形式,它常用以分析形势,或针对某种思想倾向,或对实际工作有普遍意义的重要问题,或为群众普遍关心的社会问题,揭示事物的本质及其发展规律和方向,给读者以启迪。通常有事件述评、问题述评、形势述评、事态述评、思想述评、工作述评等。

能力技巧

一、消息的写作技巧

消息一般由标题、消息头、导语、主体、背景、结尾几部分组成。

(一)标题

消息标题要求具体实在、简短精当、健康活泼、新颖别致。或标出事实,如《中越青年联欢大会在南宁举行》;或标出主题,如《城市动迁怎能搞家庭"连坐"》;或标出焦点,如《叫停考核中的"假把式"》;或标出形象,如《西红柿可以长在树上》;或标出结果,如《最后一个荣誉灶拆了》;或标出数字,如《一次蹲点办了 40 多件实事》;或标出悬念:《到课率100% 是怎么统计出来的》。消息标题一般有以下三种形式:

1. 单标题

如上段所举标题例子都是单标题。

2. 双标题

引题 + 正题,如《明年家装流行啥花头——东易日盛周六告诉你》;或正题 + 副题,如《力量与荣耀——中国让世界肃然起敬》。

3. 三行标题

引题 + 正题 + 副题,《最近雾天实在多——人工消雾有办法——就是太贵》。

引题:也称"肩题""眉题"。一般用来交代背景,说明原因,烘托气氛,解释意义等。

副题:也称"子题""副标题"。一般用来补充、注释和说明、印证主题。

(二)消息头

消息头是用来说明消息的来源与时间的,一般用"据××报道""本报讯""据新华社北京×月×日电"等形式表示。有些个人采访的可以省略消息头。

(三)导语

导语是指用一句话或一段话,概括出最主要的新闻事实,或点明全篇的核心意义,突出主旨。导语应该简练,越是用极少的文字表达新闻的重要内容或新鲜事实,导语就越好。

被中外新闻学家视为典范的美联社的消息《东京宣布无条件投降》导语只有两个词,翻译成中文"日本投降了"。这是中外导语史上最短的导语之一。

常见的导语写法有以下几种:

1. 概括式导语

对整篇报道的内容进行浓缩和概括,能使受众一开始就知道整篇消息的梗概或要点。这种导语最适合用于内容较为复杂、过程较为曲折的消息。

2.对比式导语

将新闻事实跟别的事实进行纵向或横向的对比。这种方式能使新闻事实中所蕴涵的新闻价值充分地显露出来,并给受众留下较为深刻的印象。相互对比的事实之间反差越大,效果就越好。

3.描写式导语

简要地展示人物、事物的形象或场景。给人以适当的现场感和生动感,增添消息的吸引力。当然,描写要相当适度,只能是漫画式的几笔就把形象勾勒出来,不能作更多更细腻的描绘,否则,就是特写或通讯了。

4.评论式导语

在叙述新闻事实的同时,对事实做画龙点睛式的评价。这样写有助于揭示新闻事实所蕴涵的因果关系或现实意义,并引导人们按记者的立场观点去理解被报道的事实。

(四)主体

消息的主体,就是导语之后、全篇至末尾的那一部分。也叫"正文"或"展开部分"。消息的主体主要担负着两大任务:一是解释和深化导语;即对导语所涉及的主体部分必须进一步提供必要的细节和有关材料,以便受众对消息事实有更清楚、更具体的了解;二是补充导语所没有涉及的新事实。即补充导语尚未涉及而又应当涉及的内容。如,使消息的几个要素齐备,提供新闻事实的背景,以便使受众对消息的主题和事件的来龙去脉有比较深刻的理解。

消息主体的结构一般有以下几种形式:

1.倒金字塔式结构

即按照新闻内容的重要程度,先重后轻地去安排,重要的放在前面,次要的靠后,最次要的放在最后,按顺序递减,像个倒过来的金字塔。这种结构的好处是:对受众来说便于阅读和收听,能在最短的时间里了解到新闻的重要内容。对于编辑来说便于选择和删节稿件。对于记者来说,迫使自己首先必须分清楚材料的主次,稿子出手快,写得短。

2.金字塔式结构

按事情发生、发展的自然顺序去搭配和排列材料。这种结构的好处是能把事情的来龙去脉、前因后果说得比较清楚,适合一般人尤其是文化水平较低的人的习惯和口味,写起来也比较自然,便于掌握。不足之处:可能篇幅较长,容易造成平铺直叙,缺乏新鲜感。

3.综合式结构

就是前面二者的结合。

(五)背景

消息背景又称新闻背景,就是用来对新闻事实进行解释的所有事实材料。

1.对比性背景材料

就是用来跟新闻事实作对比的事实材料。对比性背景材料的作用在于:可以显露新闻事实的特点和意义;可以阐明新闻的主题;可以表达记者的观点。

2. 说明性背景材料

就是来说明和解释新闻事实产生的原因、条件、环境以及人物的身份、特点的事实材料。它包括新闻中有关的时代背景、历史演变、地理环境、物质条件和人物的身份、资历、性格特征等的事实材料。它们的作用在于：可以使新闻更容易理解；可以使新闻更全面深刻；可以使新闻的意义更突出。

3. 注释性背景材料

注释性背景材料，就是用来帮助人们看懂消息内容，增长知识和见闻的背景材料。它包括产品或其他物品性能特点的说明，科技成果的通俗介绍，技术性问题的解释，名词术语的注释，文史知识、风俗人情的介绍，等等。它可以使消息的言辞更通俗易懂；可以使受众增加知识和见闻。

（六）结尾

消息的结尾，用一段话或一两句话对消息作出进一步的总结、概括、说明或补充。

二、消息的写作要求

（一）真实客观

真实是消息的本质特征，是消息的生命。用事实说话，是消息的一个重要特征，也是消息写作的一种基本方法，还是一种客观报道的形式。

（二）及时新鲜

消息必须内容新鲜、角度新颖、有新意，所以消息的出炉必须及时快速，报界有句俗话："昨天的报纸只适合用来包鱼。"就是说消息最经不起时间的挤压，稍加延误，就成了明日黄花。

（三）文简意丰

消息往往精粹简短，一般一事一报，文字简约，大约500字，句子、段落也常常是简短的。有极强的概括力，丰富的信息量。

（四）通俗易懂

消息一般以叙述为主，不过多地发表议论，通俗易懂。消息有六要素：何时、何地、何人、何事、何因、如何发生。

案例评析

【案例一】

本市明年投入150亿元治理大气污染

本报讯（记者　杨汛）　北京市今年安排了约80亿元，明年将增至约150亿元，用于支持大气污染治理。日前，第八届中国北京国际节能环保展览会召开新闻发布会，市发改委相关负责人透露了这一消息。

由北京市政府和国家发展改革委共同举办的第八届中国北京国际节能环保展览会，将于2014年6月8日至11日在北京展览馆举办。据了解，"聚焦清洁空气"是本次展会的重头戏。展览会将首次全方位展示国家及京津冀等六省区市联防联控共同开展大气污染防治的行动与成果,体现国家及本市在大气污染防治方面的决心。

在展览布局上,将专设清洁空气技术展区,集中展示一批清洁空气技术应用成果,机动车尾气污染防治、清洁油品、锅炉燃烧清洁煤以及扬尘控制等技术应用,特别是工程应用实践案例。

（2013 年 11 月 17 日 北京日报 作者:杨汛）

【案例二】

北京再发空气重污染蓝色预警 一周之内两中"霾伏"

中国环境报见习记者谢佳沥北京报道 来自北京市环保监测中心的数据显示,11 月 1 日 16 时,北京所有城区环境评价点空气质量指数均不低于 200,首要污染物均为 PM2.5,大多数点位空气质量级别为五级。

10 月 31 日 18 时许,北京市空气重污染应急指挥部和北京市气象局相继发布了空气重污染蓝色预警和霾黄色预警。这是《北京市空气重污染应急预案(试行)》发布以来的第二个空气重污染蓝色预警。

10 月 28 日,北京多地空气质量达到严重污染级别,首次发布了空气重污染蓝色预警,并启动了相应的应急措施。此次北京市再次发出蓝色预警,意味着在一周之内,北京已经第二次遭遇"霾伏"。

此前出台的《北京市空气重污染应急预案(试行)》,将空气重污染情况由轻到重分为四级、三级、二级、一级,分别用蓝、黄、橙、红标示。

据了解,引起北京两次空气重污染蓝色预警的首要污染物均为 PM2.5。

北京市空气重污染应急指挥部通过各种渠道提醒市民和相关部门采取四项应对蓝色预警的措施,分别为尽量乘坐公共交通工具出行、增加施工工地洒水降尘频次、增加道路清扫保洁频次和排污单位进一步减少污染物排放。

（来源:2013 年 11 月 4 日环境保护部网站）

【案例三】

专家:北京一周 3 次重污染雾霾预警,是因风力比较小

昨天下午 4 点,北京市气象局继续发布了霾黄色预警,这已经是北京连续第 3 天发布雾霾预警。此外,北京一周内 3 次发布空气重污染蓝色预警信号。据北京气象台首席预报员郭金兰介绍,雾霾盘踞北京 3 天的原因是空气湿度大和风力比较弱,而今天凌晨的冷空气会将雾霾吹散。

在北京被"霾伏"的同时,全国各地多个城市均遭遇了雾霾来袭。气象局资料显示,今年全国平均雾霾日为 1961 年以来最多。

北京地区 一周多次拉响预警警报

前天下午 4 点,北京市空气重污染应急指挥部发布空气污染蓝色预警。自新版空气

重污染日应急方案发布后,北京一周内第3次发布空气重污染蓝色预警信号,此前两次是10月28日和31日。而由北京市气象局昨天下午4点发布的霾黄色预警,已是连续第3天发布,也是本周内第4次发布。

昨天,北京依然笼罩在重度雾霾之下,周末首日并不美好。根据气象和环保部门预测,今天或将迎来一级优的空气质量。

截至昨晚8点,全市全部空气质量监测站点全部为5级重度污染以上,前门东大街监测站和南三环西路监测站为6级严重污染。

今天天气转优好景不长

环保部门预测,今天大气污染扩散条件有利,以偏北风为主,全市空气质量都将达到1级优水平。但好景不会太长,北京市气象台首席预报员郭金兰介绍,本月4日到5日风力会慢慢减小,从水平和垂直两个方向的空气流动都比较差。届时,雾霾可能会杀个"回马枪"。

其他地域　全国多地遭雾霾来袭

昨天,记者从中国气象台了解到,昨天清晨5点,京津地区、辽宁中南部、陕西、山西、河北、河南大部、安徽西北部和南部、浙江北部等地均有雾霾出现。其中,山西、河南、山东等局地出现大雾,郑州清晨5点时能见度仅有100米,西安仅为400米,咸阳甚至只有200米。

天津市环保局环境监测中心即时监测数据显示,昨天8时许,天津市中心城区及环城四区的14个环境空气质量监测点的AQI(环境空气质量指数)数值均超过200,即相关区域环境空气质量等级都处于"重度污染"状态。中央气象台预警显示,全国多地纷纷发布大雾黄色、橙色和红色预警。

石家庄10月31日发布了重污染应急预案。将重污染天分为黄色、橙色、红色三级预警。据了解,《天津市重污染天气应急预案》已经于前天正式发布实施。重污染天气预警等级分为三级:三级(黄色)、二级(橙色)、一级(红色)。

今年雾霾日为1961年以来最多

记者从中国气象局了解到,10月以来,华北大部、黄淮、江淮、江汉、江南中部和北部、华南中西部及四川东部、重庆等地雾霾日数在5天以上;其中山西南部、河南、江苏、浙江中北部、安徽北部、湖北中北部、四川中东部、湖南中部、广东西部和广西东部、北京、天津达10～15天;山西东南部、河南大部、江苏大部达15～20天,部分地区超过20天。

气象局资料显示,今年以来,全国平均雾霾日数为4.7天,较常年同期(2.4天)偏多2.3天,为1961年以来最多;其中黑龙江、辽宁、河北、山东、山西、河南、安徽、湖南、湖北、浙江、江苏、重庆、天津均为历史同期最多。

影响　高速路封闭,司机下车晨练

受大雾影响,北京、天津、河北、山西、辽宁、山东、四川等地部分高速路段通行受阻。

昨天上午,受雾霾影响,京港澳、京沪、京哈等5条高速路临时封闭。京港澳高速路直至中午 12 点才解除封闭措施。

上午 6 点 50 分,交通委官方微博@交通北京发布消息,受雾霾天气影响,京港澳高速窦店至琉璃河南双向采取封闭措施。10 余分钟后,京沪高速北京段双向、京哈高速白鹿至香河双向均采取了临时封闭措施。记者了解到,上午 7 点多,多条高速路被浓雾笼罩,能见度不足百米,不少排队等车的司机甚至跑下车"晨练"。直至 7 点半以后,京沪高速临时封闭路段通车。

上午 8 点 50 分左右,东六环六元桥至太和桥双方向、京藏高速进京方向康庄收费站陆续采取了封闭措施,连从六环上高速的车辆也被"卡脖"。据了解,京哈、京藏高速约在 10 点解除封闭。而东六环在上午 11 点解除封闭,京港澳高速封闭时间最长,中午 12 点双向开通。

昨天,河北省气象台发布大雾黄色预警,从 1 日晚上开始到 2 日上午,河北中南部地区有雾,部分地区能见度小于 500 米。受大雾影响,昨天上午 9 时许,河北省内北京以南的大广、京沪等 16 条高速全部处于关闭状态。截至上午 11 时,大多高速才解除封闭。

昨天受雾霾影响,原本处于周末的晚高峰,北京四环以内也出现严重拥堵状况,全路网交通拥堵指数一度达到 7.4,直至晚 7 点左右拥堵状况得到缓解。

(2013 年 11 月 3 日 来源:京华时报—北京)

【评析】以上三则消息报道同一内容,第一则消息来源于北京日报,面对日趋严重的雾霾污染,作为党报,要让读者了解政府治理污染的决心和措施。第二则消息来源于环保部网站,从技术角度分析雾霾产生的原因,介绍预警的层级。第三则消息来源于晚报类报纸,市民读者可以从中了解雾霾污染各个方面的信息。媒体层级类别不同,报道的角度也不同。

【任务演练】

选取学校新近发生的事情写一篇消息。

任务五 大事记的写作

情景导入

王燕去一家公司实习一段时间后,公司经理觉得王燕工作认真负责,有意留下她担任秘书,于是交给她一个任务,整理公司成立以来的大事记。王燕从档案室找来厚厚的几本资料,不知从何下手,在师傅的指导下,她终于按照时间线索,整理了厚厚的一本大事记,公司也正式通知录用她。

思考:企业的大事记有什么作用? 王燕的这段经历对她以后的工作会有哪些帮助?

必备知识

一、大事记的含义

大事记是党政机关、企事业单位、社会团体记载自己重要工作活动或自己辖区所发生的重大事件的一种应用文体。

大事记既具有史料价值,可以录以备查;又便于阅读,易于掌握。大事记可以成为查找本地发生大事的工具。有了它,能较快地找到本地某一件大事,也能较快地查明某年内本地发生过哪些大事。因此,大事记在秘书写作中越来越普及。

二、大事记的种类

根据制文机构职权范围的不同,大事记可以分为世界大事记、全国大事记、地区大事记、部门大事记、单位大事记等。

根据制文机构性质的不同,大事记可以分为党政组织大事记、国家行政机关大事记、社会团体大事记、企业或事业单位大事记等。

根据记载内容、性质的不同,可以分为综合性大事记和专题性大事记。

根据时间跨度的不同,可以分为古今大事记、断代大事记、年度大事记、季度大事记、每月大事记、每旬大事记、每周大事记、每日大事记等。

 能力技巧

一、大事记的写作技巧

大事记的格式单一、固定,由标题和主体两部分组成。

(一)标题

大事记标题主要有这样几种形式:一是由制文单位、事由和文种构成,如《宏大集团企业改革大事记》;二是由制文单位和文种构成,如《杭州市人民政府大事记》;三是由事由和文种构成,如《新中国成立以后中国科技发展大事记》;四是由制文单位、时间和文种构成,如《浙江经济职业技术学院 2013 年大事记》等。

(二)主体

大事记的主体一般由时间和事件两部分组成。时间按年、月、日的顺序依次排列;事件是指重要工作活动和重大事件。具体内容包括以下几个方面:

1. 党和国家方针政策贯彻执行中所产生的重大反响和出现的重大问题。

2. 机构设置、体制变动、重要人事调动等机构和组织变动情况。包括:本地区和本机关批准的主要领导人的任免、调动;本机关所属干部的重要奖励、处分、离休、退休和逝世等事。本地区和本机关批准的机构的成立、撤销、合并;本机关及所属下级名称的更改、职权范围的调整、内部组织机构的变更、办公地址的迁移、人员编制增减等。

3.重要会议和重大活动,内务和外事活动。包括:对上级重要指示、指导、意见、精神的贯彻情况;本级机关发出的重要文件;重要决策和决议事项;本级领导人对机关部门或下属单位所作的重要批示、指示;本地区、本机关的重要会议:本级机关主要负责人参加的重大活动,重要的外事活动和出访等。

4.上级到本地区、本部门参加重大活动,或检查、指导工作并作出重大决策或重要部署、指示等。包括:上级对本级的工作活动重要的书面或电话指示、指导;领导人亲临视察、检查以及提出的主要意见;上级发来的重要文件以及文件的主要精神是什么等。

5.本地区、本部门的重要工作或重大事件等。包括:本级机关的主要工作和主要工作成就,例如在工农业生产方面、城市建设方面、财政贸易方面、文教卫生方面取得的重大成绩,以及科学技术的重大发明创造等;本级机关在工作活动中发生的重大失误以及上级的批评和本级对失误所采取的措施、办法等。

6.其他事件。包括:本地区、本机关之外发生的重大事件在本地区、本机关发生的影响,以及本地区、本机关发生的重大社会动态、事故;气象的重大变化,以及遭受严重的自然灾害与善后处理等。

大事记主体的写法有两种:

一是按时间顺序(年、月、日)排列大事。先排出有确切日期的大事,后排出接近准确日期的,日子不清楚的附于月末,月份不清楚的附于年末,年度不清楚的一般不记。按分期排列大事。先分成若干时期,每一时期内的大事综合归纳成几个问题记述。

二是按问题排列大事。先分成若干个大问题,在大问题下再分时期,每一时期内的大事按时间顺序排列。

二、大事记的写作要求

大事记的写法一般是以时系事,或一日一事,或一日几事,每事一条,每条一记。由于大事记具有内容的史料性、记载的摘要性和表述的概括性等特点,因而其主体部分的写法要求是:

(一)准确无误

包括时间准确,事件准确。时间应当按照事件顺序写清××××年××月××日;如果是每月大事记,则写清××月××日;如果是每日大事记,则写清上午或下午的几时几分。事件要写准什么时间,什么地点发生了什么事情,或由谁组织,搞了一项什么活动,活动的主要内容和效果等。

(二)要而不繁

有大事就记,无大事就不记,但却不能漏掉大事、要事。记事要力求言简意明,摘要记载,不要详叙其情。

大事记的记载应该由专人负责,随时记载,每月整理。整理时可以删减补充,去掉一般日常事务活动,核校、增补大事或事件要素。年终时再进行一次整理,最后请领导审定、签字,装订成册存档。

案例评析

2012 年　中国互联网发展大事记

2013 年 4 月 28 日发布

1. 2012 年 1 月 18 日由我国主导制定、大唐电信集团提出的 TD-LTE 被国际电信联盟确定为第四代移动通信国际标准之一。

2. 2012 年 2 月 14 日,国家工业和信息化部发布《物联网"十二五"发展规划》,提出到 2015 年,中国在核心技术研发与产业化、关键标准研究与制定、产业链条建立与完善、重大应用示范与推广等方面取得显著成效,初步形成创新驱动、应用牵引、协同发展、安全可控的物联网发展格局的目标。

3. 2012 年 3 月 27 日,国家发改委等七部门研究制定了《关于下一代互联网"十二五"发展建设的意见》,提出十二五期间互联网普及率达到 45% 以上,IPv6 宽带接入用户数超过 2 500 万的目标。

4. 2012 年 5 月 9 日,国务院总理温家宝主持召开国务院常务会议,研究部署推进信息化发展、保障信息安全工作,会议通过了《关于大力推进信息化发展和切实保障信息安全的若干意见》。

5. 2012 年 6 月 19 日,在国际化多语种邮箱电子邮件发布会上,中国科学院钱华林使用钱华林@中科院。中国向中国北京、中国香港、中国澳门、中国台湾、新加坡、马来西亚、德国、澳大利亚、加拿大、美国等地区和国家的互联网专家发出首封跨越全球的国际化多语种邮箱电子邮件。

6. 2012 年 7 月 9 日,在国务院印发的《"十二五"国家战略性新兴产业发展规划》中,提出实施宽带中国工程,要求到 2015 年城市和农村家庭分别实现平均 20 兆和 4 兆以上宽带接入能力。

7. 2012 年 8 月 16 日,奇虎 360 综合搜索上线,自此引发了百度和 360 的搜索之争。11 月 1 日,在中国互联网协会组织下,百度、奇虎 360 等 12 家搜索引擎服务企业签署了《互联网搜索引擎服务自律公约》,促进了行业规范。

8. 2012 年 9 月 18 日,科技部公布《中国云科技发展"十二五"专项规划》,以加快推进云计算技术创新和产业发展。

9. 2012 年政务微博发展快速。2012 年 10 月底,新浪微博认证的政务微博数量达 60 064 个,较 2011 年同期增长 231%;11 月 11 日,腾讯微博认证政务微博达 70 084 个。

10. 2012 年 12 月 28 日,第十一届全国人民代表大会常务委员会第三十次会议通过《关于加强网络信息保护的决定》。决定要求保护个人电子信息、防范垃圾电子信息、确立网络身份管理制度,并赋予了有关主管部门必要的监管权力。

11. 根据腾讯发布的数据,截至 2012 年 12 月微信注册用户达 2.7 亿,从 2011 年 1 月 21 日推出,微信用户数量一直保持快速增长。

12. 中国互联网络信息中心(CNNIC)第 31 次《中国互联网络发展状况统计报告》显

示,截至 2012 年 12 月底,中国网民规模达 5.64 亿,互联网普及率达到 42.1%。手机网民规模为 4.2 亿,使用手机上网的网民规模超过了台式电脑。

(中国互联网络信息中心　CNNIC)

【评析】这是中国互联网信息中心发布的 2012 年中国互联网大事记,记录了 2012 全年国家有关部门发布的对中国互联网发展的指导性文件,排列了互联网标志中国互联网发展的重要事件和各项数据。档案资料性强,便于检索。

【任务演练】

结合班级实际编写一本班级大学三年大事记作为毕业留念之用。

任务六　简报的编写

情景导入

有人说,同胞亲情的淡薄,是社会发展的必然。而在浙江宁波有一户 12 个兄弟姐妹的大家族,至今已有 76 人,虽然他们分布在全国各地,有的甚至越洋过海,然而一份也许是世界上最小的"报纸"——《家庭简报》,使浓得抹不开的亲情始终浸润着这个大家庭的每一个成员,家人间互通信息,奋发共进,个个事业有成。这个没有宅院的大家庭还被评为"宁波市十佳五好文明家庭标兵户"。蔡氏家庭通讯社社长——浙江省人大代表、宁波市政协副秘书长、宁波民革常务副主委蔡国黄先生说:《家庭简报》已满十岁,也走出了家庭,至今已有 14 个省市的集报者来信索要收藏,他手头也仅有存档用的一套"孤本"了。人民日报、光明日报、中央人民广播电台、浙江卫视台等媒体都把她作为弘扬家庭文明的一朵奇葩加以报道。

思考:现实生活中的简报到底有什么作用,它跟普通的报纸有什么区别。

必备知识

一、简报的含义

简报即情况的简要报道,是国家机关、社会团体及企事业单位内部用于反映情况、交流经验、沟通信息的一种简短的、具有一定新闻意义的文字材料。

简报是个统称,日常工作中常见的"简讯""动态""内部参考""快讯""情况交流""信息通讯"等,都属于简报。

简报通常定期或不定期编发,每一期刊发若干篇文章,少则一篇,多则一二十篇。简报属于内部刊物,既可以上报上级机关,也可以抄送平级单位,还可以分发下属部门。由于它可以比较快地反映和沟通情况,交流经验,传递信息,加之篇幅简短,内容灵活,编写制作方便,因此受到党政机关、社会团体和企事业单位的欢迎,使用非常普遍。

二、简报的种类

按性质分,有综合情况类简报和专项工作类简报。

按内容分,有工作简报、会议简报、动态简报。工作简报一般报道业务工作或中心工作的工作情况、过程、问题、经验教训等;会议简报一般报道会议概况、进程、议题、决议、发言要点等。动态简报,也称信息简报,报道某一单位或行业的动态信息。

按编写方式分,有专题式、综合式、信息报送式、经验总结式、转发式五类。

能力技巧

一、简报的写作技巧

简报式样像小报,由报头、报核、报尾三部分组成。

(一)报头

报头部分,又称版头。一般占首页三分之一的上方版面,用间隔红线与正文部分分隔开。报头的内容包括:

1. 简报名称

单位名称或事由＋简报或动态等,如《浙江经济职业技术学院工作简报》《军训动态》,在居中位置,用套红大号字体,要求醒目大方。

2. 期数

排在简报名称的正下方,按期序编上,有的还注明总期数。

3. 编发单位

在横隔线的左上方位置上。

4. 印发日期

在横隔线的右上方位置上。

5. 密级

在报头左侧上方位置,标志密级并加标识★,如"机密★""秘密★"或"内部刊物"等。

6. 份号

印在报头右侧上方位置。

无需保密的简报不标密级和编号。

(二)报核

刊登简报文稿的部分称为"报核",是简报的核心部分。一般由按语、标题、正文、作者四项组成。

按语:内容重要的简报,在报头下或正文标题前标明按语。主要有以下几种:一是说明性按语,标明材料来源、转发目的、转发范围等;二是提示性按语,简括正文主要内容;三是评论性按语,对主体内容加以评论、表明态度等。按语可以省略。

(三)报尾

报尾在简报的最后一页的末尾,用横线将报尾隔开,写上上报及发送单位名称和印制份数。报,指上报上级单位;送,送至不相隶属的一些兄弟单位;发,指下发给下级单位或部门,这是简报主要的发送单位。

简报样式如图3.1所示。

报头	密级　　　　　　　　　　　　　　　　　　编号 简报名称 第××期 编号单位　　　　　　　　　　　　　　印发日期	
报体(报核)	(标题) 正文	
报尾	报:单位名称 送:单位名称 发:单位名称　　　　　　　　(共印×××份)	

图3.1

二、简报的写作要求

(一)专题式简报

这种简报要求抓住工作、生活中的某个典型,作突出的介绍。这种方式主要适用于反映"点"的情况,即一人一事或某个问题。编写时应注意以下两点:一是对象应具有典型性;二是表达应简明扼要。

(二)综合式简报

这种简报具有明显的综合性,类似新闻报道中的综合消息。它是在一个明确的主题下,综合反映若干情况或问题的一种简报。这种方式适用于反映"面"上的情况,使人对某一类事物或问题有比较全面的了解和认识。编写时应注意以下三点:一是注意提炼出一个能够准确、鲜明、生动地表达基本精神的醒目的标题和贯穿简报始终的主题;二是开头应有概括的说明文字,类似新闻写作中的导语;三是注意点面结合,使综合反映的内容既有广度,又有深度。不但要注意运用概括性的材料,尤其要注意运用典型事例,给人活生生的感性认识。

(三)信息报送式简报

这类简报要求用最简洁、精练的语言表达出准确、完整的信息内容,一般不加评论。编写时应注意以下三点:一是编写者应像新闻记者那样,善于从一般中见特殊,从细微处发现值得注意的动向;二是要求据实直书,注重用事实和数据说话;三是强调简明扼要,同时注重信息内容的完整性。

(四)经验总结式简报

这种简报主要介绍某项工作的成功经验。简报的内容常常就是某一典型的经验总结。它的写法常采用"先果后因"的逻辑顺序,即开端先概括工作的成绩,然后再分述取得成绩的做法、经验。编写应注意以下三点:一是侧重于从做法上总结经验,突出对经验的介绍,一般的工作过程从略;二是注意观点和材料的结合,努力从理论同实践的结合上说清问题,引出事物的规律性;三是力求系统化,把经验归纳成相互联系的几条,逐条加以介绍。

(五)转发式简报

这种简报是领导机关为推动某项工作的开展,或是为了让某个问题引起有关单位注意,把有参考价值的材料用简报的形式转发下去。简报的内容常常是基层单位的典型材料。编写时应注意以下三点:一是转发材料前面要加编者按语。重要的按语最好请领导人亲自撰写,或编写后请领导人过目。二是反映的问题应有代表性。一期简报一般只转发一份材料,也可转发一组围绕同一中心的短小材料,反映某地区、某系统带有共同性的问题。三是编者可以根据需要对转发材料作必要的技术处理。重要的一般全文转发;内容较多、篇幅较长的可以摘要转发,或作适当的删节,但要注意保持原材料主题的完整性。

实际工作中的简报还有各种各样的写法。总的说来,简报的编写不像其他公务文书那样程式化,无论文字、语言、标题制作都要求清新活泼,具有较强的可读性。简报的编写者完全可以根据内容和行文的需要,在编写上不断创新。

 案例评析

杭州市文化创意产业工作简报
第 7 期(总 149 期)

杭州市文化创意产业办公室编   2011 年 3 月 11 日

领导批示

【黄坤明、翁卫军批示要求加快我市文创产业发展】2 月 21 日,省委常委、市委书记黄坤明在《中共浙江省委宣传部办公室信息专报》〔2011〕第 4 期《杭州原创动画产量连续两年位居全国第一 2010 年杭州文创产业增加值突破 700 亿元》上批示:"感谢临生部长和省委宣传部对杭州文创产业的高度重视和大力扶持。我们要按茅部长的批示精神,更好地抓住机遇,更快地发展产业。"2 月 28 日,市委常委、宣传部长翁卫军批示:"黄书记、茅部长重要批示是对杭州文创产业发展的高度评价和极大鼓励,市文创办和各区、县(市)委宣传部、文创办要认真学习,深刻领会,全面贯彻,不断提高文创产业的发展水平。"

【叶明副书记批示肯定我市"创意力量大讲堂"品牌打造工作】3月2日,市委常委、市委副书记叶明在《杭州信息》(转报信息)第63期《杭州市打造"创意力量大讲堂"品牌》上批示:"肯定成绩、总结经验、不断提高、打造品牌。"

【编者按】2月25日,市委常委、宣传部长翁卫军在《杭州信息》第54期《桐庐县文化创意产业发展成效显著》信息转报上批示:"桐庐县发展文创产业的做法值得其他县(市)借鉴。"现将原文转发,供参阅。

紧贴特色　多管齐下

桐庐县文化创意产业发展成效显著

去年以来,桐庐县以科学发展观为统领,将文化创意产业工作融入县委、县政府中心工作,立机制、编规划、定政策、建园区、办活动、扶项目、育人才,牢牢把握县域文创经济脉搏,充分挖掘特色资源,积极培育后发优势,激发全社会的创意创新精神。文创产业的蓬勃发展,促进了全县产业结构优化升级,满足了人民群众精神文化需求,推动了经济社会和谐发展。据统计,2010年全县文化创意产业增加值19.2亿元,占GDP比重9.7%,占服务业比重31.7%,限额以上文化创意单位实现增加值12.4亿元,增长18%。

一、规划先行,助力产业发展

成立县文化创意产业领导小组,明确领导班子和成员单位职责分工,部署年度重点工作,研究县文博园建设方案和文创产业发展扶持政策。将文化创意产业发展规划列入全县"十二五"总体规划,委托浙江工商大学编制。通过考察走访、问卷调研、座谈研讨、意见征询等形式,在撰写《桐庐县文化资源调研报告》和《桐庐县文化创意产业调研报告》的基础上,完成《桐庐县文化创意产业发展规划(2011—2015)》编制。规划立足县域资源、产业实际情况和经济社会发展要求,结合县服务业、旅游业等相关规划,全景式描绘了"十二五"时期我县文创产业的发展蓝图。借鉴杭州市及周边县市文创政策和我县服务业等产业扶持政策,出台《关于鼓励和扶持文化创意产业发展的政策意见》,县财政每年安排500万元文创专项资金,重点从培育发展产业园区、扶持重点项目与活动等11个方面对全县文创产业发展进行扶持。会同县财政局共同制定《桐庐县文化创意产业专项资金管理使用实施细则》,切实提高专项资金使用绩效,实现了"有人管事、有钱办事、有章理事"的管理目标。

二、搭台唱戏,组建产业园区

规划在320国道与迎春南路交叉口东南侧建设一个以"文化"为热点,以休闲旅游、文化博览、创意产业为主题的文化创意产业综合体——县文化博览园。这是推动文化创意产业大发展的重头戏。园区分文化街区、民间博物馆群、创意园等三个功能区,规划用地258亩,总建筑面积65 000平方米,总投资约4亿元。为确保园区高起点规划、高标准建设,专门委托杭州市城市规划设计院编制完成《桐庐文化博览园详细规划设计方案》,委托浙江中设设计院编制《文博园道路及文化街区建筑工程设计方案》,组织专家实地踏勘并进行论证,不断优化方案。组建文博园建设推进协调小组,制订园区建设计划表,统筹协调推进规划、审批、建设和项目把关等工作。县委主要领导对文创工作进行调研,亲自协调解决文博园区块土地征用、资金拼盘、设计施工等具体工作,极大地鼓舞了士气,有效推动了园区规划建设的步伐。

三、出门招商,积极筑巢引凤

1. 推介招商。充分利用博览会、展销会、招商会、研讨会等各种平台,大力开展宣传推介,主动"走出去"招商。组织该县剪纸、制笔等特色文创企业参加第五届"中国义乌文化产品交易博览会",极大地提高了参展企业的知名度,有效打响了本地文创品牌。

2. 园区招商。组织召开项目把关协调会议,邀请有关领导和专家就产业基础、项目可行性、收益分析、运营维护等方面对中国丝绸文化博览中心、中国抽纱刺绣博物馆、桐庐明清家具博物馆、奎庐半窑艺术博物馆等民营博物馆项目进行比较论证。赴北京、上海等地拜访行业主管部门及协会领导,积极争取支持。

3. 项目招商。以优质环境为依托,以前景产业为导向,积极开展项目招商。跟踪服务杭州女儿村旅游开发有限公司的资产整体收购项目;引进浙江大学桐庐健康科技设计产业园项目;赴北京、河北等地考察剪纸产业发展,探索剪纸工艺产业化之路。此外还考察洽谈了卡通动漫城、法国葡萄酒庄园、LED液晶显示屏等项目。

四、发挥潜力,培育特色项目

根据县六大特色潜力行业发展的要求,指导组建县广告策划工艺美术协会。协会本着自我服务、自我管理的宗旨,承办2010桐庐县"潇洒桐庐"城市品牌形象创意设计大赛,组织会员单位参加杭州市第二届"创意杭州"广告创意设计大赛,获得组织奖。组织开展专业培训、专题考察等系列活动。积极向上争取扶持项目与推荐优秀人才,分水制笔创意园区被评定为县(市)唯一的杭州市文创产业园区;县文化博览园、中国抽纱刺绣名家名品展等7个项目被确定为2010年度杭州市文创专项资金扶持项目,共获得155万专项资金,项目总数和资金总额均为县(市)第一;中艺花边集团被确定为杭州市重点培育文创企业(集团),董事长赵建忠被评为杭州市发展文创产业先进个人;桐庐明业家艺有限公司被评为杭州市发展文创产业先进单位;剪纸大师谢玉霞被评为县"十佳人才"。

五、办节办展,浓厚创意氛围

1. 成功举办中国动漫万里行走进杭州·桐庐暨"潇洒桐庐"首届文化创意节。以"创意,让生活更美好!"为主题的首届文创节由"中国动漫万里行"走进桐庐、浙江大学工业设计成果展、浙江省收藏协会收藏精品展等八大主题活动组成,充分展示该县文化创意产业的发展成果,在全县范围内形成了浓郁的创意氛围。节庆期间,该县分别与浙江大学国际设计研究院、春燕丝绸有限公司等项目单位签订了合作协议,桐庐华钏笔业集团公司等制笔企业分别与杭州宏梦卡通等动漫企业签订了合作协议,极大地促进了文化创意的产业化和创意经济的本土化。

2. 成功举办"中国抽纱刺绣名家名品展"。集中展示了中国四大名绣苏绣、蜀绣、湘绣、粤绣和杭绣以及萧山花边、山东花边的130余件名品名作。全国各地20余名国家级大师齐聚桐庐,共叙抽纱刺绣行业美好发展前景。为期7天的展出吸引了近万名市民前来观赏,引发了热烈的反响,为进一步促进桐庐抽纱刺绣工艺品行业发展、筹建中国抽纱刺绣博物馆、丰富人民群众精神文化生活作出了努力。

3. 借助丰富多彩的活动营造浓厚的创意氛围。全年共举办各类文化艺术展出活动 32 场,其中 2010 浙江省"民间手工艺——虎头鞋创意设计邀请赛"、"春江花韵——何水法花鸟画展"、县首届民间收藏品展、"梦圆桐庐·春华秋实——浙江中国画名家邀请展"和施胜辰先生捐赠画展等高规格的文化活动得到了社会各界的广泛关注和好评。此外,2010 富春江水上 CS 国际邀请赛、第七届华东南瓜节、《富春山居图》主题旅游等文化休闲旅游活动精彩纷呈、趣味无穷。

(桐庐县文创办)

工作动态

【杭州出版集团与韩合作组建杭州木荣文化创意有限公司】3 月 1 日,由杭州出版社和韩国金宁出版社合资组建的杭州木荣文化创意有限公司成立,双方将在世界热点题材图书、韩国影像漫画及动漫产品、青少年读物等领域开展深度合作。市委常委、宣传部长翁卫军为新成立的公司揭牌,副市长陈小平致辞。杭州出版集团一贯坚持"吃杭州饭,打中华牌,走国际路"的发展战略,在不断健全现代出版企业制度的同时,积极与美国、马来西亚等海外出版企业合作,成为杭州对外宣传的重要平台。金宁出版社是韩国具有代表性的一家综合性出版传媒集团,拥有强大的海外版权交流机制及信息渠道。

(资料来源:杭州日报)

【台湾风赋国际娱乐中国营运总部落户之江文化创意园】3 月 2 日,风赋国际娱乐股份有限公司与西湖区政府、之江度假区管委会签署入驻协议。风赋国际娱乐股份有限公司是由台湾"综艺教父"王伟忠、国际著名制作人、台湾著名企业家郭守正,台湾资深媒体工作者、戏剧制作人刘纪纲等共同创办,公司以制作优质电影戏剧节目为主要业务,落户之江文化创意园后,该公司将全面负责内地地区娱乐传媒行业相关业务工作。市委副书记叶明会见并宴请了风赋国际高层,市委常委、宣传部长翁卫军出席签约仪式并致辞。

(之江文化创意园)

【评析】这是一份专题简报。报头标明简报名称、编号、编写单位和日期。正文由多篇文章组成。重点是一篇经验介绍,前面加了领导批示和编者按。后面是两则工作动态。每篇文章均交代出处。

【任务演练】

结合学校实际,编写一期反映你所在的学校近期校园文化活动的简报。

综合实训

一、知识目标鉴定实训

(一)正确说出启事、海报、声明的一般特点和写作要求。

(二)说出启事与海报的区别。

(三)说出消息的特点、结构和写作要求。

(四)说出下列导语采用的是哪种方式。

1.新年来临的前夜,古城西安张灯结彩,人流如潮,锣鼓喧天,烟花璀璨,到处洋溢着音节新年的喜庆气氛。有陕西省暨西安市主办的"欢庆、鼓舞、团结、奋进"为主题的迎新庆典活动隆重举行。(　　　　　)

2.5月7日,河南辉县召开大会,表彰该市公交公司修理工王国伟勇斗歹徒的先进事迹,授予他"见义勇为积极分子"光荣称号。同时,对见义不为丧失党性原则的党员、该市塑料厂工人胡建忠给予开除党籍、开除公职的处罚。(　　　　　)

3.白云山风景区周围和广汕、广深、广从公路两侧的山林,被近300个采石场疯狂地爆石不止!毁容不止!(　　　　　)

4.曾一度被冷落的"低产作物"大豆,去年成了我国农产品中最受欢迎的抢手货之一,收购价格一千克在1.4元以上,而且一律现金兑现。这表明大豆产销不景气的时期已成为过去。(　　　　　)

(五)举例说明什么是倒金字塔结构。

(六)说出大事记的特点和写作要求。

(七)说出简报的特点和组成要素。

(八)利用互联网或其他途径查找启事、海报、声明、消息、大事记、简报的案例,并作出相应评析。

二、能力目标鉴定实训

(一)根据具体的情景进行启事、海报、声明的模拟实训写作。

1.中外合资杭州××汽车维修服务有限公司系一家具备国家一级维修资质的奔驰、宝马专业维修中心。公司注册资本为180万美元,总投资超过600万美元,占地面积19 000平方米,其中建筑面积12 000平方米,修理车间61个维修工位。公司将招聘客户经理1名,25~40岁,大学及以上学历,具有4S店相同岗位3年以上工作经验,具有优秀的企业管理经验和沟通协调能力,工作认真负责、勤恳踏实。维修接待3名,23~35岁,中专及以上学历,具有奔驰、宝马4S店两年以上接待工作经验,形象气质佳。有良好的客户意识和团队协作精神,并熟练电脑操作。车间机电6名,男,23~40岁,中专及以上学历,具有奔驰、宝马4S店3年以上工作经验。汽车终检2名,男,25~40岁,中专及以上学历,具有4S店相同岗位两年以上工作经验。准备的资料:个人简历、学历证书、技能等级证书、身份证、一寸近照两张。材料合格通知面试,材料于5月30日前寄往或送往中外合资杭州××汽车维修服务有限公司人力资源部。地址:××市××路××号,电话:××××××××,网址:××××××。根据以上材料,写一则招聘启事。

2.近期,《财经界》杂志社陆续收到不少读者反映,有人以其期刊下属单位的名义对外约论文稿并收取费用。对此,《财经界》杂志社发布声明,该刊从未委托任何人和任何单位向社会征集论文,如有人冒用该刊名义组织论文出版,一经查实,均属非法出版物。并提供了举报电话:68558631 电子信箱:68558624@ sohu.com,地址:北京西城区三里河路58号国家信息中心B座6层《财经界》杂志社,邮编:100045。根据以上材料,写一份严正声明。

3. 衢州人家粗菜馆是一家经营家常菜的餐饮连锁店,将于 5 月 8 日在下沙开新的门店。5 月 8 日至 18 日开业期间,全场 8 折优惠。下沙店地址:杭州市学正街 68 号,电话:×××××××。

根据以上材料,写一则开业启事,同时制作一份适合张贴的宣传海报。

(二)通过采访,写一则校园新闻,再根据新闻写一篇新闻述评。

(三)通过学校网站发布的新闻,整理一份你所在学校二级学院(系部)的年度大事记。

(四)结合学校的某个专题活动,如:军训、校园文化节、运动会、技能节等活动编写一份动态简报。

项目二 礼仪信函文书写作

【知识目标】

懂得介绍信和证明信的适用范围及写作要求。

懂得自荐信、求职信的适用范围及写作要求。

懂得表扬信和感谢信的写法以及写作注意事项。

懂得邀请信、请柬和聘书的写法以及写作注意事项。

懂得慰问信和贺信的写法及写作的注意事项。

【能力目标】

能根据实际需要熟练写作介绍性、证明信。

能根据实际需要熟练写作自荐信、求职信。

能熟练写作邀请信、请柬和聘书。

能熟练写作表扬信和感谢信。

能熟练写作慰问信和贺信。

职场情境

为了将公司二十周年庆典活动搞得有特色,领导决定派俞琴出差去学习一些大企业的活动经验,同时由她牵头从各个部门临时招聘一批公司店庆服务人员,还要对二十年来为公司作出贡献的退休人员及家属表示感谢和慰问,同时邀请上级领导、兄弟单位领导参加庆典活动。

项目描述

通过分析,俞琴决定先通过自荐的方式招收一批服务人员,要求他们先书面自荐,再进行面试,然后根据他们各自的特长分工,一部分人分头去大型公司学习,为了方便开展工作,这些人必须随带公司介绍信;另一部分人负责制作邀请信、请柬,对退休职工写好慰问信,对杰出员工的家属写好感谢信;对不能亲自到场的主要领导,俞琴要为他们起草好贺信。

任务一　证明信与介绍信的写作

情景导入

　　某校一专业主任去某大型超市联系校企合作、建立学生实习基地事宜。超市方面负责人也有此意向,但对该教师的身份不能确定,要求其出示介绍信。该教师出示身份证,被告知必须出具单位的介绍信,才能谈合作事宜。

　　思考:为什么身份证不能代替介绍信或证明性？介绍信和证明信到底有什么作用？

必备知识

一、证明信的含义

　　证明信是单位或个人出具的用来证明某人的身份、经历或某事物的真实情况的专用书信。包括作为材料存入档案的证明信、证明某种情况属实的证明信、作为证件用的证明信三种。

二、介绍信的含义

　　介绍信是介绍本单位的人外出联系工作、洽谈事宜、参观学习或出席会议等而写的专用书信。持介绍信的人以此作为与对方单位联系工作的凭证。由于介绍信上一般还有持信人的职务、职称、政治面貌等,因此介绍信具有介绍和证明的双重作用。

三、介绍信与证明信的区别与联系

　　介绍信和证明信均具有证明功能。但证明信侧重于证明事实的真实情况,而介绍信除了证明身份外,更是与对方单位接洽工作的凭证。如某党员因临时外出学习、参加会议等外出时需要证明党员身份,应开具党员证明信;而某党员因大学毕业或工作调动需要转移党员关系,则用党员介绍性作为党团关系从本单位转到对方单位的依据。另外,介绍信必须由单位开具,而证明信可以由单位开具,也可以以个人的名义出具。

能力技巧

一、证明信的写作技巧

(一)标题
标明专用书信的性质,在文首行的正中间书写"证明信"。
(二)收信单位名称
如果是外出办事只作身份证明,这一项目可以略去,如果是直接给某单位的证明材料,就必须标明单位名称。

(三)正文

写清楚证明的事项。如证明某人的工作经历:就应写明姓名、时间、在本单位工作时担任的职务、工作能力、业绩等。如证明某件事情的真实与否,须写清参加者的姓名、身份、在事件中的地位、作用和事件本身的前因后果。

(四)结尾

写明习惯用语"特此证明""情况属实,特此证明"等。

(五)署名、日期

写明证明单位名称并加盖公章,日期。个人的证明材料应写明证明人姓名、身份,并签字盖章。

二、介绍信的写作技巧

(一)标题

与证明信相同,在文首行的正中间写上"介绍信"。

(二)收文单位名称

顶格写明要去办事的单位名称。

(三)正文

写明介绍信的主要内容。介绍前去办事者的姓名、同行者人数及接洽的事宜等,必要时介绍人物身份、职务。人数要大写。

(四)署名、日期

写明单位名称并加盖公章,日期。

(五)有效期

介绍信的左下方应注明有效期限×天。同样,数字要大写。

 案例评析

【案例一】

证明信

丽水市委组织部:

王俊原为我校中文系2013届毕业生,在校期间曾担任学生会主席等职务。学习期间,该生能自觉遵守学校各项规章制度,没有参与任何不利于安定团结的活动。

特此证明。

××学校公章
××××年××月××日

【评析】此证明为证明某人在校表现的情况,具体交代该生在校学习时间担任的职务及表现,表述清楚,结构完整。

【案例二】

介绍信

紫丁香音乐厅:

　　兹有李明同志,男,1 人,前往购买 10 月 10 日晚"唐宋诗词朗诵会"团体票,请接洽。

2013 年 9 月 25 日

　　【评析】此介绍信存在的问题较多:被介绍人的单位不明确;文中的数字没有大写;缺少祝颂语;缺少出具介绍信的单位名称及公章;缺少有效期;语言表达较生硬。是一封不具备介绍功能的介绍信。可改成:

介绍信

紫丁香音乐厅:

　　兹介绍我单位李明同志,男,壹人,前往贵处购买 10 月 10 日晚"唐宋诗词朗诵会"团体票,请予接洽。

　　此致

敬礼

××学院信息工程学院工会(印)
2013 年 9 月 25 日

(有效期伍天)

【任务演练】

　　一、根据职场情境中提供的材料,请你代俞琴为外出学习的人员开具一则介绍信。

　　二、请你根据下列材料,以学院教务处名义,为刘谨去某校自考办报考开具其在校期间接受过相关课程学习的证明。

　　材料一:全国高等院校自学考试管理办公室规定:"凡报考非原专业专科学历者,在专科学习期间,已学习过报考专业中相关课程,且成绩合格者,该门课程可免考。"

　　材料二:刘谨,管理学院在读学生,2010 年学习过《新闻编辑》《新闻采访与写作》,且成绩合格。2011 年 3 月该生报名参加中国人民大学新闻专业专科自考。

任务二　求职信的写作

情景导入

28 岁的工人张艺谋如何毛遂自荐进电影学院

　　1978 年夏,28 岁超龄 6 岁的张艺谋所在的国棉八厂获得了一个北京电影学院的招生名额,厂里将这个机会给予了一直想当专业摄影师的张艺谋,在工友们的鼓励和支持下,张艺谋激动不已而又心怀忐忑(他的文化课仅勉强具有初中毕业的水平)地决定敲响命运的大门。

28岁的张艺谋在考学的经历中体现了锲而不舍、足智多谋、有备无患和心思缜密的"深谋远虑"。应考前,他花费巨大精力将自己多年来的摄影作品尤其是那些获奖作品(获奖作品给予刻意突出)细心加以装裱,用从卫生所借来的白胶布和棉线装订成册;重要的是,他将一封情真意切的自荐信成功地交到了时任文化部部长黄镇的手上,他能被录取,黄镇的特别指示起到了决定性作用,终于,他经过反复努力争取到了超龄和免去文化课考试的破格权;最后,在等待考试结果时又找人联系了西安电影制片厂,获得了学徒的资格,以备不测。终于,一份北影厂的公函送抵国棉八厂——"……根据上级指示,决定接受你厂工人张艺谋到我院摄影系学习,请携带有关证明、户口和粮油关系来我院办理入学手续……"这份并非正规录取通知书的调令,改变了张艺谋的人生,也影响了中国电影的进程!

在竞争激烈的社会,要想赢得工作就业机会或为自己寻找一个发展的空间,必须善于推荐自己,而求职信便是一种使用频率很高的应用文体。一封漂亮的求职信就像一位出色的使者可以在你和用人单位见面之前,给人留下深刻的印象,从而增加你面试的机会。所以在即将走上工作岗位的时候你必须精心设计求职信。

必备知识

一、求职信的含义

求职信是向用人单位自荐,谋求职位的书信。它分为自荐信和应聘信两种。

自荐信是比较系统地介绍自己的才识、专长和经历,进行自我推荐的专用书信。一般用于人才招聘会上向多个用人单位呈送。

应聘信是为求得某一具体职务而有重点地介绍自己与此职务相关的才能和条件的专用书信。一般针对某一具体的招聘启事而写。

无论是自荐信还是应聘信,它们的最终目的相同:都是为了对方所认可和录用聘用。在表现手法上都是表现自我、展现自我,进行自我推销。只是前者不一定提具体职务,介绍范围较大,较全面系统;后者一般明确提出具体职务要求,内容单一。

二、求职信的特点

(一)内容的针对性

求职信的内容必须针对对方要求或担任某职务有关的内容来选择和组织材料,不发空洞议论,也不涉及一切无关的人和事。要围绕求职单位的实际情况、读信人的心理和个人的求职意向写。

（二）目的明确性

求职信的目的是为对方所录用,恰当地推销自己,恰如其分地表现自己,用自己的成绩、特长、优势,甚至用个性、闪光点吸引对方,使对方在即使未谋面的情况下,产生一种心动和值得一试的感觉。

（三）风格的独特性

求职信要针对自己的个性特点,在内容和形式上形成自己独特的风格。如某一企业管理专业的学生毕业的时候将自己两年来精心搜集整理成的厚厚两本有关应聘公司的资料寄给自己心仪的企业,以其执着性、策略性思维获得该公司的青睐;一市场营销专业学生应用自己的专长将自己作为一个"产品"来营销,按营销策划书的结构和体式写了一则求职策划书,多角度展示自己的优势,以独到的观察视角求得了招聘单位的认同,最终加入广东省一个著名企业,顺利完成了从学生到企业人的转变。

🏆 能力技巧

一、求职信的写作技巧

求职信通常由标题、称谓、正文、落款、祝颂语和附件等部分构成。

（一）标题

标题是求职信的眉目,居中写明"求职信""自荐信"或"应聘信"等。

（二）称谓

写给用人单位的人事部门或直接写给单位负责人的,注意称谓要做到礼貌、得体。对用人单位明确的可直接写明单位名称,如"尊敬的××公司人事部""尊敬的××公司叶经理"。在用人单位不确定的情况下,称谓可写"尊敬的公司人事部领导""尊敬的总经理先生"等。

（三）正文

1. 开头语

先写问候语"您好",表示礼貌、尊敬。再写求职人的自我简介或用人信息的获得渠道。如"我叫刘利红,是浙江金融职业技术学院财会专业的应届毕业生。见《今日早报》贵公司招聘启事,我有意应聘其中出纳一职。"也可以用积极奋发及富有激情的笔触来写,如:"刚迈如韶华岁月的我,向往美好的人生,漫漫人生路,我想路在我的脚下,第一步我所盼望的,是能够迈入贵公司的大门。"开头语表述应简洁明确、干脆利落,不宜过多过长。

2. 主体

这是求职信的核心部分。一般没有固定格式,对一名毕业生一般采用如下思路:

首先,具体介绍自己的专业优势,即学习的主要专业课程,参加的专业实践活动及在各类专业竞赛中的获奖情况等,要充分展示自己在专业方面的突出成绩,使自己在众多应聘者中出类拔萃。

其次,介绍自己的工作能力及爱好特长,包括自己在校期间担任学生会、班级的主要干部职务,在各类活动中的组织能力、人际交往能力、口才表达能力等。个人的兴趣、爱好及特长也是竞争的优势。

再次,如果用人单位明确,可以谈谈对企业的认识、了解,表达迫切要求工作的愿望及录用后的打算。如"贵厂是闻名遐迩的中外合资企业,总经理知人善用,重视人才,我非常愿意并渴望到贵厂工作,并愿为贵厂的兴旺发达贡献自己的知识与才华"。

3. 结尾

再次表达求职的愿望,希望获得机遇,起到吸引和打动对方的作用。如"我期待着好消息""热切地盼望着贵公司给予答复"等。

4. 祝颂语

可写"此致敬礼"也可写"祝贵公司兴旺发达"等祝颂性的话。

5. 附件

这也是求职信的重要组成部分,它是求职信以外的其他材料。如:学历证书、成绩单、获奖证书、技能证书、论文等复印件。如材料多,依次标上序号。这些材料是个人专业优势和能力特长的验证,对用人单位来说是反映个人才能、知识的重要证据。

6. 落款

署上求职者的姓名、日期。

二、求职信的写作要求

(一)充分自信

自信是写好求职信的前提。自荐信的字里行间必须洋溢着充分的自信。要让用人感觉到你完全有能力胜任应聘的工作岗位,并且是这一岗位的最佳人选之一。因此,要多角度展示自己的优势,尽可能避免谈自己的不足。当然,自信绝不等于无中生有的盲目自夸。

(二)对方意识

应从聘用一方立场出发观察和思考问题,投其所好,引人注意,最终达到目的。尽可能多了解应聘单位情况,将对应聘单位由衷的赞赏写到求职信中。如"我之所以选择到贵公司应聘是因为贵公司倡导的'企业与时代共同前进,企业与客户共创价值,企业与员工共同发展'的核心价值观深深地吸引了我",这样写会给用人单位留下良好印象。这也是面试时的一大技巧。

(三)突出重点

求职信不是一份面面俱到的思想、工作总结。要突出那些能引起对方兴趣、有助于获得工作的内容,主要包括专业知识、工作经验、自身特长和个性特点等,重点突出与求职意向相关的知识结构、工作经验和能力。有时,为了突出这些特点,可以用一些典型数据和事例来说明,切忌太多空洞的自我评价。

(四)思路清晰

自荐信的重点在于"荐",在构思上一定要围绕"为何荐""凭何荐""怎么荐"的思路安排,使用规范的书信格式。

案例评析

【案例一】

求职信

尊敬的领导:

　　您好!

读了贵公司 2013 年 3 月 6 日刊登于《钱江晚报》上的招聘启事,特应聘秘书一职!

我即将从浙江经济职业技术学院秘书专业毕业。在校期间,我系统学习了商务秘书实务、商务文书写作与处理、企业行政管理、公共关系原理与实务、会议组织、市场营销、英语等专业课程,并取得了国家秘书职业资格三级证书。几年的秘书专业学习,让我理解并喜欢秘书职业。我能顺利地运用英语进行阅读、写作和会话;熟知办公室工作的内容和流程,掌握办公室工作技巧,计算机操作达到国家一级水平,英文打字达到高级水平,中文打字达到80/分钟,同时,具有较强的速记能力。我曾在华海科技有限公司前台接待岗位实习一个月,该公司对我的评价良好。(见附件)

在学校的推荐信上,您会看到我学习成绩优良,曾获得校级和国家级奖学金。2012年,荣获全国职业院校秘书技能大赛一等奖。我曾担任班长、学生会宣传部长、校秘书协会会长,成功策划了 2012 年下沙六校秘书之星评选等活动,锻炼了自己的组织能力、协调能力,增强了团队意识。我性格开朗,为人诚实,具备良好的人际沟通素质,愿意并能够胜任秘书工作。如果能得到贵公司的青睐,我一定勤奋工作,努力进取,为贵公司的发展尽心尽力。

期待能与您尽快面谈。我的联系电话:××××××××××××;E-mail:zll@126.com

　　此致

敬礼

　　附件:1.求职简历

　　　　2.各类证明材料

应聘人:张玲玲

2013 年 3 月 7 日

【评析】这份应聘信的正文首先交代了来信目的,即应聘秘书岗位;然后围绕应聘岗位重点陈述了自己胜任秘书岗位的条件,既有专业技能,也有个人素养;最后表达了期待面谈的心情,并附上了联系方式。全文行文简洁,针对性强,对于后面的简历起到了很好的提示作用。

【案例二】

自荐信

尊敬的领导：

您好！

我叫王灵俊，是浙江经济职业技术学院的 2013 届毕业生。就我的现状而言，就好比是一辆刚下生产线等待市场考验的小轿车。我觉得一个优秀的营销者就好比是一辆一流的轿车，总能让人们喜欢它，进而信赖它，最后愿意为它埋单。人如其名，从我的名字不难看出我是一辆具有相当大市场前景的新款轿车。

"王"象征着"王牌"的品质，无论是什么要想在市场上站稳脚步，品质永远是关键。经过大学的三年学习，我已经熟练地掌握了有关汽车的各方面专业知识。这就好比一辆车拥有一台品质卓越的发动机，无论面对怎么样的路况，何种环境，它总能源源不断地输出最大动力。

"灵"在汽车上一则可指车内装潢设计十分人性化，便于驾驶者自如操作，灵活掌握。二则指汽车在行驶中无论调头还是转弯，抑或是其他动作，对它而言都是那样的轻松、灵活。我是一个有很强团队合作意识的人，能够很好地处理好与同事的关系，故而便于领导指挥管理。除此之外，交际能力较强，面对复杂的人际关系，我能很自如地做好"转弯"亦或是"调头"工作。

"俊"则是指汽车拥有非凡的外观，所到之处总能赢得人们的喜爱。我虽然没有非凡的外表，但我是一个具有较强亲和力的人，容易让人接受，进而得到他们的信赖和喜爱。

虽然，我具备了成一辆一流汽车的潜力，但是我的行驶经验远远不足，需要一名优秀的驾驶员不断地训练我、改进我。而贵公司是一位难得的优秀驾驶员。如果贵公司能给我一次为您效劳的机会，相信我将会成为一辆名副其实的"王""灵""俊"式轿车，为贵公司开拓更广阔的市场。

热忱期待着您的回应！ 此致

敬礼

附相关证明材料

自荐人：王灵俊

2013 年 5 月 12 日

【评析】这是一封比较有特色的自荐信，自荐者将自己的名字与自己的专业和求职意向挂钩，产生了较强的阅读引力。字里行间也显示出自荐者流畅的文笔和敏捷的才思。注意体会他与前面的应聘信的异同。

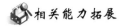 **相关能力拓展**

求职中个人简历的写作

个人简历就是对某个人的生活经历有重点地加以概述的一种应用文。是一个人生活经历的精要总结,也是一个人整体形象的缩影。求职中个人简历是对整个大学生活或以前工作经历的概括与提炼。跟求职信一样,毕业生个人简历也是求职过程中不可缺少的一部分,有时用人单位甚至更关注个人简历。

真实性、正面性、精练性是个人简历的特点。

个人简历有三种典型的形式:

一、年代顺序排列型

按时间先后次序排列,重点强调近几年的情况。优点:一目了然,容易看懂。

二、实用型

把个人成绩分别列在不同的实践活动名称下,把最重要的成绩排在前面。

三、目标型

先写明求职意向,然后列举几项证明学识和才能的条目。

求职中的个人简历内容一般包括:本人基本情况、个人履历、学习和工作经历、求职意向、联系方式、证明材料等基本要素。

基本情况包括:姓名、出生年月、性别、籍贯、民族、学历、学位、政治面貌、学校、专业、毕业时间等。

个人履历一般指高中开始学历阶段经历。

本人学习经历包括:大学阶段主修、辅修与选修科目及成绩,突出与谋求的职位有关的科目、专业知识。

工作经历包括:社会实践工作、建树或经验教训,要写清楚实践工作的时间、单位、岗位、收获或成绩,以增强可信度。

求职意向指对哪些岗位、行业感兴趣及相关要求。

联系方式包括:地址、电话号码、E-Mail 地址等。

证明材料包括:学历证明、获奖证书、专业技术职务证书、专家推荐信、所发表的论文著作等。

案例评析

个人简历

基本信息					
姓　名	林××	性别	女	出生年月	1988 年 4 月
籍　贯	浙江杭州	学历	大专	专业	文秘
政治面貌		中共预备党员	联系电话	139×××××××	
E-mail		lhqiu@163.com			
求职意向		办公室文员、档案管理等相关工作			

个人履历

◆2003 年 9 月—2006 年 6 月　杭州紫薇中学,任班级团组织委员;

◆2006 年 9 月—2009 年 6 月　浙江经济职业技术学院文秘专业学习,任班级团支书、系学生会副主席、文娱部部长、物产示范生

主修课程

秘书理论与实务、秘书写作、文书写作与处理、办公自动化、企业运作实务、市场调查方法、会议组织、档案管理实务

拓展课程

大学英语、市场营销、国际贸易、外贸函电、公关礼仪与口才、书法

获奖情况

◆2007 年、2008 年获学校一、二等奖学金、"优秀共青团员";

◆2009 年获国家级奖学金;

◆2008 年 5 月获首届全国高校秘书职业技能大赛一等奖;

◆2008 年 5 月获第五届下沙六校"诚意药业"杯秘书之星总决赛冠军;

◆2008 年 1 月获得校级"三好学生"称号;

◆2007 年、2008 年获学校第三、第四届"技能之星""学校之星";

◆2009 年获校首届"礼仪形象大使"优胜奖;

◆2009 年获学院"味道"摄影大赛一等奖

续表

技能水平
◆英语:国家大学英语四级,能顺利地运用英语进行阅读、写作和会话;
◆平时熟练运用计算机办公软件、计算机国家一级证书;
◆国家秘书三级证书、办公自动化、内审员、会计上岗证等专业技能证书。

实践经历
◆在校期间,策划举办了多场晚会,如迎新晚会、十佳歌手大赛、红歌会等,都是高效率,高质量地完成工作;
◆担任学校广播台台长,有丰富的新闻播报和采访经验;
◆2008 年暑假在浙江物产汽车专营店实习,担任前台;
◆2009 年 3—6 月在杭州市下沙档案馆实习档案管理业务。

自我评价
良好的家庭背景培养了我多才多艺、活泼开朗、乐观向上的品质; 十五年寒窗苦读造就了一个眼界开阔、坚忍不拔、富有涵养的大学生。

【评析】这份简历思路清晰、眉目清楚,专业知识和能力一目了然。

【任务演练】

结合自身实际写一封求职的自荐信并附上简历。

任务三 邀请信与请柬、聘书的写作

情景导入

　　孙瑜在天嵩集团担任市场部经理秘书。这天,公司管理层决定对公司销售队伍进行调整,最好能吸收一些新鲜血液——大学毕业生。市场部经理无意间向孙瑜问起她所在的高职院校,并有意前往招聘。孙瑜通过和自己老师的联系,为公司招聘了大三的实习生,同时,母校与天嵩集团签订了实习基地协议,并聘请天嵩集团的几位经验丰富的经理为学院的客座教授。年底,天嵩集团召开一年一度的年会,特将孙瑜的母校作为嘉宾隆重邀请。孙瑜被抽调到这次年会筹委会,因她是秘书专业毕业的,邀请信和请柬的写作任务自然就落到了她的头上。

　　思考:孙瑜应该怎样写作上述文书?

必备知识

一、邀请信和请柬的含义

邀请信(函、书)是机关、团体、单位邀请上级领导、兄弟单位的有关同志前来参加重要的纪念、庆祝等活动时,为表示庄重而使用的一种告知性礼仪文书。请柬是邀请有关人士出席重要会议、典礼或参加某项活动时发出的短小而精美的礼仪性专用文书,也称请帖。

二、邀请信和请柬的区别

(一)适用场合不同

邀请函适用于喜庆活动,也适用于严肃正规的学术会议活动、复杂的商务活动中,多为企业、机关、团体使用;请柬仅适用于喜庆活动。

(二)受邀对象要求不同

邀请函写作内容更为复杂,对受邀对象有具体要求,如:准备参会文稿、参展商品等。请柬对受邀对象仅是发出邀请信息,不附加具体要求。

三、聘书的含义

聘书是聘请专业人士担任某种职务或承担某项工作时所使用的礼仪性专用文书,也称聘请书。

随着社会主义市场经济的逐步完善,聘任制成为人事管理的一种主要形式,聘书的使用率越来越高,适用范围日渐扩大。聘书的写作和使用成为聘请者礼贤下士的重要表现,在社会交往和业务工作中起到加强横向联系、发掘人才潜力和明确工作职责的作用。

 能力技巧

一、邀请信的写作技巧

(一)标题

常见的写法:一是只标示文种名称。即在第一行居中书写"邀请信""邀请函""邀请书"等字样。二是邀请者+文种名称。如"××公司邀请书";三是 邀请事由+文种名称。如"文秘类教材编写邀请函";四是邀请者+邀请事由+文种名称。如"中国公文写作研究会关于召开全国第×届公文学术研讨会的邀请函"等。

(二)称谓

在标题之下另起一行顶格书写邀请对象的名称。使用单位名称或个人名称尊称、敬称。

(三)正文

交代邀请的目的、活动内容、时间、地点及应注意的一些问题。

(四)结语

在正文之下另起一行空两格书写"此致""恭候"等表示恭谨之意的词语,再另起一行顶格书写"敬礼""回音"等表示敬意或期待的话,后面不加标点符号。

(五)落款

在结语的右下方署上邀请者的名称。在署名的下方写上发出邀请的准确日期。

二、请柬的写作技巧

请柬写作比价简单,一般写清楚称谓、活动内容、时间、地点、方式、要求等,结尾写恭候语,如"届时敬请光临"等和此致敬礼等祝颂语,再写上落款即可。

三、聘书的写作技巧

(一)标题

一般用套红、烫金封面印上"聘书"两字,聘书里面文的正中间写"聘请书"或"聘书"字样。

(二)称谓

写明被聘请人姓名,如"××先生""××同志"等,这个项目也可省略,将被聘请人的姓名在正文中书写,如"兹聘请××先生"。

(三)正文

交代聘请的原因、聘请担任的职务或承担的工作、聘请的期限。有的还说明待遇,也可省略不写。

(四)结尾

惯用语写"此聘"。

(五)署名、日期

写明聘请单位名称并加盖公章,日期。

四、邀请信与请柬、聘书的写作要求

(一)准确具体

不论是相对简单的请柬,还是比较复杂的邀请信,对于活动有关事项的说明必须落到实处,在概括简明的要求下做到具体准确,不能模糊。

(二)语言恳切

邀请信、聘书的语言均要热情、恳切又朴实,根据对象和内容认真措词,既体现出对邀请、聘用对象的尊重,又恰如其分地表达出殷切期望对方接受的心情。

案例评析

【案例一】

浙江经济职业技术学院董事会成立暨产学研推进大会邀请函

尊敬的×××:

浙江经济职业技术学院是受浙江省教育厅和浙江省物产集团公司双重领导的全日制公办高职院校,是首批国家骨干高职院校。为贯彻落实《中华人民共和国高等教育法》《国家中长期教育改革和发展规划纲要(2010—2020)》等相关法律文件精神,深化学校与行业、企业产学研办学的有效机制,经浙江省物产集团公司批准成立浙江经济职业技术学院董事会,并于2012年6月24日上午召开首届董事会成立暨产学研推进大会。

学校董事会是董事单位与学校建立紧密、稳定的合作关系的桥梁和纽带,是学校与行业、企业、政府管理机构等进行沟通、交流的平台。其主要职能是对学校办学、教育、科研、社会服务等重大问题提供咨询、指导和监督,为学校办学条件改善提供良好的政策支持和投入环境支持,最终实现董事会成员各方互利共赢的合作办学目标。(详见附件1:《浙江经济职业技术学院董事会章程》草案)

经学校董事会筹委会研究,特聘您担任首届学校董事会董事,诚邀您拨冗出席董事会成立暨产学研推进大会。

一、会议时间:2012年6月24日上午9时30分

二、会议地点:杭州星都宾馆(湖墅南路文三路口)

三、大会联系人及电话:

朱××:8692××××,136×××××××;

柳××:8692××××,130××××××××。

四、烦请您填写董事基本信息,并对学校董事会章程草案和首届学校董事会建议名单(附件2)提出修改意见,随同参会回执(附件4),于6月20日前反馈(传真至:8692×××
×或电邮至:××@zjtie.edu.cn)

附件:1.浙江经济职业技术学院董事会章程(草案)

2.浙江经济职业技术学院首届董事会建议名单

3.浙江经济职业技术学院首届董事会董事基本信息和意见征求表

4.参会回执

浙江经济职业技术学院董事会筹委会

2012年6月3日

【评析】这份邀请函采用了比较通行的写法。正文的前言部分交代了举办活动的目的、主办单位、时间、地点,并发出邀请,以"现将有关事宜函告如下"过渡到事项部分;事项部分详细介绍了活动的主要内容,这是吸引邀请对象能够参加的主要因素,并具体说明了报到的有关事宜。全文结构完整,事项清楚,能够使邀请功能得到有效的发挥。

【案例二】

请　柬

×××：

兹定于 2013 年 8 月 10 日至 8 月 18 日，在杭州华侨大厦召开万隆食品展销会，并于 8 月 10 日中午 11 时 30 分在华桥大酒家举行开幕典礼，敬备酒宴恭候。请届时光临。

杭州万隆食品有限公司敬约
2013 年 8 月 2 日

【评析】这则请柬用词文雅，恭敬而不失热情，对活动相关信息的介绍也清楚具体。

【案例三】

聘请书

××市律师事务所××律师：

为维护公司的合法权益，特聘请您担任本公司常年法律顾问，负责办理本公司一切对外法律事务。聘期 2 年(2013 年 1 月—2014 年 12 月)

此聘

杭州市鸿运贸易有限公司(公章)
2013 年 1 月 5 日

聘　书

兹聘请赵红作同志为浙江经济职业技术学院企业兼职教授，聘期自 2013 年 1 月 1 日至 2014 年 12 月 31 日。

特发此证

浙江经济职业技术学院
2013 年 1 月 1 日

【评析】这两则聘请书，前者用称谓写明被聘请人姓名，后者将被聘请人的姓名在正文中书写，对涉及的关键信息交代清楚准确，语气诚恳。

【任务演练】

根据职场情境中提供的材料，代俞琴拟写公司二十年庆典活动的邀请信、请柬和公司聘任俞琴母校的市场营销专业黄建老师担任公司市场部顾问的聘书。

任务四　表扬信与感谢信的写作

情景导入

一天，俞琴在为公司经理整理邮件，看到了这样一封信：

尊敬的领导：

您好！

我叫×××，是×月×号59位面试者中来自××职业技术学院××专业的应届毕业生。感谢××公司给了我一次面试的机会。这次面试，开阔了我的视野，增长了我的见识，也相信您对我各方面综合能力的肯定，一定能增强我的竞争优势，让我在求职的路上更加坚定自己的信心。感谢公司对我的关爱，感谢公司给予我的这次毕生难忘的经历！

无论这次我是否能被公司录用，我更坚信——选择××公司是明智之举。无论今后我会在哪个单位上班，我都将尽心尽责做一位具有强烈责任感、与单位荣辱与共的员工，一位扎根于单位、立志为社会创造最大价值的攀登者，一位积极进取、脚踏实地而又极具创新意识的新型人才。

大千世界，芸芸众生，如我者甚众，胜我者恒多。虽然我现在还很平凡，但我将勤奋进取、永不服输。如蒙不弃，惠于录用，必将竭尽才智，为公司鞠躬尽瘁！

感谢的同时，祝贵单位事业蒸蒸日上，一帆风顺！

此致

敬礼

                                        ×××

                                        ××××年×月×日

思考：写作这种感谢信的主要目的是什么？写作中要注意什么？你在求职过程中想到过写这种感谢信吗？

 必备知识

一、表扬信的含义

表扬信是对其他单位或个人的先进事迹、模范行为、高尚品格等公开表示赞扬与称颂的书信体专用文书。表扬信通过对表扬对象的赞扬与称颂，使相关范围内的人们受到感染和教育，激励人们互相学习。

表扬信可以直接写给表扬对象，也可以写给表扬对象的所属单位，还可以写给报刊社、电台、电视台等新闻媒体。

二、感谢信的含义

感谢信是对某个单位或个人的关怀、支援、帮助表示感谢的信件。感谢信不仅有感谢的意思，而且有表扬的意思。这种信可以直接给对方或对方所在单位，也可以张贴在对方单位内或所在地的公共场所，还可以交给报纸刊登、电台广播、电视台播映。

感谢信是人们交流感情、增进友爱、团结互助的桥梁，也是对正义、勇敢、真诚等高尚行为的肯定和赞扬，它能够温暖人心，促人向上。感谢信使用的范围广泛，感谢相助、感谢捐赠、感谢祝贺、感谢鼓励、感谢慰问等都可以使用。

能力技巧

一、表扬信与感谢信的写作技巧

（一）标题

常见的写法有：一是只标示文种名称。即在第一行居中书写"表扬信"或"感谢信"；二是表扬（感谢）者＋表扬（感谢）对象＋文种名称。如"哈尔滨市天泰公司市场部给陕西天赋公司的感谢信"；三是表扬（感谢）对象＋文种名称。如"致肇东市第一人民医院的表扬信"。

（二）称谓

受信者的名称。如果受信者是表扬（感谢）对象，应当书写表扬（感谢）对象的个人姓名，前面可以加上"尊敬的"等敬语，后面应当加上"同志""同学"等称呼，或书写表扬对象的群体泛称；如果受信者是表扬对象的所属单位，应当书写其单位名称。

（三）正文

一般由陈述事实、适度评价和表明态度三部分内容构成。

1.陈述事实。通过事实来阐明表扬（感谢）的原因，重点叙述事件的时间、地点、发生、发展和结果。

2.适度评价。赞扬或称颂表扬（感谢）对象在事件中表现出来的可贵的精神品质，揭示其模范意义。评价要恰如其分，实事求是，不能空讲道理，随意拔高，更不能以点代面，以偏概全。

3.表明态度。如果是下行式表扬信，一般对表扬对象提出勉励和希望；如果是平行式表扬信，直接写给表扬对象的一般表达向其学习的决心，写给表扬对象的所属单位的一般建议其对表扬对象予以公开表扬。感谢信一般表示向对方学习、做好本职工作的态度和决心。

（四）结语

写上"此致敬礼""致以崇高的敬意"等表示恭谨之意的词语。也有的在正文之后另起一行空两格书写一句再次完整表达感谢的句子。

（五）落款

在结语的右下方署上表扬者的名称。表扬者的名称可以是单位名称，也可以是个人姓名。

二、表扬信和感谢信的写作要求

（一）透过现象看本质

要注意把人物、时间、地点、原因、结果以及事情经过叙述清楚即可，不要过于琐细，不要堆砌大量的细节描写，忌啰唆，篇幅长，文字华而不实；但也注意不要过于简单，三言两语，无法从陈述的事实中有力凸现表扬对象的先进、模范、高尚之处。

（二）表达方式要亲切

对表扬对象的评价要实事求是，还要注意语言表达要亲切热情，富于感情色彩，不要冷冰冰地纯客观表述，但是忌讳堆砌溢美之词。感谢信中要洋溢着感激之情。在叙述事实的过程中，除了要突出对方的好思想和表示谢意外，行文要始终饱含着感情。这感情要真挚、热烈，使所有看到信的人都受到感染。

 案例评析

【案例一】

表扬信

××学校：

您好！

贵校文秘专业2011级（1）班的孙利同学在我公司实习期间吃苦耐劳，认真负责，谦逊好学，思维活跃，在实习岗位上能独当一面，表现非常突出。

该同学是我公司销售部10名实习生的组长。实习期间，她能以身作则，严格遵守部门纪律，认真学习公司业务知识，掌握业务技巧，将所学的知识灵活运用于客户谈判中。她具有良好的公关素质，能与部门领导主动沟通，与部门同事融洽相处，认真负责每日半小时的实习例会，及时反映或解决同学们遇到的问题。孙利同学以自己的工作热情团结和带动其他同学，为公司业务的扩大献计献策，并促成了公司的一次业务合作。我们对她的敬业精神、专业素质、综合能力以及待人处事的风格给予充分的肯定。从她的身上，我们欣喜地看到当代高职院校学生奋发有为、昂扬向上的精神风貌。

感谢贵校悉心培养出如此优秀的学生，同时也希望贵校对孙利同学的出色表现予以表扬。今后，我公司将进一步加强同贵校的交流与合作，真诚地欢迎贵校继续推荐优秀的学生到我公司实习或就业。

此致

敬礼

天嵩集团公司销售部

2013年11月12日

【评析】这份表扬信首先概述了表扬的理由，然后选择有代表性的事例来突出表扬对象的优秀之处，接下来对表扬对象作出恰当的评价，见人、见事、见精神，最后得体地提出表扬建议。全文夹叙夹议，行文恳切，让人信服。

【案例二】

感谢信

天嵩集团领导和员工：

你们好！

在即将结束实习返校之际，我们××高职院的全体实习生，向接纳并指导我们实习的公司领导和员工致以最诚挚的感谢。

过去的一个月,作为实习生,我们在贵公司学到了很多课堂上学不到的东西,使我们受益匪浅。公司领导层洞察市场、善抓机遇、指挥协调的能力,使我们懂得如何面对激烈的市场竞争并立于不败之地;具体指导我们实习的各部门的业务高手对于销售方面的创意和策划,使我们明白了市场营销的具体操作程序,也从中学到了销售的高超技巧和方法;尤其是公司领导对我们各方面的悉心关照使我们倍感亲切;各位指导老师在业务上对我们的谆谆教诲,是我们实习中最为宝贵的收获;公司员工忠于职守、任劳任怨的工作精神为我们树立了学习的榜样。

我们即将告别你们,返回学校,不久也将走上工作岗位,在贵公司所学到的一切是我们在校四年学习中最为宝贵的收获,也是我们将来立身、从业效仿的典范。为此,我们全体实习生再次对你们表示衷心的感谢!

最后,祝贵公司各位领导及员工工作顺利,身体健康。

××高职学院全体实习生
2013 年 11 月 18 日

【评析】这份感谢信想将实习期间的情感较浓抒发,但由于没有细节的再现,使字里行间缺少情蕴,全文空洞。请同学们仔细体会感谢信中陈述事实的处理方式。

【任务演练】

一、请以你个人的名义向你的父母或向就读院校写一封感谢信。

二、请你就身边发生的好人好事写一封表扬信。

任务五　慰问信与贺信的写作

情景导入

11 月 30 日,第九届大河财富(中国)论坛暨大河财富(中国)论坛 2013 年年会在郑州举行。会上,河南日报报业集团总经理张建宣读了中共河南省委书记郭庚茂的贺信。

郭庚茂在贺信中说,第九届大河财富(中国)论坛以《新动力、新红利中国改革再出发》为主体,立足河南实际,建言发展改革。为"中原崛起中国发展"献计献策具有十分重要的意义。大河财富(中国)论坛已经成功举办八届,为河南经济社会发展作出了积极贡献。衷心希望论坛认真总结经验,不断改革创新,植根中原沃土,广纳八方智慧,努力打造成为具有全球视野,中原特质的文化品牌。为河南深化改革、扩大开放、加快发展聚合正能量。

思考:省委书记写贺信能起到什么作用?

必备知识

一、慰问信的含义

慰问信是组织、群众以及个人向有关集体、个人表示慰劳、问候、致意的书信。

根据其慰问原因,可以分作三类,一是取得重大成就的单位或个人表示慰勉、鼓励的,鼓励他们戒骄戒躁,乘胜前进;二是由于某种原因而遭到暂时困难和严重损失的,表示同情和安慰,鼓励他们加倍努力,战胜困难;三是节日性慰问信,即在节日之际对有关的单位或个人表示问候、关怀的慰问信。

二、贺信的含义

贺信是对机关、团体、单位向取得重大成就、有突出成绩或喜庆之事的有关单位或人员表示祝贺或庆贺的一种礼仪文书。

贺信已成为表彰、赞扬、庆贺对方在某个方面所作贡献的形式,有的还用来表示慰问和赞扬。

能力技巧

一、慰问信与贺信的写作技巧

(一)标题

常见的写法:一是只标示文种名称。即在第一行居中书写"慰问信""祝贺信";二是慰问(祝贺)者 + 慰问(祝贺)对象 + 文种名称。如《国家体委致全体 29 届奥运健儿的贺信》;慰问对象 + 文种名称。如《致中国国际救援队的慰问信》。

(二)称谓

慰问(祝贺)对象的名称。可以是单位名称,也可以是个人姓名。

(三)正文

慰问信的正文,首先写明慰问背景,一般概括地交代社会形势,顺势表达慰问之情;其次对慰问对象所取得的成就作进一步的较为详尽的叙述,对慰问对象表示慰劳、鼓励;或对慰问对象在困境中所表现出来的可贵精神予以热情地肯定,表达崇敬之情;或借节日来临之际向慰问对象表达节日的问候,最后表达向慰问对象学习的决心或共同战胜困难和共同争取更大的成绩的愿望。

贺信的正文一般包括:对方取得的成绩和所取得成绩的重大意义;表示热烈的祝贺和殷切的希望。因祝贺事项、对象不同,内容有差异。

会议贺词,重在指出会议的重要性;向同级单位祝贺,除表示祝贺外,还应提出向对方学习的内容;下级对上级表示祝贺,除表示祝贺外,还应表示自己的决心和态度;向个人表示祝贺,着重写明有供群众学习的品德和意义。

（四）结语

写上"此致敬礼""致以诚挚的节日问候""祝取得更大的成绩"等表示恭谨、敬意或祝愿的话。

（五）落款

在结语的右下方署上慰问者的名称、日期。

二、慰问信与贺信的写作要求

（一）内容恰当

写慰问信对有贡献的集体和个人，应侧重于赞颂他们的巨大成绩；对遭到暂时困难的集体和个人，则应侧重于向他们表示关怀和支持。写贺信要注意祝贺者和受祝贺者的关系，上级对下级，可以提出希望和要求；同级之间，可以表示向对方学习，以求共同进步；下级对上级，可以表示完成某项任务的信心。

（二）切忌应酬

要充分体现组织的关心和温暖，使受慰问者在精神上得到安慰和鼓励，增强克服困难的勇气和继续前进的信心。对受祝贺者成绩的估计要实事求是，评价要恰如其分。

（三）简洁热情

语言上，不要刻意雕琢，堆砌辞藻，要注意语言的简洁、流畅，行文热情、诚恳、积极，充分体现出亲切、生动、自然。

 案例评析

【案例一】

习近平主席致全国教师的慰问信

全国广大教师们：

第二十九个教师节到来之际，我正在遥远的乌兹别克斯坦进行国事访问。首先，我代表党中央、国务院，向全国 1 400 万教师，致以诚挚的问候和崇高的敬意！祝大家节日快乐！

长期以来，我国广大教师认真贯彻党的教育方针，默默耕耘、无私奉献，用爱心、知识、智慧点亮学生心灵，培养了一批又一批优秀人才，为我国教育事业发展、为国家发展和民族振兴作出了突出贡献。

百年大计，教育为本。教师是立教之本、兴教之源，承担着让每个孩子健康成长、办好人民满意教育的重任。希望全国广大教师牢固树立中国特色社会主义理想信念，带头践行社会主义核心价值观，自觉增强立德树人、教书育人的荣誉感和责任感，学为人师，行为世范，做学生健康成长的指导者和引路人；牢固树立终身学习理念，加强学习，拓宽视野，更新知识，不断提高业务能力和教育教学质量，努力成为业务精湛、学生喜爱的高素质教师；牢固树立改革创新意识，踊跃投身教育创新实践，为发展具有中国特色、世界水平的现代教育作出贡献。

各级党委和政府要把加强教师队伍建设作为教育事业发展最重要的基础工作来抓，提升教师素质，改善教师待遇，关心教师健康，维护教师权益，充分信任、紧紧依靠广大教师，支持优秀人才长期从教、终身从教。

全社会要大力弘扬尊师重教的良好风尚，使教师成为最受社会尊重的职业。

祝全国广大教师身体健康、工作顺利、生活幸福！

习近平
2013 年 9 月 9 日

【评析】这是 2013 年教师节来临之际，正在出访的国家主席习近平同志给全国教师发来的慰问信。表达了对全国教师的感谢和敬意之后，习主席对长期以来辛勤工作的教师的工作给予了肯定，对教育事业"百年大计，教育为本"的作用进行了阐述，同时要求全国各级党委和政府重视教育工作，最后祝愿全国教师身体健康、工作顺利。慰问信感情真挚、语言亲切。表达了国家领导人对教育工作者的关怀、信任和希望。

【案例二】

中国足协致广州恒大足球俱乐部的贺信

广州恒大足球俱乐部：

贵俱乐部在 11 月 9 日亚足联亚洲足球俱乐部冠军联赛决赛两回合比赛中，力克韩国首尔 FC 足球俱乐部队，荣获冠军。这是自 2009 年亚冠改制以来，中国足球俱乐部获得的最高荣誉。中国足球协会向为此付出辛勤努力的广州恒大足球俱乐部全体教练员、运动员、工作人员致以热烈的祝贺和崇高的敬意！

衷心祝愿广州恒大足球俱乐部继续顽强拼搏，戒骄戒躁，在国际足联世界足球俱乐部冠军联赛中取得优异的成绩。

中国足球协会
2013 年 11 月 9 日

【评析】恒大足球俱乐部能够战胜韩国足球俱乐部队，这是 2009 年以来"中国足球俱乐部获得的最高荣誉"。贺电对恒大足球俱乐部表达敬意，并祝愿其在接下去的国际联赛中取得好成绩。这份贺电告诉我们，贺电尽管要求热情洋溢，鼓舞人心，但也不能无限拔高，夸大其词。

【任务演练】

2014 年是俞琴所在高职学院建校 40 周年，学校将于 5 月 28 日举行校庆活动。请代全体校友拟写一份给母校的贺信，给母校的全体教师写一封慰问信。

综合实训

一、知识目标鉴定实训

（一）正确说出介绍信和证明信的区别。

（二）正确说出介绍信、证明信的写作注意事项。

（三）分析下面这份证明存在的问题。

证 明

××××公司：

您好！

首先，向贵公司人力资源部领导表示真诚的谢意，并为自己的冒昧打扰表示道歉。事情是这样的，孙瑜于 2008—2009 年在我公司实习期间，工作认真负责，获得了我公司同仁的一致好评，为了表彰他的工作态度，我公司曾在 2008 年授予他优秀实习生的光荣称号。在这里特向你们作出证明，谢谢！

××××公司

（四）正确说出应聘信与自荐信的不同。

（五）正确说出求职信的特点和写作技巧。

（六）请修改下面的求职信。

尊敬的公司负责人：

当我即将毕业走向工作岗位，四处奔波而找不到一份称心如意的工作时，偶然从《××晚报》上看到贵公司的招聘启事，不禁欣喜万分。特毛遂自荐，应聘贵公司技术部经理或公关部经理一职。

我是××职业技术学院××专业的应届毕业生，现已学完全部课程，学习成绩优秀，各门功课平均成绩在 80 分以上（成绩表复印件附后），曾担任系学生会纪检委员，工作认真负责，曾被校学生会评为优秀学生会干部（荣誉证书复印件附后）。我有广泛的爱好，在书法、足球方面尤有特长，是系足球队主力队员。身体健康，能够从事重体力劳动。且善于处理人际关系，在大学三年，从未跟同学和老师闹过别扭。

我应聘贵公司的职务，主要目的是想干一番事业，并不计较福利待遇和个人得失。我了解过贵公司的背景材料，发现贵公司有一套独特的经营管理之道，在实行过程中，虽然难免有不完善之处，但只要不断总结经验教训，就能逐渐形成贵公司的经营管理特色。我在学校辅修过经济管理专业，在这方面有自己的一些不成熟的思路，盼望着能有一个付诸实践的机会。这也是我向贵公司积极应聘的原因之一。若能如愿以偿，我将努力勤奋工作，在本职岗位上创造出显著的业绩。我坚信我不会让您失望的。恳请您在×月×日前给我答复。

此致

敬礼

××大学××系 高××
2007 年 5 月 25 日

（七）正确说出邀请信和请柬的不同之处。

（八）正确说出聘书的写作要求。

（九）修改下面这则聘书。

聘　书

本公司因发展生产需要，特聘××工程师为公司技术顾问。现将商定的有关事项写述于下：

一、我公司不干涉××同志的正常工作，不增加除技术以外的业务工作。

二、我公司给××同志每月酬金 1 000 元，不另付其他补贴。如因工作需要除石化地区外的差旅费、出差补贴等由公司实报实销。如对本公司作出重大贡献，另行酌情发给奖金。

三、聘期自×××年 1 月至×××年 1 月，暂为 1 年。到期后，如需聘请，另发聘书。

四、聘期内，未经双方同意，一方不得中断聘约。

五、本聘书一式三份。受聘人、聘请单位、监证单位各执一份。

××市××区人民政府

×××年××月××日

（十）修改下面的邀请信。

邀请函

××公司业务部：

承蒙××服装进口公司的大力协助，我公司于 2009 年 6 月 1 日至 2 日，在××××宾馆 3 号楼大厅，举办晴纶产品展览会。这次我方有幸得到日本有代表性的长毛绒及人造毛皮厂商的赞助，届时将大量展出使用日本依克丝兰牌晴纶制造的各种产品。

展出时间：2009 年 6 月 1 日至 2 日

展出地点：××市××宾馆 3 号楼大厅

联系地址：××市××俱乐部×××号房 ××公司××办事处

电话：×××××××　　联系人：×××、×××

××公司

2009 年 5 月 20 日

请　柬

×××同学：

兹定于 2009 年 3 月 6 日上午 9 时到校医院看望病重的××老师，届时请准时到校医院指导。

××班委

2009 年 3 月 4 日

（十一）正确说出表扬信、感谢信的写作方法。

（十二）评析下面这封感谢信。

感谢信

尊敬的院长先生：

　　您好！

　　我是山西省的一个普通农民。三个月前，我身背久病不愈、生命垂危的儿子，带着最后一线希望来到了首都。在积水潭医院外科急诊室，大夫们给我儿子进行了全面的检查，诊断结果是："弥漫性腹膜炎和脓毒性败血症。""病情危急，应马上手术。"鬓发苍白的金医生果断地作出了决定。

　　金医生好几天没有回家，为抢救我儿子的生命，他全然忘记了连日来的疲劳，主动为我们联系住院，并亲自给我儿子做了手术。术后，金医生每天几次来病房询问我儿子的病情，并仔细查看刀口包扎和排液管是否畅通。记得有一次，医生让我儿子喝酸奶，可我儿子自幼生长在农村，对喝酸奶不习惯，只喝了一口就不再下咽了，我几次劝说也无济于事。这时候金医生来了，他语重心长地讲述了喝酸奶对配合药物治疗和防治毒菌感染的作用等一系列相关的医疗知识。在谈话中，金医生以他那特有的风趣、幽默的语言不时地引起了我儿子的微笑，使他很顺利地喝下了酸奶。金医生这种尊重病人、爱护病人的敬业精神，救死扶伤、无私奉献的高尚德操深深地感动着我们一家三口。

　　年轻的师医生也是如此，在给我儿子换药过程中，他不怕脏，不怕气味。他还考虑到我们农村的一些实际困难，在各个方面给予我们热心的照顾，我们全家深受感动。如果没有遇见贵院这么好的医生，我的孩子、我们家今天真不知将会是什么样的状况，对贵院的热心周到服务、对贵院金医生式的医生们表示感谢！

　　经过两个月的治疗，我儿子基本上恢复了健康。这对病人来说简直是个奇迹。

　　贵院外科的医生们不但医术高，而且医德好，他们不愧是首都的医生。再次向贵院的医生们表示真挚的感谢！

　　此致

敬礼

山西　李梅

（十三）修改下面这封表扬信。

表扬信

××旅行社：

　　我们是山东青岛一批客人，这次从××月××日来哈尔滨以后，得到了李××的热情接待，通过她的讲解了解到了哈尔滨的风土人情和概况，她幽默的讲解让我们记忆深刻。

　　这次哈尔滨之行是我们最开心的一站，非常满意李××的接待工作，再次表扬！

山东青岛客人

××××年××月××日

（十四）正确说出慰问信、贺信的写作要求。

（十五）评析下面这封慰问信。

慰问信

陈荣同学：

你好！

悉闻你的家乡突然遭受特大地震灾害，人民的生命财产受到很大损失。我们全班同学对你全家以及你家乡的人民表示深切的同情，对你表示亲切的慰问！

最近我们正在学校的领导下，以实际行动支援灾区人民。我们坚信，在党和政府的领导下，在全国人民的支援下，你一定能同灾区人民团结一致，艰苦奋斗，克服困难，重建家园，迅速地战胜洪水带来的灾害。

我们班的全体同学商定，要以实际行动支援灾区人民。请你不必担心学习上的问题，等你家中一切安排妥当后再回校，我们会帮你把落下的课程补上。

现寄去全班向你家捐赠的衣物30件，人民币2 000元。这是我们的一点心意，请务必收下。

代我们再次向你全家和乡亲们表示亲切的慰问！

×××·学校××班全体同学

××××年××月××日

（十六）修改下面这封贺信。

贺　信

尊敬的××公司：

两周前听说你们公司的"××速食粉丝"通过了国家质检中心的检测，获得"质优免检"产品的荣誉称号。俗语说"苦尽甘来"，你们为此所经历的艰辛和付出的努力，总算有了回报。我为你们感到高兴、感到自豪！

祝您及所属的公司百尺竿头，更进一步！

×××集团

××××年××月××日

二、能力目标鉴定实训

（一）阅读下文，请你以所在高职院校名义，为李杨老师制作一份介绍信。

2013年全国职业院校秘书技能大赛评委教师邀请书

××职业技术学院李杨老师：

经研究，决定邀请你参加今年全国职业院校秘书技能大赛评委工作。如果你不需要回避，无直系亲属参加今年大赛，请于十一月一日到××高职学院报到（请开具介绍信，并带工作证）。

此致

敬礼

全国文秘技能大赛组委会办公室

2013年9月28日

（二）根据下列材料写一份证明信。

根据有关规定，寒暑假期间，所有在籍学生必须进行为期一月的社会实践，届时，参加社会实践的学生均须到各系部领取《××校暑期社会实践表》，且要求实习单位指定一工作人员充当实习生指导教师，并在《社会实践表》指定栏目填写实习评语。

假设你的社会实践地址是××街道办事处，请你根据上述材料，写一份实习证明。

（三）根据下面招聘启事写一份求职信。

××公司招聘启事

招聘职位：市场部经理秘书

招聘条件：

1. 25岁以下，大专或大专以上学历，市场营销和企业管理专业优先；

2. 具有较强的沟通能力和写作能力；

3. 具有两年以上的相关工作经验；

4. 能够吃苦耐劳，经常加班或出差；

5. 具有良好的团队合作精神。

有意者请将简历发送至zhaopin@tiansong.com.cn。请不要使用附件发送。请勿上门或电话访问。

（四）天嵩集团企业报——天嵩报将举办一次企业内刊编写经验交流会，拟邀请本市相关兄弟单位的同仁们前来参加。请你代天嵩企业报拟写一份给其他几家企业内刊部的邀请信，必要内容可以适当虚拟补充。

（五）天嵩集团是一个比较年轻的企业，这几年发展迅速，员工都比较年轻，特别是市场部和销售部的员工，集团现急需对这些员工进行办公室基本工作的培训。因天嵩集团和孙瑜的高职学院签订了校企合作协议，现欲请两位教师进行企业培训。聘请教授于××进行公文写作与排版的培训；教授张××进行常用办公软件的培训，请分别代天嵩集团拟写上述两份聘书。

（六）天嵩集团为了庆祝企业成立×周年，将于9月28日晚6:00在紫丁香音乐厅举行晚会，拟邀请××人民广播电台播音员王××前来友情主持，并邀请××电视台记者前来采访。请分别拟写这两份请柬。

（七）根据下列材料，代孙瑜起草一份表扬信。

孙瑜在天嵩集团市场部任秘书期间，发生了一件让她终生难忘的事情：2010年1月，孙瑜到总部领取集团财务支付的市场部2万元现金，正在出租车上时，接到经理的电话，经理让她速回来，因为非常重要的合同文本他找不到了，谈判马上就要进行，孙瑜知道这个合同的重要性，车到目的地，她忘了所要出租车发票就匆匆下车离去，没走出多远，她猛然发觉随身携带的皮包不见了踪影，里面装有2万元现金，还有她自己的身份证和银行卡。无奈，她哭着回到了公司。经理见到她，急着要了合同文本就进会议室谈判了，根本没关注到孙瑜的变化。孙瑜整个下午都在作思想斗争，辞职？不告而别？坦白？……结果，快下班时，××出租汽车公司的一个电话，解了她的燃眉之急。原来司机在清理车厢时发现了皮包,立即交到公司,经过仔细清点,工作人员看到了孙瑜的身份证。于是他们联系公安部门,调出叫孙瑜的人,一一打电话询问,终于得知了失主的去向。孙瑜接到电话后,立即赶到出租车公司,从出租汽车公司领取这只皮包。她十分感激,向公司员工连连道谢,并决定给报社写一封表扬信,表扬这位出租车司机拾金不昧的高风亮节。

（八）根据上述材料,请你代孙瑜再起草一份出租车公司为乘客排忧解难的优良服务态度的感谢信。

（九）孙瑜在天嵩集团工作不久,同她一起进入公司市场部的一位同事张××的父亲和舅舅因车祸突然去世,经理要求孙瑜以市场部全体员工名义给张××写一封慰问信。

（十）南大荒集团和天嵩集团都是以马铃薯为原料,集研发、生产、销售为一体的综合性企业,有着多年的合作关系。南大荒集团最近在全省企业内刊评比中获得"十佳企业内刊"称号。请你代天嵩集团企业报拟写一份给南大荒集团内刊的祝贺信。

项目三　礼仪讲话稿写作

【知识目标】

懂得演讲稿的写作要求。

懂得祝词、贺词和答谢词的适用范围及写作要求。

懂得欢迎词和欢送词的适用范围及写作要求。

熟悉悼词和唁电的适用范围及写作要求。

【能力目标】

能根据实际需要写作演讲稿。

能根据实际需要写作祝词、贺词。

能熟练写作欢迎词。

能熟练写作欢送词。

能熟练写作悼词、唁电。

职场情境

经过精心准备,公司二十周年庆典活动方案已精心安排好并提交公司董事会讨论通过了,现在最关键的一步是庆典大会以及当天晚上的庆祝酒会,除了整体活动的程序合理安排外,还有几篇文稿也是俞琴她们要保质保量完成的。

项目描述

经过分析,上午的庆典大会和晚上的庆祝酒会,俞琴他们主要要写好几篇礼仪讲话稿。董事长的欢迎词、祝酒词、答谢词、总经理的主题演讲词、上级领导的祝词等。这类礼仪讲话稿有什么共同特点呢?写作时又要注意哪些环节呢?这些都是俞琴要把握好的。

任务一　演讲稿的写作

情景导入

有一次,马克·吐温去教堂听牧师演讲,最初,牧师精彩的演说让他很感动,因此他准备捐一笔钱。十分钟后,他开始对演讲感到不耐烦了,决定只捐一些零钱。又过了十分钟,牧师仍未讲完,他决定一文不捐。等到牧师终于结束了演讲开始募捐时,马克·吐温出于愤怒,不仅没有捐钱,而且还从牧师的盘子里拿走了两块钱。

思考:马克·吐温的这件趣事说明了什么? 怎样才能让自己的演讲充满魅力?

必备知识

一、演讲稿的含义

演讲稿是演讲者在参加演讲前事先准备的供演讲者使用的文稿。是人们在工作和社会生活中经常使用的一种文体。它可以用来交流思想感情,表达主张见解;也可以用来介绍自己的学习、工作情况和经验等,具有宣传、鼓动、教育和欣赏的作用。它可以把演讲者的观点、主张与思想感情传达给听众以及读者,使他们信服并在思想感情上产生共鸣。

二、演讲稿的种类

按照演讲的场所,可以分为会场演讲稿、课堂演讲稿、广播演讲稿、电视演讲稿等。

按照演讲的内容,可以分为答谢演讲稿、学术演讲稿、竞聘演讲稿等。

按照表达形式,可以分为叙述性演讲稿、议论性演讲稿、抒情性演讲稿。

能力技巧

一、演讲稿的写作技巧

演讲稿的结构分标题、署名、称谓、正文四个部分。

(一)标题

演讲词标题的写法丰富多彩,总的来说要切题、简洁、新颖,且富有吸引力。可以运用哲言名言提醒听众,激起听众的警觉,如《先天下之忧而忧,后天下之乐而乐》;也可以概括演讲的基本内容,把演讲内容的核心简明提示出来,如《中国梦,我的梦》;也可以运用比喻等修辞手法,把某种特殊意义具体化、形象化,深入浅出地揭示题义,如《扬起生命的风帆》;也可以通过设问来提示演讲所涉及的内容,由演讲来回答标题的提问,如《就业的砝码何在》;具有强烈的感情色彩,以情引人,以情醉人,如《友谊,让我一生守候》等。

（二）署名

在标题之下居中书写演讲者的姓名。

（三）称谓

常用"同学们""朋友们"等泛称，前面可以加上"尊敬的"等敬语。称谓要得体，要注意一定的情感性，以拉近与听众的心理距离。

（四）正文

正文一般由开头、主体和结尾三部分构成。

1. 开头

演讲稿的开头要尽量吸引听众的注意，迅速激起听众的浓厚兴趣，抓住听众。可以恰当引用格言警语、诗文佳句等，含义深邃，引出下文；也可以讲一个亲切感人的小故事，以感人的情节来吸引听众；也可以开门见山地亮出演讲的主旨，引起听众的关注；还可以设置一种使听众关注的情景和氛围，造成悬念，激起听众的好奇心……不论怎样写演讲词的开头，都要求内容上有新意，形式上求奇巧，切忌陈腔滥调，与主题无关。

2. 主体

这是演讲稿的核心部分，也是演讲稿的高潮所在，直接关系到演讲的质量和效果。

（1）内容充实。好的演讲稿，离不开感人的事例。在事例的选择上，要处理好概括性和具体性的关系，要注意事例的真实性、可靠性和典型性，可以通过一两个具体事例来打动听众。要紧扣事例的内在精神，用高度凝练的哲理性语言，将事例的内在精神予以揭示和升华，要以强烈的感情来打动听众。在写作中，主要是根据演讲的不同内容来综合运用修辞手法，如比喻、象征、排比、设问等，达到阐明道理的目的。也就是说，演讲词尽量要做到情感结合，寓情于理。

（2）结构清晰。演讲稿根据内容的不同，可以利用内在联系，循序渐进地展开材料，从而在演讲的最后达到演讲的情感高潮和主题高潮；也可以将演讲主题分为几个并列的分题，逐个展开论述；还可以围绕演讲主题，从正反两方面组织材料进行论证，形成强烈反差，引人深思。

可以反复设问，选用过渡句，或用表示先后的"首先""其次"等语词来区别层次。此外还要注意演讲稿的节奏。既要鲜明，又要适度。平铺直叙，呆板沉滞，固然会使听众紧张疲劳，而内容变换过于频繁，也会造成听众注意力涣散。因此在演讲中要注意适度插入一些轻松幽默的内容以实现演讲意图。

（3）语言生动。演讲稿的写作要把握好语言运用，有意识地使用那些音色美的词汇来增加语音的音乐美感，使之悦耳动听。

3. 结尾

演讲稿的结尾，要用最有力量的语言，抓住听众，给人鼓舞，耐人寻味，使听众领会全篇的完整意义。可以采用极其精练的语言，对演讲内容进行概括性总结，使听众对整个演讲有清晰明确的印象；也可以通过提出希望、发出号召、展示未来等方式，激起听众感情的波涛，使之产生一种向上的力量；还可以通过引用名言、警句、诗词等作为结尾，又给听众以深刻的启迪。不论采用什么样的形式结尾,都要使结尾有一定的高度,行文明快自然,水到渠成,切忌平淡无味,啰唆拖沓。

二、演讲稿的写作要求

(一)明确对象

演讲词的写作一定要针对具体的听众对象,要关注听众所关心的问题,结合听众的层次,来设计演讲内容。不看对象,演讲词写得再花工夫,听众听起来也会感到索然无味,自然也就达不到演讲的目的。

(二)中心突出

演讲词的写作必须贯穿一个明确的中心观点,主张什么,讲什么道理,都要清清楚楚。观点不鲜明,就没有说服力,发挥不了演讲的作用。

(三)热情流畅

演讲内容要具有鼓动性和煽动力,让听众的思想与演讲的内容产生共鸣,精神振奋,情绪激昂,热血沸腾。要尽可能减少书面语的运用而赋予更多的口语,以保持演说时的流畅性。

 案例评析

【案例】

俞敏洪在北京大学 2008 年开学典礼上的演讲稿

各位领导、各位同学:

大家上午好!

非常高兴许校长给我这么崇高的荣誉,让我谈一谈我在北大的体会。可以说,北大是改变了我一生的地方,是提升了我自己的地方,使我从一个农村孩子最后走向了世界的地方。毫不夸张地说,没有北大,肯定就没有我的今天。北大给我留下了一连串美好的回忆,大概也留下了一连串的痛苦。正是在美好和痛苦中间,在挫折、挣扎和进步中间,最后找到了自我,开始为自己、为家庭、为社会能做一点事情。

学生生活是非常美好的,有很多美好的回忆。我还记得我们班有一个男生,每天都在女生的宿舍楼下拉小提琴,希望能够引起女生的注意,结果后来被女生扔了水瓶子。我还记得我自己为了吸引女生的注意,每到寒假和暑假都帮着女生扛包。后来我发现那个女生有男朋友,我就问她为什么还要让我扛包,她说为了让男朋友休息一下。我也记得刚进北大的时候我不会讲普通话,全班同学第一次开班会的时候互相介绍,我站起来自我介绍了一番,结果我们的班长站起来跟我说:"俞敏洪你能不能不讲日语?"我后来用了整整一年时间,拿着收音机在北大的树林中模仿广播台的播音,但是到今天普通话还依然讲得不好。

人的进步可能是一辈子的事情。在北大是我们生活的一个开始,而不是结束。有很多事情特别让人感动。比如说,我们很有幸见过朱光潜教授。在他最后的日子里,是我们班的同学每天轮流推着轮椅在北大里陪他一起散步。每当我推着轮椅的时候,我心中就充满了对朱光潜教授的崇拜,一种神圣感油然而生。所以,我在大学看书最多的领域是美学。因为他写了一本《西方美学史》,是我进大学以后读的第二本书。

为什么是第二本呢?因为第一本是这样来的,我进北大以后走进宿舍,我有个同学已经在宿舍。那个同学躺在床上看一本书,叫作《第三帝国的兴亡》。所以我就问了他一句话,我说:"在大学还要读这种书吗?"他把书从眼睛上拿开,看了我一眼,没理我,继续读他的书。这一眼一直留在我心中。我知道进了北大不仅仅是来学专业的,要读大量大量的书。你才能够有资格把自己叫作北大的学生。所以我在北大读的第一本书就是《第三帝国的兴亡》,而且读了三遍。后来我就去找这个同学,我说:"咱们聊聊《第三帝国的兴亡》",他说:"我已经忘了。"

我也记得我的导师李赋宁教授,原来是北大英语系的主任,他给我们上《新概念英语》第四册的时候,每次都把板书写得非常的完整,非常的美丽。永远都是从黑板的左上角写起,等到下课铃响起的时候,刚好写到右下角结束。我还记得我的英国文学史的老师罗经国教授,我在北大最后一年由于心情不好,导致考试不及格。我找到罗教授说:"这门课如果我不及格就毕不了业。"罗教授说:"我可以给你一个及格的分数,但是请你记住了,未来你一定要做出值得我给你分数的事业。"所以,北大老师的宽容、学识、奔放、自由,让我们真正能够成为北大的学生,真正能够得到北大的精神。当我听说许智宏校长对学生唱《隐形的翅膀》的时候,我打开视频,感动得热泪盈眶。因为我觉得北大的校长就应该是这样的。

我记得自己在北大的时候有很多的苦闷。一是普通话不好,第二英语水平一塌糊涂。尽管我高考经过三年的努力考到了北大——因为我落榜了两次,最后一次很意外地考进了北大。我从来没有想过北大是我能够上学的地方,她是我心中的一块圣地,觉得永远够不着。但是那一年,第三年考试时我的高考分数超过了北大录取分数线七分,我终于下定决心咬牙切齿填了"北京大学"四个字。我知道一定会有很多人比我分数高,我认为自己是不会被录取的。没想到北大的招生老师非常富有眼光,料到了三十年后我的今天。但是实际上我的英语水平很差,在农村既不会听也不会说,只会背语法和单词。我们班分班的时候,五十个同学分成三个班,因为我的英语考试分数不错,就被分到了 A 班,但是一个月以后,我就被调到了 C 班。C 班叫作"语音语调及听力障碍班"。我常常跟同学们说,如果我们的生命不为自己留下一些让自己热泪盈眶的日子,你的生命就是白过的。我们很多同学凭着优异的成绩进入了北大,但是北大绝不是你们学习的终点,而是你们生命的起点。在一岁到十八岁的岁月中间,你听老师的话、听父母的话,现在你真正开始了自己的独立生活。我们必须为自己创造一些让自己感动的日子,你才能够感动别人。我们这儿有富裕家庭来的,也有贫困家庭来的,我们生命的起点由不得你选择出生在富裕家庭还是贫困家庭,如果你生在贫困家庭,你不能说老爸给我收回去,我不想在这里待着。但是我们生命的终点是由我们自己选择的。我们所有在座的同学过去都走得很好,已经在十八岁的年龄走到了很多中国孩子的前面去,因为北大是中国的骄傲,也可以说是世界的骄傲。但是,到北大并不意味着你从此大功告成,并不意味着你未来的路也能走好,后面的五十年、六十年,甚至一百年你该怎么走,成为了每一个同学都要思考的问题。就我而言,我觉得只要有两样东西在心中,我们就能成就自己的人生。

第一样叫做理想。我从小就有一种感觉,希望穿越地平线走向远方,我把它叫作"穿越地平线的渴望"。也正是因为这种强烈的渴望,使我有勇气不断地高考。当然,我生命中也有榜样。比如我有一个邻居,非常的有名,是我终生的榜样,他的名字叫徐霞客。当然,是五百年前的邻居。但是他确实是我的邻居,江苏江阴的,我也是江苏江阴的。因为崇拜徐霞客,直接导致我在高考的时候地理成绩考了九十七分。也是徐霞客给我带来了穿越地平线的这种感觉,所以我也下定决心,如果徐霞客走遍了中国,我就要走遍世界。而我现在正在实现自己这一梦想。所以,只要你心中有理想、有志向,同学们,你终将走向成功。你所要做到的就是在这个过程要有艰苦奋斗、忍受挫折和失败的能力,要不断地把自己的心胸扩大,才能够把事情做得更好。

第二样东西叫良心。什么叫良心呢?就是要做好事,要做对得起自己对得起别人的事情,要有和别人分享的姿态,要有愿意为别人服务的精神。有良心的人会从你具体的生活中间做的事情体现出来,而且你所做的事情一定对你未来的生命产生影响。我来讲两个小故事,讲完我就结束我的讲话,已经占用了很长的时间。

第一个小故事。有一个企业家和我讲起他大学时候的一个故事,他们班有一个同学,家庭比较富有,每个礼拜都会带六个苹果到学校来。宿舍里的同学以为是一人一个,结果他是自己一天吃一个。尽管苹果是他的,不给你也不能抢,但是从此同学留下一个印象,就是这个孩子太自私。后来这个企业家做成功了事情,而那个吃苹果的同学还没有取得成功,就希望加入到这个企业家的队伍里来。但后来大家一商量,说不能让他加盟,原因很简单,因为在大学的时候他从来没有体现过分享精神。所以,对同学们来说在大学时代的第一个要点,你得跟同学们分享你所拥有的东西,感情、思想、财富,哪怕是一个苹果也可以分成六瓣大家一起吃。因为你要知道,这样做你将来能得到更多,你的付出永远不会是白白付出的。

我再来讲一下我自己的故事。在北大当学生的时候,我一直比较具备为同学服务的精神。我这个人成绩一直不怎么样,但我从小就热爱劳动,我希望通过勤奋的劳动来引起老师和同学的的注意,所以我从小学一年级就一直打扫教室卫生。到了北大以后我养成了一个良好的习惯,每天为宿舍打扫卫生,这一打扫就打扫了四年。所以我们宿舍从来没排过卫生值日表。另外,我每天都拎着宿舍的水壶去给同学打水,把它当作一种体育锻炼。大家看我打水习惯了,最后还产生这样一种情况,有的时候我忘了打水,同学就说:"俞敏洪怎么还不去打水。"但是我并不觉得打水是一件多么吃亏的事情。因为大家都是一起同学,互相帮助是理所当然的。同学们一定认为我这件事情白做了。又过了十年,到了1995年年底的时候新东方做到了一定规模,我希望找合作者,结果就跑到了美国和加拿大去寻找我的那些同学,他们在大学的时候都是我生命中的榜样,包括刚才讲到的王强老师等。我为了诱惑他们回来还带了一大把美元,每天在美国非常大方地花钱,想让他们知道在中国也能赚钱。我想大概这样就能让他们回来。后来他们回来了,但是给了我一个十分意外的理由。他们说:"俞敏洪,我们回去是冲着你过去为我们打了四年水。"他们说:

"我们知道,你有这样的一种精神,所以你有饭吃肯定不会给我们粥喝,所以让我们一起回中国,共同干新东方吧。"才有了新东方的今天。

人的一生是奋斗的一生,但是有的人一生过得很伟大,有的人一生过得很琐碎。如果我们有一个伟大的理想,有一颗善良的心,我们一定能把很多琐碎的日子堆砌起来,变成一个伟大的生命。但是如果你每天庸庸碌碌,没有理想,从此停止进步,那未来你一辈子的日子堆积起来将永远是一堆琐碎。所以,我希望所有的同学能把自己每天平凡的日子堆砌成伟大的人生。

最后,我代表全体老校友向在座的三千多位新生表一个心意,我代表全体老校友和新东方把两百万人民币捐给许校长,为在座同学们的学习、活动和成长提供一点帮助。

【评析】这是新东方创始人,著名英语教学与管理专家俞敏洪先生来到母校给大学新生作的演讲,他将自己在北大的经历娓娓道来,感情真挚,语言优美不乏风趣,抓住大一新生的心理,给他们以很好的启示。

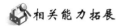相关能力拓展

竞聘演讲稿的写作

竞聘演讲稿是竞聘者在竞聘演讲之前写成的准备用作口头发表的文稿。竞聘演讲的目的,就是要使听众对演讲者有充分的了解和认识,从而鉴别其是否能胜任该职位。

一、竞聘演讲稿的写作技巧

(一)开头

竞聘演讲的时间是有限制的。因此,精彩而有力的开头便显得非常重要。有经验的竞聘者常用下面的方法来开头:一是用诚挚的心情来表达自己的谢意,拉近与听众的心理距离。例如:我非常感谢各位领导、同志们给了我这次竞聘的机会。二是简要介绍自己的有关情况,如姓名、学历、职务、经历等。三是概述竞聘演讲的主要内容,使评选者一开始就能明了演讲者演讲的主旨。例如:我今天的演讲内容主要分两部分:一是我竞聘办公室副主任的优势;二是谈谈做好办公室副主任工作的思路。

(二)主体

竞聘演讲的目的,就是要把自己介绍给评选者,让评选者了解你的基本情况,了解你对竞聘岗位的认识和当选后的打算。所以,竞聘演讲的主体内容应该包括以下几方面:

1. 介绍自己应聘的基本条件

所谓基本条件就是政治素质、业务能力和工作态度等。这一部分实际上是要说明为什么要应聘,凭什么应聘的问题。这部分一定要有针对性,即针对竞聘的岗位来介绍自己的学历、经历、政治素质、业务能力、已有的政绩等。

2. 简要介绍自身的不足之处

竞聘者在介绍自己应聘的基本条件时,要尽可能地展示自己的长处,但并不是对自身的不足之处,闭口不言。

3. 表明自己任职后的打算

评选者更关心的还是竞聘者任职后的打算。因此,竞聘者在竞聘演讲时,一定要用简明扼要的语言亮明自己的观点,也就是说,要紧紧围绕着听众关心的热点、难点问题,提出明确的工作目标和切实可行的措施。

(三)结尾

好的结束语能加深评选者对竞聘者的良好印象,从而有利于竞聘成功。竞聘演讲常见的结尾方法:一是表明对竞聘成败的态度。如"作为这次竞聘上岗的积极参与者,我希望在竞争中获得成功。但是,我绝不会回避失败。不管最后结果如何,我都将堂堂正正做人,兢兢业业做事。"二是表达自己对竞聘上岗的信心。三是希望得到评选者的支持。如:"各位领导、各位评委,请相信我,投我一票! 我将是一位合格的处长。"

二、竞聘演讲稿的写作要求

(一)气势要先声夺人

竞聘演讲的一个重要特征就是具有竞争性,而竞争的实质,是争取听众的响应和支持。而做到这一点的有效方法之一,就是要有气势,"气盛宜言"。这气势不是霸气,不是骄气,不是傲气,而是浩然正气。是建立在渊博的才识、正大的精神和对事业深厚的感情基础上的。

(二)态度要真诚老实

竞聘演讲其实就是"毛遂自荐"。自荐,当然应该将自己优良的方面展示出来,让他人了解自己。但要注意的是,在"展示"时,态度要真诚老实,有一分能耐说一分能耐,不能为了自荐成功而说大话、说谎话。

(三)语言要简练有力

竞聘演讲虽是宣传自己的好时机,但也决不可"长篇累牍"。应该用简练有力的语言把自己的思想表达出来。

(四)内心要充满自信

著名演说家戴尔·卡耐基曾说过:"不要怕推销自己。只要你认为自己有才华,你就应该认为自己有资格担任这个或那个职务。"当你充满自信时,你站在演讲台上,面对众人,就会从容不迫,就会以最好的心态来展示你自己。当然,自信必须建筑在丰富的知识和经验的基础上。这样的自信,才会成为你竞聘的力量、工作的动力。

 案例评析

竞选学生会女生部部长的演讲词

关志欣

尊敬的各位领导、老师,亲爱的同学们:

大家好!

我来自社科系 2012 级文秘 2 班,我叫关志欣,在不知不觉中,大一的生活已经结束了,随之即来的是大二的学习生涯,作为一名老生出现在今天这个竞选演讲台上,我的心情十分激动。因为,自从步入大学校园,走进了我们社科系这个"温馨、和谐"的大家庭,我便始终怀着一颗热忱的心,积极投身于"学习、工作、活动"这些繁忙的大学校园生活之中,但在我心里始终有一个心愿未了,那就是在系学生会里找到一个适合自己的位置,来竭尽全力为全系的广大同学服务。凭借我对学生干部工作的高度热心,对全系广大同学热情服务的恒心,为社科系学生管理工作作贡献的雄心,于是,今天我有信心,更有决心站在这里参加竞选。

马,只有跑过千里,才能知其是否为良驹;人,只有通过竞争,才能知其是否为栋梁,我很高兴能站在这里同大家参加竞选。拿破仑曾说过:"不想当元帅的士兵不是好兵。"我想我不仅要做元帅,而且要做一名出色的、成功的、能为大家谋利益的元帅——学生会女生部部长。先来说说我在女生部的工作体会与心得。

女生部是为广大女生的共同利益而创立的,是一个为女生服务的部门。我已经在女生部工作了近半年的时间,通过参加开展女大学生活动月,大学生手工艺展,以及艺术系征文等活动,我学会了怎样为人处世、怎样学会忍耐、怎样解决一些矛盾、怎样协调好女生部各成员之间的关系、怎样处理好女生部与其他部门之间的关系、怎样动员一切可以团结的力量,怎样处理好学习与工作之间的矛盾。另外我还多次参加系里其他部门开展的活动并取得优异的成绩,例如主持人大赛、辩论赛等,通过这些活动秀出我们女生的风采,展示我们女生的才能!这一切证明:我有能力胜任女生部部长一职,并且有能力把女生部发扬光大!

结合自身的工作适应能力和为同学们服务的工作热情,如果我能就任此职,我将从以下几个大的方面着手开展工作:

一、树立"为学生服务、为学生工作"的理念,形成"把服务放在第一位"和"美誉"的两种意识,贯彻"吃苦、奉献、团结"的精神。

二、协助系学生会主席开展本部的工作,全面配合系主任、系团总支书记开展学生管理工作。女生部在学生的日常生活中,起着举足轻重的作用,从课堂到就餐,从就餐到就寝等,每一件与学生息息相关的事情都有着女生部的责任与义务。所以,我们要从系里学生管理工作的大局出发,设身处地地为全系的学生着想,在每天例行检查的同时,要善于发现问题,勇于解决问题,创造性地开展工作,学会协调各种关系,为同学们解除生活中的困难、排除各种矛盾,让同学们校园生活井然有序,在纪律的方圆中,努力学习和生活。

三、学习成绩是当好学生干部的保证,所以,我会严格要求自己,协调好学习与工作的关系,在不影响学习的情况下,把系女生部的工作做好,以身作则,同时鼓励本部的所有成员都应如此。

四、工作中讲究方法,讲究工作质量和工作效率,女生部属职能检查部门。"没有规矩不成方圆",所以,女生部在新建后,首先应该做的是整章建制:一是对内部成员的管理制度,二是对关于检查女生就寝、就餐、课堂纪律等方面的管理办法与扣分制度等。用其相关制度来约束和管理我系学生。

相信,在全部所有成员的共同努力下,在系领导及全体老师的正确指导下,在全系广大同学的热切配合下,我们定会把我系的学生管理工作推向一个崭新的台阶!

给我一个机会,还您一个惊喜,相信,天道酬勤,付出总会有回报! 相信,系学生会女生部必将会成为全系广大同学的挚友!

谢谢大家!

【评析】这篇竞聘演讲稿思路清晰,内容充实,从竞聘条件到工作思路具体明确,可信度高,感情真挚、充满自信。

【任务演练】

公司人力资源部为了提高员工的口语表达能力,特聘请省内著名主持人对演讲进行了培训,下周二是培训考核的日子,请你代俞琴写一份演讲稿,内容为如何成为一名优秀的秘书。

任务二　祝词与贺词的写作

 情景导入

2012 年 12 月 31 日,时任国家主席胡锦涛通过中国国际广播电台、中央人民广播电台、中央电视台,发表题为《携手促进世界和平与共同发展》的新年贺词。

思考:贺词有什么作用? 应该怎样写作?

必备知识

一、祝词的含义

祝词,也称"祝辞",是指在社会活动中为欢庆佳节、迎送宾客或者为举办其他隆重庆典时,领导人向公众表示节日祝贺或者主客双方分别向对方表示欢迎、祝贺、答谢所使用的讲话稿。它是一种礼仪性应用文体。

祝辞适用的范围十分广泛。国际交往,国内各种场合的集会、宴会、喜庆活动等,客人应邀来访或者参加活动,主人表示欢迎和欢送,都经常用祝辞来表达各自的衷心祝愿之情。祝辞的运用,可以促进不同国家之间、政党组织之间的友好往来,可以沟通单位之间、部门之间和干群、政群、军民之间的联系,在公关活动中起着联络感情、增进友谊、促进交流和加强合作的作用。

二、贺词的含义

贺词是机关、团体、单位向取得重大成就、有突出成绩或喜庆之事的有关单位或人员表示祝贺或庆贺的一种礼仪文书。

三、祝词与贺词的区别和联系

祝词与贺词有时被合称为祝贺词,二者都是泛指对人、对事表示祝贺的言辞和文章,它们都富于强烈的感情色彩,针对性、场合性也很强。因此祝词和贺词在某些场合可以互用,如祝寿也可以说贺寿,祝事业的祝词常常也兼有贺词的意思。

虽然祝词与贺词有时可以互用,但二者所包括的含义并不相同。严格地说二者是有区别的。祝词一般对象是事情尚未成功,表示祝愿、希望的意思;而贺词一般对象是事情已成,表示庆贺、道喜的意思。如祝贺生日诞辰、结婚纪念、竣工庆典、荣升任职等,一般用贺词的形式表示庆贺、道喜。另外贺词使用范围比较广,如贺信、贺电等,也属于贺词类。

 能力技巧

一、祝词、贺词的写作技巧

祝词、贺词的写法基本一样。大体可以分成五个部分:

(一)标题

1. 直接以文种为题

如"祝词""贺词"等。

2. 以"场合或对象"+"文种"为题

如《在新春团拜会上的祝词》《贾平凹在女儿婚礼上的贺词》等。

(二)称谓

称谓要热情友好,亲切全面。按照先外后内、先高后低、先女后男、先疏后亲的顺序,把到会的若干类型人物包括在内。如:"女士们、先生们"。通常在称谓前加修饰语,如"尊敬的领导""亲爱的朋友",称谓后加头衔"教授""处长",如果不清楚头衔或者没有的,可以加"先生""女士"。

(三)正文

祝词在正文部分要表明自己的身份,传达对与会者的热烈欢迎和问候、说明集会或聚会的原因并表示祝贺。

贺词正文一般包括:对方取得的成绩和所取得成绩的重大意义;表示热烈的祝贺和殷切的希望。

不同场合的祝词、贺词正文有不同的写法,如:

会议贺词突出祝贺重在指出会议的重要性,及寄予希望;事业祝辞突出祝贺事业的内容并祝愿其取得更大的成功;庆祝宴会或庆功贺词,则概括地回顾总结前段工作所投入的力量和所取得的成就或变化、发展;贺寿:祝愿对方健康长寿,称颂其已经取得的成绩和作出的贡献;贺新婚:愿夫妻恩爱、生活幸福、携手并肩搞好工作等。

（四）结语

祝词的结语部分一般是进一步表示祝贺,或者提出希望,表达决心。如果是在酒宴上,其句式则可以为"让我们为×××而干杯"。向同级单位祝贺,结尾提出向对方学习的内容;下级对上级表示祝贺,结尾可表示自己的决心和态度;向个人表示祝贺,结尾常用结尾语"谨祝取得新的、更大的胜利!"等。

（五）落款

一般在结语后右下角注上致词的机关、人物的名称和日期。如果在标题中已经出现,也可以省略。

二、祝词、贺词的写作要求

祝词与贺词均要求短小、精练、炽烈,做到主旨鲜明、集中,感情真挚、热烈,语言平实、得体,富于感染性、启发性和鼓动性。

 案例评析

【案例一】

携手促进世界和平与共同发展

胡锦涛

2012 年 12 月 31 日

女士们、先生们、同志们、朋友们:

新年钟声就要敲响,2013 年即将来临。我很高兴通过中国国际广播电台、中央人民广播电台和中央电视台,向全国各族人民,向香港特别行政区同胞和澳门特别行政区同胞,向台湾同胞和海外侨胞,向世界各国和各地区的朋友们,致以新年的祝福!

2012 年,是中国改革开放和现代化建设取得显著成绩的一年。中国人民同心协力、攻坚克难,中国经济社会发展呈现稳中有进的良好态势,各项事业全面推进,人民生活持续改善。中国继续开展全方位外交,加强同各国的交流合作,积极参与解决国际和地区热点问题,为世界和平与发展作出了新的贡献。

2012 年,是中国发展进程中具有重大而深远意义的一年。前不久召开的中国共产党第十八次全国代表大会和十八届一中全会,描绘了全面建成小康社会和深化改革开放的宏伟蓝图,顺利实现了中国共产党中央领导机构新老交替。当前,中国各族人民正紧密团结在以习近平同志为总书记的党中央周围,万众一心,锐意进取,为全面建成小康社会而奋斗。

2013 年,中国政府和人民将高举中国特色社会主义伟大旗帜,坚持以科学发展为主题、以转变经济发展方式为主线,继续把握好稳中求进的工作总基调,全面推进改革开放和社会主义现代化建设,为实现党的十八大确定的目标任务开好局、起好步。我们将坚定不移贯彻"一国两制""港人治港""澳人治澳"、高度自治方针,深化交流合作,促进香港、澳门长期繁荣稳定。我们将继续推动两岸关系和平发展,造福两岸同胞,维护中华民族的根本利益。

当前,国际形势继续发生深刻复杂变化。和平、发展、合作、共赢是各国人民的共同愿望,各国相互依存日益紧密。同时,国际金融危机影响深远,世界经济低速增长态势仍将延续,一些国家和地区动荡不安,世界仍然很不安宁。

人类只有一个地球,各国共处一个世界。世界和平与发展需要各国人民同舟共济、共同推进。中国人民始终是促进世界和平与发展的坚定力量。无论国际风云如何变幻,中国人民走和平发展道路的坚定决心决不会动摇。中国将一如既往在和平共处五项原则的基础上积极发展同各国的友好合作,积极推动采用和平方式妥善解决国际和地区热点问题,努力促进世界经济强劲、可持续、平衡增长,发挥负责任大国作用。

我相信,只要遵循各国人民意愿,顺应世界发展潮流,大家共同努力,就一定能把世界和平与发展的崇高事业不断推向前进,就一定能把各国人民福祉不断提高到新的水平。

最后,我从北京祝大家在新的一年里幸福安康!

【评析】这是2013年新年前夕,时任国家主席胡锦涛通过中国国际广播电台、中央人民广播电台、中央电视台,发表题的新年贺词,表达了国家领导人在新年到来之际对全国人民的祝福和世界和平发展的美好愿望。感情真挚,语言平实、得体。

【案例二】

在第四届中国(广州)国际汽车展览会开幕招待酒会上的祝酒辞

广州市副市长:×××

尊敬的各位领导、嘉宾,女士们、先生们:

晚上好!

今天,有机会同各位领导、各位嘉宾、各位朋友相聚,我非常高兴。我谨代表广州市政府,代表本届展会的主办和承办机构,对光临今天晚上开幕招待酒会的各位领导、各位嘉宾、各位朋友表示热烈的欢迎和衷心的感谢。

本届展会以"承载梦想、畅想生活"为主题,集中展示各类乘用车、商用车以及汽车零部件、汽车用品等,展会总规模达到85 000平方米。其中,整车参展企业60家,展出面积65 000平方米;零配件及用品参展企业328家,展出面积20 000平方米。

本届车展的参展企业阵容强大,品牌云集,展商对本届广州车展的重视度进一步提高。在媒体日当天举行新车发布会的参展企业有30多家,20多台概念车及90多台新车争相登场;来自海内外的汽车行业知名厂商纷纷亮相,在广州汽车展这个优秀的商业平台上展示他们的最新产品、先进技术及品牌形象。

本届展会还将举办精彩纷呈的系列配套活动,包括:2006中国(广州)汽车高峰论坛、2006汽车文化节、2006广州汽车工业历史图片展、汽车安全驾驶现场演示活动及汽车行业相关研讨会等,从不同角度充分彰显汽车文化内涵。

广州车展自创办以来,一直注重与海内外媒体的广泛合作,为众媒体单位和记者提供更周到更优越的服务。三年以来,与广州车展保持紧密合作的媒体的数量及质量都逐年进步。这些媒体的范围遍及门户网站、电视台、电台、报纸、专业杂志、时尚刊物等各个领域。正是这种密集的、广泛的、多种形式的、持续性的宣传手段使广州车展声名远播、家喻户晓。从近段时间媒体采访报道申请的情况来看,本届到会媒体(包括合作媒体和后期邀请媒体)数量和记者人数将会有更大的增加,预计将有600家媒体、1 600多名记者到会采访报道。

同时,本届展会秉承"以人为本、服务至上"的原则,力求为参展企业、媒体和观众提供更加周到、细致和便捷的服务。继续增设从市区主要酒店到展会现场的穿梭巴士,方便观众到会参观;进一步完善电子卡门票、验证系统加强观众管理;尤其是今年首次在7月举办展会,为了让广大观众免受高温下排队之苦,本届车展全面实施使用羊城通刷卡进场的方案;本届展会我们还加大了解决餐饮服务问题的力度,通过积极的工作,本届展会的餐饮中心将以同时提供50 000人次同时就餐。

本届展会不仅为前来参观的中外朋友们提供了汽车工业发展的更加丰富的视觉享受,而且为中外汽车界的科技人员搭建起一个技术信息交流的平台。不仅为中外企业提供了一次商务合作的难得机会,也必将对中国汽车工业的发展和技术进步产生积极的影响和推动作用。

本届展览会的成功举办,有赖于国内外有关单位的积极参与和大力支持。谨此,我代表主办机构,向所有支持广州汽车展的机构和朋友们表示衷心的感谢!并诚挚地希望在座各位一如既往地支持广州汽车工业及广州汽车展的发展。

现在,请大家举杯!为预祝本届会圆满成功,为各位朋友的身体健康,干杯!

【评析】这篇祝酒词,首先代表政府、主办方对来宾的到来表示欢迎和感谢;其次阐释这次车展的概况和特色;最后再次对参加和支持车展的单位表示感谢,并祝愿活动取得圆满成功。感情真挚、语言得体。

【任务演练】

请你根据职场情景中的材料代俞琴为董事长写一篇酒会的祝酒辞。

任务三 欢迎词、欢送词与答谢词的写作

情景导入

圣人孔子说:"有朋自远方来,不亦乐乎?"中国自古即礼仪之邦,礼尚往来,客从远道而来,我们设宴款待,为之"洗尘";亲友远赴他乡,我们设宴话别,为之"饯行"。古有李白、王维等告别好友依依不舍的名章佳句,道尽主客聚散哀愁与欢乐。今有周总理接待尼克松打开中美外交之门的佳辞,这些辞令是无意出现的吗?是无关紧要的吗?从王维、周总理等的作为来看,显然非无意,更非无关紧要。前者发挥了其艺术的作用,后者产生了其政治效用。

必备知识

一、欢迎词、欢送词与答谢词的含义

欢迎词、欢送词、答谢词都是迎送宾客和集会时应酬用的讲话稿。

欢迎词是在迎接宾客的仪式上由东道主出面对宾客的到来表示欢迎的讲话文稿。

欢送词是在接待迎送宾客结束时,对其离去表示友情欢送的致词。

答谢词是宾客对主人的热情接待,在仪式上表示感谢的讲话。

欢迎词、欢送词与答谢词这些文章并非正规的官方或公务文件,但它们却可以达到感染人的情绪,影响人的选择,改变人的决策的作用,他们可能在不知不觉中促成了一份公务文件的签订或取消。这类文书我们可依据其作用、特点,将其定名为"迎送类"文书。"迎送类"文书具有确认、建立、强化或改善公共关系,相互往来、彼此联系、传播信息、沟通情况等作用。

二、欢迎词、欢送词与答谢词的特点

(一)感情性

欢迎词、欢送词和答谢词要传递的是表示欢迎、惜别、感谢的感受,所以具有强烈的情感色彩。

(二)口语性

欢迎词、欢送词和答谢词都是用来表述的应用性文书,应该注意书面语和口语的使用,使之既富有情趣又自然得体。

(三)适度性

一般说来,礼仪讲话稿的篇幅都不太长。但是如果场面非常隆重,太过简短也会显得不够礼貌。

能力技巧

一、欢迎词、欢送词与答谢词的写作技巧

欢迎词、欢送词和答谢词虽然名称不同,用法各异,但他们的结构和写法基本相同。

(一)标题

有两种形式:一种是直接以"欢迎词"("欢送词""答谢词")为标题。一种是说明在什么场合下的致词或讲话,如:"李铁映在欢迎北京申办奥运会代表团归来仪式上的讲话"。

(二)称谓

其称谓跟祝词、贺词一样,应礼貌、得体。

(三)正文

正文可分为开头、主体、结尾三个层次。

1. 开头

欢迎词一般先概括说明宾客来访的背景,接着表达欢迎的意愿。欢送词对宾客的离别表示热情的欢送。答谢词对主人的款待或帮助表示感谢。

2. 主体

欢迎词的正文一般说明欢迎的情由,可叙述彼此的交往、情谊,说明交往的意义。对于初次来访者,可多介绍本组织的情况。

欢送词则要说明欢送仪式的目的,发言人的身份,回顾和阐述双方在合作或访问期间取得哪些突破性的进展,陈述本次合作交流中双方的合作和交流给双方所带来的益处,阐述其深远的历史意义。对于私人欢送词还应注意表达双方在共事合作期间彼此友谊的加深增进以及分别之后的想念之情。若为朋友送行,还应加上一些勉励的话。

答谢词的写作重点是要表达出对主人热情好客的感谢之情。答谢词的正文部分,先要简短陈述具体的事例,对主人所作的安排给予高度评价,对主人的盛情款待表示衷心的感谢,然后对访问取得的收获给予充分肯定。

3. 结尾

欢迎词祝愿宾客来访取得圆满成功,访问期间过得愉快。欢送词对宾客表示惜别之情,表示对再次来访的期待,并祝愿一路顺风。答谢词再次表示感谢并向对方表示良好祝愿,或向主人提出回访的邀请等。

二、欢迎词、欢送词与答谢词的写作要求

(一)注意礼貌

欢迎词、欢送词、答谢词都是出于礼仪的需要而使用的,因此要十分注意礼貌。

(二)注意情感

欢迎词、欢送词、答谢词致词的双方都有着比较密切的社会关系,因此在书写时感情要真挚,让听众感受热烈的情感。

(三)注意篇幅

欢迎词、欢送词、答谢词的篇幅应尽可能的简短,语言要精确,语气要热情、友好、温和、礼貌。一般具体事务性内容均不在这里写。

 案例评析

【案例一】

浙江经济职业技术学院董事会成立大会上的欢迎词

院长:陈××

尊敬的胡董事长、汪书记、任会长、傅厅长、宋厅长、孟会长、各位领导、嘉宾:

今天,我们欢聚在这里,隆重举行浙江经济职业技术学院董事会成立暨产学研结合推进大会。首先,我代表学院对各位领导和嘉宾在百忙之中莅临指导表示热烈的欢迎,对各位领导和嘉宾长期以来对浙经院的关心支持表示崇高的敬意和衷心的感谢!

　　浙江经济职业技术学院是一所由浙江省教育厅和浙江省物产集团公司双重领导的全日制公办高职院校,前身是浙江省物资学校,创建于 1978 年,2002 年升格为高职学院,目前在校生规模近 7 500 人。学院秉承"立德为本、致用为宗、崇尚优化、追求卓越"的办学理念,立足浙江,面向长三角地区,依托浙江物产集团公司,为以物流产业为主的生产性服务业培养高端技能型人才,在创新校企合作、素质教育、国际合作三大平台上形成了办学特色,致力于打造国际知名、国内特色鲜明的一流高职院校。学院是国家骨干高职院校首批立项建设单位、教育部电子商务教学资源库牵头建设单位、教育部第一批教育信息化试点单位、中国物流与采购联合会常务理事单位、全国流通职业教育会长单位、全国普通高校毕业生就业工作先进集体。

　　学院办学紧紧依托世界 500 强企业——浙江物产集团的强大产业背景,结合区域产业、行业、企业的需求,以培养技术过硬、素质较高的应用性、技术性人才为目标。我们深刻认识到,要培养既有高技能又有较好素质的和谐职业人才,面临的最大困难与挑战就是体制机制创新,我们今天成立学校董事会就是一种尝试,一种探索,它标志着学校在向着国际知名、国内特色鲜明的道路上,在推进产学研合作、集聚办学资源方面,在深化职业教育、加强社会服务的领域里,努力创新发展。

　　浙经院近几年来的发展,得到了省物产集团、省教育厅、省发改委、省财政厅、省人社厅等上级主管部门的指导帮助,得到了行业及社会组织和企业单位的关心支持,我们坚定地相信,有在座各级政府领导、行业专家、企业精英、杰出校友的关心支持和携手努力,我们一定会在政、行、企、校合作上探索出新路子,在产学研结合上结出新硕果。

　　祝愿各位领导和嘉宾工作顺利,万事如意!

　　谢谢大家!

　　【评析】这是浙江经济职业技术学院院长在欢迎出席学校董事会成立大会上的欢迎词。正文开头首先表示欢迎,接下来介绍学校概括和成立校董会的意义,最后表达感谢和祝愿,语言简练、热情洋溢。

　　【案例二】

在 2013 届学生毕业典礼上的讲话

朱利萍

亲爱的同学们、老师们:

　　大家好!

　　不知大家有没有注意到我刚才的称谓,以往讲话,我们肯定将领导、老师,放在前面,但是今天,我把同学放在了首位,因为,在今天这样一个场合,我们的主角既不是领导,也不是老师,而是你们,我亲爱的同学们。所以,我的首要任务是要代表全校 102 位毕业班主任,向所有在今天毕业的 2 570 多位毕业生表示最热烈的祝贺! 祝贺你们顺利完成了大学的学业。

　　同学们,还记得 2010 年的 9 月 26 日吗? 带着理想和憧憬、带着父母的希望和重托,你们来到了我们浙江经济职业技术学院。从此,缘分将我们凝聚在一起。光阴如梭,转瞬间,你们就要离开学校了。在这三年里,你们有过成功的欢乐,也有过失败的沮丧,得到过老师的赞扬,也受到过批评甚至委屈,但是这一切都成了过去。在你们即将离开学校的时候,我希望你们不要忘记父母倾注在你们身上的心血,不要忘记学校和老师对你们的期望,不要忘记同学对你的帮助和友谊。

同学们,在这样的场合,千言万语不知从何说起。记得前几天,我班有位学生问我:老师,我们的毕业证书上写的是高职毕业还是大专毕业。当时我没有回答,因为在我看来,这没有本质的区别,可那位同学的意思似乎高职生有点低人一等。所以,我在这里就从"高职生"这三个字说起。

"高",证明你们都是经过高等教育培养的人才,所以不仅应该有较高的学问,更应该有高尚的情操,高远的理想,高度的责任心。"职",证明你们是从职业技术学院毕业的学生,因此,经过三年的培养,你们或多或少地掌握了一技之长。我们高兴地看到,你们中有的同学凭着自己的智慧和才华考取本科,绝大部分同学凭着一技之长已经被用人单位录用了,所以,你们没有任何理由妄自菲薄。

那么何为"生"呢?当然是指你们的身份——学生,但是,我想在今天这样一个特定的语言环境里,我们是否可以理解成"陌生""生疏"。从明天开始,你们就要离开学校了,就要进入一个全新的社会环境了。虽然你们大学毕业了,但,相对于社会这个大课堂,你们依然是小学生。社会是一个系统,有它的严格的游戏规则即法律、法规、规章,社会有一套传统,有它的历史、文化和意识形态,因此,同学们必须明白,社会不会像老师那样,欣赏你的天真清纯。社会将会关心你,但不会迁就你这样一个新成员,社会要求你遵守规则,社会期望你劳动、贡献。社会与自然一样奉行一条法则:适者生存。因此,当你取得点滴成功时,千万不要一味沉醉于"春风得意马蹄疾"的得意之中,记住只有油门没有刹车的车无法行驶;当你遇到挫折时,不必气馁绝望,有道是"山重水复疑无路,柳暗花明又一村"。同学们要有健康的心理,正常的心态迅速调整好自己的角色。你的生命、你的才华属于社会。奉献和服务应该是同学们的义务,应该成为你们一生的追求。

其次,我们也可以将这个"生",理解成"后生",所谓后生可畏,你们之中也有部分同学暂时还没有找到理想的岗位,但请相信,只要你自己不放弃,社会永远不会抛弃你。我希望每一个浙经院的毕业生,都有着适应社会的自觉意识,都有着服务社会的高尚情操。我相信你们一定能够适应社会,适应时代。

昨天,我在我们班级的 QQ 群里读到一些深情款款的毕业留言,不妨摘录一小段:真的不想说再见,/不想和这三年,和这些朝夕相处的兄弟姐妹说再见。可,车还是开动了,未来还是来临了……/道一声珍重,从此各自天涯/兄弟姐妹们,别忘了我/一路走好……"宿舍住的最后一天,窗户上多了几个字,'别了,浙经院'"。同学们,作为老师,我的内心和你们一样依依不舍,那么,请你在临走之前,再拜访一下你所尊敬的老师,再走一走这熟悉的校园,再呼吸一下校园的空气。

最后,让我代表所有毕业班的班主任向亲爱的同学们说一声"谢谢",感谢你们带给我们的朝气和快乐,也感谢你们带给我们的烦恼甚至痛苦,因为,此时此刻,所有的一切都化成了一种感受——那就是"幸福"。同学们,几年、十几年、几十年以后,我们希望在茫茫的人海中能相互辨认出来,无论那时的你是赫赫有名或是在自己的岗位上默默无闻,你依然是我们浙江经济职业技术学院的人。

谢谢大家!

【评析】这是一篇热情洋溢的欢送词,表达了班主任老师对毕业生的不舍和殷切希望,感情热烈,鼓舞人心。

【案例三】

在欢迎宴会上的答谢词

×××董事长、×××总经理、××集团公司的同志们:

今天我们初到光华集团公司,刚下飞机,就受到了你们的热情接待。×××总经理刚才简要介绍了集团公司的情况和经验,并对我们的参观活动进行了周密的安排,使我们感到就像回到了自己家里一样亲切、温暖。在这里,我谨代表参观团的全体同志向你们——并通过你们向集团公司的全体员工致以衷心的感谢!

光华集团公司是国家的大型企业,在改革开放的形势下,你们艰苦奋斗,解放思想,团结拼搏,锐意进取,积极摸索建立现代企业制度,通过制度抓管理,通过管理要效益,使集团公司的产品不但在国内占领了一定市场,而且在国际市场拥有了一席之地。我们这次远道慕名而来,就是要学习你们改革开放的新思想、新观念和生产管理的宝贵经验。刚才×××总经理介绍的经验使我们感到耳目一新。在两天的参观学习中,我们一定能够学到更多的宝贵经验,我们将把这些经验带回去,用于我们的企业建设,相信它将产生极大的推动力!最后我祝愿光华集团公司在新千年里锦上添花,再创新的辉煌!

再次感谢你们的盛情!

【评析】这是一篇热情洋溢的答谢词。首先,对对方公司的热情款待表示感谢;接着由衷赞扬对方公司的成绩,说明来访目的;最后再次表达祝愿和感谢之情。逻辑清楚、感情真挚,符合答谢词的写作要求。

【任务演练】

一、根据职场情境中提供的材料代俞琴拟写庆典大会的欢迎词。

二、请你代表在校生对即将走上工作岗位的毕业生写一篇欢送词。

三、对你结合案例二的材料代表毕业生写一则答谢词。

任务四　悼词与唁电的写作

情景导入

公司二十周年的庆典活动在大家的努力下圆满成功,俞琴等人总算松了口气。不久,公司的老厂长因病去世,鉴于他是公司的开创者,对公司的建立和发展作出过重要贡献,公司领导决定由公司为其承办追悼会,董事长亲自为其致悼词,俞琴在详细了解了老厂长的经历后开始拟写悼词。

思考:悼词的写作有哪些要求,为什么要由董事长亲自致悼词?

必备知识

一、悼词的含义

现代的悼词是由古代的诔辞、哀辞、吊文、祭文等专用文体嬗变而来的。

广义的悼词是指专向死者表示哀悼、缅怀与敬意的悼念性文章。多由死者的亲朋好友或师长学生等撰写。

狭义的悼词则专指在死者的追悼大会上表示哀思与敬意的宣读式的专用文体。宣读悼词人的身份要略高于死者。一般的悼词撰写,应由所在单位的组织领导派专人负责,有些特殊人物的悼词,还要呈报有关上级批准,或者成立治丧委员会,进行专门研究。

二、唁电的含义

吊唁函电是向丧家表示哀悼,慰问的信函和电报。大多因吊唁都与丧家彼此不在一个地方,不能亲临吊唁.便采取发送吊唁函电的办法,表示对逝世者的深切悼念和对家属的亲切慰问。

唁电,分为由领导机关、群众团体向丧家所发与个人向丧家所发两种。由领导机关、群众团体所发的唁电,致丧对象多是原机关和群众团体的重要领导人或者在革命和建设中曾经作出过贡献的英雄、模范、先进工作者、科学家、艺术家等。个人所发的唁电,发唁电者往往同逝者生前是志同道合、关系密切的朋友,或者曾经深受其教诲、关怀、帮助,因此在惊获噩耗后,以唁电表示其沉痛的悼念。

 能力技巧

一、悼词的写作技巧

悼词一般分为四大部分:第一部分写死者的姓名,死亡的时间、年龄、死因;第二部分写死者的简历和职务;第三部分颂扬死者的生平主要业绩和优秀品质;第四部分结尾,概论死者应享有的政治荣誉及生者继承死者的遗愿等。

广义的悼词一般历叙死者的生平业绩和优秀品质,尤其突出其在某一方面的杰出贡献或动人事迹,及对自己的勉励、影响等。文章依撰写者的身份采用不同的叙写形式,一般以抒情为主,也可以叙事、议论为主。狭义的悼词由于受追悼大会本身的时间、条件、地点的限制,因此形式相对地有较少变化,一般以记叙或议论死者的生平功绩为主,而不以抒情为主。

二、唁电的写作技巧

(一)标题

由发出者 + 致×××的唁电,比如"上海申报新闻函授学校同学会致许广平夫人的唁电"。如果收唁电者是家属,应在姓名后加上"同志""先生""夫人"等相应的称呼。

（二）正文

可直抒噩耗传来的悲恸之情，或失去良师益友的难以弥补的缺憾，突出逝世人生前的品德、功绩，表达致哀者化悲痛为力量的决心。

（三）签署

发电机关和发电人的姓名。

三、唁电常用语

尊××仙逝，深致哀悼，尚希节衷顺变。（唁长者）

惊悉××不幸逝世，不胜哀悼。（唁朋友）

惊闻××作古，家失柱石，悲痛万分。（唁家人）

惊悉××盛年谢世，不胜悲痛，特电致哀。

顷接讣告，不胜伤悼。

令堂安葬之日，道远未克前往致哀为歉，特电申奠。

惊承讣告，悲悼不已，专电致唁，并请节哀。

顷闻××遽归道山，骇恍莫名，痛悼实深. 敬奠致唁，诸维亮察。

顷悉××溘然长逝，骇恍莫名，特布唁忱，尚望稍抑哀思，勿过悲痛，是所至盼，专此敬请礼安。

阅报惊闻××溘逝，万分震悼，远隔海天，唯遥向××遗容致崇高的敬礼。

 案例评析

【案例一】

悼　词

今天，我们怀着无比崇敬和悲痛的心情，在这里隆重集会，沉痛悼念我们的好大姐、好战友——张吟雯同志。

张吟雯同志是湖北省团校办公室正科级干事，因长年忘我工作，劳累过度，高血压病症突发，于 2003 年 9 月 15 日凌晨病逝，享年 51 岁。张吟雯同志的去世，是湖北省团校事业的重大损失。

张吟雯同志祖籍河南省镇平县，1952 年 3 月 12 日出生十武汉。她自幼经历磨难，东奔西走，饱尝生活艰辛。1968 年初中毕业的她，就响应党的号召，到天门县张港区夏场公社插队落户，1975 年回武汉，被安排到曹祥泰副食品商店工作；1986 年调到湖北省团校，先后在财务室、医务室、人事科、工会办公室等岗位工作，张吟雯同志几十年如一日地踏实工作，任劳任怨，宽厚待人，严于律己，赢得了各个单位领导和群众的广泛赞誉。她多次出席过本系统劳动积极分子代表大会，参加工作以来，年年被评为单位先进工作者，真正做到了毛主席所说的"一个人做点好事并不难，难的是一辈子做好事"。

张吟雯同志的一生，是默默无闻、任劳任怨的一生。无论在哪个工作岗位，她总是起早贪黑、兢兢业业、埋头苦干、毫无怨言，她干一行，爱一行，爱一行，精一行，她是学校最熟悉人事劳资政策的干部，也是学校上班最早，加班最多的同志，在她身上始终闪耀着一种立足岗位、默默奉献的敬业精神。

张吟雯同志的一生,是乐于助人、无私奉献的一生,对同志亲,对自己严,是她为人处世的一贯准则,在工作和生活中,只要别人有困难,她总是主动帮忙,而且一定努力办好,她生患多种疾病,却极少向人诉说,总是自己默默忍受,生怕给单位、给他人增添麻烦。她经常带病坚持工作,经常给家庭困难、假期不能回家的学生送去温暖,时常接济生活困难的工友们。

张吟雯同志的一生是慈孝贤良、为人师表的一生,在社会,她是好公民;在单位,她是好职工;在家庭,她是好妻子,好母亲,好儿媳,一个人肩负着五位老人的赡养责任。始终是那么孝顺,那么豁达,被邻居们誉为婆媳关系的典范,被单位誉为五好家庭的典范。作为一个教育工作者,她兼任学生班主任,对学生就像是对自己的孩子一样,几乎为每一个学生洗过衣,做过饭,被同学们尊称为"张妈妈"。

如今,张吟雯同志,却走了,走得那么匆忙,那么突然,留给我们太多的感叹、太多的回忆。她走后,办公室少了一位热情的接待员,同事们当中少了一位嘘寒问暖者,工会少了一位活动积极分子,财务室少了一位业余会计,整个湖北省团校都沉浸在巨大的悲痛之中。

张吟雯同志是一个高尚的人、一个纯粹的人、一个有道德的人、一个脱离了低级趣味的人、一个有益于人民的人!张吟雯同志,您安息吧!今天,我们来为您送行,湖北省团校将铭记您的事迹,牢记您的嘱咐,继续您的未竟事业,以告慰九泉之下您的英灵,张吟雯同志精神不走,张吟雯同志永远活在我们所有人心中!

【评析】此文第一部分报逝者的姓名、身份、死亡的时间、年龄、死因;第二部分颂扬死者的生平主要业绩和优秀品质;第三部分结尾,概论生者继承死者的事业,化悲痛为力量。

【案例二】

唁　电

南京大学程千帆教授治丧委员会:

惊悉程千帆先生不幸病逝,我们感到万分悲痛。

程千帆先生是我国学术界名播海内外的大家之一,他一生虽历尽坎坷,但始终以顽强的毅力从事祖国的学术事业,不仅在诗学、史学、文献学、古代文化、文学史等领域作出了重大贡献,而且为国家培养出许多杰出的学术人才。他所倡导的严谨、求实、创新的学风,影响了一代又一代学人,他视祖国学术事业为生命的崇高风范,永远是我们学习的榜样。他的不幸逝世,是我国学术界无可挽回的重大损失。

程千帆先生对我社的《中国历代名著全译丛书》给予鼎力支持和悉心指导,使之获得了极大的成功。我们永远也不能忘怀程千帆先生对我社的重大贡献。对他的不幸逝世,我们表示深深的哀悼,并向程千帆先生的亲属表示亲切的慰问。

贵州人民出版社

2000 年 6 月 4 日

【评析】这篇唁电直抒噩耗传来的悲恸之情,失去良师的难以弥补的缺憾,突出逝世人生前的品德、功绩,表达哀痛和对亲属的慰问之情。

【任务演练】

根据情景导入的材料请你帮俞琴拟写一份悼词,内容可以合理虚构。

综合实训

一、知识目标鉴定

(一)正确说出演讲词的写作技巧、常用的开头和结尾的方法。

(二)评析下面演讲词。

认识的人,了解的事

柴　静

十年前在从拉萨飞回北京的飞机上,我的身边坐了一个五十多岁的女人,她是三十年前去援藏的,这是她第一次因为治病而离开拉萨。下了飞机下很大的雨,我把她送到北京一个旅店里。过了一个星期我去看她,她说她的病已经确诊了,是胃癌的晚期,然后她指了一下床上有一个箱子,她说如果我回不去的话你帮我保存这个。那是她三十年当中,走遍西藏各地,跟各种人——官员、汉人、喇嘛、三陪女交谈的记录。她没有任何职业身份,也知道这些东西不能发表,她只是说,一百年之后,如果有人看到的话,会知道今天的西藏发生了什么。这个人姓熊,是拉萨一中的女教师。

五年前,我采访了一个人,这个人在火车上买了一瓶一块五毛钱的水,然后他问列车员要发票,列车员乐了,说:"我们火车上自古就没有发票。"然后这个人把铁道部告上了法庭,他说:"人们在强大的力量面前,总是选择服从,但是今天如果我们放弃了一块五毛钱的发票,明天我们就可能被迫放弃我们的土地权、财产权和生命的安全。权利如果不用来争取的话,就只是一张纸。"他后来赢了这场官司,我以为他会和铁道部结下梁子,结果他上了火车之后,在餐车要了一份饭,列车长亲自把这个饭菜端到他的面前说,您是现在要发票呢,还是吃完之后我再给您送过来。我问他你靠什么赢得尊重,我靠为我的权利所作的斗争。这个人叫郝劲松,三十四岁的律师。

去年我认识一个人,我们在一起吃饭,这个六十多岁的男人,说起来丰台区一所民工小学被拆迁的事儿,他说所有的孩子靠在墙上哭。说到这儿的时候他也动感情然后他从裤兜里面掏出来一块皱皱巴巴的蓝布手绢,擦擦眼睛。这个人十八岁的时候当大队的出纳,后来当教授,当官员。他说他所有做这些事的目的,是为了想给农民做一点事。他在我的采访中说到,说征地问题,给农民的不是价格,只是补偿,这个分配机制极不合理,这个问题的根源不仅出在土地管理法,还处在 1982 年的宪法修正案。在审这期节目的时候我的领导说了一句话,说这个人就算说得再尖锐,我们也能播。我说为什么,他说因为他特别真诚。这个人叫陈锡文,中央财经领导小组办公室主任。

七年前,我问过一个老人,我说你的一生也经历了很多的挫折,你靠什么来保持你年轻时候的情怀,他跟我讲有一年他去河北视察,没有走当地安排的路线,然后他在路边发现了一个老农民,旁边放了一副棺材,他就下车去看,那个老农民说因为太穷了,没钱治病,就把自己的棺材板拿出来卖。这个老人就给了他五百块钱让他回家,他说我讲这个故事给你听是要告诉你,中国大地上的事情是无穷无尽的,不要在乎一城一池的得失,要执着。这个人叫温家宝,中华人民共和国总理。

一个国家是由一个个具体的人构成的,她由这些人创造,并且决定。只有一个国家拥有那些能够寻求真理的人,能够独立思考的人,能够记录真实的人,能够不计利害为这片土地付出的人,能够去捍卫自己宪法权利的人,能够知道世界并不完美但仍然不言乏力,不言放弃的人,只有一个国家拥有这样的头脑和灵魂,我们才能说我们为祖国骄傲。只有一个国家能够尊重这样的头脑和灵魂,我们才能说我们有信心让明天更好。

(三)修改下列演讲词。

竞选学生会××部长演讲词

站在这里,我有说不出的激动,不仅为能参加这次竞选而荣幸,更为大家那对我充满信任的眼神而自豪。我是×班现任班长××,开学后加入了生活部,也在其他部门体验过工作,对于我来说,干工作没有最好,只有更好。在平常的工作中难免会遇到一些棘手的问题,对于某些同学的强横,我选择了沉着、冷静,并面带笑容地与他们交谈,也正是这种环境才让我真正明白了微笑的内涵,以前我的工作虽有些美中不足,但对比昨天,我今天干得好,相信我的明天会更出色。今天,我把这些成绩复述了一遍,并非是向大家炫耀,我把它当做我人生中的一种很重要的阅历,一笔很宝贵的财富,它给予我经验、力量,可以让我一生受益,为我今天的竞选平添了一份自信。

在现在这个没有硝烟的社会,要想使自己或一个团体立于不败之地,除了要自强,必须要有一种合作的精神,我相信我能够团结好这个团体,也有责任为学校干一份实事,所以我要竞选学生会主席一职。

如果我加入了主席团,我会把握好这个机会,更加严格地要求自己,要使自己的工作更加缜密,首先要提高学生会内部成员的素质,增加团体的凝聚力,加强内部的联系,使内部达到真正的团结统一,使学习的职能得到充分的发挥,然后在平常的工作中深入到同学中去,了解他们对学生会的看法,认真听取他们的宝贵的建议,与他们交流,使他们更加了解学生会,真正做到及时地发现问题。并在工作时不断实践,即在改进中工作,在工作中改进,我不会下什么决心,只会在自己的位置上实干与巧干,使自己的能力服务大家,锻炼自己。

哭过,笑过,彷徨过

输过,赢过,拼搏过

扬起嘴角,灿烂的执着

挥手告别,曾经的惘惑

铿锵地说

明天,主席团的名单上

有你,有我

(四)正确说出祝词、贺词的写作要求。

(五)正确说出祝词与贺词的区别与联系。

(六)评析下列祝词。

××先生六十寿宴上的祝酒辞

尊敬的××先生,尊敬的各位来宾:

今天我们欢聚一场,共同祝××先生六十华诞。首先,请允许我代表各位来宾及我的全家,祝××先生生日快乐! 身体健康! 家庭幸福!

××先生是我县教育界的杰出代表,为我县教育事业作出了突出的贡献。几十年来,他坚持"以学校为家庭,以发展为足印,以事业为光荣"来立言达志,编织人生。在他领导下的××一中先后获得十五项国家和省级奖励,学校由县重点普升省重点中学。因工作突出,2000 年被评为全国中小学德育工作标兵和全国先进工作者,先后两次上北京,受到了江泽民总书记、朱镕基总理等国家领导人的亲切会见。然而,年届花甲的他,仍然没有放弃自己深深热爱并为之奉献几十年的教育事业,目前他仍默默工作在一线,为自己的理想增光添彩,其无私奉献和兢业精神应成为我们的凯模,他是我们××人的骄傲。

在今天这隆重的宴会上,我诚恳地请求诸位同我一起举杯,为××先生和在座各位来宾的健康和幸福,干杯!

(七)正确说出欢迎词、欢送词、答谢词的写作要求。

(八)评析下列答谢词。

答谢词

亲爱的朋友们:

我们对贵国的访问即将结束。首先,请允许我代表我们旅游观光团一行 20 人对贵国政府对我们的盛情款待表示由衷的感谢。

访问期间,我们十分有幸结识了许多知名人士,参观了城镇、乡村、工厂、学校和文艺团体,与各界人士进行了饶有兴趣的谈话,这些都给我们留下了深刻的印象。

我相信,我们这次参观访问将有利于促进两国人民之间的友谊。我们用文字和照片记录下了这次访问中一幕幕的动人景象,回国后,我们将让我国人民得知这一切。我深信,这将给他们以巨大的鼓舞。

借此机会,再次衷心地感谢大家!

祝兄弟的中国人民幸福!

祝两国人民之间的友谊万古长青!

再见了,亲爱的朋友们!

(九)修改下列欢送词。

欢送词

尊敬的女士们、先生们:

今天,是一个让我们非常伤感的日子。是因为你们就要离开我们了,我们的心情是依依不舍的。

在即将分别的时刻,回想过去几天我们愉快的相聚,真是让人不堪回首:大家相处的时间是短暂的,但我们之间的友好情谊是长久的。我们相信,我们都会想念你们的,希望你们也能记着我们大家。

我国有句古语："来日方长，后会有期。"虽然你们的离去，是我们的巨大遗憾。但我们还是希望大家一路顺风，多多保重！再见了朋友们。

××公司经理乔××

××××年××月××日

（十）正确说出悼词的类型及写作结构。

（十一）正确说出唁电的写作要求。

（十二）评析下列悼词。

中国网友致世界舞王-迈克尔-杰克逊的悼词

舞步太空，歌传寰宇，挥洒如仙。

忆墨镜长发纵横台上，机械电舞，驰骋云端。

霸气天纵，劲舞狂歌，三十年来踞峰巅！

真巨星，令天下俯首，乐府称山。

今夕陨落堪怜，风雨终歇五十年。

看黑衫铿锵，今成绝响，名曲快歌，四海风传。

粉丝垂泪，白衣满座，再无霹雳慑人间。

魂未远，向苍穹顾目，歌舞犹酣！

二、能力目标鉴定实训

（一）结合实际，写一篇竞聘班干部或学生会干部的演讲稿。

（二）请你代表全校（或全系）在校生写一篇对新生的欢迎词或对毕业生的欢送词。

（三）请你代俞琴为公司经理写一份新年贺词。

（四）请你代俞琴为公司一位老员工写一份生日宴会的祝酒辞。

（五）根据所给材料，按要求撰写文书。

2013 年 10 月 25 日，天嵩集团下属星星食品有限公司成立 10 周年。公司领导班子拟在 11 月 25 日—27 日举办一次庆祝活动。届时将邀请集团领导、当地有关领导，社会知名人士参加庆典活动开幕式。关兴，男，37 周岁，现任××市委书记。受邀参加 5 周年厂庆开幕式并致辞。梁芳，女，50 周岁，企业现任总经理，安排在开幕式致辞。

要求：

1. 请替梁总撰写一份开幕式欢迎词。

2. 请替市委关书记撰写一份开幕式致辞。

（六）陈敏一行五人是红光公司员工，他们赴万里集团公司考察并商讨关于光电技术合作事宜。在为期三天的活动中受到了来自万里集团公司的胡天蓝经理热情欢迎和招待，临行前，请你代陈敏写作一份答谢词。

（七）公司里一老员工因病去世，请你写一份悼词。

（八）孙瑜的高中老师因病去世，孙瑜回不去，请写一份唁电。

模块四　商务秘书常用写作

 商务策划文书写作

【知识目标】

懂得营销策划书的写作结构和要求。

熟悉广告文案的特点、创意与策划、结构与写作技巧。

熟悉商品说明书的特点以及与商业广告的区别。

熟悉招标、投标文书的含义与写作技巧。

【能力目标】

能写作营销策划书和专题活动策划书。

能写作有创意的广告文案。

会写作规范的商品说明书。

会写作常用的招标、投标文书。

职场情境

经过近两年的工作,由于出色的工作表现,俞琴被调到市场部当副经理。不久,公司研发了一种新的电子产品,需要俞琴负责作市场推广。

项目描述

俞琴经过分析,要让用户接受新产品,首先必须作广告宣传,同时该产品科技含量很高,为了便于用户正确使用必须撰写产品说明书。为新产品的推广公司还决定做一次营销策划活动,先要撰写营销策划书,同时为了拓展销售渠道,让更多的流通企业参与到该产品的销售活动中,公司决定采用招标的形式,需要撰写招标文书。

任务一　营销策划书的写作

情景导入

中国创意研究院是在国内著名资深创意、策划、营销专家,中国创意九段、策划学创始人、首届中国十大营销策划风云人物陈放教授为首的专家团队经过十几年的创意产业研究、理论归纳和总结以及市场实战基础上,与国内外众多智力机构共同建立的科研机构。致力于推动国内创意产业发展和战略升级的理论,创意技法的研究、人才培养、项目规划,实战指导。中国创意研究院业务涉及旅游策划规划、城市品牌与营销、企业营销策划、企业管理咨询、文化考古与文化项目策划、旅游投融资及旅游景区管理、房地产策划等业务。

随着市场经济的发展不断扩展、延伸,在营销发展的新思路、新趋势中出现了策划营销。它是在一般市场营销基础上的一门更高层次的艺术。一个成功的企业,往往离不开有效的策划,可以说企业能否成功地进行营销策划并实施,是企业经营成功或失败的关键所在。

必备知识

一、营销策划书的含义

营销策划书是企业根据市场变化和企业自身实力,对企业的产品、资源及所指向的市场进行整体规划的计划性书面材料。

随着市场竞争日益激烈,好的营销策划更成为企业创名牌、迎战市场的决胜利器。

二、营销策划书的特点

成功的营销策划书有如下特点:

(一)针对性

策划书能够充分体现企业的勃勃生机和企业的基本特征,使用浅显易懂的语言,粗略过目就能了解策划的大致内容,充分体现对方的利益和要求。

(二)独特性

策划的内容必须新颖、独创,有时图文并茂,加强策划书的表现效果。

(三)指导性

策划书必须条理清晰,逻辑分明,让阅读者看完后,能够按照策划书的内容有计划、有步骤地执行下去。

能力技巧

一、营销策划书的写作技巧

营销策划书没有一成不变的格式,它依据产品或营销活动的不同要求,在策划的内容与编制格式上也有变化。但是,从营销策划活动一般规律来看,一般包括以下几个方面:

(一)封面

策划书的封面可提供以下信息:策划书的名称;被策划的客户;策划机构或策划人的名称;策划完成日期及本策划适用时间段。

(二)正文

1. 前言

包括策划的缘起、背景材料、问题点与机会点、创意的关键等。

2. 市场状况和市场前景分析

包括:整个产品的市场性、现实市场及潜在市场状况;与其主要竞争品牌的销售量与销售值及市场占有量的比较分析;竞争品牌市场区域与产品定位的比较分析;竞争品牌广告费用与广告表现的比较分析;双方公关活动的比较分析;消费者的情况分析:消费者年龄、性别、籍贯、职业、学历、收入、家庭结构的分析,消费者的接受性,需求变化对产品市场的影响等;市场成长状况,产品目前处于市场生命周期的哪一阶段上,相应营销策略效果怎样,公司产品的利润结构分析;公司过去几年的损益分析等。

3. 产品市场影响因素分析

主要是对影响产品的不可控因素进行分析:如宏观环境、政治环境、居民经济条件,如消费者收入水平、消费结构的变化、消费心理等,对一些受科技发展影响较大的产品如计算机、家用电器等产品的营销策划中还需要考虑技术发展趋势方向的影响。

4. 市场机会与问题分析

一是针对产品目前营销现状进行问题分析。一般从企业知名度、产品质量、功能、产品包装、产品价格定位、销售渠道、促销方式、服务质量、售后保证等方面存在的问题进行分析。二是针对产品特点分析优、劣势,从问题中找劣势予以克服,从优势中找机会,发掘其市场潜力。分析各目标市场或消费群特点进行市场细分,对不同的消费需求尽量予以满足,抓住主要消费群作为营销重点,找出与竞争对手的差距,把握利用好市场机会。

5. 营销目标

公司所要实现的具体目标,即营销策划方案执行期间,经济效益目标。

6. 营销战略

营销战略,即具体的行销方案包括:营销宗旨、产品策略,如产品定位策略、产品质量功能策略、产品品牌策略、产品包装策略、产品服务策略等。

7. 价格策略

包括:定价标准、制约定价的基本因素、定价的程序、定价的基本方法、定价策略等。

8.营销渠道策略

包括:营销渠道的选择策略和中间批发商的营销策略;促销手段的选择和营业推广。

9.广告宣传的原则和实施步骤

营销策划书没有固定不变的模式,既要结合实际,又要学会灵活运用。

二、营销策划书的写作要求

为了提高策划书撰写的准确性与科学性,首先应把握以下几个编制原则:

(一)逻辑思维原则

策划的目的在于解决企业营销中或活动开展中的问题,一般按照以下逻辑性思维的构思来编制策划书:首先是设定情况,交代策划背景,分析现状,再把策划中心目的全盘托出;其次进行具体策划内容详细阐述;再次明确提出解决问题的对策。

(二)突出重点原则

要抓住企业营销中或活动开展中所要解决的核心问题,深入分析,提出可行性的相应对策。

(三)可操作原则

编制的策划书是要用于指导活动开展,其指导性涉及活动中的每个工作环节关系的处理。因此必须具有较强的针对性,具有实际操作的指导意义。不能操作的方案创意再好也无任何价值。

(四)创意新颖原则

要求策划的"点子"(创意)新、内容新、表现手法也要新,给人以全新的感受。新颖的创意是策划书的核心内容。

 案例评析

"香满园"小包装食用油新品上市营销策划书

一、前言

市场规模:根据权威部门统计,我国的食用油市场早在2002年就已经达到1 000万吨市场规模。我国内地人均年耗油量为10千克左右,香港地区为15~20千克,发达国家为30~35千克。目前我国食用油销量正以每年超过5%的速度迅猛增长,预计到2006年,我国人均年用油量将达到15.5千克以上,整体消费量也将超过1 410万吨以上。而目前,小包装食用油仅占其市场总量的18%左右。随着人们生活水平的提高,小包装油因其营养、天然、美味、卫生、安全等特点受到越来越多中国家庭消费者的喜爱,小包装油也正以高于整个食用油市场3~5个百分点的速度快速增长。

竞争现状:纵观目前小包装食用油市场。主要是嘉里和中粮旗下的产品占据了大部分市场。而其中嘉里旗下的16个品牌,如金龙鱼、鲤鱼、元宝、胡姬花、香满园、花旗、手标、巧厨等则又占据了整个小包装油市场总量的25%以上,处于市场的领导地位。

二、"香满园"小包装食用油 SWOT 分析

（一）机会

小包装食用油市场规模庞大,市场增长速度快。未来几年将是小包装食用油市场空前繁荣的几年。成渝两地人口众多,市场相对需求大。

（二）威胁

目前小包装食用油市场除居领导地位的金龙鱼、福临门等外,二三线品牌众多,竞争异常激烈。

（三）优势

"香满园"小包装系列食用油与名牌"金龙鱼"系出名门—嘉里粮油,具有较深的品牌沉淀;嘉里粮油具有完善的分销网络和科学的市场推广体系;"香满园"在其他区域已经上市销售,可给川渝地区新上市提供比较成功的行销经验,以便根据实际情况进行营销策略调整。

（四）劣势

香满园在四川、重庆地区属于新品上市,消费者对该产品的认知需要一个较为漫长的过程;川渝地区地域覆盖广,给市场整体启动带来较大困难;香满园的市场增长必然给嘉里旗下的其他同门兄弟带来威胁,竞争与协作的尺度难以把握。

三、竞争策略选择(USP)

食用油市场发展到今天,产品已经严重同质化。食用油营销已经进入到品牌营销时代,故品牌营销需先行。

就嘉里粮油本身而言,乃东南亚粮油巨头,拥有雄厚的资金和技术实力。其金龙鱼食用油居行业领导地位,符合其食用油品专家的特征。而市场上的食用油,至今尚无一家以专家的形象进行推广。消费者更容易相信专家,相信权威。

通过对"香满园"完美品质的不断诉求,突出其专业水准,形成"香满园"即食用油专家。从而形成"香满园——来自新加坡的食用油专家"的独特销售主张(USP)。一切市场推广活动围绕这一独特销售主张进行。这一 USP 具有如下含义:

（一）"香满园"来自新加坡,代表先进的工艺和水准。

（二）"香满圆"是食用油的专家,代表更健康、安全、营养、卫生。

四、营销策略

（一）品牌包装策略:遵循总部统一包装

（二）价格策略:遵循总部统一价格策略。但可选择在节假日与川渝超级大卖场联手限量特价销售。

（三）渠道策略及终端建设:

集中力量建设省会城市及川渝重点地级城市。以 KA 为主,传统批发渠道为辅,同时为即将到来的端午节团购做好准备工作。

需在产品上市 10 天内完成穿渝地区 80% 以上重点市场的产品覆盖,以确保公关活动能顺利进行。

（四）传播及市场推广

1. 广告投放：品牌形象广告（前期投放）

速路高立柱（成渝高速）六块（6×23 万＝138 万）/年；看板（成渝高速）四块（4×4 万＝16 万）/年。

站台广告：主画面 50 套（0.336×50＝16.8 万）/15 天；30 套（0.36×30＝10.8 万）/15 天；副画面 60 套（0.08×60＝4.8 万）/15 天。

指路牌广告 1.3 万/个×年。

公交车身广告：16 万/年（根据车次路线、车型有不同的价位）；8.6 万/年（根据车次路线、车型有不同的价位）。

电视广告投放：四川二套——新闻现场 5 秒 3 000×4.5 折×365 天；四川二套——新闻现场 15 秒 9 000×4.5 折×365 天；630 剧场片头独家赞助 46 万；片头独家协助 38 万；片尾独家协助 36 万；900 现场片头独家赞助 58 万；片头独家协助 48 万；片尾独家协助 45 万。

报纸广告：商报 1/2 版×2＝18 万；商报软性广告炒作 5 万。

DM 直投广告：DM 单张 10 万张×6×0.16 元＝9.6 万。

"香满园"健康手册 50 000 份×2.3 元＝11.5 万元。

其他媒体投放：

备注：以上广告预算可根据公司整体市场费用进行广告投放组合。

2. 公关活动（根据相应推广方案调节活动内容再作预算）

（1）产品上市两周内进行样品免费试用。指定川渝网络健全的连锁超市或者超级大卖场进行样品派送：消费者凭完好的小包装食用油油桶一只，可排队换取 1 升装"香满园"食用油一桶。指定时间、指定地点、限量×瓶。指定时间段送完指定数量即止。持续时间两周为宜。（如为引起轰动效应，可将 1 升提高到 5 升，减小发放数量；赠品随附宣传单页或者"香满园"健康手册一份）

（2）邀请报社或电视台进行相关活动报道。

主题一：油品专家"香满园"，10 000 桶食用油免费送，蓉城市民排队挤破超级商场！

主题二：邀请华西报或者成都商报进行软文强势炒作：油品专家嘉里粮油再次重磅出击，"香满圆"品牌欲称雄川渝市场。（先进行概括性的市场综述，而后进行重点炒作"香满园"系列食用油，突出其专家形象）

3. 促销活动

产品上市初期在超级卖场派驻促销小姐进行强力促销。消费者购买"香满圆"系列食用油可获赠洗碗巾一只并附"香满园"健康手册一份。

五、市场预测

通过对"香满园"的前期市场引导及持续市场推动，力争在十月份取得川渝地区前十名市场占有率的良好业绩。

（来源：中国营销传播网）

【评析】以上是一份比较简单的营销策划书。营销策划书是一种较为复杂的应用文书。一份周全的营销策划书需要在对项目作概要分析的基础上,对市场状况和市场发展前景、影响产品市场的诸多因素等进行全面分析,对产品营销目标以及营销过程中各个环节进行周密而详细的策划。

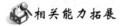 相关能力拓展

专题活动策划书的写作

专题活动策划书就是为对外接待、参观、开业、庆典、新闻发布会、记者招待会、竞赛、捐助等大型活动所制订的行动计划。其内容一般包括:

1. 活动宗旨

简要交代活动的背景、意义、目的等。

2. 活动主题

主题是整个策划的灵魂,是策划所要达到的主要理念,是统帅整个活动、连接各个项目、各个步骤的纽带。主题往往用一句口号来提炼。

3. 活动日期

最好避开重大节日,也不要与人们普遍关注的社会重大活动相重叠。

4. 活动地点

要考虑公众分布情况、活动性质、活动经费以及可行性。

5. 活动的主办、承办、协办单位。

6. 活动流程

即活动的措施、步骤等。这部分是重点,也是整个活动的创意所在。一般分活动的宣传准备、活动的组织开展、活动结束后的总结等几个阶段,写出每一阶段所要采取的措施、办法,具体的负责人与参与人员、完成的时间等。内容具体,可操作。

7. 活动经费预算

估计可能需要的各种支出,备呈报上级批准。

总之,专题活动策划的基本要求是主题明确,内容具体;时机恰当,规模适中,形式新颖,组织周密;符合公众心理,赢得社会支持。

【任务演练】

为你喜欢的某个产品作一个节假日营销策划,写一份策划书。

任务二　广告文案的写作

情景导入

"减少一个酒桌,增加十个课桌。"榆林市肤施路上,一则公益广告吸引了众多路人的

目光。画面用"1－1＝10"来表现,其中前两个"1"由酒宴图片组成,一个"10"由渴望上学的孩子及教室上课的场景组成,旁边还有一个大大的酒字,旁边文字为"酒后驾车,危险!"据悉,榆林市在城区内不少街道上张贴了这些寓意深刻的公益广告。

这则公益广告,无论是在形式和内容,皆算得是上乘佳作:构思奇妙,创意不凡,其形其词,简捷精练,过目不忘;同时,有批评,有劝导,令人深思。

 必备知识

一、广告的含义

广告"Advertisement"一词源出拉丁文,原意是"我大喊大叫",现逐渐变成商品宣传的形式和手段,个人或社会向社会传播各种信息的手段。

广义的广告指个人或单位通过传播媒体向公众宣传自身的某种信息、意愿的播扬手段。包括商业广告,也包括不具有商业性、不以营业为目的的广告。如征婚广告、招聘广告、礼仪广告、公益广告等。

狭义的广告专指商业广告。1995年《中华人民共和国广告法》规定广告是指"商品经营者或服务提供者承担费用,通过一定的媒体和形式直接或者间接地介绍自己所推销的商品或者所提供的服务",是一种经济宣传手段。

二、广告文案的含义

广告文案是已经定稿的广告作品的全部的语言文字部分。

广告文案包括广告作品中的语言和文字两个部分,其中,语言指有声语言或口头语言,而文字指书面语言,包括电视广告中的字幕形式等。

广告文案写作是广告作品中全部的语言文字部分的写作;是写作者在广告运作目的的制约和支配下,进行广告作品的主题的提炼、材料的选择、结构的安排、文案部分与美术设计部分配合的过程;是写作者采用不同的语言排列组合、不同的表现方式表达广告主题,传达广告信息,以达到广告意图的过程。

三、广告文案的写作特点

作为策划性的说明、介绍,广告文案的写作具有如下特点:

(一)创新性

创新性是广告文案成功与否的关键。广告文案制作者要正确把握市场趋势和消费心理,精心构思、独特创意。一则真正有独特创意的广告文案,不仅给受众留下鲜明深刻的产品印象,而且也是一次企业文化和内涵的高度提升。

(二)实效性

广告文案要抓住特点,突出主题,要能诱导激发消费,成为"推销者的喉舌","消费者的向导"、买方和卖方的"联姻红娘"。反之,广告文案写得再华丽,再有创意,如果起不到任何扩大宣传的目的,这则广告文案就是没有实效的。

(三)艺术性

广告具有艺术美。它集文学、美术、音乐、影视、建筑等艺术为一体。文字广告要求:优美,富有情趣;美术广告以健康的情趣审美趣味吸引消费者和服务对象;音乐广告以悦耳动听的乐曲招引听众。广告还要求讲究艺术,追求新颖,抓住商品的特点、优点、摸透消费者和服务者心理,运用各种艺术手段,突出商品的独特美质,使顾客产生购买欲望。

(四)严肃性

广告内容必须真实无误、立诚守信。同时广告内容要求健康、情趣高尚。不允许宣传低级庸俗丑恶淫秽的东西,不贬低其他商品或者服务,不乱使用国家级、最高级、最佳等用语。

 能力技巧

一、广告文案的写作技巧

广告文案的结构一般包括广告标题、广告正文、广告口号、广告随文等四个部分。

(一)标题

广告文案的标题就像是广告的眼睛,它对广告内容起着概括、浓缩和点睛的作用,同时它要在广告的受众听到或者看到的瞬间,给他们留下深刻的印象,从而起到宣传和推广的作用。因此,广告标题要求:醒目、新颖、简短、有吸引力。一般来说广告文案标题有以下三类:

1. 直接性标题

即标题显示广告的内容或对象,主要有以下几种表现形式:

(1)标明式:如"美菱冰箱锁住水分"。

(2)设问式:如"为什么美国1 000家最大企业采购微电脑时,大部分都首先考虑 Compag"。

(3)欢迎式:如"欢迎乘坐中国东方航空公司班机"。

(4)慰问式:如"××公司向国内外用户祝贺新年"。

(5)通告式:如"发现一瓶好水,××矿泉水"。

(6)祈使式:如"要想皮肤好,早晚用大宝"。

(7)比兴式:如"五岳之首为泰山,布鞋名称是莱芜"。

2. 间接性标题

这类标题不直接反映广告的对象和内容,而是用含蓄的耐人寻味的语句吸引广告接收者的兴趣。如"把闪烁的星星揉碎,溶入绚烂的晚霞之中"(某化妆品广告);"工欲善其事,必先利其器"("常工牌"焊接切削工具广告标题);"发光的不完全是黄金"(美国银器广告标题)。

3. 复合标题

像新闻标题那样,由引题、正题、副题等多行标题组成。如:用了油烟机,厨房还有油烟——用了油烟机,拆卸清洗困难怎么办——引题;科宝排烟柜,将油烟控制在柜内,一抽而净。科宝油烟机带集油盆,确保三年免清洗。——正标题;全方位优质服务:免费送货安装,(南三环至北四环)三年保修,终身维修。——副标题。

(二)广告语

广告语,也叫广告口号,指为了加强受众对企业、商品或服务的印象而在广告中长期、反复使用的一种简明扼要的口号性语句。一般展示优势,承诺利益,唤起感情等。如"滴滴香浓,意犹未尽"(麦氏咖啡);"对我而言,过去平淡无奇;而未来,却是绚烂缤纷"(轩尼诗酒) ;"天长地久"(斯沃奇手表)等。

(三)正文

广告文案正文一般介绍产品性能、特点、用途、规格、价格、使用等。但不像说明书那样要求面面俱到,而是抓住一点,围绕一个主题展开。主要有如下方式:

1. 述介体

一般用于受众较为生疏的新产品或高技术产品。通过叙述直接表达出被广告产品的特性和优点,语言较为朴实,给人一目了然的感觉。如:

最新一代智力保健品——亚都 DHA,是采用现代生物高技术研制开发的新型保健品,系缓释胶囊型。旨在补充人们大脑发育、智力增长所必需的重要物质;DHA 即二十二碳六烯酸,主要来源于深海鱼类的鱼油,乃是人类脑细胞生长发育必需的结构物质。

2. 描写体

通过日常生活场景的描写,将产品的使用情况融化在这些生活场景里,可以从侧面揭示出产品的良好性能。例如新加坡旅游广告文案:

星光下的晚餐如梦如幻/芬芳的美酒香飘河畔/奔放的迪斯科挥舞热情/夜色中的大都市依旧生机盎然……这就是新加坡。

3. 问答式

利用反问或设问,突出广告主题。例如奥尔巴克百货公司广告文案:

为什么你硬是欺骗自己,认为你买不起最新的与最好的东西? 在奥尔巴克百货公司,你不必为买美丽的东西而付高价。有无数种衣物供你选择——一切全新,一切使你兴奋。

现在就把你的太太带给我们,我们会把她换成可爱的新女人——仅只花几块钱而已。这将是你有生以来最轻松愉快的付款。

4. 对话体

主要式采用一问一答的形式,介绍产品的用途、性能等,这种方式就是运用人们好奇的心理,在释疑过程中不知不觉起到宣传的作用,例如泰元双农牌系列杂粮广播广告:

哒哒（两声竹板响）

甲:竹板响来听我讲/党的政策放光芒/如今过上好时光/一天三顿吃细粮……

（紧接甲)乙:哎……一天三顿吃细粮/已经不是新时尚/现在生活讲质量/维他命,氨基酸/微量元素说营养。

甲:说得好,讲得棒/营养杂粮市场旺。

乙:春晚无花秋早霜/寿阳杂粮美名扬/五谷新粮保健康/请认准了/泰元双农牌系列营养杂粮!

5. 文艺体

主要通过诗歌、戏剧、抒情散文等形式,介绍和宣传产品。这种方式在表达方式上文雅优美,容易引起受众的共鸣。例如中国电信报纸广告文案:

有空间就有我们无所不在的服务。

只要有风吹来

蒲公英的飞絮

轻舞飞扬

随风飘散

只要您有需要

上海电信

愿尽心尽力

满足您的心愿

(四)广告随文

广告随文又叫附文,是广告文案中不可缺少的一部分,用来传递附加的信息,主要是生产企业的相关信息,包括地址、邮编、企业名称、电话、传真等,以便于消费者与其联系。有时是产品的参数说明,方便消费者挑选。随文也可以是一些个性化的语句,增加广告的人情味,如:"您想了解为什么这么多人排队定购家家花园,请拨打我们的热线电话:×××××";"如果您在××月××日前购买我们的电器,我们将有特别的礼品奉送"等。

二、广告文案的写作要求

(一)准确简洁

广告文案要求用语准确,概念明确,表意恰当。例如美国友邦的广告文案:"财务稳健,信守一生",强调"稳""信"二字,重点突出。前者说明公司实力雄厚,后者则强调公司服务质量优越。文字凝练,短短八个字,集精华与一身,概括了保险公司取信于客户的两个最重要因素。

(二)幽默机智

由于广告大多是被动阅读,因此机智幽默的广告会让受众在会心一笑中,加深印象。某驱蚊水广告——"您不能反咬它,您却能反击它"诙谐、真情、自然。

(三)亲切平易

广告要紧扣不同消费群体的心理,拉进与受众的距离。如百年润发——"如果人生的聚散是一种缘分,那么百年的离合更是早已注定";"祝中老年朋友腰好、背好、腿脚好"(彼阳牦牛壮骨粉)等亲切自然、沟通情感桥梁。

(四)通俗上口

"新飞广告做得好,不如新飞冰箱好";"喝了娃哈哈,吃饭就是香";"人头马一开,好事自然来"。这些广告词朗朗上口,简单易记。

(五)巧用修辞

广告语言大量使用修辞,给人一种美感。例如:"华达电梯,助君高升"(拟人,双关);洋河大曲"酒气冲天,飞鸟闻香化凤;糟粕落地,游鱼得味成龙"(对偶,夸张);"今年过节不收礼,收礼只收脑白金"(珠联);拜高蚊香"拜高忠告蚊子:吸烟有害生命!"(拟人);"它不是一辆家用车,它就是家/法国的香水,法国的雷诺"(类比)等。

 案例评析

s＆w罐头平面广告文案

(一)我们添加的唯一的东西就是盐

(画面为一条大鲑鱼,身上套着w罐头标签)我们公司的鲑鱼没有必要添加油料以增其汁味。因为它们都是特别肥大的鲑鱼。这些健康的鲑鱼,每年溯游到菩提山之北的长长河川。如果我们在蓝碧河选不出理想的鲑鱼怎么办呢?我们会耐心地等到明年,为什么?因为如果不是完美的,不会被s＆w装入罐头。

(二)从50颗大粒的桃子里,s＆w精选出5颗

(画面为一堆平铺开的桃子,中间有5个空白)

光是最好的还不行。贩s＆w挑选桃子的条件是:全熟,又圆又肥大。多汁而甘甜是理所当然的。

以此标准挑选出来的桃子,自然不多,而能贴上s＆w标签的,更是经过精选后的少数。我们坚守此要求:s＆w不会把不完美的东西装入罐头。

(三)一颗s＆w豆子的际遇

(画面为一颗豆子经过重重检查进入罐头,正文的每一句话,对应一个检查程序)

这是叫做"完美"的特别品种,

在西部广阔丰沃的土壤中育成,

在它非常鲜嫩时就要采摘,

它外皮的柔软度要经过测试,

它的成熟度要用我们的圆熟度计来证明,

它如砂糖般的甜美要由我们的老手亲尝。

当它在这些方面都无懈可击,这粒豆子才能获得s＆w的标签。

(这是无上的责任)

但是,如果它是不完美的,就不会被s＆w装入罐头。

(四)这些番茄仅供饮用

(画面为一只大的饮料杯中装着几只番茄)

我们把炖菜用的番茄和饮用番茄区分开来。不少优秀的罐头业者,从收获的番茄里,选出较好的做菜用番茄,剩下的才拿去制番茄汁。这是很实际的做法。我们的做法就不太讲究实际。我们把加州番茄当作制汁用番茄来种植,一直等番茄长到柔软甜美,汁液饱

满。这是旷日持久、耗费金钱的做法。但这也是 s＆w 的方针。我们认为,这是把完美的制汁用番茄制成完美的番茄汁的唯一做法。它若非完美,就不会被 s＆w 装入罐头。

(五)我们把大鱼放生

(画面为一位渔夫惋惜地看着一条被吊起来即将放生的大鱼)

小金枪鱼,简直就像小羊、小豆子、嫩玉米粒一样柔嫩。因此,s＆w 绝不用大金枪鱼制作罐头。您把 s＆w 的罐头打开,一定会发现里面是多汁的小金枪鱼。那如果捕到的都是大鱼呢? 很简单,s＆w 就不把它装罐。为什么? 因为,如果是不完美的,就不会被 s＆w 装入罐头。

【评析】这五则 s＆w 罐头系列广告文案,从共五个不同的角度突出 s＆w 罐头产品天然、精致、质优、味美、精挑细选等特点,正文用形象的描写强化产品特征。给人以深刻的印象。

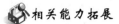 **相关能力拓展**

广告文案的类型

根据不同的标准,广告文案可以分为不同的类型,一般而言,我们按照广告对象主体或者广告媒体来划分。

(一)按照广告对象主体划分

1. 企业广告文案

主要是告诉人们企业的经营范围、管理理念和宗旨目标等情况。重在正面宣扬企业的信誉,使得大众了解本企业的良好形象。

2. 商品广告文案

大部分的广告文案属于此类。主要在介绍产品的质量、功用、价格、售后服务等,中心目的就是说服广告的受众购买被广告的商品。

3. 服务信息广告文案

主要要介绍某一类服务的内容、价格、益处等,例如,目前社会各类快递服务、物流服务等,要把这类服务信息传播出去,就要借助于广告文案。

4. 公益性广告文案

这类广告主要是宣传各类公益机构和组织的宗旨、目的,增加大众对某一行为的认识,引导其在道德层面认同或者反对某些现象。例如:助残广告、无偿献血广告、环保广告等。

(二)按照媒体来划分

1. 报纸广告文案

作为最早的平面广告文案的载体,它的发展和运用较为完善。报纸尤其是发行量大的报纸传播范围广,速度快,见效也快。它可以利用报纸的版面,通过合理的排版,突出需要强调的内容(如商场折扣的力度),配以图案的直观形象,往往可以给人留下深刻的印象。

2.杂志广告文案

杂志往往针对一定的读者,所以其指向性较为明确,而且杂志的多人的阅读概率较高,无形中也扩大了受众的数量。杂志广告文案的印刷和装帧设计可以比报纸的更加精美,但是相对而言,受众面要小,传播速度较慢。

3.广播广告文案

与报纸杂志相比,广播是一个有声媒体,它和平面媒体相比,内容是随着时间的流逝而流逝的。因此,在设计的创意上,要特别注意声音的因素,例如,使用的形式有:陈述式、日常对白式、戏剧式、歌唱式、采访式、相声幽默式等。

4.电视广告文案

与广播广告文案相比,电视又进了一步,它是既有声音又有画面,所以在创意和操作上更加复杂。随着电视的普及,目前的广告宣传最常用的还是电视广告文案,尽管在广告费用上,它比其他媒体高昂。电视广告现在已经成为一门综合性的艺术,它要求文字、语音、音乐(音响)和画面的有机配合,随着画面的播放和声音、文字等因素的运用,调动观众的观赏积极性,从而达到宣传的目的。对创意者来说,电视广告文案的创作难度最大,需要各个方面的知识储备。

此外,较为常见的还有路边的广告牌、灯箱广告、海报广告、网络广告等。

【任务演练】

为你喜欢的产品写一则有独特创意的广告文案。

任务三 商品说明书的写作

🔍 情景导入

英国评选出了"十大搞笑商品使用说明书",其荒诞的措辞实在令人忍俊不禁。上榜商品说明书如下:

1.某药厂生产的安眠药,药瓶上注明"服用此药会产生困意"。

2.一种点心的包装,盒底印着"请勿将盒倒置"。

3.美国航空公司随班机供应的花生米,包装袋上写着"请开袋食用"。

4.一盒沙丁鱼罐头上看到这样一段文字:本品原料选自奥克尼湾潮汐渔场出产的上等沙丁鱼,肉质细嫩,汁多味美……注意事项:内装鱼肉。

5.一只吹风机的使用说明提醒消费者:请不要在睡眠时使用。

6.一个布丁面包的包装袋上写着:加热后会变烫。

7.一份冷冻食品的食用建议:请解冻后食用。

8.一块肥皂的使用说明:与普通肥皂的使用方法相同。

9.几种品牌的圣诞彩灯上都注明:只能在户内或户外使用。

10.“超人牌”服装厂在衣服标签上注明：穿上它不会使你变得会飞。

随着社会主义市场经济的日益发达,商品种类越来越多。产品说明书看似一个小问题,但是作为企业却是一个大战略。

 必备知识

一、商品说明书的含义

商品说明书是一种以说明为主要表达方式的文体,主要用来对事物作具体、平实、客观、系统的介绍或说明,指导或者告知被说明对象的内容、用途、性能、使用注意等信息。

商品说明书包括对日常生产生活产品进行介绍的产品说明书;向消费者介绍某种商品的使用方法、使用步骤的使用说明书和对商品的分散的零件进行总装时用来指导的安装说明书等。

二、商品说明书与商业广告的异同

商品说明书与商业广告都有对商品性能、构造、功能、使用方法等向消费者宣传的功能,都有促进商品销售的作用。但两者还有如下区别:

（一）目的不同

商品说明书是让消费者了解商品有关知识,充分发挥使用价值,取得最佳的使用效果。商业广告则是最大限度引起消费者注意和兴趣,以激发消费者购买欲望,并付诸行动。

（二）内容不同

商品说明书一般只限于介绍某一特定商品本身的有关知识,不涉及销售过程和其他环节。而商业广告除宣传商品本身外,还可以介绍工厂设备、信誉、消费者的反映、售后服务等。

（三）表达方式不同

商品说明书以说明为主要表达方式;商业广告则可以采用叙述、议论、描写、抒情等各种表达方式。

（四）宣传途径不同

商品说明书一般直接印在商品包装物上或与商品一起装入包装物内,随商品销售到达消费者手中。商业广告则通过一定的媒体物如电视、广播、报刊、路牌等,出现在消费者面前。

 能力技巧

一、商品说明书的写作技巧

商品说明书的写作包括标题和正文两个部分。

（一）标题

大部分情况下，标题的形式为商品名称加上"说明书"或者"说明"。例如《小天鹅洗衣机使用说明书》。

（二）正文

正文一般由几个部分组成：前言、主体和结尾。前言简要介绍说明书的内容和特点。主体部分较为灵活，视具体的说明对象进行调整，一般情况下，包含的内容为：商品名称及生产厂家；规格型号及品牌；性能指标和技术原理；功能或用途；使用方法、操作程序；保养和维护、保修和售后服务等。

需要注意的是，说明书的写作形式，一般用条款式或者短文式两种，具体运用要视被说明对象而定。程序性的说明一般多用条款式，介绍性的说明一般多用短文式。

（三）落款

写清生产厂家、地址、联系电话等。

二、商品说明书的写作要求

（一）平实通俗

作为接受对象的广大人民群众不可能都是专家，所以在写作说明书时，必须做到平实通俗，能够用最少最简短的语言表达完整的意思，避免使用模棱两可的、含糊不清的语言，尽量少使用专业术语。

（二）客观实际

说明书中对商品的各类参数、功能、注意事项都必须实事求是地清楚标明，不能夸大事实。

案例评析

今正元牌弹力肽产品说明书

本品是以素有"高原之舟"牦牛为原材料来源体，取其棒骨、熬其骨汁、经过生物高科技术萃取出骨胶原"蛋白小分子肽"，具有高倍吸收率、超强亲肤效应，是真正的养肤、护肤佳品。本品富含 17 种氨基酸及微量元素。

【主要原料】牦牛骨提取物、食用明胶

【成分及含量】每 100 克含骨胶原蛋白小分子肽 ≥95.74 克

【保健功能】保持皮肤水分，增加皮肤弹性，美白肌肤

【适宜人群】成年女性及胶原蛋白缺乏者

【不适宜人群】少年、儿童

【食用方法及食用量】每日 2 次，每次 2 粒

【规格】500 mg/粒×120 粒/瓶

【保质期】24 个月

【贮藏方法】置阴凉干燥处、避免阳光直射

【注意事项】本品不能代替药物

卫生许可证号:青卫证食字(2000)第630123-400209号

进出口代码:6300710589999

质量编号:(2007)生字第A159号

生产企业:青海金源生物制品有限公司

地　　址:西宁市湟源县大华工业园区

【评析】这是比较标准的保健品说明书,表达通俗易懂,科学严谨,对今正元牌弹力肽的成分、性状、功能、规格、用法用量、保质期、注意事项及企业相关情况作了实事求是的说明。体现了说明书的指导性、科学性和条理性。

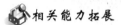 **相关能力拓展**

其他常用说明书

一、戏剧演出说明书

这是相对较有文艺色彩的说明书,主要用于介绍戏剧、影视的主要内容,同时也向人们推荐该戏剧或者影视作品。在某些集体性演出时,演出说明书中有对演员和节目的介绍,主要是引起人们的兴趣,吸引观众。

二、招股说明书

这是根据《中华人民共和国公司法》与《股票发行与交易管理暂行条例》制定准则。凡在中华人民共和国境内公开发行股票的发行人,在申请公开发行股票时,应当按照准则编制招股说明书。招股说明书作为发行人向中国证券监督管理委员会申请公开发行申报材料的必备部分。

招股说明书的内容与格式包括:封面、目录和正文三个部分。正文包括:①主要资料;②释义;③绪言;④发售新股的有关当事人;⑤风险因素与对策;⑥募集资金的运用;⑦股利分配政策;⑧验资报告;⑨承销;⑩发行人情况;⑪发行人公司章程摘录;⑫董事、监事、高级管理人员及重要职员;⑬经营业绩;⑭股本;⑮债项;⑯主要固定资产;⑰财务会计资料;⑱资产评估;⑲盈利预测;⑳公司发展规划;㉑重要合同及重大诉讼事项;㉒其他重要事项;㉓董事会成员及承销团成员的签署意见等内容。

三、财务情况说明书

这是财务会计报告的重要组成部分,编写好财务情况说明书对贯彻新《会计法》突出规范会计行为,保证会计资料质量的立法宗旨具有重要作用。财务情况说明书是企业(公司)年度、半年度财务报告期内生产经营的基本情况、财务状况与经营成果的总结性书面文件。它为企业(公司)内部和外部了解、观察、衡量、考核、评价其报告期内的经营业绩和生产经营状况提供重要依据。企业(公司)的财务情况说明书必须按照《企业财务会计报告条例》和国家统一的会计制度规定,对需要说明的事项,至少应当对以下情况作出真实、完整、清楚的说明:一是企业生产经营的基本情况;二是利润实现和分配情况;三是资金增减和周转情况;四是对企业财务状况、经营成果和现金流量有重大影响的其他事项。

四、毕业设计说明书

这是学生在教师指导下,对所从事毕业设计工作和取得的设计结果的表述。毕业设计说明书的撰写应符合国家及有关行业(部门)制定的有关标准,符合汉语语言规范。一般学校对毕业设计说明书的文字、图表、页面设计作明确的规定。毕业设计说明书结构一般包括论文封面、目录;中、英文摘要;正文、参考文献等部分组成。封面一般由学校统一格式;正文包括引言、主体与结尾三部分。引言一般介绍本课题的目的和意义,在国内外发展概况及存在问题,本课题应解决的主要问题、指导思想及应达到的技术要求等。主体从各个角度对整个设计的阐述与论证;结束语一般对整个毕业设计工作进行归纳和综合。对结果进行讨论与分析,着重提出自己的见解与观点,对自己的工作做出客观的评价,对整个毕业设计达到的水平进行评述,对本设计中尚存在的问题及进一步开展的研究工作阐述见解和建议。

【任务演练】为你熟悉的产品写一则说明书。

任务四　招标书与投标书的写作

 情景导入

2014—2015 年度永州市创业培训定点机构资格招标项目公开招标

受永州市就业服务管理局的委托,永州市政府采购中心对 2014—2015 年度永州市 SIYB 创业培训定点机构资格招标采购项目进行公开招标,现将采购事项公告如下:

一、采购项目名称:2014—2015 年度永州市 SIYB 创业培训定点机构资格招标采购项目,共划分 15 个标项(包),市本级、11 个县区、金洞、回龙圩、凤凰园各设 1 个标项。项目编号:嘉政采招(2010)第 02 号(具体略)。

二、政府采购编号:YZCG-2013ZB51。

三、投标人的资格要求:

(一)基本资格条件:符合《政府采购法》第二十二条规定。

(二)特定资格条件:投标人应当是永州市境内的有一年以上开展创业培训或创业服务经历,并能提供培训或服务效果的相关证明材料以及服务对象的评价材料的社会各类教育和培训机构,能提供工商营业执照/事业单位法人登记证书/民办非企业单位登记证书及《组织机构代码证》(具体资格证明文件要求见招标文件第六章)。

四、获取招标文件的时间、地点、方式：

（一）报名及领取招标文件期限：2013 年 12 月 3 日起到 2013 年 12 月 11 日 12：00 期间的办公时间（09：00—12：00 和 13：30—17：00；北京时间，公休日、节假日除外）。

（二）地点：永州市政府采购中心。

（三）领取招标文件提供的资料：法定代表人身份证明或授权委托书（附法定代表人身份证明）、经办人的个人身份证。

五、投标保证金账户

投标保证金为人民币贰仟圆整（￥2 000.00 元），作为投标文件的组成部分，需于 2013 年 12 月 11 日 12：00 前交（汇）至招标机构。

（一）户名：永州市政府采购中心

（二）开户银行：工行冷水滩支行滨江分理处

（三）账号：1910021309000136558

六、投标截止时间：2013 年 12 月 24 日 9：00

七、开标时间：2013 年 12 月 24 日 9：00

八、开标地点：永州市政务服务中心三楼开标室（1）

九、采购人：

名称：永州市就业服务管理局 联系人：申女士 电话：0746-8441654/18974600234

十、集中采购机构：永州市政府采购中心

地   址：永州市冷水滩区逸云路 1 号永州市政务服务中心 406 室

联系人：何女士   邮编：425000

电话/传真：0746-8329385

供应商认为采购文件存在歧视性条款的，应在规定的时间内以书面形式向本中心提出。

永州市政府采购中心

2013 年 12 月 3 日

以上是一则招标公告，在市场经济中，招投标到底有哪些作用，其文书写作到底有哪些要求，这是本任务要解决的问题。

 必备知识

一、招标书、投标书的含义

招标书和投标书是政府、单位或者企业在招投标时所使用的文书。

招标书是招标人在兴建工程、合作经营某项业务、进行大宗商品交易、确定科研项目承担人时，以建设单位、商品购买人或定作人、项目出资人为招标人，或由他们委托专门的招标代理机构，公布标准和条件，公开招人承包或者承办，然后依照有关规定从中选择价格和条件最优者为中标人的活动中形成的书面文件。

投标书是对招标书的回答,是投标人按照招标书的要求和条件进行承包或者进行交易,同时向招标人提出合同建议,它是提供给招标人的备选方案的书面文书。

招标、投标是国际上广泛采用的一种贸易方式,是现代经济活动中一种引入竞争机制的经济活动方式,能够在最大程度上保证社会的公平竞争,保证资金得到合理有效的使用,保证项目质量,保护国家利益、社会利益和当事人的合法利益。我国的招投标是在改革开放后开始推广开来的。目前,面对经济全球化浪潮的兴起和我国对外经济活动的日益频繁,招标和投标工作成为各政府、企业经济活动制度化和法规化的重要方面。

二、招标书、投标书的种类

按时间划分,有长期招投标书和短期招投标书。

按内容划分,有企业承包招投标书、工程招投标书、大宗商品招投标书。

按招标的范围划分,有国际招投标书和国内招投标书。

按照招标、投标的过程,有下列招投标文书:①招标委托书;②招标公告;③资格预审公告;④资格审查结果通知书;⑤投标邀请书;⑥投标须知或投标说明;⑦投标书;⑧投标项目方案及说明(施工方案及说明,设备方案及说明);⑨投标保证金保函:经招标人认可的银行为投标人向招标人出具的保证投标人遵守规定,否则立即支付保证金额的文书;⑩评标报告;⑪中标通知书;⑫落标通知书;⑬招标投标情况报告。

能力技巧

一、招标书的写作技巧

招标文书包括招标公告、投标企业须知(招标说明书)、技术质量要求、标底书、中标通知书等,招标文书主要是指招标公告或者招标通知。

(一)招标公告

招标公告又称招标广告、招标通告,是招标企业公开招标时发布的信息,目的是尽可能广的宣传自己的招标项目或者工程,并且欢迎有兴趣的企业前来投标。招标公告般分为三个部分。

1. 标题

招标单位加文种,如《嘉兴市环境保护监测站招标公告》;也可写成招标单位加招标项目名称加文种,如《嘉兴市公安局金盾工程设备项目公开招标采购公告》。

2. 招标号

招标人的英文缩写、编号。有些招标公告没有招标号。

3. 正文

分为开头和主体两部分。

开头:简要说明招标的缘由、依据或目的。

主体:包括招标项目情况:项目名称,主要内容、规模、数量等;招标范围:投标人应具备的条件;招标步骤:招标文件发售时间、价格,投标截止时间、开标时间、地点,有的还说明签约时限,项目计划开工时间和完工时间。

4.落款

招标单位名称、地址、电话、电挂、电传、邮编等,公告发布日期。

(二)招标书

招标书一般由标题、正文、结尾三部分组成。

1.标题

常见的有三种类型。一是由招标单位名称、招标内容、文种三部分组成;二是由招标单位名称(或招标内容)、文种两部分组成;三是广告性标题,如《谁来承包××道路工程施工》。

2.编号

标题下面,往往还写明该招标书的编号,以利于日后存档或查阅。

3.正文

由前言和主体部分构成。前言部分要求写清楚招标单位项目、招标依据、招标目的和招标范围。

主体部分是招标书的核心,主要包括:招标方式:公开招标还是邀请招标;招标范围:限定在国内、国际,还是省内、市内等;招标内容和要求:写明要达到的各项指标;招标程序:写清楚招标、议标、开标、定标的方法和步骤,标注时间和地点,双方签订合同的原则,明确双方的权利和义务等。

招标项目的表达方式有条款式和表格式,前者逐条写明招标的有关内容;后者是表格式结构,将招标项目编制成图表,使招标项目简明扼要,一目了然。

4.结尾

这是招标书重要的组成部分,要详细而具体地写清楚招标单位名称、通讯地址、邮政编码、电话号码、电传号码、电报挂号、联系人等,以便投标者参与。

(三)内部发售的招标文书

内部发售的招标文书出售给前来投标的企业,包括资格审查文书、招标章程、企业须知、技术质量要求和标准、购销合同等。一般写法如下:

1.标题

相对来说,内部发售的招标文书的标题是固定的,因为招标企业在招标之前,就已经拟定了相关常用图表的格式,例如:《××项目投标企业须知》《××工程质量要求》《投标企业资格审查表》《××集团公司数控机床外购招标章程》等。

2.正文

主要包括《企业资格审查表》《招标章程》《企业须知》《技术质量要求》等。

《企业资格审查表》主要是审查投标企业的基本情况,如营业执照、资质等级证书、企业规模、技术人员配备情况、资金运转情况及其由银行提供的相关证明、运营状况和社会信誉（包括合同履行情况）、已承担的项目或工程、企业经营业绩等。这些资料要根据情况，提供原件或者复印件。

《招标章程》主要说明招标的时间、过程、办法及相关要求等。

《企业须知》主要是对招标过程中某些具体要求和条件进行补充说明，有时会作出较为细致的规定，因为在涉及知识产权保护和企业商业机密的时候，只能提供给投标企业部分可以参考的资料，而不可能提供全部资料。

《技术质量要求》是对具体的招标项目或工程需要达到的各项指标的精确描述，一般以图表的形式表示，要注明是国家标准还是国际标准，或者行业标准，例如所提供的设备的具体材质、各种物理性质参数等。

3. 结尾

结尾即落款，要注明招标单位的全称、地址、电话、传真、邮政编码、电子邮件地址、联系人等，招标单位需要加盖公章。一般在招标单位的右下角，另起一行署上制发的日期。

（四）招标文书写作要求

招标书的写作是一项严肃的工作，要求注意以下几点：

1. 周密严谨

招标书是有一定的法律效应的文件。因此，内容要具备较强的逻辑性，要有条有理，有依有据；条款的罗列要明确、具体；措辞要严谨周密，标点符号标示要准确。

2. 重点突出

招标书一般内容比较丰富，但在写作时，切忌长篇大论啰里啰唆。只要把所要讲的内容简要介绍、突出重点即可。

3. 注意礼貌

招标书涉及的是交易贸易活动，要遵守平等、诚信的原则。要求措辞诚恳、语气平和，尽量避免带上个人主观色彩。

二、投标书的写作技巧

投标文书包括投标申请书、资格审查材料、投标书、演讲词、答辩词等。一般情况下投标申请书和投标书是最常用的投标文书。

（一）投标申请书

它是投标单位向招标单位或者上级主管部门报送的以备审查资格的书面文件。其构成相对简单。

1. 标题

一般标题为《投标申请书》。

2. 主送单位

正常情况下，要写明招标部门的全称，标题下顶格写。

3. 正文

需要写明投标单位的意愿，对相关的技术要求和条件作出保证。

4. 落款

写明单位和负责人，并盖公章。最后注明申请书发出的日期。

5. 附件

附件部分要对本单位的投标资格进行详细说明，附上相关证书、文件等。

(二)投标书

目前常见的投标书主要有条款式和表格式两种，一般情况下，投标书由标题、正文、落款、附件等部分组成。

1. 标题

一般由发文部门、项目、文种这些基本要素构成，例如《复旦大学校园网二期工程投标书》，这是部门和文种的组合；也有项目和文种的组合，例如《超市计算机管理信息系统项目投标书》；也有的投标书直接写《投标书》或者《标书》《标函》。当然为了突出特色，也可以灵活拟写招标书的标题，尽量突出招标单位的特色，例如《视质量为生命——××建筑工程公司投标书》。

2. 正文

和招标书相近，正文也是由主送单位、引言和主体构成。

主送单位即招标单位或者投标单位的上级部门。

引言部分要对投标企业或者个人的情况进行说明，例如单位的性质、经营活动的范围、所拥有的行业资质证书等级等。

正文部分首先要对投标企业或者个人的现状进行分析，主要说明企业规模、资质、资产状况、技术力量和支持、设备情况、劳动力素质和服务意识、已有业绩等，突出自己的优势。还要详细说明投标项目的具体指标，明确投标方式和投标期限，根据不同情况，注明经济指标、技术指标、投标企业的履行能力及责任义务等，在充分说明各类需要达到的指标的基础上，说明完成任务的具体措施、方法等。

3. 落款和附件

这和前述招标书的写法基本一样，附件有时需要附上担保单位的担保书和图纸、表格等。

(三)投标文书的写作要求

1. 重点突出

把投标项目、有利条件及项目分析写清楚即可，文字不宜过多，以免喧宾夺主。

2. 表达准确

特别是术语必须绝对准确。单位名称和地址不可简写。时间应具体写××××年××月××日，不可写"今年""明年"之类，投标文书在加盖公章寄出以后，就对所在的单位起到了制约作用，一旦违反约定，需要承担一定的责任，所以措辞必须严密，不可含糊大意，模棱两可。

3. 内容简练

投标文书拟写必须简洁明了地说明问题，明确具体地说明各类要求和指标。

案例评析

萍乡市新城区建设管理委员会路灯设备招标文件

第一部分 投标邀请函

萍乡市招标投标中心受萍乡市新城区建设管理委员会委托,经萍乡市政府采购管理办公室批准,拟对路灯设备进行谈判。现将有关事项规定如下:

一、编号:ZPX2008-051

二、项目:包一:路灯88套、不锈钢控制箱2套

包二:电缆2 960 M、波纹管2 960 M

三、投标资格

(一)投标人应具有独立企业法人资格,参加政府采购活动前三年内,在经营活动中没有重大违法记录。

(二)投标人应具有良好的信誉和良好的财务状况,完全具有履行合同的能力。

四、投标人报名时应提供营业执照副本复印件、经办人身份证(复印件需加盖单位公章)。

五、谈判费用

(一)投标方应在开标前一天向萍乡市招标投标中心缴纳投标保证金伍仟元整,投标保证金必须从投标企业法人营业执照注册所在地本单位账户(不含企业的分公司或办事处账户)转入招标人指定账户,不收现金。保证金以截至2008年9月26号到账为准,招标结束后投标保证金退还至原账户。投标保证金缴纳银行及账号为:

开户银行:江西萍乡中行萍城支行

开户名称:萍乡市招标投标中心

账 号:738835986578091001

(二)中标人向萍乡市招标投标中心交纳场地使用费每包400元/半天;本中心代收代付专家评审费每包100元/人/半天。

(三)标书每套售价为200元整(现金支付、售后不退)。

六、购买招标文件与递交投标文件地点:萍乡市招标投标中心政府采购分中心(公园路富丽大厦三楼)。

七、标书发售时间:2008年9月23日—2008年9月26日上午11:30。

八、投标截止与开标时间:2008年9月27日上午9:00。

九、开标地点:萍乡市招标投标中心(公园路富丽大厦三楼中开标厅)。

十、项目联系人:黄花兰 联系电话:0799-6882187 6881937(传真)

十一、网 址:http://bmwz. pingxiang. gov. cn/cgw/

Http://www. pxzbtb. gov. cn

第二部分 招标项目要求

一、本次采购项目为萍乡市新城区建设管理委员会路灯设备(详见附件二)

二、采购合同由中标单位凭《中标通知书》与萍乡市新城区建设管理委员会签订。

三、验收：交货时由采购单位验收签字(不包安装)。

四、交货时间：签订合同之日起10个工作日交货。

五、交货地点：萍乡市新城区建设管理委员会。

六、付款方式：货到指定地点付款70%，经采购人安装验收合格后付款20%，余额10%质保金无质量问题，满一年付清。

七、售后服务及要求：①免费保修期为一年，如发生质量问题及其他故障，中标人应在接到采购人通知次日到达现场处理，如是产品质量问题，无条件更换。②所有灯泡和镇流器加付25%的数量作为维修材料，镇流器线圈必须是铜线。

八、投标单位必须由法人代表或委托代理人(具有授权书)参加开标仪式，随时接受评委询问，并予以解答。

第三部分　投标方须知

一、说明

(一)适用范围

本招标文件仅适用于本次谈判中所叙述项目的采购。

(二)定义

1."招标方"系指组织本次招标的招标机构。

2."投标方"系指向招标方提交投标文件的制造商或供应商。

(三)投标费用

无论投标过程和结果如何，投标方自行承担所有参加投标有关的费用。

二、招标文件说明

(一)招标文件的构成

招标文件用以阐明所需设备及服务、招标投标程序和合同条款。招标文件由下述部分组成：

1.招标通知。

2.设备技术规格及要求。

3.投标方须知。

4.投标文件格式。

(二)招标文件的修改(如有的话)

招标文件的修改书将构成招标文件的一部分，对投标方有约束力。投标人如对招标文件有疑问，应当在开标前书面澄清，否则视为认可招标文件。

三、投标文件的编写

(一)要求

投标人应当按照招标文件要求编制投标书并装订成册，投标书应有封面和目录，幅面为A4纸张大小。投标方应仔细阅读招标文件的所有内容，按招标文件的要求提供投标文件，并保证所提供的全部资料的真实性，以使其投标对招标文件作出实质性响应，否则，其投标将被拒绝。

（二）投标文件的组成

投标文件应包括下列部分：

1. 投标书。

2. 投标报价表。

3. 设备技术参数偏差表。

4. 详细设备配置清单。产品的技术参数、功能特点说明。

5. 公司简介、联系方式及服务热线电话等。

6. 售后服务承诺书。须对免费保修期、维修响应时间、维修材料预备数量作出承诺。

7. 投标人近两年业绩一览表（列明采购单位、联系电话）。另提供同类业绩合同复印件。

8. 资格证明文件：投标人的营业执照副本、税务登记证副本、授权代表身份证、法人代表授权书原件、电缆产品质量证明书及3C认证等。（以上资格文件除注明原件的外，其他均需提供加盖公章的复印件）

9. 投标人认为需要说明的其他内容。

（三）投标报价

1. 投标报价应是招标文件所确定的招标范围内全部工作内容价格体现，应包括设备、劳务、管理、培训、利润、税金、售后服务等费用。投标价格采用人民币报价，只允许一个报价。

2. 投标方报价应详细列明项目名称、品牌、规格、数量、单价、小计、合计等。

3. 投标方按上述条款要求填写报价供招标方评标方便，但不限购买方以其他方式签订合同的权力。

（四）投标方资格的证明文件

投标方必须提交证明其有资格进行该项目投标和有能力履行合同的文件，作为投标方文件的一部分。

（五）投标方保证金

1. 投标方保证金为投标文件的组成部分之一。

2. 未按规定提交投标保证金的投标，或在开标之前投标保证金未到账，将被视为无效投标。

3. 未中标投标人的投标保证金，于开标后五个工作日内予以无息退还；中标人的投标保证金，在中标人与采购单位签订合同后五个工作日内予以无息退还（凭合同复印件）。

4. 发生以下情形之一的，投标保证金不予退还：（1）中标后无正当理由不与采购人签订合同；（2）将中标项目转让给他人，或者在投标文件中未说明，且未经采购招标机构同意，将中标项目分包给他人的；（3）拒绝履行合同义务的。

（六）投标文件的签署及规定

1. 投标文件正本和副本由投标方法人或其授权代表签字或盖章。

2．投标文件中不允许对报价进行涂改。

3．电报、电话、传真形式的投标概不接受。

四、投标文件的递交

（一）投标文件的密封和标记

1．投标方应准备相同内容的正本和副本投标文件各一份，并密封装袋。在每一份投标文件封面及密封袋封面上要明确注明"正本"或"副本"字样及投标人（单位）名称、地址、电话、投标项目和投标编号等。一旦正本和副本有差异，以正本为准。

2．每一密封信袋上要注明"于×××年××月××日上午9:00之前不准启封"的字样并加盖骑缝章。

（二）递交投标文件的截止时间

所有投标文件都必须按招标方规定的投标截止时间之前送至招标方（投标人在开标前一小时内签到并交投标文件于招标方），否则视为自动弃权。

五、开标和评标

（一）开标

1．招标方按招标公告中规定的时间和地点公开开标。

2．开标时，投标方须由法人代表或委托代理人（具有授权书）参加，并签名报到，证明其出席，否则，视为自动弃权。

3．开标时，检查投标文件密封情况，确认无误后拆封。

4．招标方将根据采购项目的特点组建评标委员会，其成员由采购单位代表和有关专家组成，评标委员会对投标文件进行审查。

（二）对投标文件的审查和确定

1．开标时投标文件的大写金额和小写金额不一致的，以大写金额为准；总价金额与按单价汇总金额不一致的，以单价金额计算为准；单价金额小数点有明显错位的，应以总价为准，并修改单价。

2．资格性检查。依据法律法规和招标文件的规定，对投标文件中的资格证明、投标保证金等进行审查，以确定投标人是否具备投标资格。

3．符合性检查。依据招标文件的规定，从投标文件的有效性、完整性和对招标文件的响应程度进行审查，以确定是否对招标文件的实质性要求作出响应。

4．招标方判断投标文件的响应性仅基于投标文件本身而不靠投标文件之外的任何证据。

5．招标方将拒绝被确定为非实质性响应的投标方，投标方不能通过修正或撤销不符之处而使其投标成为实质性响应的投标。

6．招标方允许修改投标中不构成重大偏离的微小的、非正规、不一致或不规则的地方。

（三）投标文件的澄清

为了有助于对投标文件进行审查、评估和比较，招标方有权向投标方质疑，请投标方澄清其投标内容。投标方有责任在评标时间内指派专人进行答疑和澄清。

（四）评标原则和方法

本次谈判采用百分制综合评审法，主要考虑的因素为：（1）产品的品牌、配置、性能；（2）产品的价格；（3）投标人的信誉，包括注册资金、投标人销售业绩、资质证明等；（4）售后服务承诺，包括免费保修期、维修响应时间等。

出现下列情况之一的，应当按照无效投标处理：

1. 应交未交投标保证金；

2. 未按照招标文件规定要求密封、签署、盖章；

3. 不具备招标文件中规定的资格要求；

4. 不符合法律、法规和招标文件中规定的其他实质性要求的。

出现下列情形之一，应作废标处理：

1. 出现影响采购公正的违法、违规行为的；

2. 投标人的报价均超过了采购预算，采购人不能支付的；

3. 因重大变故，采购任务取消的；

4. 法律法规的其他规定。

（五）其他注意事项

1. 在评标期间，投标人不得进行旨在影响评标结果的活动。

2. 评委小组不向落标方解释落标原因，不退还投标文件。

六、授予合同

（一）评标结束后，由招标方当场宣布预中标结果，预中标结果将在网上公示三天。如无异议，三天后招标人向中标人发出书面《中标通知书》。

（二）中标方应按《中标通知书》指定的时间、地点与采购单位签订合同。

（三）签订合同时，中标人应缴纳履约保证金伍仟元于采购单位，该保证金在项目竣工验收合格后五个工作日内退还中标方，如果中标人未能履行其合同规定的任何义务，采购单位有权用履约保证金对买方予以补偿。

（四）招标文件、中标通知书、中标方的投标文件及招投标的澄清文件（如有的话）等，均为合同的依据。

第四部分　附件

投标文件格式

附件一：

投　标　书

致：萍乡市招标投标中心

根据编号为 ZPX2008-051 的萍乡市新城区建设管理委员会路灯设备项目，签字法人代表_____（全名、职务）正式授权并代表投标方_____（投标方名称）提交投标文件文本正本一份和副本一份。

据此函，签字代表宣布同意如下：

一、投标总价为＿＿＿＿＿＿＿＿＿（人民币），＿＿＿＿＿＿＿＿＿＿（文字表述）。

二、投标方将按招标文件的规定履行合同责任和义务。

三、投标方已详细审查全部招标文件，包括修改文件以及全部参考资料和有关附件，我们完全理解并同意放弃对这方面有不明及误解的权利。

四、投标方同意提供按照贵方可能要求的与其投标有关的一切数据或资料。

电话：　　　　　　　传真：　　　　　　　邮编：

地址：

（公章）　　　　　　　　　　　　法人或授权代表人签字或盖章：

日期：　　年　　月　　日

【评析】上述招标书分投标邀请函、招标项目要求、投标方须知、投标书样本等内容，眉目清楚、内容具体，使投标人对招标项目、招标方式以及具体要求一目了然。

 相关能力拓展

招标投标的程序

一、招标

根据《中华人民共和国招标投标法》的规定，招标项目按照国家有关规定需要审批手续的，应先履行审批手续，取得批准；招标人应有进行项目的相应资金或资金来源已落实，并应在招标文书中如实载明。招标工作包括：

（一）确定招标方式：公开招标还是邀请招标

公开招标：这是一种无限竞争的招标方式。就是招标单位通过各种渠道在一定范围发布招标的信息，吸引有资格的企业或者个人参加投标，在机会平等的条件下，将招标文件售卖给他们，并组织其参加投标活动。

邀请招标：这是一种有限的招标方式。招标单位经过一定的考察，根据工程或者项目的具体要求，邀请行业内的若干单位前来投标。招标邀请书发出后，招标单位需要对投标单位的资格进行预审并召开标前会议，然后进行投标和开标的一系列活动，最后对标书的评审，择优选择中标单位。对于邀请来的落标单位，或者退回押金，或者给予投标补偿金。

国家重点项目和省自治区、直辖市人民政府确定的地方重点项目不宜公开招标。

（二）确定自行招标还是委托招标

委托招标需向有资格的招标代理机构办理委托手续。填写委托书，提供技术资料和有关文件；交纳保证金，与代理机构一起确定招标类型，定标程序。

（三）发布招标信息

如公开招标：在国家指定的报刊、信息网络或者其他媒介发布招标公告。

如邀请招标：应当向三个以上具备承担招标项目的能力、资信良好的特定法人或其他组织发出投标邀请书。

要求投标人提供有关资质证明文件和业绩情况，不得以任何不合理的条件限制排斥

潜在的投标人,不得对潜在的投标人实施歧视待遇。

(四)出售招标文件

在公告或邀请书规定的时间、地点发售招标文件。招标文件应当包括项目的技术要求、对投标人资格审查的标准、投标报价要求和评标标准等所有实质性要求和条件以及拟签订合同的主要条款。自招标文件开始发出之日起至投标人提交文件截止之日,最短不得少于二十日。

(五)勘察项目现场

如有必要,可组织潜在投标人勘察项目现场。但不得向他人透露已获取招标文件的潜在投标人的情况。

二、投标

投标人应当具备承担招标项目的能力,两个以上的法人或其他组织可以组成一个联合体,以一个投标人的身份共同投标,签订共同投标协议,约定各方承担的工作和责任,将协议与投标文件一并上交招标人,共同与招标人签合同。投标过程包括:

(一)编制投标文件

按照招标文件要求,对招标文件提出的实质性要求和条件作出响应。投标文件包括:

1.投标书。

2.投标人资格、资信证明文件。

3.投标项目方案及说明。

4.投标项目数量价目表。投标人不得以低于成本价的报价竞标,不得相互串通投标报价。

5.招标文件中规定应提交其他资料或投标人认为需要加以说明的其他内容。

(二)提交投标文件

在截止时间前将招标文件正本、副本送到规定地点。同时交纳投标保证金。招标人应当签收保存,不得开启,投标人少于三个的,应重新招标。

三、开标

在招标文件确定的投标文件截止时间公开在预先确定的地点开标。由招标人主持,邀请所有投标人参加,由投标人推选的代表或由招标人委托的公正机构检查并公正,确认无误后,当众拆封,宣读,同时记录,存档备查。

四、评标

由招标人依法组建的评标委员会负责。评标委员会成员为五人以上的单数,其中技术、经济等方面专家不得少于总数的三分之二,专家须从事相关领域工作满八年以上并具有高级职称或具有同等专业水平,由招标人从国务院有关部门或省自治区、直辖市有关部门提供的专家名册中或招标代理机构的专家库内的相关专业的专家名单中确定,一般招标项目可以随机抽取,特殊招标项目由招标人确定,与投标人有利害关系的人不得进入评标委员会。中标结果确定前名单应保密。评标后向招标人提供出面评标报告和推荐合格的中标候选人。也可直接确定中标人。中标人能够最大限度地满足招标文件中规定的各项综合评价标准和实质性要求,竞评审投标价格最低,但不低于成本价。

如评标委员会认为所有投标都不符合投标文件要求的可以否决所有投标,重新招标。

五、定标

向中标人发出中标通知书,中标通知书具有法律效力。同时将中标结果通知未中标的投标人。向未中标的投标人退还保证金。

依法必须进行招标的项目,应在确定中标人之日起十五日内,向有关行政监督部门提交招标投标情况的书面报告。

六、签约

在中标通知书发出之日起三十日内,按照招标文件和中标人文件签订书面合同。

【任务演练】

针对你所在学校网站上的某个公开招标公告,写一份投标书。

综合实训

一、知识目标鉴定

(一)正确说出营销策划书的一般特点和写作要求。

(二)正确说出广告文案的组成要素以及相应的含义。

(三)正确说出商品说明书与广告文案的区别。

(四)正确说出招标投标的常用文书以及写作结构。

(五)利用互联网或其他途径查找营销策划书、专题活动策划书、广告文案、商品说明书、招投标文书等文书案例,并作出相应评析。

二、能力目标鉴定

(一)把你自己假定成"商品"作一次营销推广(就业推荐),写作一份独特的就业营销策划书,要求按照营销策划书的结构写。

(二)根据下列要求写作一份专题活动策划书。

2～3位同学合作写作一份专题活动策划书。内容可以是校园文化节、红五月活动、毕业生离校活动、学生自主创新成果展示活动、校庆活动或其他有意义的活动。要求原创,具体可行。结构完整,语言通顺、表意明确。

(三)根据下列要求设计一份原创性的广告文案。

1. 为一个产品(可以是自己创设的新产品)设计一份平面广告文案。要求结构完整、内容创新,可配合图案。

2. 为所在的学院设计一份广告文案。要求:抓住学院特色,内容创新,吸引人。

3. 为自己创意的专题活动设计一份广告文案。要求围绕活动主题,增加活动的感染力,号召力。

(四)为自己创设的新产品写一份说明书。

(五)两位同学合作,一位为你就读的学校写一份招标书,内容可选修建一座大楼或购置大宗设备等,必须符合招标文书的写作规范;另一位按照第一位同学所写的招标文书,写一份投标文书,内容必须与招标文书相对应,并且符合投标文书的写作规范。

项目二 商务协约文书写作

【知识目标】

理解商务信函、意向书、协议书、备忘录、合同的文体含义、作用和类型。

理解意向书、协议书、合同三种文体的联系和差异。

理解商务信函、意向书、协议书、备忘录、合同写作注意事项。

理解商务信函、意向书、协议书、备忘录、合同的文体结构与写作技巧。

【能力目标】

能熟练撰写各种商务信函。

能熟练撰写意向书。

能熟练撰写协议书。

能熟练撰写备忘录。

能熟练撰写常用的经济合同。

职场情境

杭州智能科技有限公司近年的业务发展势头非常迅猛,生产的新产品投放市场后受到热烈欢迎。公司领导层为了培育新的增长点,准备在台州区域开拓市场。对于该市的消费者来说,智能的产品还是一个新的品牌。为了扩大在当地的知名度,公司准备和当地的知名媒体《临海晚报》联系,希望能够在上面刊登广告。俞琴全程参与了此项业务联系,并为公司起草了所需要的相关文件材料。

项目描述

根据公司领导的要求和工作需要,俞琴所要撰写的文件主要包括以下几种:向《临海晚报》索要广告报价表,撰写商务信函;在双方经过协商就刊登广告一事达成初步意向后,撰写意向书;双方经过进一步协商,就刊登广告一事达成主要一致意见后,撰写协议书;双方经过谈判后,为了记录会谈成果并为后面开展磋商奠定基础,撰写备忘录;在双方协商成熟并同意实施该项合作后,撰写合同作为双方信守的基础。

任务一 商务信函的写作

情景导入

关于建立业务关系的函

××物流公司：

　　自××网站获知贵公司名称和联系方式，特此修函，希望能与贵公司发展业务关系。多年来，本公司在华北地区经玩具生产与销售业务，现欲将业务范围扩展到华南地区。盼能惠赐货物运输项目目录和报价表。如价格合理，本公司必将与贵公司建立长期合作业务。

　　烦请早日赐复。

××玩具有限公司

2013 年 1 月 15 日

　　思考：这则文书为什么要采用"函"来行文？这种函与行政公文的函有什么区别？企业之间使用的这种函有什么作用和特点？

必备知识

一、商务信函的含义

　　商务信函简称"商函"，是各种生产企业、贸易企业、服务企业之间用来就某项商务活动进行协商、交涉的信函，可以采用纸质书面方式或电子文件方式。

二、商务信函的类型

　　商务信函的分类有多种标准，可以按使用的国家地域分为内贸商函和外贸商函，也可以根据发函目的和内容分为交易磋商函和争议索赔函。

（一）交易磋商函

　　交易磋商函的主要内容包括建立合作关系的意愿、介绍交易条款、推销产品、商洽价格、商洽合同修改、寄送购货合同、催货与催提货等。

（二）争议索赔函

　　在交易双方的合作过程中，难免发生交易纠纷和争议。争议发生后，受损方会向违约方提出索赔要求，而违约方则需要就受损方的索赔要求作出答复，在这一过程中使用的函即争议索赔函。争议索赔函主要包括交涉货品、要求支付货款、拒付、索赔、拒绝赔偿、理赔等内容。

(三)询盘、发盘、还盘与接受

在进出口交易磋商中,商函的另一个名称为"盘"。交易磋商的过程可分成询盘、发盘、还盘和接受四个环节,其中发盘和接受是必不可少的,是达成交易所必须的法律步骤。

询盘(Inquiry)是交易的一方向对方探询交易条件,表示交易愿望的一种行为。询盘多由买方作出,也可由卖方作出、内容可详可略。如买方询盘:"有兴趣东北大豆,请发盘",或者"有兴趣东北大豆,11月装运,请报价"。询盘对交易双方无约束力。

发盘(Offer)也叫发价,指交易的一方(发盘人)向另一方(受盘人)提出各项交易条件,并愿意按这些条件达成交易的一种表示。发盘在法律上称为要约,在发盘的有效期内,一经受盘人无条件接受,合同即告成立,发盘人承担按发盘条件履行合同义务的法律责任。

发盘多由卖方提出(Selling Offer),但也可由买方提出(Buying Offer),称为递盘(Bid)。实务中常见由买方询盘后,卖方发盘,但也可以不经过询盘,一方经直发盘。

还盘,受盘人不同意发盘中的交易条件而提出修改或变更的意见,称为还盘(Counter Offer)。在法律上叫反要约。还盘实际上是受盘人以发盘人的地位发出的一个新盘。原发盘人成为新盘的受盘人。还盘又是受盘人对发盘的拒绝,发盘因对方还盘而失效,原发盘人不再受其约束。还盘可以在双方之间反复进行,还盘的内容通常仅陈述需变更或增添(减少)的条件,对双方同意的交易条件无需重复。

接受(Acceptance)是受盘人在发盘的有效期内,无条件地同意发盘中提出的各项交易条件,愿意按这些条件和对方达成交易的一种表示。接受在法律上称为"承诺",接受一经送达发盘人,合同即告成立。双方均应履行合同所规定的义务并拥有相应的权利。若交易条件简单,接受中无需复述全部条件。若双方多次互相还盘,条件变化较大,还盘中仅涉及需变更的交易条件,则在接受时宜复述全部条件,以免疏漏和误解。

 能力技巧

一、商务信函的写作技巧

商函一般包括信头、标题、称谓、正文、附件、生效标识等几部分。

(一)信头

撰写商函可采用企业特制的信笺,上方预先印好信头。信头主要包括企业的名称、地址、邮政编码、电话号码、传真号和电子邮箱等,有的还有商函编号。信头部分罗列结束后常用一条横线与其他部分隔开。信头的内容也可以放在信笺的最下方并用横线与上部隔开。

(二)标题

商函的标题一般用"关于××的函"这一结构模式,其中需要点明函件的主题。外贸商函的标题一般用能够表达主旨的词语或短语点明事由即可,如事由:建立贸易关系;事由:索赔。

(三)称谓

商函的称谓是对收函方的称呼,一般是对方单位的名称,也可写负责人姓名和职务。

(四)正文

商函正文一般由开头、主体、结尾三部分组成。

1. 开头,发函缘由

商函的开始部分应当写明发函的背景缘由。初次去函可先介绍企业的业务范围或产品的情况;有较长期合作关系的,可简述合作情况;双方频繁来往的,可直截说明发函目的;复函的开头应先引叙对方来函。

2. 主体,发函事项

可以介绍具体情况告知有关事项,也可以说明己方具体意见或提出解决问题的办法,还可以针对来函作出答复。如果事项内容较多,应当分列条款。

3. 结尾

商函结束处简要提出希望或要求,有的商函直接用惯用语结束,如"特此函商,盼予函复""特此函达"等。

(五)附件

商函的附件指正文所附材料。主要有商品目录、价格表、订货单、发货单等几种类型。附件应在正文之后、生效标识之前注明附件顺序、名称以及数量。

(六)生效标识

生效标识指发文单位印章或签署及发文日期。签署是指由发函企业的领导人的签字或盖章,以证实商函的效用。发文日期直接关系到商函的时效,年、月、日应齐全。

二、商务信函的写作要求

(一)主题突出,观点明确

商业信函是为开展某项商业业务而写的,具有明显的目标。信文内容应紧紧围绕这 ·目标展开,不要涉及无关紧要的事情;也不必像一般私人信函那样,写入问候、寒暄一类的词语。向对方提出的问题要明确,回答对方的询问也要有针对性,不能答非所问或故意绕弯子,回避要害。鉴于商业信函往来涉及经济责任,所谈事项必须观点明确、交代清楚。

(二)尊重对方,注重礼仪

商函的宗旨是协商、合作,因此正文用语应当礼貌、谦虚,体现尊重与合作的态度。即便是投诉函、索赔函也需要使用必要的礼貌用语。为促进双方经销往来,信函应在互惠互利的前提下尽可能考虑对方的需求和接受能力等。信文内容应实事求是,不要夸夸其谈,弄虚作假,更不能蓄意欺骗对方或设下圈套诱使对方上钩,以谋求不正当利益。收到对方来函,应尽快给以答复,拖延回信的做法是不礼貌的。即使对方提出的要求不能接受,也应用委婉的语气加以解释,以求保持良好关系,不致损害以后的买卖来往。

(三)语气平和,用词准确

商业信函的语气要平和,要平等相符,不得用命令或变相威胁的语气,要做到不卑不亢。用词要准确,不要用一些晦涩的或易于引起歧义的词语。用词不当或不准确,常常会使对方引起误解,甚至被人利用而导致一方经济损失。

 案例评析

关于运输服务项目及价格的复函

童颖玩具有限公司:

本月 15 日收到贵公司来函,不胜欣喜。谨遵要求随函奉上我公司最新服务项目目录和报价单。如欲合作,欢迎电话或传真联系。

顺颂商祺

达成物流公司
2010 年 1 月 16 日

附件:1.达成物流公司运输项目目录与报价。
2.达成物流公司华南各省市服务网点一览表。

【评析】这是针对情景导入例文的复函。全文表现出乐于合作的热情,将项目和报价以附件形式发出。此文短小精悍,既能传达必要的商务信息,语言又客气委婉,体现了合作诚意和基本礼仪。

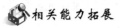 **相关能力拓展**

常用商务信函范例

一、实盘

纯丝印花绸实盘

香榭服饰公司:

我们很高兴获悉贵公司殷切需购我们龙腾牌纯丝印花绸,第 438 号质量,即装。我们今天电复实盘如下:

"你 23 日信实盘此间 15 日有效 3 000 码质量第 438 号每码 1 200 法国法郎上海空运离价取早 10 月交电传不可撤销信用证"此实盘当以 2009 年 10 月 30 日前收到贵方答复有效。按你们要求,货物将空运,空运运费由贵公司负担,有关信用证须用电传开来以利出运。

二、推销商品函

写推销商品信函,首先要吸引对方对推销商品的注意力,对所推销的商品产生浓厚的兴趣,并产生购买的动机。这就需要简单地介绍商品的优点,如特殊的性能,优惠的价格,周到的售后服务等。如随信附寄产品目录、精美的商品图片或样品,则更有助于对方了解该商品。

推销工艺品函

花运公司:

从我驻意大利使馆商务处来信中获悉贵公司希望与我国经营工艺品的外贸出口公司建立业务联系。我们高兴地通知贵公司,我们愿意在开展这类商品的贸易方面与贵公司合作。

我公司经营的工艺品有绣品、草竹编、灯具、涤纶花、珠宝首饰以及仿古器物和书画等。这些工艺品均制作精美,质量上乘。特别是涤纶花,式样新颖,色泽鲜艳,形态逼真,可与鲜花媲美。目前在欧美、亚洲等许多国家极为畅销,深受消费者的喜爱。现寄上涤纶花样照一套,供参考。欢迎来函联系。

××进出口公司

2013 年 2 月 25 日

三、希望建立贸易关系函

希望建立贸易关系是拓展业务、获得买卖机会的首要步骤。通常可通过报刊、电视广告、第三者介绍和市场调查等途径获取商业信息,找到商品出售或采购的潜在对象。然后便可写信寻求与对方建立联系的机会。希望建立贸易关系函:首先自我介绍如何有机会得知对方的信息;接着写明本企业的意图与目标,欲建立哪些方面的经销关系,并简要介绍本公司的组织机构,经营范围,服务方向等;然后表示希望对方提供有关资料,如商品目录、价目表、样品等,若推销产品,则主动向对方提供上述资料;最后表示希望今后互相合作的意向,并希望很快得到对方的答复。

××公司:

我们和罗伯特先生交往多年,承他向我们推荐了贵公司。

目前,我们专门从事亚太地区的贸易,但尚未与贵公司有贸易交往。

由于我们对推销工业机械感兴趣,故特致函,以求能早日与贵方建立直接的贸易关系。

我们期待贵方能寄来你们有兴趣出售的各种产品的详细说明和外销价格。我们将会愉快地调查我方市场可能销售的情况。

另一方面,若贵公司愿从我方购买产品,承蒙关照,请将你们感兴趣的货物逐项列表,一并寄来,以便视我方供货能力,向贵公司提供一切所需的资料。

盼早日赐复。

××公司

××××年××月××月

四、答复建立贸易关系函

答复建立贸易关系函一般开头引用对方来函日期;主体说明自己的态度意愿以及交代汇寄有关资料的情形,如果不能满足对方,要及时委婉地说明原因,为以后的交易留有余地。结尾,说明己方的打算。

尊敬的罗立雄经理:

12月2日来信暨附丝织品推销方案一份均收到。为了打开中国丝织品在美国市场的销路,贵公司已经进行了各项工作,并制订出了有关推销方案,对此我们表示赞赏。

对于贵公司推销丝织品的业务,我公司愿从多方面给予支持。首先在货源供应上将尽力优先安排,以满足你方的销售需要。由于我们双方还没有当面洽谈的机会,因而不能立即达成交易。我方期待着您的早日来访,共商发展业务大计。

××进出口公司

××××年××月××月

五、交易商洽函

交易商洽函是交易双方就某项拟进行的买卖活动提出的、为达成交易而作的协商性函件。一般对商品品质规格、包装、数量、付款、保险、意外事故、索赔、仲裁进行磋商,写清楚各环节的具体内容。

××公司:

×月×日来函收悉。对贵公司要求与我公司建立业务关系的愿望,我们表示欢迎。从来函获悉贵方对中国真丝绢花感兴趣,并希望了解该商品的有关情况及我方的贸易做法。现将我公司销售绢花的一般交易条款介绍如下:

1. 品质规格:真丝绢花以绫、绸、绢、缎等高级丝绸为原料,品种有月季、寒冬梅、杜鹃、凤尾兰等千余种,式样有瓶插花、盆景、花篮等。质地轻盈,不褪色、耐温耐压。具体规格请参阅全套彩色样本。

2. 包装:纸箱装。大花每箱装20盒,每盒装一打;小花每箱装30、40或80打不等,根据货号决定。纸箱同衬托蜡纸,外捆塑料打包带。每箱体积长×厘米,宽×厘米,高×厘米,每箱毛重×千克,净重×千克。

3. 数量:为便于安排装运,卖方有权多交或少交5%的货物,其多交、少交部分按合同价格结算。

4. 付款:买方应通过卖方所接受的银行开具全部货款,不可撤销的,准许转船准许分期装运的即期信用证,信用证必须于装运月份前15天送达卖方。其中装船货物的数量和金额允许增减5%,信用证有效期应规定在最后装运日期后15天在中国到期。

5. 保险:如按CIF价格条件成交,卖方既按发票金额110%投保综合险,以中国人民保险公司的有关海洋运输货物保险条款为准。

6. 人力不可抗拒:如因战争、地震、严重的风灾、雪灾、水灾以及其他人力不可抗拒的事故而延期或无法交货时,卖方不负任何责任。

7. 索赔:凡有对货物质量提出索赔者,必须在货到目的港后30天内提出。货物质地、重量、尺寸、花型、颜色均允许有合理差异,对在合理差异范围内提出的索赔,卖方概不受理。

8.仲裁:凡因执行合同所发生的与合同有关的一切事宜,双方应通过友好协商解决,如协商不能解决,应提交北京中国国际贸易促进会对外贸易仲裁委员会根据该会仲裁程序暂行规定进行仲裁,仲裁裁决是终身的,对双方均有约束力。

9.以上一般交易条款已为×国进出口商接受,相信这些条款也将为贵公司所接受。如有任何疑问,请向我们提出。

××公司

××××年××月××日

六、询价函

询价函是买方向卖方就某项商品交易活动以及交易成功条件而提出的请对方报价的商业信函。

自行车询价函

上海永久股份有限公司:

我公司对贵厂生产的自行车感兴趣,需订购各类自行车。望贵厂能就下列条件报价:

1.单价。

2.付款条件。

3.装运期。

4.结算方式。

如果贵方报价合理,且能给予优惠折扣,我公司将考虑大批量订货。

希速见复。

××进出口公司

××××年××月××日

七、报价函

报价函,应包括货品名称、数量、规格、包装条件、价格、付款条件、交货期限和有效期限。

永久牌自行车报价

××进出口公司:

感谢你方 11 月 10 日有关永久牌自行车的询盘函。

我们现出各种牌号的自行车,其中永久牌自行车与凤凰牌自行车最出名,这些产品在国外需求量大,因此,存货正迅速减少。我们的自行车不仅重量轻,而且因价格合理而受到欢迎。我们确信一旦你们试用了我们的自行车,就会大量续订。根据你方要求,我们现报价如下:

20 英寸男式每辆 25 美元;

20 英寸女式每辆 27 美元;

26 英寸男式每辆 27 美元;

26 英寸女式每辆 28 美元。

付款条件:用通过卖方认可的银行开立的即期信用证付款。

装运期:假如有关信用证能在年底前到达卖方,装运可安排在 1、2 月份。

不言而喻,上述价格是 CIF 卡拉奇净价。请注意我们出口自行车一般不给佣金,如果每种规格自行车的定购数量超过 1 000 辆,可经予 5% 的折扣。

上海永久股份有限公司

××××年××月××日

八、接受函

接受函是买方或卖方对对方提出的交易条件表示接受的函件。开头一般先引用对方报价函日期,表示感谢,主体写接受对方的具体报价条件,包括名称、规格、单价、数量、包装以及结算方式、发货日期、地点等。

上海永久股份有限公司:

贵厂 11 月 20 日的报价函收悉,谢谢。我方接受贵方的报价,并乐意按贵厂提出的条件订货。

商品:20 英寸男式,

　　　20 英寸女式,

　　　26 英寸男式,

　　　26 英寸女式。

单价:20 英寸男式每辆 25 美元,

　　　20 英寸女式每辆 27 美元,

　　　26 英寸男式每辆 27 美元,

　　　26 英寸女式每辆 28 美元。

数量:20 英寸男式 300 辆,

　　　20 英寸女式 200 辆,

　　　26 英寸男式 400 辆,

　　　26 英寸女式 300 辆。

付款条件:用通过卖方认可的银行开立的即期信用证付款。

交货日期:××××年××月××日

交货地点:××港口

请速予办理为荷。

×× 公司

××××年××月××日

九、订购商品函

订购商品函是商业业务中比较普遍的例行手续。除当面签订合同外,买卖双方通过电话、电报谈妥的交易,也要通过信函确认一下,以免发生误会,并便于存档备查。订购商品的函必须写明以下几点:商品的名称、规格、价格及所依据价目表的编号或名称;发货要求,如发货时间、地点、运输方式、保险等;付款方法或确认事先议定的付款条目;买卖双方应遵守的义务等。

订购瓷器函

永新陶瓷厂销售科:

4月7日来函收悉。根据贵厂提供的价目表,我公司决定订购下列商品:

产品号:C-101、C-104;产品名称及数量:山水茶杯3 000个、花鸟茶杯1 000个;出厂单价:山水茶杯30.5元、花鸟茶杯66.5元。

以上商品希于2013年6月末在上海交货。由于该批商品将由我公司出口日本,故要求品质优良、包装符合出口标准,必须保证按时交货,以免延误船期。

至于贷款,我公司将在收货后立即支付。并按惯例向贵厂提供货款总额1%的外汇额度。

顺祝商祺

×××公司

2013 年 4 月 10 日

十、催款通知函

催款通知函是在买方企业收到订购货物后,未能及时将应付款结算完毕的情况下,由卖方向欠款方提醒催缴的商业信函。一般写清双方交易的原因、日期、发票号码、欠款金额,拖欠货款情况等,再确定付款期限或其他处理情况。

××超市:

贵方于2013年3月18日向我公司订购雅琦牌男女服饰500件,货款金额合计1 000万元,发票编号为××××。可能由于贵单位业务过于繁忙,或者一些其他因素,以致忽略承付。故特致函提醒,请尽快将货款结算完毕,我厂银行账号为×××××××××。逾期将按照你我双方协议中的有关规定,加收2‰的罚金。

贵公司如有特殊情况,请收函后即与我厂财务处魏××联系。电话:××××××××,邮编:××××××,地址:××市××路××号。

特此函告。

雅琦服饰有限公司

2013 年 12 月 12 日

十一、索赔函

索赔函是在贸易过程中产生争议或发生纠纷后,受损方依据有关协议或规定,向违约方提出赔偿损失要求的函件。一般先写索赔依据:简要叙述争议发生、经过、结果,对方的违约事实,索赔理由,给自己带来的损失等;再提出索赔的具体要求:期限、办法、金额等。

北京××货运有限责任公司:

2013 年 4 月 2 日,我公司委托贵公司将回流焊设备一台,通过公路运输至深圳,交付给收货人刘业(以下简称收货人),在深圳收货人验收时发现设备已经破损而拒绝接收。设备于 2013 年 4 月 5 日退回我公司,经贵公司和我公司双方查验,由于贵公司运输、装卸不当,造成设备和包装破损。

此次事件,不但使我公司设备损坏,遭受二次紧急调运设备的运费损失,而且使我公司对客户逾期交货,信誉受损并要承担逾期交货的违约责任。我公司向贵公司郑重要求立即赔偿以下设备修理费用和运输费损失:

破损部位及程度费用(元):

上罩:两合页部分螺丝穿孔,严重掉漆 2 300.00;

温室:合页部分及四个边角破裂 3 900.00;

横梁:中间部分压损 1 800.00;

电机上罩:50.00;

包装箱:450.00;

修理设备运输费:400.00;

设备修理人工费:1 200.00;

费用合计:6 100.00。

以上是我公司的最低要求,请贵公司于 7 日内支付上述赔偿金额,或者贵公司自己将设备送去经我公司认可、有相应技术能力和修理设施、设备完善的修理厂修理,贵公司承担全部修理费用。7 日后如果贵公司不支付赔偿金,又不将损坏设备送去修理、恢复设备完好,我公司将自己委托修理厂修理,并通过法律途径追偿全部损失,不再通知。

顺祝商祺!

北京××有限责任公司

2013 年 5 月 3 日

十二、理赔函

理赔函是在贸易过程中产生争议或发生纠纷后,理赔方根据索赔方的意见和要求提出自己意见和解决办法的回复信函。写作时一般先引述来函要点;然后针对对方索赔理由是否合理、证据是否有效、金额是否合理、期限是否逾期,表明自己的态度,提出处理意见。

北京××有限责任公司：

你公司 5 月 3 日函收悉。所提回流焊设备破损一事,已引起我方关注。经向有关部门了解,确系我方运输过程造成设备和包装的破损。对你方的损失,我们深表歉意。我方将按你方提供的实际损失数据给予赔偿。

候复。

北京××货运有限责任公司
2013 年 5 月 8 日

【任务演练】

根据职场情境中提供的材料,代俞琴撰写一份询价函,希望《临海晚报》广告部提供广告项目报价表。

任务二　意向书的写作

 情景导入

张先生通过中介去看一套二手房,中介说是 1993 年的房,看好后他想和房主签订意向书,但在签之前房主的房产证和土地证上都没有显示房屋年限,房主说是房改房都这样,于是他让中介去查询,中介说是 1990 年后的土地。张先生还是不放心,中介就在意向书上加了一个补充条约"如房屋年限为 1990 年之前,双方协商,1990 年之后乙方(即张先生)必须购买"。然后,张先生就和房主签订了意向书,并交纳 2 万元,房主交 3 证作为缔约保证金。几天后,中介打电话来说此房的土地年限为 1989 年,张先生就不想买这套房屋了。但房主不愿,说是条约上写的是房屋年限,不是土地年限,要求赔偿。中介也推卸责任,说是双方签的意向书,让他们自己去协商,不肯退还张先生的缔约保证金。

思考:按照法律,张先生能否拿回定金?

必备知识

一、意向书的含义

意向书是当事人双方或多方之间,在就某项合作、经营事务经过协商之后,表达初步设想、合作意愿的文书,可用于包括经济技术合作在内的各种领域。

二、意向书的特点

(一)协商一致

意向书撰写之前必须以交易各方的协商为基础,如果协商未能取得一致意见,合作意愿没有得到充分表达,则无法签订意向书。

(二)条款灵活

意向书的条款内容比较灵活,在协商过程中,当事各方均可按各自的意图和目的提出意见。在正式签订协议或合同时可对意向书的条款进行变更或补充。

(三)文字简略

意向书仅需表达各方合作意向,不涉及具体的交易细节,因此表达文字往往比较简略。

能力技巧

一、意向书的写作技巧

(一)标题

一是项目名称 + 文种。如《××项目合作开发意向书》,适用于重大合作项目。二是只写文种"意向书",适用于一般合作项目。

(二)首部

写明当事各方的全称、法人代表、委托代表、联系方法等基本信息。

(三)正文

正文主要由前言、主要条款、结尾、尾部四部分构成。

1. 前言

简明扼要地写明合作各方、当事各方接触的简要情况,磋商后达成的意向性意见,一般可以用"本着互惠互利、合作共赢的原则,就××一事达成如下意向:"作为前言的结束。

2. 主体

分条款写明达成的意向性意见,可参照合同或协议的条款排列。意向书主体各条款的内容十分简略,仅仅对合作方向和内容作较为粗略的概括。

3. 结尾

意向书正文结尾一般写明"未尽事宜,在签订正式合同或协议书时再予以补充"一语,以便留有余地。表格式意向书也可注明填表的要求。

4. 尾部

意向书尾部内容主要是写明各方单位的名称、代表人姓名,并需加盖公章,注明签订日期。各方的信息一般采用左右对称的排列方式,以示平等。

二、意向书的写作要求

(一)内容简略

商务意向书的内容是各方原则性的意向,并非具体目标和实施方法,其条款无须像协议、合同那样具体。意向书内容简略,因此篇幅不宜太长。

（二）语言平和

与合同相比,意向书的语言比较平和。意向书的内容不具有强制性,而是带有明显的协商性质,因此行文中多用平和商量的语气,一般不使用"必须""应""否则"等词语。

（三）忠实于协商情况

意向书是以协商为基础的,因此内容必须忠实反映当事各方协商的过程。

（四）态度严肃

意向书是对合作意愿的表达,而意愿受到多种因素的影响往往会不够坚定,因此可能会出现随意签订意向书的行为。虽然违反意向书并不一定会造成严重后果,但是容易给自己的信誉造成消极影响。因此,签订意向书时必须本着严谨、认真、慎重的原则。

 案例评析

校企合作意向书

甲方名称:

法定代表人:

地址:

电话:

乙方名称:

法定代表人:

地址:

电话:

甲乙双方本着平等互利的原则,在友好协商的基础上,一致同意就下列事宜达成合作意向:

一、校际交流:建立校级领导定期互访的机制,加强两校之间的交流与合作。

二、教师交流:根据各自需求,每年分别选派少量的教师赴对方学校进行短期的参观交流。学校自行承担往返国际旅费,接待学校互免食宿费用。

三、学生交流:甲乙双方在读学生赴对方学校进行短期的学习交流。学生自行承担往返国际旅费,接待学校互免学生学费。

四、学术交流:甲乙双方相互交换图书、音像资料、学术信息,开展教学及学术领域的交流。

五、合作办学:共同开展各种方式的合作办学,合作的专业及具体方式另行具体商定。

本意向书所涉及的各项合作项目的落实,均须经过另行协商,以合同形式约定具体细节。

甲方:　　　　　　　　　　　　乙方:

授权人签字:　　　　　　　　　授权人签字:

年　月　日　　　　　　　　　　年　月　日

【评析】以上例文,就双方合作事宜达成五条意向,格式相对随意,行文简明扼要,不像合同那样具体复杂,体现了意向书的特点。

【任务演练】

根据职场情境中提供的材料,假定杭州智能科技有限公司和《临海晚报》广告部的负责人经过协商就刊登广告一事达成了初步意向,公司同意以广告部提出的价格刊登广告,请代俞琴撰写一份意向书。

任务三　协议书的写作

 情景导入

《高校毕业生就业协议书》(以下均简称协议书)是明确毕业生,用人单位和学校在毕业生就业工作中权利和义务的书面表现形式。《就业协议书》一般由国家教育部高校学生司或各省、市、自治区就业主管部门统一制表。《就业协议书》是编制毕业生就业方案和毕业生派遣的依据,毕业生本人保存一份作为办理报到、接转行政和户口关系的依据。每位毕业生只有一套《协议书》,每套一式三份,不得转借、涂改、复印。

思考:毕业生为什么要签订就业协议书? 它是否具有法律效力? 是否还需要签订劳动合同?

必备知识

一、协议书的含义

协议书往往简称为"协议",有广义和狭义之分。广义的协议是指各种社会组织或个人在处理事务时使用的多种"契约"类文书,包括合同、议定书、条约等。狭义的协议指社会团体或个人之间就某个事务经过谈判或协商,取得一致意见后,订立的具有经济或其他关系的契约性文书。在本书中,主要介绍的是狭义的协议书。

协议书在社会各种领域,尤其是在经济领域中使用较为广泛。协议书能够明确双方各自所承担的义务、责任,确定双方所享有的权利、权益,对双方的合作事宜确定了大致的方向和目标,有助于合作的持续和深化。如果双方发生纠纷,也可以将协议作为依法诉讼的依据。

二、协议书与意向书的区别

(一)细化程度不同

意向书的内容比较简略,仅表明合作意愿;协议的内容相对比较细致,对交易合作的主要条款作出约束。

(二)灵活程度不同

协议一经签约不能随意更改,而意向书比较灵活。在协商过程中,当事人各方均可按各自的意图和目的提出意见,在正式签订协议前亦可随时变更或补充,最终达成协议。

(三)法律效力不同

意向书是一种非正式文体,仅仅表明合作意图,一般不具有法律效力,当事人如果撤销意向也不构成法律意义上的违约;协议书经过公正或具备某些条件后就受到法律保护,可以被视为合同的特殊形式,如果违反协议可被追究法律责任。

能力技巧

一、协议书的写作技巧

协议书一般包括标题、首部(当事人信息)、正文和尾部四部分。

(一)标题

标题一般需要写明协议书的性质,如《赔偿协议书》《代理协议书》《委托协议书》等。如果事务比较简单,也可以只写"协议书"三个字。

(二)首部

首部是协议书的前置部分,需要写明签订协议的当事人信息,如名称、地址、联系方式、代表人等。首部中需注明各方的简称,一般以甲方、乙方代称。

(三)正文

协议书的正文包括签订协议书的背景、原因、目的和双方商定的具体事项。

1. 前言

前言主要说明签订协议书的背景、原因或目的等,最后可用程式化句子转入双方商定的具体条款,如"现对有关事项达成如下协议:"。

2. 主体

协议的主体部分主要是就有关事宜作出明确、全面的说明。需要特别注意的是,必须将各方的权利和义务表述明确。不同类型不同性质的协议书所包括的条款也不尽相同。主体一般采用条款式结构。

3. 结尾

协议书的结尾一般说明文本的份数、保存方式,如"本协议一式两份,甲乙双方各保留一份,具有相同效力"。

(四)尾部

协议书的尾部即签订各方名称和签订日期。协议书最后必须写明签订协议双方的单位和负责人的名称,并加盖公章。重要的协议书,需要由公证处公证,并签署公正意见、公正人姓名、公正日期、加盖公证机关印章。最后写上签订协议的日期。

二、协议书的写作要求

(一)内容合法

协议书的内容、形式和程序,都要遵守国家的法律和法规。违反国家政策、法令的协议不仅是无效的,而且当事人要承担由此而产生的法律责任。

(二)平等协商

平等协商、自愿互利是签订协议的前提和基础,签订协议的当事方的法律地位是完全平等的,在协商和签订协议过程中应充分协商、互相尊重。另外,各方在协议书中取得的权利和承担的义务也应当是对等的,体现着公平的原则。

 案例评析

协议书

甲方:北京××热能技术有限公司

乙方:霸州市××燃气储运有限公司

根据《中华人民共和国经济合同法》,经甲乙双方友好协商,关于乙方给甲方销售并输送天然气事宜,达成以下协议:

一、标的物及数量

天然气为普通民用天然气(提供气质分析报告),数量约为 5 000 立方米。

二、价格

(一)天然气按 2.4 元/每立方米计,据实结算。

(二)甲方租用乙方的天然气槽车及相关调压设备,租金按每天 2 000 元计,据实结算,霸州至甲方现场的运输费用由乙方负担。

三、付款方式

乙方配合甲方实验结束后,据实结清,乙方应提供正规的发票。

四、气压要求

要求调压后的气压在 4 000 ~ 6 000 Pa 可调。

五、供气时间

(一)第一次供应时间为 6 月 8 日 8 时至 6 月 10 日 24 时。

(二)第二次供气时间为 6 月 17 日 8 时至 6 月 18 日 18 时。

(三)若时间有更改,甲方提前 24 小时通知乙方,乙方必须保证在规定时间内到达甲方现场。

六、解决纠纷的方式:协商或仲裁。

七、其他未尽事宜,协商解决。

八、本协议一式四份,各执两份,由双方单位盖章后生效。

甲方:北京××热能技术有限公司　　乙方:霸州市××燃气储运有限公司

（盖章）　　　　　　　　　　　　　　　（盖章）

法定代表人:×××（签字）　　　　　　法定代表人:×××（签字）

2013 年 5 月 11 日　　　　　　　　　　2013 年 5 月 11 日

【评析】这是一份较为正式的具有法律效益的协议书。全文格式规范、结构严谨,措辞庄重,主要条款比较完备,对双方的权利和义务作了明确的约定,为当事方信守承诺奠定了基础。

【任务演练】

根据职场情境中提供的材料,假设报纸广告部和智能科技有限公司已经就刊登广告一事达成了基本一致,代俞琴撰写一份协议书,要求明确约定双方的权利和义务,对刊登广告的时间、价格等条款作出明确说明。

任务四　备忘录的写作

 情景导入

近日,中检集团山东公司沈宝伟总经理与山东检验检疫局岚山办常福金主任签订合作备忘录,双方就日照、岚山口岸进出口商品检验检疫业务相互委托合作事宜达成一致协议。该备忘录的签订,将对促进日照、岚山口岸进出口商品检验检疫各项业务健康有序发展和实现日照检验认证有限公司跨越式发展起到十分积极的作用。

上述新闻中提到的是商务活动中的备忘录,它有什么特点和要求呢? 这是本任务要解决的问题。

必备知识

一、备忘录的含义

备忘录,也是书面合同的形式之一。它是指在买卖双方磋商过程中,就某些事项达成一定程度的理解与谅解及一致意见,将这种理解、谅解、一致意见以备忘录的形式记录下来,作为今后进一步磋商,达成最终协议的参考,并作为今后双方交易与合作的依据,但不具有法律约束力。

二、备忘录与谈判纪要的关系

谈判纪要又称会谈纪要。是记载谈判情况和谈判主要内容及议定事项的协约性文书。作为商务协约文书,谈判纪要是双方协商的产物,并经过双方同意认可共同签署。

备忘录不同于谈判纪要,后者双方签字,前者没有。纪要记录的是双方达成一致性意见的内容,而备忘录所记录的是双方各自的意见观点,它有待于下一次洽谈时进一步磋商;纪要以"双方一致同意"的语气来表达,备忘录则以甲乙双方各自的语气来表达。

能力技巧

一、备忘录的写作技巧

(一)标题

备忘录的标题一般采用"备忘录"三字。对于涉及重大事务的重要会谈,可在标题中注明会议名称、事务名称,如"股份制改造工作会议备忘录"。

(二)首部

备忘录的首部需要写明当事人单位名称、地址、法人代表等信息,如有需要可注明简称,一般以甲方、乙方代称。

(三)正文

1.导言

备忘录的导言需要写明会谈的背景、经过、时间、地点等信息,尤其需要概括性地说明会谈的事务和主题。

2.主体

备忘录的主体根据不同的事务可以有多种写法,一般包括以下几个方面的内容:一是已经达成共识的问题;二是目前尚存在分歧的问题;三是各方的责任,主要有保密责任、费用分摊等;四是签订正式协议与合同时采用的条款。

3.结尾

备忘录的结尾一般说明下一阶段的磋商工作安排,如时间、地点等。也可以写明备忘录的有效时间、纠纷解决方式、适用法律等内容。

(四)尾部

备忘录结尾由谈判代表、法人代表或其他代理人签字,并注明签订时间。

二、备忘录的写作要求

(1)备忘录的内容需要经过双方共同认真商议确定。

(2)如实反映会谈磋商的成果和存在的分歧。

(3)对于存在的分歧,可以适当写明不同观点及其理由。

案例评析

合作备忘录

××省电信有限公司××电信分公司(以下称甲方)

××网络科技有限公司(以下称乙方)

为了做好短信增值应用服务,满足日益增长的市场需求,双方本着平等互利,优势互补,共同发展的原则,决定合作开展家校通业务。双方经过充分协商,在原协议的基础上达成以下合作备忘录:

一、合作方式

甲方将乙方在××地区发展的手机测试用户导入××省SP短信平台进行业务测试,测试期间甲乙双方均不得向用户收取任何费用。测试结束后,以乙方提供的业务开通确认书或业务开通确认录音为依据,确认正式开通该业务的用户。

视用户开通情况,甲方对确认开通该业务的用户收取信息费,并与乙方分成(详见协议)。

二、双方的权利义务

(一)乙方向甲方提供业务开展过程中测试用户的数据。甲方将乙方提供的数据导入××省电信公司SP短信平台。

(二)乙方有义务向甲方提供业务开通确认书或业务开通确认录音作为甲方收费的依据。

(三)乙方在体验期可以向导入××省电信公司SP短信平台的用户发送短信,体验期结束后,对未开通家校通的用户不可再发送和家校通无关的短信,家校通相关短信发送量每用户每月不超过两条。甲方每月抽查乙方体验期后未确定开通"家校通"业务用户的下行短信情况。在抽查过程中,若发现用户下行短信超过两条,则甲方按照每月每用户每超过一条罚款200元的原则处理,此项费用甲方在与乙方分成款项中予以扣除。若在抽查过程中,若发现用户收到以乙方下行的非家校通方面的信息,则甲方按照每用户每收到一条信息罚款200元的原则处理,此项费用甲方在与乙方分成款项中扣除。

(四)对要求继续体验的用户,乙方每月提供清单给甲方,乙方可在一个月体验期内对清单内用户发送家校通短信。体验期结束后,不可再将这些用户作为体验用户进行短信推送。

甲方:××省电信有限公司××电信分公司　　　　乙方:××网络科技有限公司

地址:××市××东路××号　　　　　　　　　　地址:××市××路××号

邮编:×××××　　　　　　　　　　　　　　　邮编:×××××

电话:××××××××　　　　　　　　　　　　电话:××××××××

单位代表:××　　　　　　　　　　　　　　　单位代表:×××

　　　　×××年×月×日　　　　　　　　　　　　　×××年×月×日

【评析】这是一份合作项目的备忘录,将双方协商的合作方式、基本权利和义务载明,作为今后进一步磋商,达成最终协议的参考,并作为今后双方合作的依据。

【任务演练】

根据职场情境中提供的材料,假设《临海晚报》广告部和杭州智能科技有限公司经过协商已经达成合作初步意向,请代俞琴撰写一份备忘录,记录下双方已经取得的协商成果,并指出下一步工作的方向,内容合理虚构。

任务五　合同的写作

情景导入

办公楼租赁合同

出租方：××市世纪大厦酒店管理有限公司（以下简称甲方）

承租方：××市泰方科技信息公司（以下简称乙方）

根据《中华人民共和国合同法》及相关法律法规的规定，甲乙双方在平等、自愿协商的基础上，就甲方将办公楼出租给乙方使用事宜，订立本合同。

第一条　甲方保证所出租的房屋符合国家对租赁房屋的有关规定。

第二条　房屋的基本情况

1. 甲方出租给乙方的房屋位于××省××市××区××路×号世纪大厦12楼。房产证号：×××××××××××。

2. 房屋面积共××平方米。

3. 该房屋现有装修及设施、设备情况详见合同附件。该附件作为甲方按照本合同约定交付乙方使用和乙方在本合同租赁期满交还该房屋时的验收依据。

第三条　甲方应提供房产证（或具有出租权的有效证明）、身份证明（营业执照）等文件，乙方应提供与甲方相同的证明文件。双方验证后可复印对方文件备存。所有复印件仅供本次租赁使用。

第四条　租赁期限、用途

1. 该房屋租赁期共12个月，自2010年1月20日起至2011年1月20日止。

2. 乙方向甲方承诺，租赁该房屋仅作为经营办公场所使用。

3. 租赁期满，甲方有权收回出租房屋，乙方应如期交还。

乙方如要求续租，则必须在租赁期满2个月之前书面通知甲方，经甲方同意后，重新签订租赁合同。

第五条　租金及支付方式

1. 该房屋每月租金为5 000元（大写伍仟元整）。租金总额为60 000元（大写陆万元整）。

2. 房屋租金支付方式如下：2009年11月30日乙方向甲方支付总租金的50%（30 000元），2010年5月30日乙方向甲方支付总租金剩余的50%（30 000元）。

甲方收款后应提供给乙方有效的收款凭证。

第六条　租赁期间相关费用及税金

1. 甲方应承担的费用：租赁期间，房屋和土地的产权税由甲方依法交纳。

2. 乙方交纳以下费用：物业费、垃圾处理费。

第七条　房屋修缮与使用

1.在租赁期内,甲方应保证出租房屋的使用安全。

2.乙方应合理使用其所承租的房屋及其附属设施。如因使用不当造成房屋及设施损坏的,乙方应立即负责修复或经济赔偿。

乙方如改变房屋的内部结构、装修或设置对房屋结构有影响的设备,设计规模、范围、工艺、用料等方案均须事先征得甲方的书面同意后方可施工。

第八条　房屋的转让与转租

1.租赁期间,甲方有权依照法定程序转让该出租的房屋,转让后,本合同对新的房屋所有人和乙方继续有效。

2.未经甲方同意,乙方不得转租、转借承租房屋。

3.甲方出售房屋,须在3个月前书面通知乙方。

第九条　合同的变更、解除与终止

1.双方可以协商变更或终止本合同。

2.甲方有以下行为之一的,乙方有权解除合同:

(1)不能提供房屋或所提供房屋不符合约定条件,严重影响使用;

(2)甲方未尽房屋修缮义务,严重影响使用。

3.房屋租赁期间,乙方有下列行为之一的,甲方有权解除合同,收回出租房屋:

(1)未经甲方书面同意,转租、转借承租房屋;

(2)未经甲方书面同意,拆改变动房屋结构;

(3)损坏承租房屋,在甲方提出的合理期限内仍未修复的;

(4)未经甲方书面同意,改变本合同约定的房屋租赁用途;

(5)利用承租房屋存放危险物品或进行违法活动;

(6)逾期未交纳按约定应当由乙方交纳的各项费用,已经给甲方造成严重损害的;

(7)未按照约定及时缴纳租金。

4.租赁期满合同自然终止。

5.因不可抗力因素导致合同无法履行的,合同终止。

第十条　房屋交付及收回的验收

1.甲方应保证租赁房屋本身及附属设施、设备处于能够正常使用状态。

2.验收时双方共同参与,如对装修、器物等硬件设施、设备有异议应当场提出。当场难以检测判断的,应于15日内向对方提出。

3.乙方应于房屋租赁期满后,将承租房屋及附属设施、设备交还甲方。

4.乙方交还甲方房屋应当保持房屋及设施、设备的完好状态,不得留存物品或影响房屋的正常使用。对未经同意留存的物品,甲方有权处置。

第十一条　甲方违约责任处理规定

1.甲方因不能提供本合同约定的房屋而解除合同的,应支付乙方本合同租金总额10%的违约金。

2. 如乙方要求甲方继续履行合同的,甲方每逾期交房一日,则每日应向乙方支付日租金 2 倍的滞纳金。

3. 由于甲方怠于履行维修义务或情况紧急,乙方组织维修的,甲方应支付乙方费用或折抵租金,但乙方应提供有效凭证。

4. 甲方违反本合同约定,提前收回房屋的,应按照合同总租金的 15% 向乙方支付违约金,若支付的违约金不足弥补乙方损失的,甲方还应该承担赔偿责任。

5. 甲方因房屋权属瑕疵或非法出租房屋而导致本合同无效时,甲方应赔偿乙方损失。

第十二条 乙方违约责任

1. 租赁期间,乙方有下列行为之一的,甲方有权终止合同,收回该房屋,乙方应按照合同总租金的 10% 向甲方支付违约金。若支付的违约金不足弥补甲方损失的,乙方还应负责赔偿直至达到弥补全部损失为止。

(1)未经甲方书面同意,将房屋转租、转借给他人使用的;

(2)未经甲方书面同意,拆改变动房屋结构或损坏房屋的;

(3)改变本合同规定的租赁用途或利用该房屋进行违法活动的;

2. 在租赁期内,乙方逾期交纳本合同约定应由乙方承担的费用的,每逾期一天,则应按上述费用总额的 10% 支付甲方滞纳金。

3. 在租赁期内,乙方未经甲方同意,中途擅自退租的,乙方应该按合同总租金 20% 的额度向甲方支付违约金。若支付的违约金不足弥补甲方损失的,乙方还应承担赔偿责任。

4. 乙方如逾期支付租金,每逾期一日,则乙方须按日租金的倍支付滞纳金。

5. 租赁期满,乙方应如期交还该房屋。乙方逾期归还,则每逾期一日应向甲方支付原日租金倍的滞纳金。乙方还应承担因逾期归还给甲方造成的损失。

第十三条 争议解决

本合同项下发生的争议,由双方当事人协商或申请调解;协商或调解解决不成的,依法向有管辖权的人民法院提起诉讼。

第十四条 合同未尽事宜,经甲、乙双方协商一致,可订立补充条款。本合同自双方签(章)后生效。

本合同及附件一式两份,由甲、乙双方各执一份。具有同等法律效力。

甲方:××市世纪大厦酒店管理有限公司(公章)	乙方:××市泰方科技信息公司(公章)
营业执照号:××××××××	营业执照号:××××××
电话:×××××××	电话:×××××××
地址:×××××××	地址:×××××××
邮政编码:××××	邮政编码:××××××
签约代表:×××	签约代表:××
2013 年 1 月 20 日	2013 年 1 月 20 日

附件：设施、设备清单（略）

思考：签订这则合同的双方所围绕的中心事务是什么？这则合同的条款内容有什么特点？这则合同的结构有什么特点？

必备知识

一、合同的含义

《中华人民共和国合同法》（以下简称《合同法》）规定：合同是平等主体的自然人、法人、其他组织之间设立、变更、终止民事权利义务关系的协议。合同的当事人可以是公民（自然人），也可以是法人或者其他组织。

二、合同的类型

根据《合同法》，以权利和义务关系的类型作为划分标准，合同可分为下述类型：买卖合同，供用电、水、气、热力合同，赠与合同，借款合同，租赁合同，融资租赁合同，承揽合同，建设工程合同，运输合同，技术合同，保管合同，仓储合同，委托合同，行纪合同，居间合同。

此外常用的还有劳动合同。

三、合同与同类文书的区别

在当事人协商的不同阶段，一般会产生三种文书，即意向书、协议书与合同。这三种文书具有某种相似性，同时也有很大差异。

（一）合同与意向书的区别

意向书是社会组织之间表达和记录某种意向的文书。意向书并不涉及双方具体的权利义务，所以并不完全具有合同上的法律效力。意向书成为合同，必须具备合法的要约与承诺方式。《合同法》第十四条规定："要约是希望和他人订立合同的意思表示，该意思表示应当符合下列规定：一是内容具体确定；二是表明经受要约人承诺，要约人即受该意思表示约束，即双方的权利与义务。"因此，如果意向书中约定了双方具体的权利和义务，双方或其中一方已经开始实际履行，则合同成立并发生法律效力。

（二）合同与协议的区别

合同是协议的一种类型，但合同也不完全等同于协议。协议书产生在合同之前，协商尚未完全成熟。协议书应用范围广，内容原则性强，内容笼统，而合同的内容细致明确。某些协议书可通过公正部门公证之后才有强制的法律效力，而合同无需公证即具有法律效力。如果同一事务既签订了合同也签订了协议书，二者抵触时，以合同为准。

能力技巧

一、合同的写作技巧

尽管合同的种类各异，但一般均包括首部、主部、尾部三部分。

(一)首部

1.标题

一般需要明确写出合同的性质,如"购销合同""工程安装合同"。有的合同还在标题下方书写合同的编号。

2.合同当事人名称或者姓名

准确写出签约单位或个人的全称、全名,并在注明双方约定的固定指代,常常使用"甲方""乙方"。如有第三方,可将其称为"丙方"。在对外贸易合同中,有时可指代为"卖方""买方"。不论在什么情况下,合同中都不能用不定指代"你方""我方"来指当事人。

3.引言

引言就是合同的开头部分,主要内容是签订合同的目的或签订合同的依据。常用的表述句式为:"为了……"或"根据……"。若选用"表格式合同",则依据有关部门制定的合同的规范文本要求,填写有关内容。

(二)主部

主部是合同的主要部分,一般多采用条文式结构。按双方当事人的约定,详细写明各项条款的内容。

1.主要条款

合同的主要条款是各种类型的合同都应具备的内容,主要包括以下内容:

(1)标的:合同当事人权利义务所共同指向的对象,是合同的基本条款。没有标的的合同是无效合同。标的可以是物品、货币、劳务、智力成果等。一般可以用货物、劳务、工程项目的名称表示。借款合同的标的为一定数量金额的货币(需注明币种)。工程承包合同的标的为应完成的工程项目。

(2)数量和质量要求:指从数量和质量的角度对标的进行精确度量,它决定双方当事人承担的权利义务的大小范围。

数量是标的具体的计量,如借款金额、工作量等。数量需要明确计量单位,如元、吨、米、件等。

质量要求是对标的质的要求,标志着产品、商品、工程的优劣程度。必要时应明确质量的技术标准(如国家标准、行业标准)、等级、检测依据等。

(3)价款或报酬:标的的价格,是合同当事人根据国家法律、法规、政策和有关规定,对标的议定的价格,是合同一方以货币形式取得对方商品或接受对方劳务所应支付的货币数量。要明确标的的总价、单价、货币计算标准,付款方式与程序,结算方式,若与外国方面合作,要写明支付币种。

(4)合同履行的期限、地点和方式:履约期限就是合同的有效期限,是合同法律效力的时限和责任界限,过时则属违约,采用公元纪年,年、月、日书写齐全。地点是指当事人履行合同义务、完成标的任务的地点。履行方式是当事人履约的具体办法,如借贷合同的出资方要以提供一定的货币来履约;劳务合同的某一方要提供某种具体的劳动服务等。

（5）违约责任：合同当事人不能履约或不能完全履约时，所要承担的经济责任和法律后果。具体包括违约金、赔偿金和其他承担责任的法律形式等。违约责任是履行合同的重要保证，也是出现矛盾分歧时解决合同纠纷的可靠依据。

2. 其他条款

这里所说的其他条款是除上述必备条款外，经双方当事人协商确定的内容。

（1）不可抗力条款：如果发生了当事人不能预见、不能避免且不能克服的客观事故（包括但不限于战争、洪水、地震、台风等），而导致履行合同困难时，当事人便可根据这一条款，依据《合同法》规定，部分或全部免予承担责任。

（2）解决争议的方法：此条款要约定在履行合同发生争议时解决问题的方式和程序，要明确注明是通过仲裁解决、协商解决还是诉讼解决。

（三）尾部

1. 合同的有效期限和文本保存

有效期限是指合同执行生效、终止的时间，是合同当事人要求必须具备的条款。文本保存是注明合同文本的保管方式，即合同一式几份，当事人保管的份数。

2. 落款

即在合同的有效期限和保管条款下方，依次写上当事人的名称、签章、法定通讯地址、法人代表、银行账号、签约日期及地点等。当事人的这些信息应当分列排版，以示平等。

有些合同有特殊要求，可以带有附件，也要在尾部注出。通常是在合同正文"其他条款"之后注明："合同附件、附表均为本合同的组成部分，且有同等的法律效力"。如工程承包合同要在附件中列出对该工程具有约束作用的各类文件，常见的有工程项目表、工程进度表、工程图纸等。这些附件、附表均标写在合同落款的最下方，即"年、月、日"以后的部位。

二、合同的写作要求

（1）要符合党和国家的路线、方针、政策、法律和法规。

（2）内容要具体明确，表述要严谨周密，字、词、数据要精确，书写要工整。

（3）格式要规范，条文要具体、完备、周到、科学。

（4）体现平等、自愿、公平、诚信的原则。

案例评析

订货购货合同样本

甲方（需方）：_____

地址：_____　邮编：_____　电话：_____

法定代表人：_____　职务：_____

乙方（供方）：_____

地址：_____　邮编：_____　电话：_____

法定代表人：_____　职务：_____

第一条　甲方向乙方订货总值为人民币____元。其产品名称、规格、质量(技术指标)、单价、总价等如表所列材料名称及花色____规格(毫米)及型号____质量标准或技术指标____计量单位____单价(元)____合计(元)____

第二条　产品包装规格及费用_____

第三条　验收方法_____

第四条　货款及费用等付款及结算办法_____

第五条　交货规定

1. 交货方式：_____

2. 交货地点：_____

3. 交货日期：_____

4. 运输费：_____

第六条　经济责任

(一)乙方的责任：

1. 产品花色、品种、规格、质量不符本合同规定时，甲方同意利用的，按质论价。不能利用的，乙方应负责保修、保退、保换。由于上述原因致延误交货时间，每逾期一日，乙方应按逾期交货部分货款总值的____％向甲方偿付逾期交货的违约金。

2. 乙方未按本合同规定的产品数量交货时，少交的部分，甲方如果需要，应照数补交。甲方如不需要，可以退货。由于退货所造成的损失，由乙方承担。如甲方需要而乙方不能交货，则乙方应付给甲方不能交货部分货款总值的5％的罚金。

3. 产品包装不符本合同规定时，乙方应负责返修或重新包装，并承担返修或重新包装的费用。如甲方要求不返修或不重新包装，乙方应按不符合同规定包装价值____％的罚金付给甲方。

4. 产品交货时间不符合同规定时，每延期一天，乙方应偿付甲方延期交货部分货款总值____％的罚金。

(二)甲方的责任：

1. 甲方如中途变更产品花色、品种、规格、质量或包装的规格，应偿付变更部分货款(或包装价值)总值____％的罚金。

2. 甲方如中途退货，应事先与乙方协商，乙方同意退货的，应由甲方偿付乙方退货部分货款总值____％的罚金。乙方不同意退货的，甲方仍须按合同规定收货。

3. 甲方未按规定时间和要求向乙方交付技术资料、原材料或包装物时，除乙方得将交货日期顺延外，每顺延一日，甲方应付给乙方顺延交货产品总值____％的罚金。如甲方始终不能提出应提交的上述资料等，应视同中途退货处理。

4. 属甲方自提的材料，如甲方未按规定日期提货，每延期一天，应偿付乙方延期提货部分货款总额____％的罚金。

5. 甲方如未按规定日期向乙方付款，每延期一天，应按延期付款总额____％付给乙方,延期罚金。

6.乙方送货或代运的产品,如甲方拒绝接货,甲方应承担因而造成的损失和运输费用及罚金。

第七条　产品价格如需调整,必须经双方协商,并报请物价部门批准后方能变更。在物价主管部门批准前,仍应按合同原订价格执行。如乙方因价格问题而影响交货,则每延期交货一天,乙方应按延期交货部分总值的____%作为罚金付给甲方。

第八条　甲、乙任何一方如要求全部或部分注销合同,必须提出充分理由,经双方协商,并报请上级主管部门备案。提出注销合同一方须向对方偿付注销合同部分总额____%的补偿金。

第九条　如因生产资料、生产设备、生产工艺或市场发生重大变化,乙方须变更产品品种、花色、规格、质量、包装时,应提前____天与甲方协商。

第十条　本合同所订一切条款,甲、乙任何一方不得擅自变更或修改。如一方单独变更、修改本合同,对方有权拒绝生产或收货,并要求单独变更、修改合同一方赔偿一切损失。

第十一条　甲、乙任何一方如确因不可抗力的原因,不能履行本合同时,应及时向对方通知不能履行或须延期履行、部分履行合同的理由。在取得对方主管机关证明后,本合同可以不履行或延期履行或部分履行,并免予承担违约责任。

第十二条　本合同在执行中如发生争议或纠纷,甲、乙双方应协商解决,解决不了时,按以下第( )项处理:(1)申请仲裁机构仲裁;(2)向人民法院起诉。

第十三条　本合同自双方签章之日起生效,到乙方将全部订货送齐经甲方验收无误,并按本合同规定将货款结算以后作废。

第十四条　本合同在执行期间,如有未尽事宜,得由甲乙双方协商,另订附则附于本合同之内,所有附则在法律上均与本合同有同等效力。

第十五条　本合同共一式____份,由甲、乙双方各执正本一份、副本____份,报双方主管部门各一份。

第十六条　本合同有效期自____年____月____日起至____年____月____日止。

订立合同人:

甲方:_____(盖章)

经办人:_____

负责人:_____

电话:_____

开户银行账号:_____年_____月_____日

乙方:_____(盖章)

经办人:_____

负责人:_____

电话:_____

开户银行账号:_____年_____月_____日

【评析】以上订货购货合同样本属条文式合同,从合同文本看,条款齐全,内容完备,结构完整,典型规范,既符合《合同法》的要求,又符合合同的书写格式。

【任务演练】

根据职场情境中提供的材料,《临海晚报》广告部和杭州智能科技有限公司已经就刊登广告达成一致,并确定了刊登期限、广告形式、价格等详细合作细节,请代俞琴撰写一份合同,明确双方各自的权利和义务。

综合实训

一、知识目标鉴定实训

(一)正确说出商务信函的主要类型和写作要求。

(二)分别辨析意向书、协议书、合同三种文体之间的关系。

(三)正确说出备忘录的写作要求。

(四)正确说出合同的主要条款。

(五)正确说出协议书、合同对语言的要求。

(六)正确说出意向书、协议书、备忘录、合同这几种文体的结构方式的特征和要求。

(七)指出下面这篇合同所存在的问题,并进行修改。

交换写字楼合同

甲方:××贸易总公司

乙方:××市广告集团公司

甲乙双方为了便于在穗深两地联系业务,需交换写字楼作为各自的办事处。现本着友好合作的精神制定如下协议:

一、甲方在广州市隆兴路168号大楼中为乙方提供一单元住宅(三房一厅,实用面积不得小于80平方米)作为乙方驻穗的办事处用房。

二、乙方在深圳市为甲方提供同样的一单元住宅,规格同上,作为甲方驻深办事处用房。

三、双方分别负责为对方上述办事处供水、供电及安装电话,以确保日常业务活动的正常开展。

四、本合同有效期为五年,是否延期届时根据需要商定。

五、本合同自双方同时履约之日起生效。

六、未尽事宜,由双方另行商定。

甲方代表签字   乙方代表签字

甲方公章   乙方公章

                    年   月   日

二、能力目标鉴定

(一)××学院为了改善教职工的住房条件,准备为职工团购大约100套住房。经了解,××房地产公司开发的雅乐园项目地段比较适合,但是对该楼盘的户型、面积以及价格等信息不了解。学院办公室需向地产公司发函了解这些信息,并希望能以低于市场价25%的价格购买。请代写该函件。

(二)根据上一题的信息,从房地产公司的角度撰写一份答复函,将学院所需要的资料以附件形式发送给对方,并提出以市场价80%的价格向学院出售住房且团购套数不低于130套。

(三)××学院和××房地产公司经过初步协商,就团购商品房一事达成了初步意向,已经确定了购买数量,但是具体价格、户型、位置等问题需要进一步协商。请根据这一情况撰写一份会谈备忘录。

(四)请根据下面材料并适当补充,写作一份规范的条文式合同。

某学院(甲方)委托某建筑公司(乙方)装修办公楼,建筑面积共1 000平方米,包工包料,工程造价120万元整,工期120天。甲方在开工前30天做好"三通一平"工作,并向乙方提供施工图。材料需按设计规定购用,乙方需提交材料质保书或合格证。合同签订后甲方预付工程总造价45%的定金,工程完工并验收合格再付45%,余款10%作预留保修金,1年保质期满,扣除修理金后付给。工程质量要求符合《建筑安装工程质量检验评定统一标准》,并由即时聘请的监理工程师协助验收。甲方委派学院项某为常驻现场负责人。乙方委派田某为现场施工负责人。

项目三　商务研究报告写作

【知识目标】

了解市场调查报告的含义和类型。

了解经济活动分析报告的含义和类型。

了解市场预测报告的含义、作用和类型。

了解可行性研究报告的含义和类型。

理解市场调查报告的作用和特点。

理解经济活动分析报告的作用和特点。

理解市场预测报告的特点和主要内容。

理解可行性研究报告的作用和特点。

【能力目标】

能撰写市场调查报告。

能撰写经济活动分析报告。

能撰写市场预测报告。

能撰写可行性研究报告。

📽 职场情境

俞琴所工作的杭州智能科技有限公司近年来业务发展非常迅速,在当地市场占有较大的市场份额。但是随着竞争对手的增加,经营业绩提高速度开始放慢,在对外地市场的开拓中成效也不够明显。为了在激烈的市场竞争中占有一席之地,公司领导要求大胆创新,千方百计开拓销售渠道,于是有人建议借鉴网络商店的经营模式,设立一个公司网站并进行在线销售。由于设立网站需要耗费财力和人力,公司领导对于这一提议非常慎重,要求俞琴搜集相关资料,对这一项目进行充分调研,并将调研结果以及项目的前景以书面形式汇报给公司,以供领导参考。

📽 项目描述

为了完成领导交付的任务,俞琴必须对家具行业进行充分了解,而且要深入掌握网络电子商务的基本知识。获取这些知识就要求不断地进行"充电"学习。除此之外,由于领导要求提供书面报告,因此俞琴需要将自己进行调研所搜集的信息进行整理,形成一系列文书,主要包括以下几种:对当地或国内的家具市场进行调查,需要撰写市场调查报告;对本公司的经营行为进行研究,尤其是对取得的成绩和面临的问题进行深入分析,在此基础上撰写经济活动分析报告;对未来一段时间的家具市场进行预测,需要撰写市场预测报告;最后,通过分析影响电子商务网站这一项目的多种因素,给出该项目是否可行的结论,需要撰写可行性研究报告。

任务一　市场调查报告的写作

 情景导入

危机事件调查——在几小时内帮助企业迅速做出决策,渡过危机

项目背景:某行业出现食品安全事件,事态极其严重且影响范围广,某企业迫切需要对事件影响进行迅速评估,以采取公关措施。但传统调研方法需要 3 日后才可以反馈结果,而企业必须迅速决策。企业的市场部在 17:00 致电数字 100。

解决方案:数字 100 公关调查组接到客户需求后,当天 19:00 迅速形成访问问卷,使用 Surveycool™ 调查系统与 Assuredsample™ 样本库进行抽样与优先发送,并自动发送短信告知。

调研结果:第二天早晨 8:00,Surveycool™ 调查系统已经回收 3 000 余份答卷,研究人员下载了系统自动生成的分析报告,上午 9:00,带有研究人员解读分析的调查报告顺利呈现在客户眼前。通过这份数据,该企业在上午的高层会议上做出相关决议,采取了一系列应对措施,顺利地渡过危机。

(来源:数字 100 市场研究网站)

思考:你认为市场调查有何意义? 结合以上案例谈谈调查报告能起到什么作用?

 必备知识

一、市场调查报告的含义

市场调查报告是一种专题调查报告,是在对商品的市场情况进行调查、分析的基础上撰写的整理市场信息、揭示经营规律、提供决策参考的一种调查报告。

市场调查报告的基础是深入扎实的市场调查,能够全面、准确地反映市场行情,如消费者的消费习惯、产品份额、经营策略等信息,快速地反映市场变化,及时为企业决策提供参考意见。

二、市场调查报告的类型

市场调查包括市场需求情况调查、产品情况调查、消费者情况调查、销售情况调查、市

场竞争情况调查等。

（一）市场需求情况调查

调查某种产品、旅游、文化娱乐等市场的现实需求量和潜在需求量。

（二）产品情况调查

通过对消费者的广泛调查，反映消费者对某一种产品的质量、价格、包装、商标、使用状况与技术服务、售后服务等方面的评价、建议和要求；或产品在市场上的情况，如市场占有率、覆盖率及其走向等。

（三）消费者情况调查

通过对消费者的广泛调查，反映某一商品或某一类商品的消费者数量及地区分布状况；消费者性别、年龄、职业、民族、文化程度、个人收入、家庭平均收入水平，购买力大小，购买商品数量，消费者购买欲望和动机，购买习惯，影响消费者购买的决策因素等。

（四）销售情况调查

调查商品在市场上供求比例、销售能力和影响销售的因素；销售渠道，中间商的销售额、潜在销售量、利润、经营能力，消费者对经销商的印象，销售服务方式的满意度，商品储存和运输情况，广告媒体的宣传效果等。

（五）市场竞争情况调查

调查竞争对手的数量、人力、财力和经营管理水平；竞争对手产品的质量、品种、花色、式样及其特色；竞争对手的所采取的价格策略、销售渠道策略、广告宣传策略；竞争对手产品的市场占有率、覆盖率；竞争对手的企业发展战略及目标等。

此外，还有市场环境调查、技术发展调查、产品生命周期调查等。

能力技巧

一、市场调查报告的写作技巧

（一）标题

市场调查报告的标题一般有四种方式：一是直接标明调查对象或调查事由、文种等，如《2013 年杭州空气质量情况调查》；二是标明观点，概括情况，如《市场定位准确是取得成功的关键》；三是提问式标题，如《九堡地区江景房优势何在》；四是主副标题，如《靠质量低成本开拓市场——华丰集团公司调查》。

（二）前言

市场调查报告的开头部分是前言，主要内容为调查的缘起、目的、对象、范围、内容、方法和时间地点等有关调查活动的说明。

（三）主体

主体部分是市场调查报告的关键部分，一般由基本情况和对情况进行分析两部分。基本情况包括对调查所获取的客观情况、数据资料、背景资料的介绍说明；分析是在调查所获取的客观情况基础上，对这些信息进行深入的分析和探讨，包括原因分析、利弊分析、预测分析等。

为了层次清楚,这部分通常采用小标题写,并且做到观点和材料相统一。既要选用最典型的材料、最恰当的事实说明观点,也要善于运用不同的材料,从对比中说明问题,阐述观点。

不同类型的市场调查报告对建议部分的要求也有所不同,经营政策调查报告的建议部分可以适当得到突出和强调。

较为详细地介绍调查的主要内容,并分析、说明这些内容反映什么,具有什么意义。为了层次清楚,通常采用小标题分层几个层次来写。

(四)结尾

市场调查报告的结尾一般有以下几种:一是归纳全文,得出结论性的意见或主要观点;二是依据调查材料及分析研究,提出处理问题的方法或应采取的措施、对策等;三是提出尚存在的问题,启发人们进一步去思索;四是展示市场前景,鼓舞人们等。

这部分要根据实际需要,简洁、有力,给人留下启示或较深刻的印象,不可矫揉造作、画蛇添足。

二、市场调查报告的写作要求

调查报告不同于一般应用文的写作,形成过程比较复杂,必须在进行系统周密调查的基础上,经过充分分析研究,"去粗取精,去伪存真,由此及彼,由表及里",才能提炼出报告的中心主旨,最后进入写作报告的阶段。因此,"调查—研究—报告"三个环节缺一不可。

(一)深入调查,获取材料

调查是形成调查报告的重要基础。在调查前,要根据调查研究的目的和调查对象的性质,对调查工作总任务的各个方面和各个阶段进行通盘考虑和安排,提出相应的调查实施方案,制定合理的工作程序。主要环节如下:

1.确定调查目的和内容

明确通过调查解决哪些问题、取得什么样的资料等。调查的目的不宜过大、过空,要从实际需要出发,目标要具体。

2.确定调查范围和对象

需要调查哪些单位、哪些具体的个体等。

3.确定调查项目

将进行调查的主要内容罗列出来。

4.确定调查方式和方法

常用调查方式有:普查;抽样调查(随机)和典型调查(选择有代表性的对象调查)三种。常用调查方法有:

(1)开调查座谈会:有针对性设计问题,启发引导参加人员全面、客观地反映情况。

(2)深层访谈法:对当事人或知情者进行个别采访。

(3)德菲尔法:20世纪60年代美国兰德公司首创的一种方法,采用函询方式,依靠调查机构反复征询每个专家的意见。

（4）电话调查法：传统电话和计算机辅助电话调查。普通电话：随机拨号，提问，记录；计算机辅助电话：自动随机拨号系统根据设计号的抽样方案，自动拨号保存记录，访问员按照屏幕显示的问题进行访问，随即录入。

（5）面访调查法：入户调查、拦截式面访。

（6）邮寄和电子信箱调查法。

（7）在线调查法：让被调查对象填写网上问卷，数据直接录入网站服务器。

（8）直接观察法：深入现场或参加实践活动，直接获得第一手的材料。

（9）实验法：通过现场实验，找出一些规律性的材料。

（10）问卷调查法：设计调查表格让受访者填写，这是最普遍、调查面最广、调查成本最低的调查方法。

通过以上调查方法获取第一手的材料，即直接材料，主要包括具有普遍性的综合材料；有代表性的典型材料；对比性的材料以及数据材料等。

同时，通过查阅有关文字记载获得第二手的材料，即间接材料，包括企业内部资料：如业务资料、统计资料、财务资料、其他积累的资料；企业外部资料：统计部门和政府主管部门公布的资料；各种信息机构提供的市场信息和行业情报；国内外有关书籍、报纸、杂志上的文献资料；广告资料；商品目录、说明书、价目表；专利资料；各类媒体、网络提供的市场信息；各种博览会、展销会、交易会、订货会、学术经验交流会发放的资料等。当然，调查报告的写作以直接材料为主，间接材料为辅。

（二）分析研究，抓住本质

分析研究是"调查"与"报告"的中间环节，是对调查材料进行"由此及彼，由表及里"的"综合"和"提升"过程，从中可以概括出共性，找出规律，提炼出最能说明问题的观点。如果没有分析研究，调查报告就只是现象的记录和材料的堆砌，无法揭示事物的本质。因此，对调查得到的材料和事实，必须经过"去粗取精，去伪存真"的过程，分清主次，辨明真伪，找出事物内部的联系和规律性，得出正确、深刻的结论和观点。

（三）叙议结合，观点与材料统一

调查报告既要深入调查事实，又要认真分析研究事实，从而得出结论，提炼观点，提出解决问题的建议和办法。因此，在写作方式上，调查报告应该有叙有议，叙议结合。要以叙为主，凭事实说话，但又不能过多地罗列现象，只叙不议；也不能议论过多，喧宾夺主。这就要求在写作调查报告时，注意选择富有概括性和代表性的材料，从大量的事实材料中引出观点。一言以蔽之，事实材料必须能证明观点，有说服力；观点必须能统率事实材料，确保客观正确，观点和材料做到有机统一。

 案例评析

2012年国内奢侈品 B2C 市场概况及投融资情况调查

一、市场概况

奢侈品网购近年来进入人们的生活，随着消费观念的转变和消费能力的提升以及国人对国际品牌的追捧,奢侈品在国内有着可观的市场空间。2011 年甚至被称为奢侈品电子商务的"中国元年"。

这几年国内奢侈品电商网站纷纷上线,如走秀网、第五大道、尚品网、佳品网、唯品会、魅力惠等。同时 2011 年 11 月,京东商城旗下的奢侈品独立购物网站 360top 正式上线,陆续有一批奢侈品品牌入驻。这也标志着奢侈品网购的巨大潜力。

然而 2012 年 7 月 30 日,奢侈品电商又传来悲伤的消息。奢侈品电商网站佳品网进行规模性裁员,这无疑又让奢侈品电商深陷"泥潭"。回想从 2011 年年底到 2012 年上半年,网易旗下网易尚品、新浪旗下新浪奢品经营情况不佳,再加上呼哈网欠薪、走秀网裁员、尊酷网 CEO 离职等消息,奢侈品电商被层层乌云笼罩。奢侈品电商已经进入洗牌期,要如何突破困局是整个行业需要思考的问题。

二、市场规模

如图 4.1 所示,中国奢侈品网购市场规模逐年递增。到 2010 年达 64 亿元,据中国电子商务研究中心数据监测显示,截至 2011 年年底中国奢侈品网购市场规模达 107 亿元,增长率为 67.2%。而截止到 2012 年上半年,奢侈品网购市场规模达 135 亿,同比增长 58%。

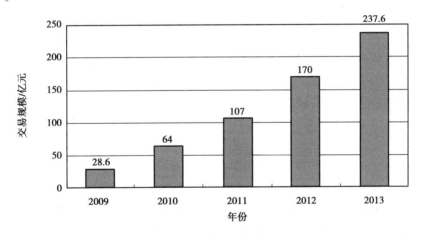

图 4.1　2009—2013 中国奢侈品网络购物市场交易规模
图表编制:中国电子商务研究中心;数据来源:WWW.100EC.CN

中国电子商务研究中心预测:2013 年中国奢侈品网购市场规模将达 237.6 亿元。

三、奢侈品电商对比数据

中国电子商务研究中心从网站定位、商业模式、融资金额、生存指数等方面对部分奢侈品电商网站进行了综合分析,详细数据如图 4.2 所示。

四、奢侈品电商融资情况

综合来看,奢侈品 B2C 的融资金额在电子商务行业融资中仍占骄傲水平。原因是随着中国富裕人口的增加,奢侈品这个市场不断扩大,每年奢侈品保持 40% 的增长,中国正在成为世界第一大奢侈品消费市场。以唯品会、优品网、走秀网为代表的奢侈品电商纷纷宣布融资成功,快速发展的市场提高了奢侈品 B2C 公司的整体估值。

网站名称	总部	成立时间	网站定位	商业模式	融资金额	生存指数
VIP唯品会 VIPSHOP.COM	广州	2008年	名牌时尚折扣网	名牌折扣＋限时抢购＋正品保险	2010年10月获红杉资本和DCM $2 000万；2011年5月获红杉资本和DCM $5 000万；2012年3月23日在美国纽约证券交易所上市	★★★★★
XIU走秀网	深圳	2008年	全球时尚在线百货	以传统商业模式为基础	2011年3月获凯鹏华盈（KPCB）$2 000万；2011年9月获华平和凯鹏华盈投资 $1亿	★★★★
尚品	北京	2010年	最大奢侈品时尚私卖网站	会员邀请制	2010年获晨兴创投和雷军A轮投资；2010年获美国思伟投资和晨兴创投B轮千万美元投资；2011年7月获成为资本领投的5 000万美元C轮融资	★★★☆
JIA IN 佳品网	北京	2009年	中国首家时尚名品特卖俱乐部	限时抢购	2010年1月获泰山天使基金A轮 $100万；2011年1月获金沙江创投领投，泰山天使、松禾及香港某财团共同投资，完成千万美元融资；2011年9月获英特尔领投的千万美元	★★★☆
上海	上海	2010年	亚洲权威奢侈品购物网站	会员制＋限时抢购	2012年获尼曼玛戈集团 $2 800万	★★★
俏物悄语	上海	2008年	网络特卖会平台	网站搭建平台提供客服，由各大品牌提供特卖货源	2011年6月获经纬中国和今日资本 $4.3千万	★★★★
优众	天津	2010年	全球顶级时尚奢侈品在线零售商	买手模式	2010年2月获天使投资 $300万；2010年12月获美国光速创投和IDG资本 $1 100万A轮投资；2012年3月获Advance集团领投，IDG资本、光速创业、华威国际、集富亚洲等共同投资约 $4 000万B轮融资	★★★

图4.2 中国奢侈品电商数据情况

图表编制：中国电子商务研究中心；数据来源：WWW.100EC.CN

从投资角度来看，奢侈品B2C目前企业规模和用户规模都较小，上较高的投资回报和较低的运营风险是促成资本扎堆的重要原因。

中国电子商务研究中心助理分析师周翔认为，中小垂直自营类电商是未来B2C市场发展的主流方向。B2C细分市场中垄断性企业还很少，其中奢侈品B2C作为新的业务模式，如果能对市场进行细分开发，企业能获得较好的发展空间，估值的上升空间也较大。

图4.3为中国电子商务研究中心监测的部分奢侈品电商投融资数据。

五、奢侈品电商未来发展趋势

趋势一：奢侈品网购消费者更趋理性。随着大量的奢侈品进入中国市场以及奢侈品网购的快速发展，人们对奢侈品的消费更趋于理性。消费者的购物心理日渐成熟，不再是炫耀而是对产品质量、体验的追求。同时奢侈品消费也转变为人们对高品质生活的追求，同时更是生活水平提高的表现。

网站名称	总部	成立时间	网站定位	商业模式	融资金额	生存指数
VIP唯品会 vipshop.com	广州	2008年	名牌时尚折扣网	名牌折扣+限时抢购+正品保险	2010年10月获红杉资本和DCM $2 000万； 2011年5月获红杉资本和DCM $5 000万； 2012年3月23日在美国纽约证券交易所上市	★★★★★
XIU走秀网.COM	深圳	2008年	全球时尚在线百货	以传统商业模式为基础	2011年3月获凯鹏华盈（KPCB）$2 000万； 2011年9月获华平和凯鹏华盈投资 $1亿	★★★★
尚品	北京	2010年	最大奢侈品时尚私卖网站	会员邀请制	2010年获晨兴创投和雷军A轮投资； 2010年获美国思伟投资和晨兴创投B轮千万美元投资； 2011年7月获成为资本领投的5 000万美元C轮融资	★★★☆
JIA IN 佳品网	北京	2009年	中国首家时尚名品特卖俱乐部	限时抢购	2010年1月获泰山天使基金A轮 $100万； 2011年1月获金沙江创投领投,泰山天使、松禾及香港某财团共同投资,完成千万美元融资； 2011年9月获英特尔领投的千万美元	★★★☆
魅力惠	上海	2010年	亚洲权威奢侈品购物网站	会员制+限时抢购	2012年获尼曼玛戈集团 $2 800万	★★★
俏物悄语	上海	2008年	网络特卖会平台	网站搭建平台提供客服,由各大品牌提供特卖货源	2011年6月获经纬中国和今日资本 $4.3千万	★★★★
优众	天津	2010年	全球顶级时尚奢侈品在线零售商	买手模式	2010年2月获天使投资 $300万； 2010年12月获美国光速创投和IDG资本 $1 100万A轮投资； 2012年3月获Advance集团领投,IDG资本、光速创业、华威国际、集富亚洲等共同投资约 $4 000万B轮融资	★★★
寺库	北京	2009年	全球奢侈品交流平台	高端时尚会所连锁	2012年5月获得银泰资本、IDG、贝塔斯曼3 000万美元风险投资	★★★
钻石小鸟 zbird.com	上海	2007年	综合钻石在线零售商	自主选钻、全程配送	2011年3月获得房源资本、德创资本5 000万美元风险投资	★★★★
BLOVES 铂爵定制中心	深圳	2009年	专业化钻石在线零售商	专业钻石定制	2011年4月获得嘉信资本领投1亿元风险投资	★★★
KELA.CN 河南钻石	北京	2007年	多元化钻石在线零售商	在线选购+体验店	2011年10月获得好望角1 000万元风险投资	★★★
ZOCAI佐卡伊 国际珠宝名匠品牌	深圳	2004年	顶级钻石在线零售商	在线选购+个性定制	2011年6月获得腾讯3 000万美元风险投资	★★★★★
VIPKU.com	北京	2011年	奢华生活在线	名牌折扣+限时抢购+正品保险	2011年9月获得浙江创新产业基金,凯泰资本风险投资,数额不详	★★★

图4.3　中国奢侈品电商投融资情况

图表编制:中国电子商务研究中心;数据来源:WWW. 100EC. CN

趋势二：二、三线奢侈品品牌将增多，消费者品牌、品类选择面更广。在奢侈品发展过程中，消费者对奢侈品的认识逐渐增加，在人们的概念里奢侈品不再仅限于 LV、古琦、阿玛尼这些国际大牌，一些二、三线奢侈品品牌也进入人们的生活。

趋势三：奢侈品大牌涉足电商，多品牌综合成趋势。奢侈品网购模式日渐成为国际奢侈品经营发展的新阶段。著名的奢侈品经营商与成熟的会员基础的电商网站合作将会是一种模式。

（来源：中国电子商务研究中心）

【评析】这是一篇关于 2012 年国内奢侈品 B2C 市场概况及投融资情况的调查。从多个方面深入阐述了调查的结论和观点，使用了较为翔实的图表数据，并且对数据所反映的问题进行了适当剖析，同时还预测了未来的发展趋势，使文章具有较强的参考价值。

【任务演练】

对你喜欢的产品写一篇市场调查报告，要求能够准确把握市场的主要情况，尤其是市场品牌、产品价格、消费习惯、销售策略等信息，并能够开展恰当的分析，得出基本结论。

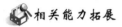 相关能力拓展

社会调查报告

社会调查报告分为主要包括经验调查、情况调查、问题调查和事件调查四种。

一、经验调查，也称典型调查。主要是反映社会实践中具有一定典型性的经验，报告某一经验创造的过程，具体做法及所取得的成绩效果等。经验调查能够起到以点带面，推广经验，指导全局工作的作用。

经验调查一般采用：成绩、经验、做法、效果（概括成几个方面）——启示的写作结构。

二、情况调查，这是反映某地区、单位、行业或某一方面的基本情况、发展状态的调查报告。这类调查基于当前情况，反映出社会发展中有利或不利的因素，剖析情况产生的原因，提出建设性意见、建议或设想。或者针对新情况、新事物，说明基本面貌及发展趋势。

情况调查一般采用：情况具体表现——分析情况产生的原因或利弊分析——预测情况发展趋势或针对情况提出建议的写作结构。

三、问题调查，针对现实中存在的问题或矛盾，作出敏锐的反应，通过调查，找出根源，引起社会的关注，有关部门的重视，探求解决的途径和方法。

问题调查一般采用：问题的具体表现——分析问题产生的几大原因——提出改进意见、措施的写作结构。

四、事件调查，反映历史或现实的重大事件的来龙去脉，澄清是非，公布真相。

事件调查一般采用：事件概况——事件产生的背景、深层次原因——启示的写作结构。

案例评析

麦可思中国2011届大学毕业生就业情况调查报告（节选）

大学生就业状况既反映了大学生培养满足社会需求的状况,也反映了大学生培养质量。《国家中长期教育改革和发展规划纲要》(2010—2020年)指出,把提高质量作为教育改革发展的核心任务;适应社会需要作为衡量教育质量的根本标准;建立以提高教育质量为导向的管理制度和工作机制。中国近20年的经济高速增长,其职业和能力需求变化已属世界最快的行列,中国需要跟踪社会对大学毕业生的需求,为调整高校的专业结构、课程设置、教学方式提供科学依据。

本次调查对象为毕业生半年后的2011届大学生,调查抽样46万余人,回收问卷约22.7万份。

2011届大学毕业生毕业半年后就业率为90.2%

2011届大学毕业生毕业半年后就业率(90.2%)比2010届(89.6%)略有上升。其中,本科院校2011届毕业半年后就业率为90.8%,与2010届(91.2%)基本持平;高职高专院校2011届毕业半年后就业率(89.6%)显著上升,比2010届(88.1%)上升了1.5个百分点。本科与高职高专毕业生的就业率差距持续缩小。

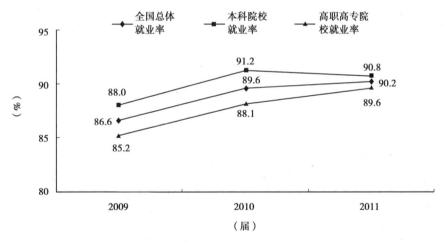

图4.4　2009—2011届大学毕业生半年后的就业率变化趋势

数据来源:麦可思—中国2009—2011届大学毕业生社会需求与培养质量调查。

2011届本科毕业生半年后就业最多的行业类是金融业和媒体信息,高职高专为建筑业

2011届本科毕业生半年后就业最多的行业类是金融(银行/保险/证券)业(11.0%)和媒体、信息及通信产业(10.5%)。2011届本科毕业生就业比例增加最多的行业类是金融(银行/保险/证券)业;就业比例降低最多的行业类是政府及公共管理。2011届高职高专毕业生半年后就业最多的行业类是建筑业(10.5%),其次是媒体、信息及通信产业(8.6%)。2011届高职高专毕业生就业比例增加最多的行业类是媒体、信息及通信产业和教育业;就业比例降低最多的行业类是批发商业。从三届的就业趋势可以看出,在就业比例较高的行业类中,本科毕业生在建筑业等行业类就业的比例逐届降低,高职高专毕业生

在媒体、信息及通信产业等行业类就业的比例在逐届增加。

表 4.1　2009—2011 届本科毕业生就业的主要行业类排名　　　　　单位:%

本科毕业生就业的主要行业类名称	就业比例			
	2011 届	2010 届	2009 届	2011—2009 届
金融(银行/保险/证券)业	11.0	12.9	6.8	4.2
媒体、信息及通信产业	10.5	8.5	8.7	1.8
电子电气仪器设备及电脑制造业	8.9	10.7	8.3	0.6
教育业	7.7	5.2	9.2	−1.5
建筑业	6.5	6.7	7.6	−1.1
政府及公共管理	5.9	5.8	7.9	−2.0
各类专业设计与咨询服务业	5.7	5.2	5.0	0.7
机械五金制造业	4.6	6.2	5.9	−1.3
零售商业	4.6	4.2	4.0	0.6
化学品、化工、塑胶业	4.3	4.6	5.0	−0.7
交通工具制造业	3.1	4.3	2.8	0.3
房地产销售租赁及其他租赁业	2.6	2.0	1.5	1.1
食品、烟草、加工业	2.4	2.5	2.5	−0.1
家具、医疗设备及其他制成品业	2.3	1.9	1.2	1.1
行政、商业辅助业	2	2.1	2.5	−0.5
水电煤气公用事业	1.9	2.9	3.3	−1.4
医疗和社会护理服务业	1.9	1.7	2.6	−0.7
运输业	1.6	1.6	1.3	0.3
批发商业	1.5	1.5	1.8	−0.3
其他服务业(除行政服务)	1.5	0.7	0.8	0.7
纺织皮革及成品加工业	1.4	1.3	1.5	−0.1
矿业	1.3	1.4	1.5	−0.2
邮递、物流及仓储业	1.2	1.3	1.1	0.1
住宿和饮食业	1.2	0.8	1.3	−0.1
农业、林业、渔业和畜牧业	1.2	0.8	1.2	0.0
初级金属制造业	1.0	1.4	1.9	−0.9
艺术、娱乐和休闲业	1.0	0.6	1.1	−0.1
木品和纸品业	0.6	0.5	0.7	−0.1
玻璃黏土、石灰水泥制品业	0.5	0.6	0.7	−0.2

注:表中显示数字均保留一位小数,因为四舍五入进位,加起来可能不等于 100%。

表 4.2　2009—2011 届高职高专毕业生就业的主要行业类排名　　　单位:%

高职高专毕业生就业的 主要行业类名称	就业比例			
	2011 届	2010 届	2009 届	2011— 2009 届
建筑业	10.5	9.0	9.3	1.2
媒体、信息及通信产业	8.6	6.2	5.9	2.7
零售商业	7.7	6.8	7.3	0.4
电子电气仪器设备及电脑制造业	7.3	8.7	7.4	−0.1
教育业	7.3	4.5	4.6	2.7
机械五金制造业	5.4	7.5	6.9	−1.5
金融(银行/保险/证券)业	5.0	5.1	4.3	0.7
各类专业设计与咨询服务业	4.8	4.2	4.4	0.4
化学品、化工、塑胶业	4.5	4.1	4.2	0.3
家具、医疗设备及其他制成品业	3.3	2.4	1.6	1.7
其他服务业(除行政服务)	3.0	2.7	2.9	0.1
食品、烟草、加工业	3.0	2.5	2.7	0.3
房地产销售租赁及其他租赁业	2.6	2.5	2.6	0.0
纺织皮革及成品加工业	2.5	2.8	2.7	−0.2
政府及公共管理	2.4	2.5	3.7	−1.3
交通工具制造业	2.3	3.2	2.8	−0.5
医疗和社会护理服务业	2.2	2.8	3.0	−0.8
住宿和饮食业	2.2	2.0	3.0	−0.8
运输业	2.1	2.0	2.6	−0.5
行政、商业辅助业	2.0	2.9	3.2	−1.2
水电煤气公用事业	1.8	4.1	1.8	0.0
邮递、物流及仓储业	1.8	2.0	1.9	−0.1
艺术、娱乐和休闲业	1.7	0.8	1.6	0.1
农业、林业、渔业和畜牧业	1.5	1.2	1.7	−0.2
初级金属制造业	1.3	1.6	1.8	−0.5
矿业	1.1	1.2	0.9	0.2
木品和纸品业	1.0	1.1	1.3	−0.3
玻璃黏土、石灰水泥制品业	0.5	0.7	0.6	−0.1
批发商业	0.3	2.9	3.2	−2.9

注:表中显示数字均保留一位小数,因为四舍五入进位,加起来可能不等于100%。

2011 届大学毕业生主要就业于民企、中小用人单位

"民营企业/个体"是 2011 届大学毕业生就业最多的用人单位类型,本科院校中有 46% 的毕业生就业于"民营企业/个体",高职高专院校中有 66% 的毕业生就业于"民营企业/个体"。另外,本科院校中有 11% 的毕业生在"政府机构/科研事业"单位就业,高职高专院校中有 5% 的毕业生在"政府机构/科研事业"单位就业。

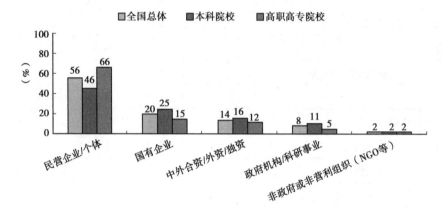

图 4.5　2011 届大学毕业生就业的用人单位类型分布

数据来源:麦可思-中国 2011 届大学毕业生社会需求与培养质量调查。

2011 届大学毕业生就业比例最高的用人单位规模是 300 人以下的中小规模的用人单位(50%),其中本科毕业生这一比例为 42%,高职高专毕业生为 57%。

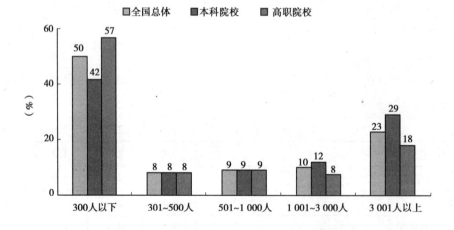

图 4.6　2011 届大学毕业生就业的用人单位规模分布

数据来源:麦可思-中国 2011 届大学毕业生社会需求与培养质量调查。

2009—2011 届大学毕业生失业率呈下降趋势

2009—2011 届大学毕业生失业率呈现下降趋势,2011 届比 2010 届全国大学毕业生总体失业率下降 0.6 个百分点(分别为 9.8% 和 10.4%),其中高职高专毕业生失业率下降较为明显。

2011 届本科和高职高专毕业人数最多的 100 位专业中失业率最高的 10 个专业如图 4.8 所示。本科失业率最高的专业为生物科学与工程(14.9%),其次为美术学(14.7%);高职高专失业率最高的为应用韩语(18.6%),其次为艺术设计(15.5%)。

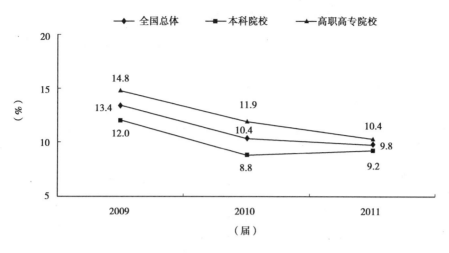

图4.7　2009—2011届大学毕业生半年后的失业率变化趋势

数据来源：麦可思-中国2009—2011届大学毕业生社会需求与培养质量调查。

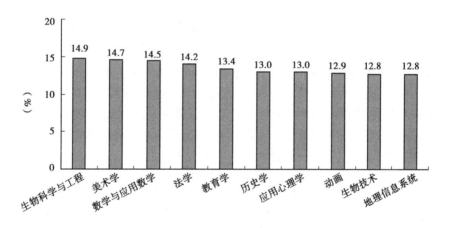

图4.8　2011届本科毕业人数最多的100位专业中失业率最高的10个专业

数据来源：麦可思-中国2011届大学毕业生社会需求与培养质量调查。

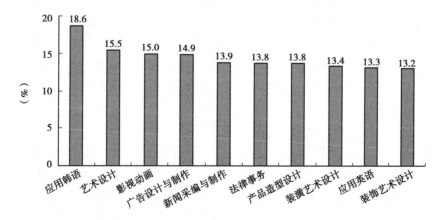

图4.9　2011届高职高专毕业人数最多的100位专业中失业率最高的10个专业

数据来源：麦可思-中国2011届大学毕业生社会需求与培养质量调查。

2010 届、2011 届大学毕业生半年后月收入连续增长

2010 届、2011 届连续两届大学毕业生半年后月收入呈现增长趋势。全国 2011 届大学毕业生月收入（2 766 元）比 2010 届（2 479 元）增长了 287 元，其中本科毕业生 2011 届（3 051 元）比 2010 届（2 815 元）增长了 236 元，高职高专毕业生 2011 届（2 482 元）比 2010 届（2 142 元）增长了 340 元。

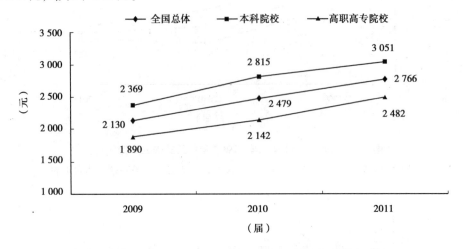

图 4.10　2009—2011 届大学毕业生半年后的月收入变化趋势

数据来源：麦可思-中国 2009—2011 届大学毕业生社会需求与培养质量调查。

2011 届本科专业门类中，毕业半年后月收入最高的是工学，其月收入为 3 297 元；最低的是教育学（2 621 元）。高职高专专业门类中，毕业半年后月收入最高的是材料与能源大类，其月收入为 2 763 元；最低的是农林牧渔大类（2 027 元）。

表 4.3　2009—2011 届主要专业门类毕业半年后的月收入　　　　　单位：元

本科专业门类名称	2011 届	2010 届	2009 届	高职高专专业门类名称	2011 届	2010 届	2009 届
工学	3 297	2 953	2 431	材料与能源大类	2 763	2 432	1 930
经济学	3 129	3 023	2 498	制造大类	2 625	2 254	1 902
理学	3 086	2 912	2 301	交通运输大类	2 625	2 390	2 269
管理学	2 982	2 853	2 343	土建大类	2 622	2 168	1 926
文学	2 978	2 874	2 336	生化与药品大类	2 610	2 082	1 892
法学	2 934	2 844	2 323	电子信息大类	2 588	2 186	1 864
医学	2 920	2 756	2 124	旅游大类	2 454	2 250	1 913
农学	2 896	2 501	2 125	艺术设计传媒大类	2 429	2 123	1 970
历史学	2 786	2 521	—	轻纺食品大类	2 378	2 167	1 736
教育学	2 621	2 491	2 136	财经大类	2 368	2 069	1 874
				医药卫生大类	2 357	1 713	1 564
				文化教育大类	2 287	1 944	1 830
				农大牧渔大类	2 027	1 844	1 757
全国本科	3 051	2 815	2 369	全国高职高专	2 482	2 142	1 890

注：个别专业门类因为样本不足，没有包括在内。

数据来源：麦可思-中国 2009—2011 届大学毕业生社会需求与培养质量调查。

【评析】这是麦可思作的 2011 届学生毕业半年后的就业质量调查的节选部分,前言部分交代调查背景、意义、调查对象、调查方法等。主体部分采用小标题的方式对大学生"就业"的现状和问题进行了调查和分析。因采用问卷调查方式,因此,依靠大量的数据材料说明问题。如能结合访谈所得的典型事例,则内容会更加充实,有说服力。全文叙议结合,观点明确。

任务二　经济活动分析报告的写作

情景导入

中国国家统计局发布的《2013 年 1—6 月规模以上工业企业主要财务指标》统计了 41 个行业的主营业务收入、利润总额和主营活动利润三大指标。数据显示,尽管汽车制造业并非中国工业部门中规模最大的行业,但在 2013 年上半年成为利润总额最高的行业。

汽车制造业上半年实现了 28 522.8 亿元的主营业务收入,同比增长 16.1%。在 41 个行业中排名第四位。前三名分别是黑色金属冶炼和压延加工业(36 855.9 亿元)、化学原料和化学制品制造业(35 611.8 亿元)和计算机、通信和其他电子设备制造业(35 572.5 亿元)。

而在利润总额方面,汽车制造业则处于 41 个行业中的领跑地位。上半年汽车制造业的利润总额为 2 327.1 亿元,同比增长 20.2%,占同期中国所有规模以上工业企业利润总和的 9% 左右。第二名是石油和天然气开采业,同比下滑 8.4% 至 2 034.3 亿元。第三名是化学原料和化学制品制造业,同比增长 9.8% 至 1 609.5 亿元。

汽车制造业上半年的主营活动利润为 1 940.9 亿元,同比增长 10.8%,排名第二,仅次于石油和天然气开采业。后者上半年的主营活动利润为 2 124.0 亿元,同比下滑 10.5%。第三名仍然是化学原料和化学制品制造业,同比提升 6.8% 至 1 836.8 亿元。

(来源:中国汽车供应商网)

以上是国家国家统计局发布的有关 2013 年 1—6 月份汽车行业利润数据分析。

思考:经济活动分析报告的基本写作内容什么? 在国民经济核算中,宏观经济活动分析报告有什么作用? 对企业而言,宏观经济活动分析报告和微观经济活动分析报告又有何作用?

必备知识

一、经济活动分析报告的含义

经济活动分析报告是根据各种会计报表、统计资料等数据材料,对经济、金融业务领域或经营单位的经济活动状况进行分析和考察,对财务状况、理财过程和经营成果作出正确的评价,为决策者提供决策依据的一种经济管理应用文。

经济活动分析报告往往由政府经济管理部门、经济学术研究机构或企业来撰写,能够对某种经济领域发展状况或企业内部的生产经营活动进行分析研究,并反映研究、判断或预测的结果。它既能对以往业绩进行分析和评价,准确判断目前的营运绩效、获利能力,为管理层、投资者或债权人提供评判的依据,也能提供翔实的数据和深入的分析,在可控的常态环境中根据已经掌握的规律获得对未来的预期。

二、经济活动分析报告的类型

经济活动分析报告运用的范围很广,内容丰富繁杂,从不同的角度可分成不同的类型,各自有着不同的特点。

按范围分:有宏观经济活动分析报告和微观经济活动分析报告。

按时间分:有年度分析、季度分析和月份分析报告等。

按内容分:有工业、农业、商业、服务等行业分析报告;有生产方面、销售方面、成本方面、财务方面的经济活动分析报告。

按性质分:有综合分析报告和专题分析报告。

 能力技巧

一、经济活动分析报告的写作技巧

(一)标题

经济活动分析报告的标题一般由三部分内容构成,即分析的时限、分析的对象(即被分析的单位或地区)和分析的业务(即被分析的问题),如《2013 年全国汽车行业发展分析报告》《2013 年××市糖业烟酒公司财务分析报告》。标题下方可以注明报告的撰写单位或作者名称。

(二)前言

前言一般是介绍分析对象的基本情况,说明分析的意图。介绍分析对象的基本情况,可以采用以下两种方法:一是概括介绍社会背景和客观条件;二是概括叙述企业经济活动所开展的主要业务情况,企业所采取经营措施以及存在的主要问题,列举所要分析的主要经济指标数据。

前言要求既要全面概况,又要重点突出,特别是应对主要成绩或问题进行明确说明。

(三)主体

评估分析是经济活动分析报告的主体、核心。评估分析一般通过对指标完成情况或经济效益等情况的分析、比较、说明、总结等,对企业在经济活动中的成绩、经验、问题作反映,并进行基本评价。或是对各项主要经济技术指标逐项加以分析,或是重点分析与专题相关的主要因素,或是着重分析主要经济指标和重点问题。通过对比分析等手法,揭示问题的实质和存在原因,然后根据分析结果,作出中肯的、合乎实际的评价、得出结论。为了保证问题的解决,这一过程必须实事求是、从具体情况的实际出发,同时需要掌握科学的分析方法。

常用的分析方法有:比较分析法、因素分析法、平衡法、动态分析法等。

1. 比较分析法

也叫对比分析法、指标分析法。就是将两个以上具有可比性的数字加以对比,根据对比结果作出分析,以揭示各项经济活动之间的联系和差距,从而了解本部门现阶段的经济活动状况,所处的环境与地位,存在的问题与差距。一般有"比计划、比历史、比先进"三个方面的比较内容。

2. 因素分析法

又叫连锁替代法,就是将综合指标分解成若干因素进行研究的方法。企业的各项经济活动都是相互关联又相互制约的,如利润的多少,要受商品销售数量、价格、成本、税金、费用等因素的影响、制约。采用因素分析法可清楚地探求出各因素之间的相互关系,了解它们对产值、效益变化影响的程度,找出影响经济指标的原因,调动积极因素,克服消极因素,有效改进工作,提高经营管理水平。

3. 平衡法

即通过分析对应关系指标是否平衡来评价管理工作、方法。如根据资金来源总额与资金占用总额的会计原理,分析在资金使用和管理方面的问题;根据收支平衡的规则,分析经济管理工作的好坏等。

4. 动态分析法

即分析各项经济活动在时间上的变动。如对产品历年销售额的分析,找出事物发展规律,预测未来销售趋势。

除上述四种方法外,经济活动分析还有其他多种分析方法,这些方法各有长短,在具体分析研究中,可以其中一种为主,其他为辅,互为补充,扬长避短地运用。只有掌握多种科学的分析方法,才可收到良好的效果,获得正确的结论。

(四)结尾

经济活动分析报告的结尾一般是对主体部分所分析查找出的问题提出改进意见和措施,有的还可指出目前仍存在的问题和不足。结尾所提出的改进意见或措施一定要注意实事求是,有的放矢,切实可行。如果在主体部分有关问题已完全说明,则可采用自然收束的方式,不必写结尾。

(五)落款

如果标题下方没有写明撰写机构或作者名称,则应当在全文结束后位于右下侧注明作者名称。经济活动分析报告的撰写往往是多个人合作完成的,应当根据需要注明写作组的所有成员,并注明执笔者。如果以机构名义完成报告,则可以注明该机构的名称。在作者名称下方需要注明完成的时间,一般要求年、月、日齐全。

二、经济活动分析报告的写作要求

(一)微观分析和宏观分析的统一

在现代化生产和市场经济条件下,任何一个企业和其他经济组织的经济活动都不可能是孤立的,它既受内部各种因素的制约,又受外部环境的影响,反过来又对外部环境产生作用。不能以局部得失为成败的唯一标准。

(二)现象和实质的统一

经济活动分析固然是以会计核算、统计核算等账面数据为依据进行分析的,但是又不能简单、机械地断章取义。应当注意死材料与活情况的结合,账面上与账面外情况的互补。

(三)反映全貌与突出重点的结合

经济活动分析报告需要客观地、全面地反映情况和分析问题。要防止先定调子、投其(领导或有关主管部门)所好,因而报喜不报忧、只讲客观因素不讲主观因素等主观、片面的倾向。同时,又要注意突出重点,抓主要矛盾和矛盾的主要方面。

(四)数据和文字的有机结合

经济活动分析主要是定量分析,应当靠数据说话。不仅反映情况是用数据表述的,分析原因也要有具体的数据。同时,也应当注意经济活动分析又不同于各种分析表,它不是纯客观地记录和反映生产经营活动的原始过程,它是用以检查、总结、指导工作的,单用数据也是不能达到目的的,所以它是数据与文字说明的有机整体。表达上要力求条理清楚,简明扼要,通俗易懂。

 案例评析

洞头县 2013 年前三季度服务业经济运行情况分析

在国内经济增速总体放缓的大背景下,全县服务业前三季度虽保持良好的发展态势,但由于经济下行压力的加大,服务业企业尤其是交通运输业企业仍面临较多的困难和问题,亟须相关部门加大扶持和落实服务业政策措施,确保全年服务业经济的稳步增长。

一、总体情况

服务业各项工作进展稳步有序,经济总量呈现稳中加快态势。全县实现服务业增加值 13.38 亿元,同比增长 12.3%,增幅较上半年提升 0.7 个百分点,增速排名位居全市第二,仅次于平阳。服务业限下转限上完成情况较好,瓯洞区完成服务业企业限下转限上 14 家,其中商贸企业 9 家,其他服务业企业 5 家,退出企业 3 家。服务业投入力度不断加大,全县限额以上服务业固定资产投资额为 34.3 亿元,同比增长 77.3%。分行业看,水利、环境和公共设施管理及交通运输、仓储和邮政业增长加快,同比分别增长142.5% 和 60%。

二、主要行业运行情况

(一)商贸流通业总体趋好,部分指标排名居全市前列

商品销售批发持续向好,全县实现商品销售批发额 35.52 亿元,同比增长 12.5%。在两家新增企业的拉动下,石油及制品类商品销售批发额止跌回升,同比增长 2.3%,增幅较上半年回升 10.5 个百分点;鱼粉饲料销售总体趋旺,销售额同比增长 31.4%。社会消费品零售市场繁荣活跃。在经济下行和物价上涨的双重压力下,坚持以"拓市场、扩内需、促

消费"为抓手,不断改善周边消费环境,社会消费品零售市场规模继续扩大,全县实现社会消费品零售总额11.34亿元,同比增长18%,其中限额以上完成零售额2.91亿元,同比增长28.5%,增速位居全市第二。外贸出口增速有所放缓。全县实现自营出口额3 902.9万美元,同比增长16.9%,增幅较上半年回落36.4个百分点,增速排名全市第二,其中外贸企业、生产企业和三资企业同比分别增长68.3%、2.9%和-22.3%,增幅较上半年分别回落126、19.7和10.4个百分点。

(二)旅游业稳步增长,渔家民俗特色彰显

以举办渔家民俗节庆活动为依托,着力提升旅游经济,成功举办两岸半屏山旅游经贸文化交流活动、第四届妈祖平安节、首届羊栖菜节和第六届七夕民俗风情节。积极开拓旅游市场,强化新闻媒体宣传,建成连港蓝色海岸带景观工程。海岛旅游发展势头良好,全县共接待国内外游客293万人次,实现旅游社会总收入13.23亿元,同比增长分别为27%和27.1%。

(三)金融存贷增幅略有回落,中长期贷款投放力度继续加大

全县金融机构存款余额49.68亿元,同比增长9.5%,增幅较上半年回落2.3个百分点,其中个人存款同比增长16.2%,较上半年回落1.5个百分点;金融机构贷款余额39.64亿元,同比增长16%,增幅较上半年回落2.5个百分点。短期贷款增速明显放缓,中长期贷款投放力度继续加大,同比增长32.7%,增幅较上半年提升5.8个百分点,企业"短款长用"银行适时调整贷款结构、政府重点工程项目贷款增加都推动了中长期贷款规模的持续扩大。

(四)交通运输业运行不容乐观,企业经营压力倍增

受货运市场需求不足,运价低迷及运营成本持续高位等因素进一步加深影响,全县交通运输业运行不容乐观,全社会货运量、货运周转量、港口货物吞吐量三大指标同比分别增长2.2%、4.9%和-8.4%。企业盈利能力明显减弱,16家限额以上交通运输企业,实现营业利润-1.02亿元,同比减少0.55亿元。

(五)住宿餐饮消费增势平稳,重点企业贡献巨大

全县住宿餐饮业实现营业额2.63亿元,同比增长27%,本年新增企业浙江亿鸿置业投资有限公司金海岸开元度假村因具有良好的设施环境,加上新开设的室内游泳池,颇受外地游客及本岛居民的欢迎,实现营业额0.33亿元,剔除该企业,全县住宿餐饮业营业额同比增长11%。此外三季度正处于我县旅游旺季,外地游客大幅增加,限额以下住宿餐饮业单位生意火爆,这都在一定程度上推动了住宿餐饮消费的稳步增长。

(六)商品房交易活跃,房地产投资保持高位增长

全县商品房销售总面积2.83万平方米,同比增长8.9倍,其中新楼房销售面积1.71万平方米,同比增长5倍;销售均价7 166.2元/平方米,同比增长6.9%。楼盘品质日益提高、房型结构较为合理、限购政策微调及上年基数较低等都有力地促进了商品房销售的增长。房地产投资高位增长,完成投资额3.79亿元,同比增长91.1%,海悦城、中央公馆、金海湾等房地产项目建设继续加快。

三、需要关注的问题

受诸多因素制约,服务业发展后劲不足。一是产业层次不够高。结构上仍以传统服务业为主,现代服务业所占比重不高,新型业态发展不快,高端设施服务不足,整体竞争力偏弱,"低、散、小"现象严重,缺乏大规模和强竞争力的企业。二是行业运行缺乏活力。近年来,我县出台了一系列促进服务业发展的政策意见,为全县服务业发展创造了有利条件,但从目前情况来看,尚缺乏规范和成熟的行业运行管理制度,分布散乱,未能形成真正意义上较大规模、较高档次的服务业集聚区,与旅游等相关产业的合作互动还不够密切,电子商务发展还处于萌芽阶段,整体缺乏活力。三是企业盈利空间逐步缩小,国内外市场需求不足、运营和用工成本不断增加,限额以上服务业企业经营压力不断加大,近五成以上企业处于亏损营运状态,其中以交通运输业企业表现得尤为突出。四是融资渠道狭窄,由于银行主要放贷的对象是大型工业企业和规模优势企业,对于中小型企业要求相对苛刻,而相对于工业企业,服务企业由于缺少不动产抵押,融资更加困难。

四、全年形势判断及建议措施

(一)全年形势判断

随着振兴实体经济和扶持中小企业政策的加快实施,经济增长信心和内生动力有望得到加强,预计全年服务业经济将保持稳中有升的发展态势,消费品市场、旅游市场将保持稳步增长;上年房地产投资额和商品房销售面积均处于高位,四季度如无新开盘楼盘,房地产业将较难以延续高位增长态势;洞头县恒博小额贷款股份公司、中国银行洞头县支行相继开业,金融业发展再添新动力;交通运输业低迷状态还将继续延续,回稳迹象尚不明确。

(二)部分指标预计

商品销售额:随着液化气销售旺季的到来及两家新增油品批发企业的带动下,全年石油及制品类商品销售批发将持续向好;鱼粉饲料进入销售淡季,但前期增幅较大,全年销售额将保持较快增长;化学产品销售不可预见性较大,但根据企业历年销售状况,预计全年销售额持平或小幅增长。综上所述,全年商品销售额将保持持续增长态势。

社会消费品零售总额:前三季度完成社会消费品零售总额11.34亿元,占年度计划的70%;分月度来看,各月增速较为平稳,基本保持在18%左右,同时按照我县历年的消费结构,四季度社会消费品零售总额占全年的比例将达34%以上,且本年新增的浙江亿鸿置业投资有限公司金海岸开元度假村贡献作用将进一步显现,因此,全年完成增长13%的年度计划压力不大。

自营出口额:随着工业用电的逐步有序,生产企业外贸出口额将有大幅的增加,加上前期光伏生产出口企业和液化气出口企业贡献较大,因此,市下达自营出口额同比增长6%的任务有望超额完成。

(三)建议措施

1. 提升改造传统行业,培育发展新兴服务业。一方面要加大对批发零售、住宿餐饮、交通运输业等传统服务业的提升改造。要通过体制创新,推进连锁经营、物流配送、电子商务等组织形式和服务方式的发展,大力培育龙头企业和引进品牌企业,打造服务业品牌,提升服务业质量。另一方面,要加快培育和发展新兴服务业。积极培育和发展县域内金融市场,规范发展房地产业,大力扶持旅游会展、信息咨询、中介服务等新兴服务业,进一步拓展企业居民投资和消费新领域,为服务业发展创造新增长点。

2.密切关注"营改增",确保服务业各行业健康稳定发展。由于县域内服务业企业多为小微企业,不具备一般纳税人资格,"营改增"后,一些行业因其特殊性,如交通运输业,在其四大支出过路费、油费、修理费和员工薪酬中,过路费、员工薪酬不能抵扣增值税,海上油品购置和修理费也无法确保能够开抵增值税发票,在实际营运中未能体现出结构性减税的效果,因此需要相关部门做好"营改增"相关政策的宣传指导,确保企业能够有效地进行增值税抵扣,合理承担相应税负。对于税负增幅较大的行业,要适当出台政策加以扶持,确保其健康发展。

(来源:洞头县政府网站)

【评析】这是一篇对2013年前三季度服务业经济运行情况分析报告。文章开头概括了主体情况,主体部分分析了六个主要行业的具体运行情况,接着指出了存在的问题,在此基础上形成对今后形势的判断,提出具体工作建议。主体部分分析中采用了对比分析法进行分析,即与去年同期相比较,可看出哪些方面提高了、哪些方面下降了,为后文的建议内容作了铺垫。

【任务演练】

根据情景导入里的数据材料写一篇简短的经济活动分析报告。

任务三　市场预测报告的写作

情景导入

诺贝尔经济学奖得主、芝加哥大学教授福格尔曾在《外交政策》杂志上预测2040年中国经济增长状况,以购买力平价(PPP)计算,中国国内生产总值(GDP)将高达123万亿美元,相当于全球GDP的40%,堪称全球第一,远超只占14%的美国。

福格尔预测,届时中国人均收入将达8.5万美元,是欧盟的2倍多,不及美国,但将超过日本。PPP是根据各国不同价格水平计算出来的货币之间等值系数,使比较各国GDP时较为合理。

多位顶尖经济学家还表示,美国经济于未来10年或与过去10年般差劲,GDP平均年增长将不到2%。

市场经济朝夕万变,而要在竞争日益激烈的市场中应付自如,少走弯路,同样需要作科学的预测。作为市场需求变化情况的科学,市场预测在市场经济日益健全的今天,越来越发挥出它的作用。

一、市场预测报告的含义

市场预测报告是在对市场过去和当前的情况进行调查的基础上,根据客观经济规律,对所获得的信息和相关资料进行科学分析研究,从而推测市场未来发展趋势的一种预见性报告。

市场预测报告的主要作用是为经济主管部门提供决策参考;帮助经济实体及企业改善经营管理;帮助企业掌握参与未来市场竞争的主动权。

二、市场预测报告的种类

市场预测报告所针对的情况十分复杂,覆盖的课题也比较丰富,因此分类标准也是多样化的。

(1)根据预测时间分为长期预测、中期预测和短期预测三类。长期预测时间一般为未来 5 年或更长时间,有助于企业制定长期经营战略;中期预测的时间一般为未来 2~4 年;短期预测的时间一般在 1 年之内,如季度、半年或一段特定时间的市场预测报告,有助于适应迅速变化的市场需要。

(2)根据预测范围分为宏观市场预测和微观市场预测。宏观市场预测报告是对社会经济发展全局的各个有关的总量指标、相对数指标和平均数之间的联系进行预测,将大范围或整体现象的未来所作的综合预测,关系到国民经济乃至世界范围内的各种全局性、整体性的、综合性的经济问题。微观市场预测报告是对具体的经济单位、部门或经济实体,在特定市场、特定商品供需和新产品开发前景等方面进行分析研究的预测报告。

(3)根据预测方法分为定量预测和定性预测。定量预测报告包括数字预测法预测和经济计量法预测。数字预测法预测一般采用对某一产品(商品)已有的大量数据进行分析研究,用统计数字表达,从中找出产品(商品)的发展趋势而写成的报告。经济计量法预测一般根据各种因素的制约关系用数学方法加以预测而写成的报告。定性预测报告是对影响需求量的各种因素,如质量、价格、消费者、销售点等进行调查与分析研究,在此基础上预测市场的需求量而写成的报告。

 能力技巧

一、市场预测报告的写作技巧

市场预测报告所处理的信息往往比较繁杂,而且类型多样,因此写作方法没有固定统一的模式,一般应根据具体的预测意图和内容确定具体内容。市场预测报告由标题、前言、正文、结尾和落款五部分组成。

(一)标题

市场预测报告的标题一般由三种要素构成,即预测主体、预测时间和预测对象,并且往往带有"预测""预测展望"等字样,如《2014 年中国图书市场发展预测》。

标题下方可以注明报告的撰写者名称。

（二）前言

前言往往是说明预测的主旨或意图,进行市场调研与预测的意义,介绍预测的主要对象和范围,概述全文的主要内容,也可以将预测结果放在开头前言中。要求简明扼要。

（三）主体

市场预测报告的主体,一般包括现状、预测、建议三种内容。

1. 说明市场现状。市场预测报告必须要对过去或当前的市场现状进行总体把握,选择能够揭示本质问题的资料、数据来说明经济活动的历史和现状,为进行预测分所提供依据。往往需要采用统计图表、几何图形或数学式来辅助表述。

2. 预测未来趋势。通过对调查获得的直接的、间接的资料进行充分的分析,经过判断推理,从中找出发展变化的规律,从而预测经济活动的趋势。

常用的预测方法有:经验预测法、统计分析法、相关分析预测法等。经验预测法根据在企业管理和市场竞争中所积累的经验合理推测未来发展趋势,经验的来源既有管理者集思广益,也可以参考专家意见;统计分析法是市场预测中广泛采用的一种方法,着重从系统性、连续性、可靠性、定性研究与定量分析相结合的角度,来评定和鉴别预测结果,旨在通过分析各种变化因素之间的因果关系,寻求发展变化的趋势,从而对未来的发展前景作出预测;相关分析预测法就是通过分析影响商品流通诸因素的数量关系,对未来市场的发展变化趋势进行预测。

3. 提出对策建议。为适应经济活动未来的发展变化,为领导决策提供有价值的、值得参考的建议,是写作市场预测报告的目的。因此,这个部分必须根据预测分析的结果,提出切合实际的具体对策建议。

（四）结尾

市场预测报告的结尾是对全文的归纳和总结,或者再次归纳预测结论重申观点,或者提出对未来的展望。

（五）落款

如果标题下方没有写明作者,则在正文的右下方写明单位名称或作者姓名及日期。

二、市场预测报告的写作要求

（一）深入调查,实事求是

市场预测报告是建立在对所有相关经济现象及其相关关系的充分了解的基础上的。因此,要深入市场运作的实际环境,全面地了解经济活动的历史和现状,及时捕捉各种相关信息。资料的不全面、不准确,就有可能作出错误的结论,从而给生产和决策带来损失。

（二）结合资料,注重分析

如何对调查得来的事实和数据材料进行去粗取精、去伪存真的鉴别和分析,关系到下一个阶段的预测分析是否准确。这些既有的数据资料,需要进行一定的统计工作,或者运用数学模型、统计工具进行评估、对比,从这些结果中预测出市场未来变化发展的趋势。

（三）表达准确，建议可行

市场预测要回顾历史和现实存在的情况，描述未来的经济发展趋势，所以，要求语言的表达要措辞严格，语气恰当，不可夸大或者缩小，也不可模棱两可。结尾提出的对策和建议，要具有现实的可行性，不可太抽象和太笼统。

 案例评析

2014年国内钢材市场走势预测分析

2013年以来，随着我国经济的稳定增长，钢铁行业也保持了生产、出口和效益的增长。但由于钢铁生产水平较高，国内市场继续呈现供大于求的局面，钢材价格一直在低价位波动，铁矿石价格居高不下，钢铁企业虽积极调结构、强管理、努力降本增效，但行业盈利水平仍然较低，生产经营形势严峻。

据国家统计局数据，1—10月份，全国粗钢、生铁和钢材（含重复材）产量分别为65 248万吨、59 845万吨和88 832万吨，同比分别增长8.3%、6.5%和11.6%，增速分别比去年同期提高6.2、3.6和5.3个百分点。10月份，全国粗钢、生铁和钢材（含重复材）产量分别为6 508万吨、5 875万吨和9 281万吨，同比分别增长9.2%、7.7%和12.3%；平均日产粗钢209.94万吨，环比下降8.14万吨，降幅为3.7%。

从品种结构看，1—10月份，重轨产量达到349万吨，同比增加93万吨，增长36.2%；长材产量为4.18亿吨，同比增长12.5%；中、厚及特厚板产量为5 857万吨，增长2.7%；冷热轧板带产量为2.71亿吨，增长12.0%；涂镀板产量为4 132万吨，增长8.6%；电工钢产量为686万吨，增长27.8%。

从地区情况看，1—10月份，河北省仍是产钢第一大省，累计产量达1.67亿吨，占全国产量的25.6%，同比增长7.5%；排在第二、三、四、五位的是江苏、山东、辽宁和山西，产钢产量分别为6 810万吨、5 134万吨、4 971万吨和3 729万吨，分别增长11.1%、12.9%、16.0%和12.4%。

随着天气转冷，钢材消费逐步进入淡季，钢铁生产环比不会有太大的增长。10月份的粗钢日产水平环比已明显下降，同比增速也有所回落。若后两个月继续保持10月份的日产水平，预计全年粗钢产量约为7.81亿吨，同比增长8%左右。在全球市场低迷的情况下，受贸易摩擦增加、人民币升值等因素影响，第四季度我国钢铁产品出口也不会有太大的变化，全年钢材出口量将与去年基本持平。由于钢材市场继续处于供大于求的状况，后期钢材价格难有太大的上涨，总体仍将在低位波动。而钢铁生产成本出现环比上升走势，致使企业效益不会有明显改善。若第四季度各月的效益能保持10月份的水平，那么全年大中型钢铁企业效益有望实现扭亏为盈。

一、宏观经济稳定

10月固定资产投资增速为19.24%，比9月下降0.4个百分点。10月M1增速为8.91%，与9月持平，M2增速为14.28%，比9月上升0.11个百分点，M1和M2的增速之差为−5.37%，比9月下降0.11个百分点。社会融资8 564亿元，同比增速−33.64%；新增贷款5 061亿元,同比增速0.14%。固定资产投资增速持续小幅度下降。基础设施投资增速如预期回落,制造业投资增速有所上升,房地产投资增速小幅度回落。2013年内,固定资产投资增速可以维持在18%水平;基础设施投资增速有持续下降的压力;房地产投资稳定;制造业投资上升空间有限。

货币增速持稳,但是社会融资和新增贷款明显回落,实际利率水平较高,而通胀压力再起。维持前期判断,2013年内,国内去杠杆进程、流动性收缩态势趋向平缓,但是利率将维持在相对较高的水平,企业资金趋紧。维持前期判断,国内经济四季度以稳为主,受2012年四季度高基数的限制,同比增速小降可能性较大。

2014年内,外部环境上,美联储QE退出与美国政府债务上限问题交织在一起,将持续对金融市场和商品市场产生冲击。QE退出预期反复,但是低利率时代终结是确定的,新兴市场面临反复的冲击,美国、欧洲和日本复苏趋势明确。

维持前期判断,国内环境上,十八届三中全会发布关于全面深化改革的决定,强调发挥市场的决定性作用,释放中长期经济增长的内生动力,对短期经济增长利好有限。国内投融资体制面临变革,大规模基础设施建设时期趋向终结,地方债务风险化解尚需时日,从制度上逐步化解地方债风险值得期待。市场化的改革方向,将从制度上改变长期以来钢铁行业的二元结构,确立边际生产企业退出机制,从根源上解决行业效益低下问题。但是,不应期待改革释放的制度红利在短期显效,相反转型不可避免带来阵痛。

二、铁矿石价格短期跟随钢价波动,中期下行压力明显

原燃料价格继续小幅度回升。10月国产铁精矿1 030.00元/吨,比9月上升15.00元/吨;进口矿均价为128.56美元/吨,比9月上升2.38美元/吨;焦炭1 257.5元/吨,比9月上升6.50元/吨。四季度以来,内矿供应偏紧,进口矿虽然供应扩张趋势明确,但可以顶住钢价波动,11月进口矿现货价格随钢价小幅度上升至135美元/吨左右。但是,环保风暴压制钢铁产量增长,钢厂资金趋紧,维持相对低位原料库存,虽有冬季补库要求,但难以大幅度放量。短期内,铁矿石价格继续随着钢价波动。焦炭市场受部分小焦炉拆除影响,产能受限,加之冬季的季节性因素,价格短期或将维持在目前水平。

2014年内,维持前期判断,海外铁矿石供应面临大幅度的增长,铁矿石价格中枢或进一步下降,高溢价时代面临终结。但是,进口铁矿石中国港口到岸平均成本也在80美元/吨的水平,而国内矿山成本较高,铁矿石价格大幅度下降空间不大。预期进口铁矿石价格中枢100~110美元/吨。国内高成本矿山如果缺乏内陆运距的优势,将面临较大压力。

三、钢材需求回落,年内趋于平淡

(一)房地产业

10月新房开工面积为1.14亿平方米,同比增速-3.42%,比9月大幅下降;商品房销售面积1.15亿平方米,同比增速12.1%,比9月大幅下降。季节调整后,商品房新房开工面积趋势项环比增速-1.85%;商品房销售面积趋势项环比增速0.66%。新房开工虽有较大下降,但属短期波动,年内也多次出现,而季调趋势项环比增速也基本符合历史经验。

特别是,销售的趋势项环比增速,明显好于历史同期水平。2013 年内,维持前期判断,房地产增长虽有减缓但仍然稳定,新房开工累计增速在 5%～10% 水平。2014 年内,维持前期判断,房地产将成为钢材需求增长的主要驱动。在新城镇化、新土改的大背景下,房地产行业稳定增长的空间明确。房地产调控政策的方向从需求端转向供给端,政策目标从价格转向满足居住需求,社会保障体系与市场体系分开,政府提供基本土地保障和财政支持。虽然流动性仍然趋紧,但是调控方向的变化意味着,新房开工恢复增长的限制已经打开。预期,2014 新房开工增速将比 2013 年有所回升,而销售增速受制于高基数的影响,有所回落。

(二)基础设施

10 月国内基础设施投资增速为 15.96%,比 9 月下降 5.64 个百分点。其中,电力、交通、水利环境的投资增速分别为 18.57%、8.30% 和 22.87%,比 9 月上升 1.90 个百分点,下降 10.59 个百分点和 4.07 个百分点。基础设施投资增速持续回落。在年内经济增速维持 7.5% 目标明确之后,无须再以基础设施投资进行微刺激,三季度以来较高的基础设施投资水平逐渐回落,完全符合我们一直以来的预期。维持前期判断,流动性收缩趋势明确,地方债务问题需要时间来化解,基建投资上半年的高增速恐难维持。预期 2013 年内基础设施投资增速在 15% 以上的水平。

2014 年内,维持前期判断,在新型城镇化的刺激下,基础设施建设在中长时期内维持适度的增长。但是,主要由中央政府主导的大规模基础设施建设期已过高潮。

(三)制造业

制造业增长稳中趋缓。从先行指标来看,11 月 PMI 指数为 51.4%,比 10 月持平。新订单和新出口订单分别为 52.3% 和 50.6%,比 10 月回落 0.2 个百分点和上升 0.2 个百分点。产成品库存和原材料库存分别为 47.9% 和 47.8%,比 10 月上升 2.3 个百分点和下降 0.8 个百分点,采购量上升至 53.6%,购进价格下降至 52.5%。PMI 指数显示,制造业订单稳定,而原材料库存如预期下降,产成品库存则有被动上升,预期将随后回落。购进价格和采购量有见顶的可能。整体上看,制造业增长如预期稳中趋缓,但是短期内大幅度下滑可能性也不大。

从滞后指标来看,9 月汽车产量 208.34 万辆,同比增速 24.00%;集装箱产量 708 万立方米,同比增速 52.59%;船舶产量 475.71 万总吨,同比增速 -37.41%;冰箱产量 698.76 万台,同比增速 15.15%;洗衣机产量 633.9 万台,同比增速 2.9%。整体来看,制造业格局依旧。汽车维持高景气,集装箱有所改善,家电景气降低,造船持续低迷。维持前期判断,2014 年内,汽车行业景气度将维持高位,而成为钢材需求增长又一驱动力。

四、社会库存接近底部水平

据统计,11 月钢材社会库存 1 244.71 万吨,比 10 月下降 70.71 万吨。主要品种库存,线材 105.04 万吨,下降 11.21 万吨;螺纹 450.47 万吨,下降 33.26 万吨;热轧 365.16 万吨,下降 10.02 万吨;冷轧 154.59 万吨,下降 4.9 万吨;中板 137.78 万吨,上升 10.20 万吨。季节调整后,社会库存环比增速 0.21%。线材库存环比增速 1.48%;螺纹库存环比增速 0.73%;热轧库存环比增速 − 0.84%;冷轧库存环比增速 0.52%;中板库存环比增速 0.94%。钢材社会库存接近底部水平,虽然绝对量或进一步下降,但是在季节调整后的数据显示有小幅度回升。我们认为,流通商补库动力仍然不足,四季度资金情况不会有明显宽松,冬储或将出现在 2014 年 1 月资金相对改善之后。2014 年内,预期社会库存 2 月将达到 1 850 万水平。虽然 2012—2013 年的冬储行情不尽如人意,但是我们仍然期待 2013—2014 年的冬储能够引发一波季节性钢材价格上行。

2014 年内,外部环境上,美国、欧洲和日本经济复苏态势明确,但是 QE 退出问题和美国债务上限问题困扰持续,新兴市场压力增大。国内环境上,十八届三中全会发布关于全面深化改革的决定,强调发挥市场的决定性作用,释放中长期经济增长的内生动力,对短期经济增长利好有限。国内金融去杠杆、实体经济去产能态势持续。基础性改革优先于短期经济增速,结构性变化优先于经济总量增长,托住增长下限,管住通胀上限,稳定就业,改善民生是基本取向。

2014 年内,维持前期判断,钢铁需求端,以房地产和汽车为主要驱动力;供给端,以产能调整、节能环保为主题;成本端,铁矿石市场供求平衡恢复;库存端,产业链库存持续去化后已至低位,年初季节性补库无悬念。

2014 年,国家将加大化解过剩产能、淘汰落后、节能减排工作力度,钢铁产能释放将受到抑制,但在我国经济稳定增长的前提下,钢铁生产仍将保持增长,但增速会有所回落,预计增长 5% 左右。

(来源:钢易钢铁网)

【评析】这是一份短期市场预测报告,依据 1—10 月份情况,结合影响市场趋势的四大因素进行分析预测、得出预测结论,符合预测报告的一般规律。全文条理清晰,在分析未来趋势时注重从事实出发,采取科学合理的预测方法,如能有针对性提出建议则更有指导意义。

【任务演练】

根据你自己的判断和资料的搜集,选择你比较关注的市场领域,从某个角度出发写一份市场预测报告。

任务四　可行性研究报告的写作

 情景导入

业务范围

我们擅长编写下列类型可行性研究报告、项目建议书、项目申请报告:用于报送发改委立项、核准或备案的可行性研究报告、项目建议书、项目申请报告;用于银行贷款的可行性研究报告、项目建议书;用于融资、对外招商合作的可行性研究报告;用于申请国家政策基金的可行性研究报告;用于上市募投的可行性研究报告;用于园区评价定级的立项报告及可研用于企业工程建设指导的可研报告;用于企业申请政府补贴的可研报告。

截至2012年3月我们已经累及完成了近1 200多个项目可研报告、项目立项书及商业计划书的编写工作。主要分布在机械装备、电子信息、石油化工、能源、冶金行业、环保、食品、农、林业行业、轻工行业、航空、交通运输行业、医药、医疗行业以及房地产、工业园区领域可行性研究报告编写。

基于丰富的项目经验,我们可以对项目投资的可行性、投资前景、投资风险及项目技术路线做出精准研判,为您的项目投资提供最为科学的参考和建议。最大化降低您的投资风险,提高投资成功率是我们秉持的第一宗旨;专业品质服务与完善售后跟踪服务是我们的服务标准;客观、公正、实效、科学、可行是我们的工作原则。

以上是中国项目可行性研究网的业务范围宣传。思考:为什么这么多的项目都要可行性研究报告? 到底可行性报告在经济建设中有哪些作用?

 必备知识

一、可行性研究报告的含义

可行性研究报告又称可行性论证报告,是有关企业、部门或专家组对拟出台的新法规、拟上马的项目,经过全面调查、分析、论证之后写出的实施该决策或项目的可行性、有效性的一种应用文书。

可行性研究报告是在作出决定前,从经济、技术、资金、风险、销售等方面,对决策或项目进行综合分析判断,并就法律、政策、环保以及对整个社会的影响,作出科学的认证与评价的书面表达形式。其主要作用:一是作为投资主体投资决策的依据,能够减少投资决策的盲目性,降低经营风险;二是作为向政府部门申请批准依据;三是作为向环保部门审查项目对环境影响的依据;四是作为编制设计任务书的依据;五是作为安排项目计划和实施方案的依据;六是作为筹集资金和向银行申请贷款的依据;七是作为项目协作单位签订经济合同的依据;八是作为项目后评价的依据。

二、可行性研究报告的类型

(一)根据内容划分

根据内容划分可分为政策、改革方案可行性研究报告,建设项目可行性研究报告,引进或开发新项目可行性报告,中外合资经营可行性研究报告等几种类型。

(二)根据性质划分

根据性质划分可分为肯定性可行性研究报告、否定性可行性研究报告、选择性可行性研究报告。

大多数可行性研究报告属于肯定性可行性研究报告,即肯定、认可项目实施的必要和可行性;否定性可行性研究报告,即通过分析论证,发现拟议中的项目不具备实施的条件,从而予以部分否定或彻底推翻的报告;选择性可行性研究报告,即原拟议项目可能提出两个以上实施方案,通过分析后,肯定其中一个方案可行,否定其他方案,或者在肯定原项目前提下否定其具体实施方案,再提供两个以上可行方案供决策者选用。

 能力技巧

一、可行性研究报告的写作技巧

可行性研究报告通常内容丰富、篇幅较长,因此需要单独装订成册。它一般由以下几部分组成:封面、摘要、目录、图表目录、术语表、前言、正文、结论和建议、参考文献、附件。下面重点介绍一下前言、正文等几个部分的写作方法。

(一)前言

前言部分一般需包括项目的背景、来由、目的、范围以及本项目的承担者和报告人,可行性研究的简况等。如果是中外合作投资项目,则主要包括以下内容:合资经营企业名称、法定地址、宗旨、经营范围和规模;合营各方名称、注册国家、法定地址和法定代表人姓名、职务、国籍;企业总投资、注册资本股本额(自有资金额、合营各方出资比例、出资方式、股本交纳期限);合营期限、合营方利润分配及亏损分担比例。

可行性论证的结论等内容也可以提前放在前言中事先说明。

(二)主体

可行性研究报告的主体是最后结论和建议产生的基础,要求采用系统分析的方法,围绕经济效益,分析影响项目的各种因素,运用大量的数据资料,来论证拟建项目是否可靠,或对各种预选项目的方案进行分析、比较、认证和预测,以得出拟立项目的必要性、可行性。不同项目的可行性研究报告,内容也有所侧重。

1.普通项目可行性报告主体的主要内容一般包括以下几个方面:

(1)投资必要性:根据市场调查和市场预测,结合国家相关政策,论证项目投资建设的必要性。要求重点说明国内外市场需求情况和市场预测,对已有的和在建的同类项目进行评估,从而确定项目的市场前景。

(2)项目地址选择及其依据:项目所处的具体地址,选择的理由,主要包括交通、位置、自然气候、地理特征等方面,也可以说明项目所处地域的人口、消费环境等方面的情况。如果项目存在环境污染的可能性,则还应当说明对污染的治理、劳动安全保护、卫生设施等方面的情况。

(3)技术前提与背景:主要指项目生产过程中所应用的技术与工艺情况,包括技术装备和工艺过程的选择及其依据(包括国内外设备分批交货的安排)。也可指实施项目时所需要的技术条件,包括合理的设计技术方案。

(4)经济效益与财务设计:主要从项目及投资者的角度,设计合理财务方案,从企业理财的角度进行资本预算,评价项目的财务盈利能力。如果是股份制企业,则还应当从融资主体(企业)的角度评价股东投资收益、现金流量计划及债务清偿能力。财务分析部分还需要说明项目实施所需资金的筹措渠道及比例分配等情况。

(5)实施安排与人员组织:这部分内容主要说明实施该项目的组织安排(包括职工总数、构成、来源和经营管理)、建设方式、建设进度、物料供应安排(包括能源和交通运输)等信息。换言之,也就是要制订合理的项目实施进度计划、设计合理的组织机构、选择经验丰富的管理人员、制订合适的培训计划,从而保证项目顺利执行。

(6)风险因素及其对策:对项目实施过程以及项目完成后所存在的各种风险因素进行评估,并提出预防、控制的对策建议,为项目全过程的风险管理提供依据。项目所面临的风险主要有市场风险、技术风险、财务风险、组织风险、法律风险、经济及社会风险等。

2. 建设工程项目可行性报告的主体的主要内容一般包括以下几个方面:

(1)项目的总体规模;

(2)项目所使用的资源、原材料、燃料及公用设施情况;

(3)项目的选址与环境;

(4)项目的整体设计方案;

(5)环境保护、劳动保护与安全防护;

(6)项目的组织、定员和人员培训;

(7)项目实施的总体时间进度;

(8)投资估算和资金筹措;

(9)经济效益与社会效益。

(三)结论与建议

对项目的所有方面的分析之后,应对整个项目提出综合性的评价、结论,明确项目是否具有可行性,指出项目的优点、缺点以及难点并提出建议。

(四)附件

为了便于了解项目的详细情况,增强说明力度,可行性研究报告一般需要附有多种附件,常见的有:试验数据、论证文件、计算图表、附图、营业执照副本、法定代表人证明书、合营各方的资产与经营情况说明、上级主管部门意见等。

二、可行性研究报告的写作要求

(一)材料充分、信息准确

可行性研究报告的内容包括项目的多个方面,如经济效益、技术可行性、法律法规与政策环境等,内容要全面具体,资料数据要准确无误。

(二)评价合理、论证科学

可行性研究报告的数据来源于科学严谨的调查研究,所依据的理论是已经得到实践验证的科学原理,要实事求是,从实际出发,对客观条件进行实地考察、使用科学的研究方法进行分析论证,不能任意夸大或者缩小事实。

(三)条理清晰、表达准确

可行性研究报告要围绕项目的各种因素进行系统的分析与论证,既有定性的,也有定量的;既有宏观的,也有微观的;既有正面的,也有负面的;既有近期的,也有远期的,内容较系统,因此,要注意行文的条理清晰,重要内容的次序安排可以变动,但要体现逻辑性。

案例评析

武汉光迅科技股份有限公司非公开发行 A 股股票募集资金投资项目可行性分析报告

一、本次发行募集资金投资项目的基本情况

本次非公开发行股票拟募集资金总额不超过 63 000 万元,在扣除发行费用后实际募集资金净额将用于投资以下项目:宽带网络核心光电子芯片与器件产业化项目,投资总额 60 963.00,募集资金额 60 963.00。若实际募集资金净额少于投资项目的募集资金拟投入金额,则不足部分由公司自筹资金解决。本次募集资金到位前,公司可根据项目实际进展情况以自筹资金先行投入,募集资金到位后,公司将以募集资金置换前期已投入的自筹资金。

二、本次发行募集资金投资项目建设的背景和目的

(一)项目概况

本次募投项目使用土地面积 10 275.00 平方米,新增建筑物面积 38 827.00 平方米,购置各类主要设备约 500 台/套。公司将以光电子芯片技术为龙头,针对数个市场急需的目标产品进行产业化,本次募投项目的目标产能为年产 150.60 万只 10 G 发射器件、年产 84 万只 10 G 接收器件、年产 4.8 万只 25 G 发射器件、年产 0.96 万只 40 G 接收器件。本次募集资金投资项目由公司实施,建设期为 2 年。

(二)项目建设的背景

1.信息化、宽带化成为国际潮流。在信息技术发达,宽带服务不断拓展的今天,各国政府都把信息化、宽带化建设作为政府的重要任务之一。奥巴马政府 2009 年批准的经济刺激计划中,宽带网建设是其经济振兴计划的五项内容之一,安排了 72 亿美元用于宽带补贴和借贷计划。法国政府在 2010 年初提出一项价值 20 亿欧元(约合 28 亿美元)的国家宽带贷款项目,欧洲第一大运营商德国电信为了加速推动德国的光纤业务发展,2012 年 8 月宣布计划独自成立一个光纤到户业务子公司。日本政府将 FTTH(光纤到户)的普及程度视为社会信息化先进程度的标志,为此日本政府提出了从"e-Jpan(为信息化建设奠基)"到"u-Japan(创造上网环境)"再到"i-Japan(转动公共部门的网络齿轮)"等 ICT(信息通信技术)战略,积极推动 FTTH 的发展。韩国是全球 FTTX(光纤接入)普及率最高的国家(50% 左右),韩国家庭宽带普及率在 95% 左右。然而,韩国政府并不满足已取得的成绩。韩国政府曾发布宽带发展策略"KoreanBroadband Plan"和"绿色 IT 国家战略"等国家战略进一步推动信息化发展。

全球信息化、宽带化的浪潮为光通信市场带来了重要的发展契机。目前,光纤通信技

术在整个基础网络的建设中得到广泛而普遍的应用,承载了全球 80% 以上的通信业务,形成了每年上百亿美元规模的光纤通信硬件设备市场。其中,占全产业链总产值 70% 以上的光电子器件产业可以被称为光通信产业的心脏,必将迎来新一轮的发展。光迅科技作为在光电子器件领域销售规模国内第一,国际上排名第六的公司,将作为受益者在新一轮行业发展中获得进一步成长的机会。

2. "宽带中国战略"为国内光电子器件行业提供了难得的发展机遇、也提出了更高的要求。在上述全球信息化、宽带化的大背景下,工信部在 2012 年两会上提出了"宽带中国战略",以光纤到户为核心,构建"百兆入户、千兆进楼"的高性能网络,积极实践和推动以PON(无源光网络)为基础的 FTTX 网络建设,迅速实现规模运营。"宽带中国战略"的制定,为国内光电子器件行业提供了难得的发展机遇;但同时,"宽带中国战略"的实现也依赖于我国光电子器件技术的进步、产品性能与可靠性的进一步提高。

3. 4 G 时代的来临进一步提升光电子器件行业发展空间。随着 4 G 时代的来临,光通信产业可谓风生水起,再次迎来了前所未有的机遇。据估计,4 G 的启动可以带来达到2 000 亿美元以上规模的光通信市场。从目前的情况来看,无线通信向 LTE 发展的方向已相当明确。作为新一代通信技术的 LTE 意味着更灵活的系统部署、更短的等待时间、更高的用户数据速率和频谱效率、系统容量和覆盖的改善以及运营成本的降低。Juniper Research 预计 2015 年 LTE 收入将突破 2 000 亿美元大关。

就国内而言,据统计,中国移动未来 4 年内将新建 80 万个 4 G 基站,从而使 4 G 基站总数量达到 100 万个;中国电信未来 4 年的建站总数也将达到 60 万个。据估算,2013 年国内 LTE 光模块市场容量为 5.4 亿元,用量超过 180 万套,并在接下来的几年中以超过20% 的增长率向上攀升。

如果说 4 G 是移动互联网的"高铁",那么基站和传输就分别是"车站"和"铁轨",占4 G 网络总投资的 90% 左右,而光模块则是基站和传输的最核心部件。因此,4 G 时代电信运营商对基站和传输的投资必将惠及光电子器件行业,这将为光迅科技这样的光电子器件公司带来难得的发展机遇。

4. 项目的提出与用"芯"布局未来。全球信息化、宽带化已经成为未来社会发展的趋势,加之 4 G 时代的来临、我国"宽带中国战略"的提出,这些都为国内光电子器件行业的发展带来了巨大的推力。如何牢牢把握行业面临的巨大机遇,是光电子器件企业面临的当务之急。

据统计,2012 年全球光传输设备领域中国厂商占到了 40% 的份额,光接入网设备领域中国厂商占到了 75% 的份额,但是在光电子芯片与器件领域中国厂商只占到了 25% 的份额,从份额比例上来看极不对称。而即使是仅有的 25% 份额中,绝大部分集中在中低端芯片及器件,中高端芯片及器件大部分被国外厂商所垄断。

在光电子器件实际生产中,光电子器件的芯片成本占比通常在 30% ~50%,高端光器件中芯片成本甚至在 50% 以上。光迅科技作为我国通信光电子器件研究开发、生产销售的龙头企业,虽然在核心的光电子芯片技术上是国内产业化最成功的企业,但产品仍主要集中于 2.5 G 以下的中低端芯片上,未来的市场竞争迫使公司必须在中高端光电子芯片上取得突破。

另一方面,市场在对光电子器件需求不断增大的同时,对芯片及其器件的要求也越发向 10 G、40 G 及以上高速率芯片及器件转移。在此背景下,公司必须及时调整产品结构,大力发展中高端、高速芯片技术及产品,以适应世界主流通信技术发展的要求,才能继续保持行业领先地位,增强公司持续发展和持续经营能力。

面对上述市场需求,公司作为国内光电子器件的龙头企业,以发展"中国芯"为历史己任,计划用"芯"布局未来:公司拟提出建设宽带网络核心光电子芯片与器件产业化项目,通过生产具有自主知识产权的中高端光电子芯片并以此为核心生产中高端光电子器件,将公司多年的研发成果进行产业化,以满足国内及全球信息化、宽带化对中高端光电子器件日益增长的需求。

(三)项目建设的目的

1. 顺应公司技术垂直整合、加强协同效应的发展思路。公司一直坚持从"芯片—器件—模块—子系统"的技术垂直整合之路。公司在自身技术平台发展的基础上,通过广泛开展与国内外的优势研究机构和大学的交流与合作开展自主研发,并对关键产业链和关键技术平台通过实施并购重组等方式,加快技术切入,提高在光电子芯片与器件行业内的技术整合实力。

公司 2012 年通过收购 WTD(即武汉电信器件有限公司)完成了对有源光器件的产业整合,此次收购后公司产品覆盖了有源、无源以及光电混合的全系列各类光器件和模块,企业竞争力得到了大幅提升。2013 年上半年,在自主研发的同时,公司加强了整合上游芯片的力度,收购了 IPX(即丹麦 Ignis Photonyx A/S 公司,收购后更名为光迅丹麦有限公司)。通过此次收购,公司获得了基于 PECVD(等离子体增强化学气相沉积法)的芯片设计制造核心技术。

本次募集资金投资项目——宽带网络核心光电子芯片与器件产业化项目主要是针对有源芯片为核心的光器件产业化,项目的核心内容是建设具有自主知识产权的中高端有源芯片制造能力,并以此为基础生产中高端有源光器件,是公司执行技术垂直整合思路的重要一步。

本次募投项目的实施,不仅能够进一步提升公司在光电子芯片与器件方面的技术水平和生产能力,同时还能够带动公司光有源器件的工艺水平和生产制造能力的提升,推动相关产品线进行垂直整合,对提高公司的总体竞争能力、整体发展水平和盈利能力起到极大的促进作用。

本次募投项目实施之后,公司将形成更完整的、从有源到无源的"芯片—器件—模块—子系统"垂直一体化产业链,协同效应更为显著。

2. 顺应公司光电子器件智能化、集成化的产品发展思路。公司始终坚持在专业技术研发、应用技术研发的基础上,进一步拓展集成化技术研发。公司鼓励具有自主知识产权的原创性技术研究,倡导跨专业的技术集成,强化光电子器件集成化和系统化的开发,结合市场需求和产业经济要素,重点开展光电子器件技术与应用、高效低成本制造技术、专业化工艺作业与过程控制体系等项目的研发,探索实现光电子器件技术升级的有效途径,顺应行业技术进步的趋势和潮流。

本次募投项目的实施将进一步提升公司在中高端有源芯片方面的生产工艺水平和产业化规模,为公司未来拓展基于中高端核心光电子芯片技术的高智能化、高集成化产品打下坚实的基础,顺应了公司光电子器件智能化、集成化的产品发展思路。

3. 顺应不断升级的市场需求。随着单通道传输速率的提高和密集波分复用技术的广泛应用,基础光传送网络已经拥有巨大的原始带宽资源,光纤通信在进一步追求高速大容量干线传输的同时,逐步向以智能化、集成化、低成本和高可靠性为特征、以城域网和接入网(光纤到户)为发展重点、以全光通信为远景的新一代光通信网络演进,通信和信息产业领域中新一轮的国际竞争正在酝酿之中。

无论是高速光传输技术、密集波分复用技术,还是宽带光纤接入技术和全光网络技术,总体上讲光纤通信系统的发展和推广应用无不取决于光电子器件技术的突破与实用化。

基于上述不断升级的市场需求,公司拟通过本次募集资金投资项目将产品线从主要集中于2.5 G以下的普通FP-LD、DFB-LD、PIN、APD等类型上,逐渐扩大升级至10 G、40 G及以上速率的中高端产品,以升级产品结构,顺应不断升级的市场需求。

4. 顺应国际竞争及自身发展的需要。无论是光无源器件还是光有源器件,掌握中高端的芯片技术是在国际竞争中取胜的关键环节。

光迅科技作为我国通信光电子器件研究开发、生产销售最具影响的单位之一,公司在中高端、高速光电子芯片技术上已完成技术积累,必须尽快实施大规模产业化,才能继续保持行业领先地位,获得持续发展的机遇。

通过本次募投项目的实施,公司拟进一步扩大中高端光电子芯片及其器件的生产规模,扩大在国内乃至国际光通信设备市场的份额,大力推动我国光通信产业的发展,显著提升我国在光通信设备制造领域的核心竞争力。

本次募投项目的实施也将能够进一步增强公司光电子芯片与器件领域在技术、管理、生产上的竞争实力,从根本上提高相关产品的工艺技术水平与核心竞争能力,保持良好的持续盈利能力。

三、本次发行募集资金投资项目建设的可行性

(一)项目市场前景

1. 国际市场发展趋势。2013年全球光电子器件市场收入实现稳定增长,全球光通信市场的复苏好于预期,全球电信运营商收入的回升支撑了他们进行新一轮网络投资,光通信产品销售在海外市场也迅速上升,未来市场前景乐观,短期预测季度增长率将在5%～10%(来源:讯石光通讯咨询网)。从电信市场投资规律来看,接下来将是一个五年的投资周期,因此可以预见全球电信投资的增长将带动全球光电子器件市场未来五年的稳定发展。

根据市场咨询公司 OVUM 的预测,未来 5 年,光电子器件市场将持续增长,中性预计到 2018 年将达到 105 亿美金,年复合增长率达到 6%。

2. 国内市场发展趋势。2013 年以来,4 G 建设的推进以及运营商大力部署光纤宽带网络、带宽升级,为光电子器件市场带来了旺盛的需求,从而推动光电子器件市场收入保持快速增长。在运营商与系统设备商加大对光电子器件采购的推动下,中国光电子器件厂商订单状况良好,市场收入保持较快增长。未来几年“宽带中国”战略的实施,将极大地推动固网接入、无线接入、传输骨干网的基础建设。中国光通信业又将迎来一轮的投资高峰。目前我国通信网络中,骨干传输网和 FTTX(光纤接入)的全面升级扩容,4 G 无线接入网和未来数据网络的发展,共同构成了对光电子器件的庞大需求。

(二)项目建设的有利条件

1. 项目符合国家产业政策。光电子器件是光传输设备的基础元器件,为光通信系统最重要的组成部分。我国政府和行业主管部门历来都对光电子器件行业的发展十分重视,为了提高和加强行业内企业的技术和产品竞争力,国家和有关部门在过去的二十多年里制定了许多相应的产业政策和措施支持光电子器件行业的发展。国家发改委发布的《产业结构调整指导目录》(2011 年本)中将“二十八信息产业”之“21、新型电子元器件(片式元器件、频率元器件、混合集成电路、电力电子器件、光电子器件、敏感元器件及传感器、新型机电元件、高密度印刷电路板和柔性电路板等)制造”列为鼓励类发展产业;工业和信息化部编制的《电子信息制造业“十二五”发展规划》是电子信息制造业发展的指导性文件,其中明确指出“推进智能光网络和大容量、高速率、长距离光传输、光纤接入(FTTx)等技术和产品的发展。支持光多片集成组件、光电集成芯片、高速数模芯片等高端芯片的研发”。依据《国家中长期科学和技术发展规划纲要(2006—2020 年)》,以下三个方面:一、“制造业领域”的“新一代信息功能材料及器件主题(32)”;二、“信息产业及现代服务业领域”的“下一代网络关键技术与服务主题(41)”;三、前沿技术中的“新材料技术领域(3)”的“新一代光电信息材料”均被列入到重点领域中的优先主题。本次募投项目涉及的产品均在国家计划大力发展的新兴产业之中。

此外,《国务院关于大力推进信息化发展和切实保障信息安全的若干意见》(国发〔2012〕23 号)、《“十二五”国家战略性新兴产业发展规划》和《“宽带中国”战略及实施方案》等国家规划和政策均对光电子器件行业的发展起到了重要的指导和支持作用。

本次募投项目拥有较高的技术含量和创新性,有可靠的组织保障,能够产生较好的经济效益和社会效益,提高信息产业自主创新能力,增强核心竞争力,带动区域经济发展,完全符合国家高技术产业发展的原则、目标。

2. 项目实施具有良好的基础条件。

(1)相关产品开发时间早、技术基础雄厚。公司是国内最早最大的光纤通信用光电子器件——长波长激光器的制造商和供应商。公司从 20 世纪 80 年代起开发、生产、销售光通信用半导体激光器组件、发光二极管、探测器组件、光发射/接收模块、光收发合一模块等,具备从芯片到器件、模块的全系列产品的研究开发和生产加工能力。产品基本覆盖用于传输、接入和数据通信的各种速率、不同封装的光电气器件产品,主要应用于传送网、接入网和数据通信等。公司是中国主流的光电子器件制造商和供应商之一,在国际上享有相当的知名度和影响力,产品出口到欧洲、美国、日本、韩国、俄罗斯等地。在与 WTD 整合后,公司产品覆盖了有源、无源以及光电混合的全系列各类光电子器件和模块,企业竞争力得到了大幅提升。2013 年 11 月 25 日,NTR(网络电信信息研究院)公布了 2013 年中国光通信各领域最具竞争力企业十强榜单,公司继续蝉联中国光电子器件与辅助设备最具竞争力企业十强榜第一名,进一步拉开了与排名第二企业的距离,牢固保持领先地位。同时,在全球光电子器件与辅助设备竞争力排名十强榜单中排名升至第七位,较去年上升两位,表现出强大的发展后劲。

(2)相关产品商用化时间早、产品系列齐全。经过多年开发和产品转化,公司光电子芯片与器件产品形成了较为完善的产品系列,已经大量生产销售,树立了良好的品牌效应。公司研制开发的光电子核心芯片已经大量应用于光纤到户接入网等领域。从 2004 年以来,公司自制的 1 310/1 550 nm FP 激光器和 PIN 探测器已经批量应用于公司各种器件、模块产品中,其中 1 310/1 550 nm FP 激光器、PIN 探测器、1 310/1 490/1 550 nm DFB 激光器、2.5 G APD 探测器已经批量应用于全球光网络。大部分研究成果已经顺利地完成了相关产品的二次开发并且成功转化,取得了良好的经济效益。

(3)客户基础稳定、产品二次开发能力强。公司一直致力于光纤通信系统用各种光电子芯片与器件的开发和生产,因此具有较强的成本控制能力和市场应变能力,产品性能稳定可靠,可与国际同类产品相媲美,具有良好的性能价格比优势,拥有稳定的客户群和完善的销售体系。这些都为产品的生产、销售奠定了良好的基础。公司的二次开发和功能集成技术基础雄厚,具有大量前期研究开发成果。公司在“十五”期间先后承担了高速率分布式反馈激光器芯片、高速电吸收激光器芯片等多项国家“863”计划项目,推出了一系列智能化的光模块及器件产品。

(4)生产工艺管理严格,产品的稳定性好、可靠性高。公司光电子芯片与器件产品通过了 Telcordia 可靠性试验,产品质量稳定可靠,其中各种激光器及光模块还通过了 CE、UL、TUV、FDA 和 FCC 等系列认证。相关产品具有良好的稳定性和可靠性,为顺利走向国际和国内市场奠定了良好的基础。

(5)研发创新能力强,已完成本次募投项目产品的技术积累。光迅科技在 PLC、AWG 等关键无源器件和 155 M—10 G 等中端光电子芯片上均已能实现自研自产,在 10~40 G 中高端光电子芯片上已完成技术积累。光电子芯片的核心技术主要包括量子阱(MQW)材料外延生长,外延结构设计和工艺制作技术。公司经过 30 年的发展,在外延结构设计和工艺制作技术以及测试方面获得了长足的进步,积累了丰富的经验。公司已经主导完成无致冷 155 Mb/s 以及 2.5 Gb/s、10 Gb/s 1.3 μm/1.5 μm MQW-FP-LD 及 1.3 μm/1.5 μm MQW-DFB-LD,10 Gb/s InGaAs/InP APD 等重大项目的研发工作。承担了九五国家“863 计划”项目“大容量 CATV 发射器件及模块产品开发”,十五国家“863 计划”项目“10 Gb/s 直接调制多量子阱 DFB 激光器及组件”等科研项目。芯片生产量产化的工艺研究已经完成

2 英寸外延片的制作工艺及工艺线的初步建立。目前,公司已成为国内唯一一家能批量推广应用自制芯片的光电子器件公司。本次募投项目形成的产品均符合 Telcordia GR-468-CORE:2004 和 MIL-STD-883H(2010)国际标准以及相关产品国际规范,具有自主的知识产权,技术也完全成熟。公司已经为本次募投项目产品完成了技术积累。

3.公司拥有良好的质量管理体系,在国际国内市场有较高的知名度。在质量管理方面:公司建立了完善的质量保证体系,在产品设计开发、生产管理、销售服务等各个环节规范化运行,提高了工作效率和产品质量及服务质量。公司于1999年1月通过了ISO 9001质量体系认证,2005年3月通过了 TL 9000-HR3.0/R35 质量管理体系、ISO 14001:1996 环境管理体系和 OHSAS 18001—1999 职业健康安全管理体系认证。所有产品通过了Telcordia产品可靠性标准试验,大大提高了产品的可靠性和可信度,产品销往北美、欧洲等国际市场。

在生产管理方面:公司对生产提供过程进行预先的策划,对合同要求、生产计划、工艺参数、管理及作业人员、加工设备、检验试验和监视设备、环境条件保障等所有要素进行控制,使其始终处于受控状态。同时,公司采用了国际上先进的生产管理经验,如5S和4M管理模式,实施了严格的生产现场管理。

上述方面不断提高公司光电子芯片与器件产品的美誉度,使其在国际国内市场具有较高的知名度。

4.本次募投项目实施地具有优越的地理位置优势。本次募投项目位于武汉东湖高新技术开发区(以下简称"东湖高新区")。东湖高新区始建于1988年10月,1991年3月,被国务院批准为首批国家级高新技术产业开发区;2000年7月,又被科技部、外交部批准为APEC科技工业园区;2001年,被原国家计委、科技部批准为国家光电子信息产业基地,即"武汉中国光谷"。"光谷"区域具有良好的技术、人力资源、产业配套和信息资源优势,公司已经成为"武汉中国光谷"的骨干企业之一。

(三)项目投资概算

序号	工程或费用名称	投资额/万元	占投资总额比例
1	建设投资	49 267	80.81%
1.1	工程费用	43 265	70.97%
1.2	其他费用	1 523	2.50%
1.3	预备费用	4 479	7.35%
2	铺底流动资金	11 696	19.19%
3	总投资	60 963	100.00%

(四)项目预计实现的经济效益

本次募投项目总投资60 963万元,项目建设期为2年,全部达产后预计新增产品年销售收入76 308.00万元,年新增利润总额13 871.00万元,预计投资回收期(税后)6.45年

（含建设期 2 年），内部收益率（税后）为 16.65%，具有较好的经济效益。

（五）项目土地、立项、环保等报批事项

项目实施地位于武汉市江夏区藏龙岛开发区谭湖路 1 号，武汉光迅科技股份有限公司光电子产业园内。该产业园占地面积 173.3 亩，规划用地面积 155 亩，一期工程已于 2011 年年底竣工验收。本次募投项目利用光迅科技在光电子产业园自有空闲土地实施建设，规划占地面积 10 275.00 平方米，规划建筑面积共计 38 827.00 平方米。本次募集资金投资项目目前正在履行立项报批及环保审批相关程序。

四、本次发行对公司经营管理、财务状况的影响

（一）对公司经营管理的影响

本次非公开发行募集资金投资项目的实施，主要目的是进一步丰富公司产品结构，扩大宽带网络核心光电子芯片与器件生产规模，顺应公司"芯片—器件—模块—子系统"的技术垂直整合之路，有利于提高公司的总体竞争能力、整体发展水平和盈利能力。

（二）财务状况变动情况

本次非公开发行股票将对公司财务状况带来积极影响。公司的总资产与净资产规模将相应增加，资产负债率和财务风险将进一步降低，公司资本结构将得到优化，运用债务融资的能力将获得提高，整体财务状况将改善。

（三）盈利能力变动情况

随着本次募投项目的实施，公司业务收入水平会显著增长，盈利能力将得到进一步提升，公司的整体盈利能力和抗风险能力显著增强。

（四）现金流量变动情况

本次非公开发行股票完成后，由于特定认购对象以现金认购，公司的筹资活动现金流量将大幅增加。随着本次募集资金开始投入使用，公司投资活动产生的现金流出将相应增加。在本次募集资金投资项目建成产生效益后，公司的经营活动现金流量将相应增加。

（五）对公司负债情况的影响

公司 2012 年年末经审计的合并报表资产负债率为 41.01%，本次发行后，公司的资产负债率将有所下降，资产结构有所优化，偿债能力有所提高。公司不存在通过本次发行大量增加负债（包括或有负债）的情况，不存在负债比例过低、财务成本不合理的情况。

武汉光迅科技股份有限公司董事会

2013 年 12 月 6 日

【评析】这是一篇股票募集资金投资项目可行性分析报告。这类项目投资大、周期长、风险相对较高，因此需要在实施之前进行详细深入的论证。该文的目的是论证宽带网络核心光电子芯片与器件产业化项目的可行性，报告着重从项目建设的背景、目的分析项目的必要性；从分析项目市场的前景、有利条件、经济效益等分析项目的可行性。引证丰富，数据翔实，结论十分明确可信。

【任务演练】

根据职场情境中提供的材料,代俞琴撰写一份关于建设电子商务网站的可行性研究报告,详细论证网站建设的必要性、技术可行性、电子商务模式的可行性以及资金、人员等资源的安排。

综合实训

一、知识目标鉴定实训

(一)正确说出市场调查报告的特点、类型和写作技巧。

(二)正确说出经济活动分析报告的特点、类型和写作技巧。

(三)正确说出市场预测报告的特点、类型和写作技巧。

(四)正确说出可行性研究报告的特点、类型和写作技巧。

(五)请分析市场调查报告和市场预测报告这两种文体之间的关系。

(六)评析下列预测报告。

2014 年我国房地产市场价格走势预测分析

盛极必衰,这是自然界的法理。即便是过去十多年中国房价不断快速上涨,也同样存在着楼市降温与房价下跌的时段。只有理性看待市场,才不至于在市场中摔跟头。正基于此,笔者认为,房地产短周期(未来 6 ~ 12 个月的变化)可用于指导房价走势预测。

关于短周期,过去十年已有迹可循。全国房地产开发景气指数,是衡量开发行业体温的"温度计",能够比较好地反映房地产开发行业的周期性波动。按照"峰值-峰值"的划分法,2004 年以来可划分为三个短周期。

第一个周期:2004 年 3 月—2007 年 11 月。这一周期出现两个峰值,都是 106 点,谷值是 100.6,出现在 2005 年 12 月。下行历时 21 个月,上行历时 23 个月,共计 43 个月。下行主因是房地产调控,上行主因是经济过热,资本市场疯狂。

第二个周期:2007 年 12 月—2010 年 3 月。第二个周期峰值近 106 点,谷值是 94.74,出现在 2009 年 3 月。下行历时 16 个月。上行历时 12 个月,共计 28 个月。下行主因是受国际金融危机影响国内经济下滑,上行主因是政策力度大。这轮跌急涨急,波幅大,历时短。

第三个周期:2010 年 4 月以来。谷值是 94.39,出现在 2012 年 9 月,下行历时 30 个月。下行主因经济下滑与房地产调控。在双重打击下,下行时间较长,调整幅度较大。上行主因是货币宽松和经济复苏。这轮周期已经完成筑底,但上行之路不可能像 2009 年那轮又急又快,将在"磨磨唧唧"中上行,预计将于 2014 年触顶。

接下来,我们再用房价增幅,来印证一下国房景气指数的短周期。按照"峰值-峰值"的划分法,2004 年以来,同样可分为三个短周期(按季度)。第一个周期:2004 年四季度—2008 年一季度;第二个周期:2008 年二季度—2010 年二季度;第三个周期:2010 年三季度开始。由此可见,两个指标的周期基本一致。第二、第三个周期的谷值,出现房价同比下跌,可见市场调整幅度大,而第一个周期的谷值只是房价涨幅减小。2012 年四季度进入第三个周期的后半段,也即上升阶段,2013年基本处于上升通道。但本轮上升过程中,不可能像2009年那样强劲,房价同比增幅难以超过上一轮12.8%的高点,上升持续时间较长,预计2013年四季度或2014年一季度见顶。

欧美国家的房地产市场,已经历过上百年的周期性变化,经验较多,即便如此,短周期也存在较大的变量。我国房地产市场化,主要始于1998年,只有十几年时间,短周期的规律更加不易掌握,而且受房地产调控影响大。

笔者认为,决定短周期房价涨跌的"四个引擎"是经济、政策、资金和存货。当前楼市表现也可从这"四个引擎"入手分析。

其一,经济低位企稳。去年三季度,经济增长低探至7.4%,四季度反弹至7.9%,就在大家认为经济见底反弹之际,今年上半年却出人意料的继续下滑,二季度增幅回落至7.5%。但是,7月的多数经济数据略有起色,8月汇丰中国制造业PMI初值为50.1,重返50枯荣线上方,创4个月内最高水平。这些信号表明,今年下半年经济将企稳。但是中国经济已告别高增长,明年也仅为8%上下。总体而言,经济面的情况对楼市属中性略偏空。

其二,政策中性。稳增长,客观上要求调控不宜进一步升级。下半年中央层面的房地产调控基本平稳,既不放松,也不加码,但局部政策存在或松或紧的可能,比如市场秩序整顿、推出第二批房产税试点、放松房企再融资、支持首套刚需等。

其三,资金面不喜不忧。从外部资金面看,今年货币供应量明显大于去年,M1同比增幅可能保持在10%上下,而去年保持在6%上下,但是今年1月冲高后,呈震荡回落态势,预期明年将弱于今年。从内部资金面看,由于房企销售形势较好,资金回笼量很大,总体资金面宽松了很多。全国开发商资金来源同比增幅今年以来保持在30%以上,而去年在10%上下,说明今年房企的资金宽松度远好于去年。但这一增幅今年初以来一直高位盘整,预计未来一年将呈收窄趋势。简而言之,资金面明显强于去年,但接下去将有所减弱。

其四,存货面基本见底。自去年二季度开始,全国主要城市的住宅库存开始减少,尤其是一线和部分二线城市,但三、四线一直呈增长态势,区域分化严重。值得关注的是,从今年4月开始,一、二线城市的库存量呈现震荡走高的迹象。本轮周期中,库存最低点很可能就是3月份。与之相适应,20个典型城市的住宅去化周期,也在3月达到最低的8.3个月,其后震荡小幅上行,7月提高至9.6个月。就存货和去化周期而言,当前一线和部分二线城市,依然处于近两年低位,未来半年房价仍有上涨压力,但供不应求最紧张的时点已过,未来1~2年将重新趋于增长。

总而言之,通过分析决定短周期房价涨跌的四个因素,大致可以预测,当前处于本轮楼市景气周期的顶部区间,下半年房价仍坚挺,但明年将有所降温。

二、能力目标鉴定实训

(一)下面是某网站进行的一次在线调查的数据情况,请根据所提供的资料,并搜集相关信息,撰写一份关于国产动漫产业现状的调查报告。

调查一【问题】:你对国产动漫持什么样的态度(参与人数246人)?

选项一:十分喜爱(48人,占19.5%)。

选项二:感觉一般(120 人,占 48.8%)。

选项三:不喜欢(78 人,占 31.7%)。

调查二【问题】:你平常喜欢看哪国动漫(参与人数 368 人)?

选项一:国产动漫(65 人,占 17.7%)。

选项二:日本动漫(224 人,占 60.9%)。

选项三:欧美动漫(63 人,占 17.1%)。

选项四:其他(16 人,占 4.3%)。

调查三:各搜索引擎对动漫的搜索数据

"百度搜索风云榜"最受欢迎的动漫排行前十名,日本动漫占 7 名,国产动漫仅占 2 名。

"狗狗影视搜索"热门动漫排行榜前 25 名中,日本动漫占 18 名,国产动漫仅占 3 名。

"PPS 网络视频"最热动漫排行榜中,日本动漫占 6 名,国产动漫仅占 1 名。

调查四【问题】:你认为国产动漫相比日本,欧美动漫在哪个方面还有不足(参与人数 242 人)?

选项一:制作技术较差,粗制滥造(8 人,占 3.3%)。

选项二:投资不足,难以制造出高质量的产品(12 人,占 5.0%)。

选项三:剧情老套,缺乏创新意识,教育性太强(159 人,占 65.7%)。

选项四:面向的观众普遍低龄化(42 人,占 17.4%)。

选项五:其他(21 人,占 8.6%)。

(二)请针对自己所熟悉的区域的市场情况,撰写一份中小型饭店餐饮市场的调查报告,要求数据准确,分析恰当,结论明确,条理清楚,语言流畅,图文并茂。

(三)请实地考察一下自己学校周围的饭店或书店等经营实体,根据其营业情况,撰写一份经济活动分析报告。

(四)下文是报纸刊登的一篇关于饮料产品涨价的新闻报道,请根据该报道提供的线索,搜集相关资料,撰写一份国内饮料市场的市场预测报告。

饮料巨头跟风涨价平均涨幅 5%

春节前饮料市场迎来一波涨价潮,成都市场暂未开涨

酒业涨价刚告段落,饮料业的新一轮涨价又开始了。可口可乐近日宣布杭州公司全线产品出厂价将全部上调 5%,农夫山泉也宣布旗下系列饮料出厂价将上调约 5%,专家分析这预示着饮料行业很可能迎来一轮较大的价格调整。昨日记者走访成都各大超市发现,成都饮料市场暂未涨价。

两大饮料巨头涨价 5%

农夫山泉公司近日表示,从本月 28 日开始,农夫山泉天然水、农夫果园和尖叫系列饮料出厂价平均将上调约 5%。在这之前,可口可乐宣布从下月初开始,杭州公司全线产品出厂价将全部上调,包括碳酸饮料、果汁饮料、茶饮料、矿泉水和牛奶饮料等,平均涨幅约为 5%。

记者昨日到成都各大超市进行调查,发现农夫山泉旗下和可口可乐旗下的多款饮料都尚未涨价。一家大型连锁超市销售部负责人告诉记者,还没有接到两家饮料巨头涨价的通知。这位负责人说,农夫山泉一瓶矿泉水从1.2元涨到1.26元,涨幅5%消费者反应不会很大。

在这轮饮料涨价之前,白酒行业的茅台和五粮液(000858,股吧)已先涨一步,燕京啤酒(000729,股吧)也在啤酒行业率先喊涨,主力产品10°清爽型啤酒出厂价已上涨10%。值得注意的是,所有酒类和饮料企业的此轮涨价都是赶在春节消费旺季到来之前。

原料价格上调催涨饮品

是什么原因饮料在纷纷涨价? 农夫山泉表示,原料价格上涨是此次提价的主要原因。2009年伊始,原材料价格不断上涨,农夫山泉一直通过管理上的手段来内部消化这一压力。但随着原料价格继续攀升,企业已无法内部消化。农夫山泉相关负责人说,据测算,油价、煤价上涨已导致农夫山泉运输成本增加了近40%。业内专家认为,食品饮料行业出现集体涨价不排除与节日、天气等短期因素有关。近期,部分公共产品包括水、电、气价格调整,天气极端寒冷也导致蔬菜、水果上涨明显。

饮料涨价不会引发通胀

继五粮液、茅台之后,可口可乐、农夫山泉也相继涨价,这系列举动引起了市场的高度关注:酒类、饮料行业的价格上调,会扩散到其他领域吗?

国家信息中心经济预测部宏观经济研究室主任牛犁表示,因为过去一年国家实施比较宽松的货币政策,老百姓对于通货膨胀的预期比较强烈,但是目前我国仍然是严重的供过于求,因此不会出现普遍的价格上涨和恶性的通货膨胀。"这种情况下面临的很多的是产能过剩、供过于求,所以价格很难普遍的涨起来。近期的上涨一个是部分公共产品包括水电气价格调整,也包括天气极端寒冷导致蔬菜水果上涨明显。但是从总体上来看,粮食食品多年的丰收、包括库存都是很充裕的,应该说不至于出现严重的或者恶性的通货膨胀上涨。"牛犁说。

华西都市报记者李欣忆

文章来源:华西都市报

(五)假如你所在的系准备成立一支礼仪模特队,挑选合适的学生进行专业训练,为各类会议、庆典提供礼仪服务。请撰写一份可行性研究报告,针对学生礼仪模特队这一项目进行研究,得出明确结论。

参考文献

[1] 朱利萍.应用写作实务[M].北京:机械工业出版社,2009.

[2] 李效珍.秘书实用写作[M].北京:首都师范大学出版社,2008.

[3] 白战锋.企业文书写作范本[M].北京:经济管理出版社,2005.

[4] 方有林.实务应用文写作[M].上海:同济大学出版社,2007.

[5] 翁敏华,高晓梅.实务应用文[M].大连:东北财经大学出版社,2003.

[6] 陈少夫,邱国新.应用写作教程[M].广州:中山大学出版社,2008.

[7] 严爱慈.新编应用文写作[M].广州:广东高等教育出版社,2007.

[8] 张浩.最新办公室文秘必备全书[M].北京:蓝天出版社,2007.

[9] 陈纪宁.现代应用文写作大全[M].北京:中华工商联合出版社,2006.

[10] 许燕.商业文书写作大全[M].北京:企业管理出版社,2008.

[11] 赵一兵,裘文意.现代办公文书写作[M].北京:中国商业出版社,2009.

[12] 陈子典.当代应用文书写作[M].广州:暨南大学出版社,2003.

[13] 孙春旻.公文写作[M].珠海:珠海出版社,2000.

[14] 郭冬.秘书写作[M].北京:高等教育出版社,2007.

[15] 阳晴.新编实用文体大全[M].北京:气象出版社,2008.

[16] 贾智德.新编应用文写作全书[M].成都:天地出版社,2002.